# NOUVELLE MÉTHODE

## PRATIQUE ET FACILE

### POUR APPRENDRE

# LA LANGUE LATINE

## RÉDIGÉE D'APRÈS SEIDENSTÜCKER

### PAR

## A. MERFELD

*Docteur en philosophie, professeur au Lycée impérial de Nîmes, membre de la Société grammaticale et de la Société asiatique de Paris.*

*Auteur de l'Étude comparée de la langue anglaise.*

> *Longum iter est per præcepta,
> et efficax per exempla.*
> La voie des préceptes est longue, courte
> et facile, celle des exemples.
> (Sénèque le rheteur.)

## PARIS

### LOUIS GIRAUD, LIBRAIRE-ÉDITEUR

RUE DES SAINTS-PÈRES, 11

NIMES. — MÊME MAISON

# NOUVELLE MÉTHODE

### PRATIQUE ET FACILE

### POUR APPRENDRE

# LA LANGUE LATINE

Tout exemplaire de cet ouvrage non revêtu de la griffe de l'auteur et de celle de l'éditeur sera réputé contrefait.

Paris. — Impr. de P.-A. BOURDIER et Cie, rue des Poitevins, 6.

# NOUVELLE MÉTHODE

PRATIQUE ET FACILE

POUR APPRENDRE

# LA LANGUE LATINE

RÉDIGÉE D'APRÈS SEIDENSTÜCKER

PAR

## A. MERFELD

Docteur en philosophie, professeur au Lycée impérial de Nimes, membre de la Société grammaticale et de la Société asiatique de Paris,

Auteur de l'*Étude comparée de la langue anglaise*.

*Longum iter est per præcepta, breve et efficax per exempla.*

La voie des préceptes est longue ; courte et facile, celle des exemples.
(SÉNÈQUE, lettre VI.)

PARIS

LOUIS GIRAUD, LIBRAIRE-ÉDITEUR

RUE DES SAINTS-PÈRES, 11

NIMES. — MÊME MAISON

1865

Tous droits réservés.

# PRÉFACE

Aujourd'hui, l'instruction publique embrasse tant de matières diverses que, pour simplifier et faciliter l'enseignement, c'est un devoir de présenter à la jeunesse des méthodes rationnelles, pratiques. J'espère rendre à l'étude de la langue latine un service essentiel en publiant, dans ce but, les pages suivantes. Cette *Méthode* est basée sur celle du célèbre *Seidenstücker*, méthode qui, appliquée, depuis, à toutes les langues anciennes et modernes, a constamment produit les résultats les plus surprenants. Au lieu de se fatiguer aux arides recherches de la grammaire et aux préparations des versions qui, parfois, lui offrent presque autant de difficultés que de mots, l'élève trouvera dans cet ouvrage une gradation bien calculée, une distribution des matières bien nette et une explication grammaticale bien simplifiée; de sorte qu'après avoir parcouru les cent quarante-deux numéros de cette *Méthode,* dans l'espace d'une seule année, il possédera un fonds considérable de mots et de règles.

Présenter, dès le commencement, des *versions*, des *thèmes* bien gradués et dont les règles, ainsi que les mots, sont expliqués à chaque numéro ; répéter continuellement d'une manière variée la matière déjà connue ; renvoyer souvent l'élève aux explications données dans les pages précédentes ; développer par des exercices, graduellement et sous forme de *remarques*, la connaissance élémentaire de la syntaxe ; conduire ainsi l'élève simplement et pratiquement par toutes les phases principales de la langue latine, et faciliter la préparation du travail par l'addition d'un *Vocabulaire* spécial et d'un *Lexique* général, telle est la tâche que nous nous sommes proposée dans ce livre our lequel nous espérons un bienveillant accueil.

Pour habituer l'élève à une *prononciation exacte*, nous avons pris soin de marquer, dès les premières pages, les voyelles longues et les voyelles brèves.

Un Cours grec, semblable à celui-ci, paraîtra incessamment.

A. MERFELD.

Nimes, septembre 1865.

# REMARQUES

## SUR LA PRONONCIATION LATINE.

1. *E* se prononce toujours comme l'*é fermé* français : *prudente* (prudent); prononcez : *prudinté*.

2. *En, em, in, im*, au commencement et dans le corps d'un mot, se prononcent comme *in* dans *jardin* : *ensis* (épée); *mensa* (table); prononcez : *insis, minsa*.

3. *U*, devant *m* ou *n*, se prononce comme *o* : *bellum* (guerre); *unda* (onde); prononcez : *bellomm, onda*.

Après *g* et *q*, *u* se prononce comme *ou* devant *a*, et comme notre *u* devant *e* et *i*; *u* ne se prononce pas devant *o* et *u* : *qua, que, qui, quo, quum*, se prononcent *koua, kué, kui, ko, komm*.

4. *Ch* se prononce comme *k* : *machina* (machine); prononcez : *makina*.

5. *G*, devant *n*, se prononce comme *gue* : *ignorans* (ignorant); prononcez : *iguénorans*.

6. La consonne *l* n'est jamais mouillée : *ille* (celui-là); prononcez : *il-lé*.

7. *T*, suivi de *i* et d'une autre voyelle, prend le son de *s*, comme en français : *actio* (action); prononcez : *acsio*.

8. Les consonnes finales se prononcent distinctement : *dies* (jour); *caput* (tête); prononcez : *diess, caputt*.

9. Les principales diphthongues latines sont *æ, œ, au, eu, ei*.

*Æ* se prononce comme *é fermé*; *œ* comme *é* ou *ei* français; *au*, comme en français : *æternitas, pœna, aurum* (éternité, peine, or).

*Eu* se prononce comme en français dans : *heu* (hélas), *heus* (holà), dans les noms grecs, comme *Orpheus* (Orphée), et au commencement des mots, comme dans *Europa* (l'Europe). Dans tous les autres cas, *eu* se prononce séparément, comme *é-u* : *Deus* (Dieu); *malleus* (marteau); prononcez : *Dé-us, mallé-us*.

*Ei* n'est diphthongue que dans *hei* (hélas) et *queis* pour *quibus* (auxquels). Dans tous les autres cas, *ei* se prononce séparément comme *é-i* : *Dei, mallei*, prononcez : *Dé-i, mallé-i*.

*Ui* n'est diphthongue que dans *hui* (oh), le plus souvent dans *huic* (à celui-ci), *cui* (auquel) et ses composés. Dans tous les autres cas, *ui* es prononce séparément, comme *u-i* : *fui* (je fus); prononcez : *fui*.

## AVIS ESSENTIEL

L'élève doit étudier les remarques mises au bas des pages avec autant d'attention que celles qui se trouvent au commencement ou à la fin des chapitres.

---

## EXPLICATION DES ABRÉVIATIONS.

| | | | |
|---|---|---|---|
| abl. | ablatif. | nom. | nominatif. |
| acc. | accusatif. | n. | neutre. |
| adj. | adjectif. | n° | numéro. |
| adv. | adverbe. | part. | participe. |
| comp. | comparatif. | pl. | pluriel. |
| conj. | conjonction. | pos. | positif. |
| dat. | datif. | prép. | préposition. |
| défect. | défectif. | pron. | pronom. |
| dép. | déponent. | qch. | quelque chose. |
| f. | féminin. | qn. | quelqu'un. |
| gén. | génitif. | r. | remarque. |
| gouv. | gouvernant. | sing. | singulier. |
| impers. | impersonnel. | s.-ent. | sous-entendu. |
| indécl. | indéclinable. | sup. | superlatif. |
| inf. | infinitif. | 3 g. | trois genres. |
| inus. | inusité. | v. | voyez. |
| irrég. | irrégulier. | voc. | vocatif. |
| m. | masculin. | | |

# NOUVELLE MÉTHODE

#### PRATIQUE ET FACILE

#### POUR APPRENDRE

# LA LANGUE LATINE

## PREMIÈRE PARTIE

**1.** La langue latine n'a pas d'article ; elle a trois genres : le *masculin*, le *féminin*, le *neutre*. *Pater*, m., père, un père, le père ; *mater*, f., mère, une mère, la mère ; *vinum*, n., vin, un vin, le vin. L'adjectif se place avant ou après le substantif et s'accorde en genre, en nombre et en cas avec le nom auquel il se rapporte : *bonus*, m., *bona*, f., *bonum*, n., bon, bonne ; *bonus pater*, un bon père, le bon père ; *bona mater*, une bonne mère, la bonne mère ; *bonum vinum*, un bon vin, le bon vin.

**2.** *Frater*, m., frère ; *soror*, f., sœur ; *meus, mea, meum*, mon, ma, le mien, la mienne ; *est*, est, il est, elle est.

Frater bonus. Mater bona. Bona soror. Pater est bonus. Soror est bona. Mater est bona. Pater bonus est. Bonus est frater. Mater bona est.

**3.** RÈGLE GÉNÉRALE. Les noms de la *première déclinaison*[1] en *a*, excepté les noms d'hommes, sont *fémi-*

---

[1] Voyez n° 34, § 2.

nins; ceux de la *seconde déclinaison* en *er*, *us* sont masculins, et en *um*, neutres : *mensa*, *f.*, table; *poeta*, *m.*, le poëte; *servus*, *m.*, esclave; *puer*, *m.*, enfant; *scamnum*, *n.*, banc.

*Aqua*, *f.*, eau; *hortus*, *m.*, jardin; *longus*, *longa*, *longum*, long, longue; *rotundus*, *a*, *um*, rond, ronde; *magnus*, *a*, *um*, grand, grande; *profundus*, *a*, *um*, profond, profonde; *tuus, tua, tuum,* ton, ta, le tien, la tienne.

Mensa mea est rotunda. Servus meus est bonus. Scamnum est longum. Longum scamnum est meum. Mensa rotunda est mea. Aqua est profunda. Hortus est magnus. Pater tuus est bonus. Soror tua est bona. Scamnum tuum est longum. Mensa tua est rotunda. Mater mea bona.

4. Mon père est bon. La mère est bonne. La table est longue. Le frère est bon. Mon bon frère. Ma bonne sœur. Une bonne mère. Ma mère est bonne. L'eau profonde. Mon banc est long. Ton vin est bon. Ta table est ronde. Le jardin est à moi. La table est à toi.

REMARQUE. Les phrases comme : le jardin est *à moi, à toi*, etc., se tournent en latin par : le jardin est *le mien, le tien, hortus est meus, tuus*.

5. *Puella*, *f.*, fille, jeune fille; *filĭus*, *m.*, le fils; *filĭa*, *f.*, la fille (l'opposé de *filius*); *equus*, *m.*, cheval; *annōna*, *f.*, blé, denrées; *parvus*, *a*, *um*, petit; *carus*, *a*, *um*, cher; *venustus*, *a*, *um*, beau, charmant, gracieux; *et*, et; *sed*, mais.

REMARQUE. Nous indiquons la voyelle brève par un *e* renversé, ă; la voyelle longue par un petit trait horizontal, ā. La voyelle qui se trouve devant une autre, est ordinairement brève : *filĭus*.

Puella est venusta. Puer est parvus. Pater meus est magnus. Mater tua est parva. Hortus meus est magnus. Mensa mea est parva. Soror mea est puella venusta. Soror tua est venusta. Frater meus bonus est. Soror mea est bona. Equus tuus est carus. Annona est cara. Filius tuus magnus est et filia tua est venusta. Filius meus est parvus, sed filia tua magna.

**Remarque.** A moins d'être une expression emphatique, le verbe se met très-souvent à la fin de la phrase.

**6.** Ta sœur est belle. Mon frère est petit. Ton petit frère. Une belle sœur. Une belle fille. Le grand jardin. Mon banc est long. La table ronde. Le vin est bon. Mon frère est grand, mais ma sœur est petite. Ton petit cheval coûte (est[1]) cher, mais il est bon. L'eau est profonde. Ma table est ronde et ton banc est long. Le cheval est à toi[2]. La table ronde est à moi.

**7.** *Annus, m.*, an, année; *annŭlus, m.*, bague, anneau; *baculus, m.*, bâton; *curvus, a, um*, courbe, courbé; *purus, a, um*, pur, propre; *non*, non, ne pas (se place toujours *avant* le verbe); *non est*, il n'est pas; *valdè*, très.

**Remarque.** On se sert de l'accent grave pour distinguer l'adverbe de l'adjectif, et la conjonction de la préposition : *meliùs*, mieux; *melius*, meilleur; *cùm*, lorsque; *cum*, avec.

Annus est longus. Baculus meus est curvus. Aqua est pura. Poeta est bonus. Annulus est rotundus. Filia tua est valdè venusta. Baculus tuus non est curvus. Annona non est cara. Hortus tuus non est magnus.

Ma bague coûte (est) très-cher. Ton frère est très-bon. Ta sœur est très-belle. Le bâton n'est pas courbé. De l'eau pure. L'eau n'est pas propre.

**8.** *Albus, a, um*, blanc; *niger, nigra, nigrum*, noir; *durus, a, um*, dur; *lignum, n.*, bois; *cœlum, n.*, ciel; *serēnus, a, um*, serein; *formosus, a, um*, beau (de figure, d'apparence); *altus, a, um*, haut.

---

[1] Les mots entre parenthèses indiquent la tournure latine.
[2] Voyez n° 4. Remarque.

Equus tuus est albus, sed meus est niger. Cœlum est serenum. Filia tua bona est. Cœlum est album. Aqua est profunda. Lignum durum est. Equus meus niger est, non albus. Puer magnus non est formosus. Puella parva non est venusta. Scamnum tuum est altum.

Le cheval blanc est à moi, le noir est à toi. Ton bois n'est pas dur. L'eau profonde. Le ciel est haut. Le ciel n'est pas très-serein. Mon frère est bon, mais ta sœur n'est pas bonne. Mon cheval est grand et très-cher. Une belle fille. Le vin n'est pas pur. Ton banc est très-haut.

**9.** *Ventus, m.,* vent; *rex, m.,* roi; *regīna, f.,* reine; *benignus, a, um,* clément, doux; *justus, a, um,* juste; *malus, a, um,* mauvais, méchant; *aurum, n.,* l'or; *argentum, n.,* argent (métal); *ferrum, n.,* fer; *terra, f.,* terre; *frigĭdus, a, um,* froid; *solus, a, um,* seul (sans compagnon); *totus, a, um,* tout, entier; *nullus, a, um,* nul, aucun; *perfectus, a, um,* parfait; *olla, f.,* marmite; *cavus, a, um,* creux, concave; *flavus, a, um,* jaune.

Aqua bona non est vinum. Rex est justus et regina est benigna. Rex justus est, sed non durus. Mater mea non est mala, sed bona. Aurum est flavum. Nullus est perfectus. Soror tua non est perfecta. Argentum est album et ferrum est durum. Terra est rotunda. Olla est cava. Totum cœlum est serenum. Aqua frigida est. Mater mea est sola. Rex est solus.

**10.** Mon frère n'est pas méchant. Le vin est bon. Ta fille est grande. Ma sœur est une petite fille. Ton frère est un grand garçon. Le ciel n'est pas serein. Le roi est bon, mais la reine est très-méchante. La marmite ronde est creuse. L'or est jaune, l'argent est blanc. L'eau est froide. Ton cheval coûte (est) cher. Le fer est à moi. La terre est grande.

**11.** *Sæpè,* souvent; *nunc,* maintenant, à présent; *semper,* toujours; *sanus, a, um,* sain, bien portant;

ægrōtus, *a, um,* malade; *multus, a, um,* beaucoup; *beātus, a, um,* heureux; *omnīnŏ,* entièrement, tout à fait; *si,* si; *quandŏ,* quand, lorsque; *homo, m.,* homme; *nam,* car.

Nullus homo omninò beatus est. Si homo ægrotus est, non est beatus. Frater meus est homo beatus, nam semper est sanus. Sanus homo est beatus. Mater mea est ægrota, sed pater meus est sanus. Cœlum sæpè est serenum, sed non semper. Quandò homo est sanus, non est ægrotus. Multa aqua non est sana.

Mon frère n'est pas entièrement bien portant. Un roi malade n'est pas heureux. La reine est bien portante, mais la fille est très-malade. Mon frère est à présent malade et seul. L'homme est heureux. Mon père est toujours malade.

**12.** *Barba, f.,* barbe; *collum, n.,* cou; *lingŭa, f.,* langue; *humĕrus, m.,* épaule; *dorsum, n.,* dos; *digĭtus, m.,* doigt; *cerĕbrum, n.,* cerveau; *via, f.,* voie, chemin; *Deus, m.,* Dieu; *unus, a, um,* un, un seul; *densus, a, um,* dense, épais; *necessarius, a, um,* nécessaire; *latus, a, um,* large; *invĭdus, a, um,* envieux; *angustus, a, um,* étroit; *crassus, a, um,* gros, épais; *magis,* plus; *minùs,* moins; *magis quàm,* plus que; *minùs quàm,* moins que.

Barba tua est longa et densa; dorsum tuum est latum. Digitus meus est crassus. Est unus Deus. Lingua est necessaria. Aqua est magis necessaria, quàm vinum. Ventus non minùs necessarius est, quàm aqua. Collum tuum est album. Via est angusta. Frater tuus est homo invidus. Invidus homo est homo malus. Nullus homo invidus est bonus. Si soror tua est invida, non est bona. Digitus est longus et crassus.

Ton cerveau. Mon père n'est pas moins heureux que le tien. L'eau est plus nécessaire que le vin. Si ta mère est envieuse, elle n'est pas bonne, car une bonne mère n'est pas envieuse. Un homme envieux n'est pas heureux. Mon père est souvent malade.

**13.** *Ego*, je, moi; *tu*, tu, toi; *ille, illa, illud*, celui-là, celle-là, cela; celui, celle; ce, cette; *amicus, m.*, ami; *etiam*, aussi (bien plus); *sum*, je suis; *es*, tu es; *essem*, je serais, que je fusse; *esses*, tu serais, que tu fusses; *esset*, il serait, qu'il fût.

REMARQUES. 1° Ordinairement les pronoms sujets n'accompagnent le verbe que lorsqu'ils expriment l'opposition ou l'emphase : *tu es amicus meus, ego sum tuus*, toi, tu es mon ami; moi, je suis le tien.
2° *Si*, si, marquant supposition, doute, veut le verbe au subjonctif : *si esses amicus meus, beatus essem*, si tu étais mon ami, je serais heureux.

Ille homo est amicus meus. Si tu esses amicus meus, essem beatus, sed non es meus amicus. Illa mensa est rotunda; scamnum illud est longum. Scamnum non est mensa; ferrum non est aurum. Illa puella est soror mea. Soror mea bona est puella. Puer ille sæpè invidus est. Si frater meus non esset invidus, esset bonus. Bona puella non est invida, bonus puer non est invidus. Tu es amicus meus, ego sum tuus. Deus est justus et benignus et pater bonus.

Mon frère est bon, car il est juste et bienveillant. Si ton frère aussi était juste, il serait aussi bon; mais il n'est pas juste. Cet homme-là est mon ami. Si tu n'étais pas bon, tu ne serais pas mon ami. Ce cou-là est long. Le cerveau est sain. Mon épaule. Le doigt courbé. Si le ciel était serein, je serais content (*contentus*). L'eau profonde. Cet homme-là est méchant. Le roi est juste et la reine bienveillante.

**14.** *Jucundus, a, um*, agréable (ce qui plaît); *victus, a, um*, vaincu; *lepus, m.*, lièvre; *contentus, a, um*, content; *utĭlis, utilis, utile*, utile; *historia, f.*, histoire; *avārus, a, um*, avare; *noster, nostra, nostrum*, notre; *lignĕus, a, um*, de bois; *pavidus, a, um*, timide, peureux; *vester, vestra, vestrum*, votre ; *aurĕus, a, um*, d'or.

**Remarque.** Les adjectifs de matière prennent généralement la terminaison *eus* : *aurĕus*, d'or, de *aurum* (or); *ferrĕus*, de fer, de *ferrum* (fer).

Rex noster est bonus et justus, et regina nostra non minùs est bona et justa. Si rex noster esset avarus, non esset bonus. Rex vester est victus. Mensa vestra est aurea, nostra est lignea. Vestra mensa est cara, nostra non est cara. Lepus est pavidus. Lignum est necessarium. Ego sum contentus, sed tu non es contentus; si esses contentus, esses beatus, nam homo contentus est beatus. Nullus homo est omninò contentus. Rex vester avarus victus est. Tota historia est jucunda et utilis.

Notre bon père est très-content. Ton frère est moins content, car il est avare. Un homme avare n'est pas heureux. Personne n'est parfait. Je suis roi. L'ami avare. Le frère heureux. Une mère juste. Le lièvre est très-timide. Notre table est de bois. La couronne (*corona, f.*) est d'or.

**15.** Qui, *quæ, quod*, qui, lequel, laquelle; *pius, a, um*, pieux; *superbus, a, um*, superbe, orgueilleux; *bellicōsus, a, um*, belliqueux, vaillant; *iracundus, a, um*, irascible, emporté; *avus, m.*, grand-père; *avĭa, f.*, grand'mère; *miles, m.*, soldat; *sincērus, a, um*, sincère; *probus, a, um*, probe, honnête; *noxĭus, a, um*, nuisible; *mendacĭum, n.*, mensonge.

Homo sum. Homo, qui sincerus est, est etiam pius. Homo superbus non est pius. Qui pius est, est amicus meus. Avia mea est proba. Miles ille est bellicosus et superbus, sed non iracundus. Mendacium est valdè noxium. Avus iracundus; mater iracunda. Mater, quæ iracunda est, non est bona; nam bona mater non est iracunda. Rex noster est bellicosus, sed regina minùs est bellicosa. Soror tua est valdè amica. Mendacium non est bonum, sed valdè noxium.

Notre roi est pieux. Un roi pieux est aussi juste. Le roi qui est pieux, est aussi juste. Un roi vaincu est timide. Un roi belliqueux n'est pas timide. Si notre roi était timide, il ne serait pas vaillant, car celui qui (*qui*) est timide, n'est pas vaillant. Le soldat est souvent irascible. Un roi orgueilleux n'est pas un bon roi. Si votre[1] frère était plus belliqueux qu'il n'est[2], tu serais aussi soldat maintenant.

**16.** *Hic, hæc, hoc*, celui-ci, celle-ci, ceci ; ce, cette ; *salvus, a, um*, sain, sain et sauf, conservé ; *certus, a, um*, certain, sûr ; *honestus, a, um*, honnête, vertueux ; *gratus, a, um*, agréable (gracieux) ; *antiquus, a, um*, antique, ancien ; *latīnus, a, um*, latin ; *græcus, a, um*, grec.

Hic homo est amicus meus. Hæc puella est soror mea. Hoc lignum est durum. Scamnum illud longum est meum. Lingua latina est antiqua. Græca lingua est grata. Hæc lingua est græca. Hic miles est bellicosus. Hæc regina est honesta. Hoc scamnum meum est. Hic homo, qui valdè honestus est, frater meus est, et hæc puella venusta est soror mea.

Cette table ronde est à moi, et cette table-là est à toi. Ce banc-là qui est très-long, est à nous. L'histoire est certaine. La langue latine est conservée. Mon grand-père qui est maintenant malade, est très-pieux. Notre pieuse grand'mère est malade. L'homme qui est vertueux, est aussi heureux. Je ne suis pas moins heureux que vous et votre frère. L'histoire ancienne est très-agréable.

**17.** *Mercātor, m.*, marchand ; *discipŭlus, m.*, élève, disciple ; *leo. m.*, lion ; *pes, m.*, pied ; *flos, m.*, fleur ; *color, m.*, couleur ; *liber, a, um*, libre ; *gratus, a, um*,

---

[1] En s'adressant à une seule personne, on ne se sert en latin que du singulier : *frater tuus*, votre frère ou ton frère.
[2] *Ne*, après un comparatif, ne se rend pas en latin.

reconnaissant; *pulcher, pulchra, pulchrum*, beau (bien fait); *piger, pigra, pigrum*, paresseux; *ruber, rubra, rubrum*, rouge.

**Remarques.** 1° *Aussi, si, tellement*, devant un adjectif ou un adverbe, se rend en latin par *tàm*, et le *que* suivant, par *quàm : tàm prudens est quàm fortis*, il est aussi prudent que brave.
2° Les noms en *o, or, os* et *er* sont généralement *masculins*. (Voyez n° 41, § 1.)

Hic puer est piger discipulus; si non esset tàm piger, esset amicus meus. Piger discipulus non est homo honestus. Flos, qui pulcher est, est gratus. Hic est flos pulcher. Hic est mercator. Hic est mercator, qui est honestus. Color niger non tàm gratus est, quàm albus. Sum homo liber. Homo liber est beatus. Leo est gratus.

Cet élève est mon fils. Mon fils est un homme libre. Un homme qui est libre, est heureux. Cet homme est marchand. Ce garçon-là est noir. Un garçon paresseux n'est pas libre. Un petit pied est beau. Un homme noir n'est pas si agréable qu'un blanc. Ce marchand est très-honnête. Cette belle fleur. Cette fille paresseuse.

**18.** *Possum*, je peux; *potes*, tu peux; *potest*, il, elle peut.
*Volo*, je veux; *vis*, tu veux; *vult*, il, elle veut.
*Esse*, être; *debet*, il, elle doit.
*Æger, gra, grum*, malade; *miser, sĕra, sĕrum*, misérable, malheureux; *lætus, a, um*, joyeux, gai; *pœna, f.*, peine, punition; *passer, m.*, moineau, passereau; *carcer, m.*, prison, cachot; *agger, m.*, digue, rempart; *sartor, m.*, tailleur.

Qui æger est, non est beatus. Tu potes esse beatus, si vis esse honestus. Homo honestus semper est beatus. Si meus amicus esse vis, potes esse. Noster sartor est homo miser, nam est valdè æger. Homo æger non potest esse omninò beatus. Homo æger non semper est miser, nam qui est honestus, semper est contentus, et qui est contentus, non est miser. Semper beatus esse possum, si volo. Carcer non est gratus. Si carcer esset gratus, non essem miser. Carcer meus est durus. Carcer est pœna mea. Hic agger est latus. Si hic passer esset meus, puer lætus essem.

Je suis un homme heureux, car je suis content. Cet homme heureux est mon frère. Cet homme-là est malade; il est très-malheureux. La prison est une punition très-dure. Son frère est misérable, car il est avare. Un homme avare est toujours malheureux. Tu peux être heureux, si tu le veux.

**19.** *Gaudium, n.*, joie; *amicitia, f.*, amitié; *vita, f.*, vie; *firmus, a, um*, ferme, durable; *humanus, a, um*, humain; *satis*, assez; *quia*, parce que.

Qui amicus meus esse vult, honestus esse debet. Bonus amicus est gaudium meum, sed quia hic amicus est æger, ego non sum lætus, sed miser. Nostra amicitia est firma; si non esset tàm firma, non essem tàm lætus et beatus. Si amicus meus esse vis, amicitia tua firma esse debet. Vita nostra misera esse potest, sed semper honesta esse debet. Vita, quæ non est honesta, semper est misera. Vita humana satis est longa. Tota vita mea est misera, nam semper sum æger.

REMARQUE. De deux verbes qui se suivent, l'infinitif se met, en latin, ordinairement le premier : *honestus esse debet*, il doit être honnête.

La prison est une punition assez dure, mais la punition doit subsister (être), si l'homme est méchant. Si personne n'était méchant, la punition ne serait pas nécessaire. A présent la prison est nécessaire. Si ce garçon n'était pas si paresseux, il serait un très-bon élève. Cet élève ne doit pas être paresseux. Si tu veux être mon ami, tu dois (*debes*) être honnête.

**20.** (*Le vocabulaire des morceaux suivants se trouve à la fin des exercices*).

Remarque. Les noms de la *troisième déclinaison*[1] en : *as, aus, is, ys, x* et en *s* précédée d'une consonne, sont ordinairement *féminins*. (Voyez n° 41, § 2.)

Nox est obscura. Nox obscura non est grata. Nix est alba. Passer est parva avis. Veritas est laudanda, sed mendacium est vituperandum. Puer piger est vituperandus. Si semper piger esse vis, non es homo laudandus. Lex severa, si est justa, non est vituperanda. Bellum est malum, sed pax est bona. Si semper pax esset, homo esset beatus. Verbum tuum semper est verum. Pax est certa. Apis est sedula. Hæc avis parva est pulchra. Nix est frigida. Si semper bellum esset, vita humana esset misera. Pietas tua est laudanda.

La guerre est un grand mal, mais la paix est un grand bien. S'il y avait (était) toujours la paix, notre vie serait plus heureuse qu'elle n'est[2] à présent. Ce garçon peut être très-heureux, s'il le veut ; mais il ne le veut pas ; il est paresseux. Ta vie serait heureuse, si tu étais pieux et vertueux. Ta vie pieuse est ma joie. Ta parole est une loi sévère. Cette loi est sévère, mais elle est juste. La loi juste doit être sévère. Si une loi n'est pas juste, elle est blâmable. Toute la loi est juste.

**21.** *Possem*, je pourrais, que je pusse ; *posses*, tu pourrais, que tu pusses ; *posset*, il, elle pourrait, qu'il, qu'elle pût.

*Vellem*, je voudrais, que je voulusse ; *velles*, tu voudrais, que tu voulusses ; *vellet*, il, elle voudrait, qu'il voulût.

*Adsum*, je suis là, je suis présent, j'assiste à ; *ades*, tu es là, etc. ; *adest*, il est là, etc.

---

[1] Voyez n° 34, § 2.
[2] Voyez n° 15, remarque.

Semper homo beatus esse posset, si vellet ; si non est, ipse est causa. Tu non vis esse beatus, nam semper es piger. Piger autem [1] discipulus non potest esse beatus. Cœlum neque omninò obscurum, neque omninò serenum est. Utinàm pax esset æterna ! Si enim [2] esset pax æterna, bellum, magnum illud malum, non ampliùs esset. Rex bellicosus non est laudandus ; si autem bellum est necessarium, bellum ipsum non est vituperandum. Vox humana est grata. Quandò luna non adest, nox est obscura. Hæc nox est obscura.

Mon maître est clément et juste. Je suis le domestique. Un domestique doit être diligent. Un domestique diligent est louable, un paresseux est blâmable. Aucune vérité n'est blâmable ; mais le mensonge est toujours blâmable. Ma parole est la vérité. Notre jardin n'est ni grand ni petit. La lune n'est pas si grande que la terre. Le ciel est haut ; l'eau est profonde ; l'abeille est diligente. Cet oiseau est petit. Cet éloge est blâmable. Notre roi est louable. La paix éternelle. Si mon maître y est, j'y suis aussi (aussi moi je suis là).

**22.** *Debeo*, je dois ; *debes*, tu dois ; *debet*, il doit.

Omnis homo est mortalis. Puella est mortalis. Animal mortale est. Filius meus est mortalis. Filia mea est mortalis. Hæc lex est lenis. Rex noster est lenis. Omnis rex lenis esse debet. Omne animal est mortale. Homo est animal mortale. Ego sum homo, ergò sum mortalis. Si tu es homo, es etiam mortalis. Miles fortis esse debet. Hæc mulier non minùs for-

---

[1] *Autem* (mais, cependant, or, au contraire) se place toujours *après* le premier mot : *nihil scribo, lego autem libentissimè*, je n'écris pas, mais je lis avec grand plaisir. *Sunt autem reges qui*, etc., mais il y a des rois qui, etc. Distinguez bien *autem* du mot *sed* (mais), qui indique *opposition* : *Pausanias magnus homo erat, sed varius*, Pausanias était un grand homme, mais inconstant. *Non ego, sed tu*, pas moi, mais toi. *Non solùm, sed etiàm*, non-seulement, mais encore.

[2] *Enim*, car, se met toujours *après* le premier mot : *si enim*, car si.

tis est, quàm vir. Vir honestus et fortis esse debet. Si miles esse vis, fortis esse debes; nam omnis miles fortis esse debet. Regina nostra æquè fortis est, ac rex noster. Omne animal est utile. Historia est utilis. Hortus est utilis. Scamnum est utile. Ferrum magis necessarium est, quàm aurum.

Tout animal est utile. Tout animal est mortel. L'homme, qui est mortel, est aussi éternel. Mon frère est un brave soldat. Ma sœur est aussi brave que mon frère. Toute oisiveté est nuisible. Notre amitié doit être durable. Je suis très-heureux, si tu veux être mon ami. Dieu est un père clément et juste.

**23.** Mundus est pulcher et admirabilis. Vita humana brevis est. Hoc gaudium breve est. Lingua latina non tàm difficilis est, quàm græca. Omne initium difficile est. Hoc animal nimis pingue est. Rex noster est liberalis. Luna est sublimis. Frater meus est fidelis. Homo fidelis laudandus est; sed homo, qui non est fidelis, non est honestus. Si tu fidelis esses, amicus meus esses. Sed non es fidelis; mendacium est gaudium tuum.

Cette table-ci est ronde et ce banc-là est court. Le ciel est serein et la lune est claire (blanche). Si la lune ne paraît pas (n'est pas là), la nuit est obscure. La nuit obscure n'est pas agréable. La nuit n'est pas mon amie. Il fait (est) nuit; le ciel est obscur. Si la lune ne paraît pas, la nuit doit être obscure. Ma sœur est une fille fidèle. Si tout homme était fidèle, la vie humaine serait très-agréable.

**24.** Non omne [1] animal est crudele. Hoc animal non est tàm crudele, quàm ille homo, qui est valdè crudelis. Si rex noster crudelis esset, totus populus miser esset, qui nunc est satis beatus. Hic puer est crudelis; hæc puella est crudelis;

---

[1] *Omnis, is, e,* signifie *tout, chaque, chacun;* mais, *tōtus, a, um, tout entier.*

hoc animal est crudele. Omne animal crudele est noxium. Ego sum hilaris, sed frater meus semper est tristis. Ego hilaris esse non possum, nam sum amicus tuus. Si enim[1] amicus tristis est, alter[2] hilaris esse non potest.

Toute la terre n'est pas fertile. Ce sol-ci est fertile, celui-là est stérile. Si toute la terre était fertile, l'homme pourrait vivre partout. La vie humaine est très-souvent triste et misérable. Si l'homme est malheureux, il n'en est pas toujours la cause lui-même; la supercherie d'autrui en est souvent la cause.

25. Non omnis laus est laudanda. Qui meritò laudari vult, omninò laudandus esse debet. Omnis homo honestus meritò laudandus est. Si omnis homo laudandus esset, vita humana beata esset, nam nemo esset malus, neque noxius. Malus homo felix esse non potest. Mater mea honesta est et felix. Frater felix; soror felix; animal felix. Puer piger non est felix, nec puella pigra est felix. Nemo, qui piger est, felix esse potest. Puer sapiens non est piger; nam si piger esset, non esset sapiens. Utinàm omnis puer sapiens esset!

L'homme bon est toujours heureux. Si le fils est sage, le père est joyeux. Tout fils pourrait être sage, s'il le voulait. Tout enfant sage, toute fille sage est ma joie. Une fille riche n'est pas toujours une bonne fille. Celui qui est riche, peut et doit être libéral. Le pauvre ne peut pas être libéral. Celui qui veut être libéral, ne doit pas être pauvre.

26. REMARQUE. Les noms et les adjectifs de la *première déclinaison* changent l'*a* du nominatif singulier au pluriel en *æ*; ceux de la *deuxième déclinaison* changent *er* ou *us* au pluriel en *i*, et le neutre *um* au pluriel en *a*; ceux de la *troisième déclinaison* prennent pour le *masculin* et le *féminin* au *pluriel es*; les noms *neutres*

---

[1] Voyez n° 21, remarque.
[2] *Alter, a, um*, signifie *l'autre* (en parlant de deux); *alius, alia, aliud, un autre*.

ont le nominatif pluriel en *a;* mais les *neutres* en *e, al, ar,* ainsi que les adjectifs neutres de cette déclinaison ont au pluriel *ia.* (Voyez n° 34, § 2; 35, 38, 39, 41, 44, § 5.)

## NOMS.

### PREMIÈRE DÉCLINAISON.

SING. : *Mensa, f.,* la table. PLUR. : *Mensæ,* les tables.

### DEUXIÈME DÉCLINAISON.

SING. : *Hortus, m.,* le jardin; *puer, m.,* l'enfant; *vinum, n.,* le vin. PLUR. : *Horti,* les jardins; *pueri,* les enfants; *vina,* les vins.

### TROISIÈME DÉCLINAISON.

SING. : *Pater, m.,* le père; *mater, f.,* la mère; *soror, f.,* la sœur; *homo, m.,* l'homme; *rex, m.,* le roi; *caput, n.,* la tête; *corpus. n.,* le corps; *mare, n.,* la mer; *animal, n.,* l'animal; *exemplar, n.,* le modèle. PLUR. : *Patres,* les pères; *matres,* les mères; *sorores,* les sœurs; *homines,* les hommes; *reges,* les rois; *capita,* les têtes; *corpora,* les corps; *maria,* les mers; *animalia,* les animaux; *exemplaria,* les modèles.

## ADJECTIFS.

### DEUXIÈME DÉCLINAISON.

SING. : *Bonus,* (bon) *m.*; *bona, f.*; *bonum, n.* PLUR. : *Boni, m.*; *bonæ, f,*; *bona, n.* SING. : *Piger* (paresseux), *m.*; *pigra, f.*; *pigrum, n. Liber* (libre), *m.*; *libera, f.*; *liberum, n.* PLUR. : *Pigri, m.*; *pigræ, f.*; *pigra, n. Liberi, m., liberæ, f.*; *libera, n.*

## TROISIÈME DÉCLINAISON.

Sing. : *Celer* (prompt), *m.*; *celeris, f.*; *celere, n.*
Plur. : *Celeres, m.*; *celeres, f.*; *celeria, n.*

Sing. : *Dulcis* (doux), *m.* et *f.*; *dulce, n. Prudens* (prudent), *m., f.* et *n. Felix* (heureux), *m., f.* et *n.* Plur. : *Dulces, m.* et *f.*; *dulcia, n. Prudentes, m.* et *f.*; *prudentia, n. Felices, m.* et *f.*; *felicia, n.*

*Sum*, je suis; *es,* tu es; *est*, il, elle est; *sumus*, nous sommes; *estis*, vous êtes; *sunt*, ils, elles sont.

Non omnes servi sunt boni. Boni servi sunt laudandi. Bonus servus est laudandus. Frater meus bonus est servus; fratres mei boni sunt servi. Non omnes matres sunt bonæ, nec omnes patres boni. Fratres mei sunt honesti. Multa scamna sunt longa. Multæ mensæ sunt rotundæ. Multi homines sunt beati. Non omnes equi albi sunt, multi etiam sunt rufi et nigri. Albi equi æquè boni sunt, ac nigri.

Les pères sont souvent trop sévères, mais les mères sont ordinairement trop indulgentes (*lenis*). Si chaque mère était aussi sévère que le père, le fils serait souvent heureux. Mes fils sont bons, je suis par conséquent content et heureux. Personne n'est entièrement heureux. Si tous les hommes sont heureux, je suis heureux aussi.

**27.** *Possum*, je peux; *potes*, tu peux; *potest*, il, elle peut: *possŭmus*, nous pouvons; *potestis*, vous pouvez; *possunt*, ils, elles peuvent.

*Volo*, je veux; *vis*, tu veux; *vult*, il, elle veut; *volŭmus*, nous voulons; *vultis*, vous voulez; *volunt*, ils, elles veulent.

Ter beati sunt illi homines, qui sunt pii et honesti. Omnes honesti homines sunt laudandi, sed mali vituperandi. Mali homines miseri sunt. Homines boni felices sunt. Hi homines sunt felices, illi sunt miseri. Nos omnes mortales sumus. Omnes, qui homines sunt, etiam mortales sunt. Deus non est mortalis. Omnes homines felices esse possunt, si volunt. Parentes sunt felices, si filii sunt boni. Filii mei sunt gaudium meum. Multæ puellæ sunt venustæ; non omnes puellæ venustæ sunt honestæ. Sorores meæ sunt bonæ, et fratres mei non minùs sunt boni. Deus ubiquè est, sed homines non possunt esse ubiquè.

Toutes les reines ne sont pas heureuses; beaucoup sont très-malheureuses. Les parents ne peuvent pas être contents et heureux, si les enfants sont paresseux et méchants. Toutes les guerres sont nuisibles. Si chaque guerre était utile, un roi belliqueux serait toujours louable. L'homme qui veut être loué, doit être bon. Tous les hommes bons sont louables; tous les méchants sont blâmables.

**28.** *Debeo*, je dois; *debes*, tu dois; *debet*, il, elle doit; *debēmus*, nous devons; *debētis*, vous devez; *debent*, ils, elles doivent.

*Essem*, je serais; *esses*, tu serais; *esset*, il, elle serait; *essēmus*, nous serions; *essētis*, vous seriez; *essent*, ils, elles seraient; *ou bien :* que je fusse, que tu fusses, etc.

*Possem*, je pourrais; *posses*, tu pourrais; *posset*, il, elle pourrait; *possēmus*, nous pourrions; *possētis*, vous pourriez; *possent*, ils, elles pourraient; *ou bien :* que je pusse, que tu pusses, etc.

*Vellem*, je voudrais; *velles*, tu voudrais; *vellet*, il, elle voudrait; *vellēmus*, nous voudrions; *vellētis*, vous voudriez; *vellent*, ils, elles voudraient; *ou bien :* que je voulusse, que tu voulusses, etc.

Multi reges valdè sunt potentes; omnes hi reges felices esse possent, dummodò vellent; sed multi non volunt tàm felices esse, quàm esse possent. Si hi reges sapientes essent, populi essent felices, qui nunc sæpè valdè sunt miseri. Utinàm omnes reges sapientes et omnes populi felices essent ! Rex, qui amari vult, justus et benignus esse debet. Reges, qui amari volunt, justi et benigni esse debent. Si omnes reges essent justi, bella non essent, quæ nunc sunt multa. Omnia bella sunt crudelia. Bella minùs crudelia esse possent, si milites, qui sæpè crudeles sunt, magis humani essent. Sæpè duces ipsi crudeles sunt.

Les hommes qui veulent vivre longtemps, doivent être sobres. Certes[1], beaucoup d'hommes veulent vivre longtemps, mais ils ne peuvent pas être sobres ; car, s'ils pouvaient être sobres, ils pourraient aussi vivre longtemps. Une longue vie est agréable, si nous sommes toujours bien portants. Si un homme est toujours malade, une longue vie n'est pas désirable. Si vous voulez vivre longtemps, vous devez être sobres. Mes frères sont très-sobres. Tous les hommes pourraient être sobres, s'ils le voulaient. Plût à Dieu que (*utinàm*) tous les hommes fussent sobres !

**29** Hortus meus magnus est, sed tui horti qui multi sunt, omnes sunt parvi. Parvi horti non sunt tàm cari, quàm magni; si hi magni æquè sunt boni atque illi parvi. Hi horti fertiles sunt, illi sunt steriles. Horti steriles non sunt tàm cari, quàm fertiles. Milites sunt necessarii, cùm bellum est. Si milites non essent, bella esse non possent. Milites non semper sunt sobrii. Si semper essent sobrii, non essent tàm crudeles, quàm sæpè sunt. Patres boni ; matres bonæ ; bella mala. Flos pulcher ; flores pulchri. Collum longum ; colla longa. Homo piger ; homines pigri. Miles magnus ; milites magni. Bellum crudele ; bella crudelia. Scamnum longum ; scamna longa. Puella sana ; puellæ sanæ. Puer felix ; pueri felices. Puella felix ; puellæ felices. Negotium felix ; negotia felicia.

Beaucoup de champs sont stériles, et pourtant cultivés. Nos champs sont fertiles et cultivés. Un champ stérile ne coûte

---

[1] *Quidem*, adv., *à la vérité, certes, assurément*, se met toujours *après* un mot : *homines quidem*, certes, les hommes.

(n'est) pas si cher qu'un champ fertile. Des champs stériles ne coûtent pas si cher que des champs fertiles. Tous mes champs sont fertiles. S'ils n'étaient pas fertiles, je ne serais pas si content que je le[1] suis à présent. Ces fleurs sont belles. Les belles fleurs coûtent cher.

**30.** Qui vir doctus fieri vult, legere et scribere debet. Non omnes, qui legere et scribere possunt, viri docti sunt. Si vir doctus fieri vis, discere debes. Homo, quanquàm[2] jàm doctus est, tamen discere debet. Omnes homines discere debent. Pueri meliùs discere possunt, quàm senes. Pueri discere debent, præceptores docere. Qui docere nolunt, præceptores esse non possunt. Is est bonus præceptor, qui benè et fideliter docet. Qui benè et fideliter docent, boni sunt præceptores. Qui non benè docet, non est bonus præceptor. Præceptor qui laudari vult, fideliter docere et benè vivere debet.

Ce vieillard est malheureux. Beaucoup de vieillards sont heureux. Les vieillards doivent être honorés. Tous les hommes qui veulent devenir vieux (vieillards), doivent être sobres. Une vie sobre est louable. Puissent tous les hommes être sobres! Chaque homme peut être sobre, s'il le veut. Tous mes amis sont sobres. Beaucoup d'animaux sont plus sobres que l'homme.

**31.** *Longus, a, um,* long; COMPARATIF SING. : *lŏngior, ior, ius,* plus long; COMPARATIF PLUR. : *longiōres, res, ra.*

*Doctus, a, um,* savant; COMPARATIF SING. : *doctior, ior, ius,* plus savant; COMPARATIF PLUR. : *doctiōres, res, ra.*

*Lenis, is, e,* doux; COMPARATIF SING. : *lenior, ior, ius,* plus doux; COMPARATIF PLUR. : *leniōres, res, ra.*

*Sapiens* (des trois genres), sage; COMPARATIF SING. :

---

[1] Ce *le* ne se rend pas en latin.
[2] *Quanquàm,* quoique, se construit ordinairement avec l'indicatif.

*sapientior, or, us,* plus sage ; COMPARATIF PLUR. : *sapientiores, res, ra.*

*Felix* (des trois genres), heureux ; COMPARATIF SING. : *Felicior, or, us,* plus heureux ; COMPARATIF PLUR. : *feliciores, res, ra.*

(Pour la formation du comparatif, voir n° 49).

*Soleo,* j'ai coutume ; *soles,* tu as coutume ; *solet,* il, elle a coutume ; *solēmus,* nous avons coutume ; *solētis,* vous avez coutume ; *solent,* ils, elles ont coutume.

Frater meus doctus est, sed vester doctior est. Fratres vestri doctiores sunt, quàm mei, quanquàm [1] etiam hi satis sunt docti. Miles audax esse debet, sed non omnes milites audaces sunt. Tu es audacior, quàm ego, quanquàm ego audacior sum, quàm multi alii [2]. Qui audaces sunt, non semper sunt sapientes. Duces sapientiores esse debent, quàm milites. Si duces sapientiores sunt, quàm milites, bellum plerumquè felix erit ; sed si ii sunt sapientiores quàm illi, exitus infelix esse solet. Scamnum longius esse solet, quàm mensa, sed mensa est latior. Rex vester est senior, quàm regina vestra, quæ valdè es severa. Si rex esset severior, boni homines essent felicio-es et locupletiores ; nam nunc ubiquè sunt fures et latrones.

Beaucoup d'animaux sont certainement (*quidem*) très-cruels, mais beaucoup de brigands sont souvent plus cruels que les animaux. Les brigands sont des hommes très-méchants. Si votre roi était aussi sévère que bienveillant, il n'y aurait pas tant de voleurs et de brigands. La justice doit être sévère ; là où il n'y a pas de sévérité, il n'y a pas de justice.

**52.** *Possim,* que je puisse ; *possis,* que tu puisses ; *possit,* qu'il, qu'elle puisse ; *possīmus,* que nous puis-

---

[1] Voyez n° 30, remarque.
[2] Voyez n° 24, remarque.

sions; *possītis*, que vous puissiez; *possint*, qu'ils, qu'elles puissent.

Nemo tàm doctus est, ut [1] doctior esse non possit; neque tàm locuples, ut locupletior esse non possit. Homines locuplētes sæpè sunt miseriores, quàm paupĕres. Si omnes homines tàm locuplētes essent, quàm multi sunt, societas humana non esset tàm felix, quàm nunc est. Vos non estis tàm docti, ut doctiores esse non possitis. Omnes homines sunt mortales, et locuplētes et paupĕres. Homines paupĕres sæpè sunt beatiores, quàm locuplētes. Ii soli beati sunt, qui honesti sunt. Si igitur reges non sunt honesti, beati esse non possunt. Mater tua est severior, quàm mea, quæ valdè est lenis.

Le lion est un animal généreux. Les lions sont des animaux généreux. Le lion est un animal très-fort; il est plus fort que beaucoup d'autres (*alius*) animaux. Si le lion était aussi féroce que fort, il serait un animal dangereux. Maintenant il est moins dangereux. Le lion est plus doux que le tigre. Le tigre est plus féroce que beaucoup d'autres animaux.

[1] *Ut*, conj., *que, afin que, pour que*, veut le subjonctif; mais signifiant *comme, de même que, dès que*, l'indicatif.

# DEUXIÈME PARTIE

## DU NOM.

### Règles générales du genre des noms masculins et féminins.

**33.** 1. Sont *masculins :* les noms d'*êtres mâles*, et les noms de *peuples*, de *vents*, de *mois*, et, en général, de *fleuves : rex*, roi ; *leo*, lion ; *Galli*, les Gaulois ; *Scythæ*, les Scythes ; *Boreas*, Borée (vent) ; *etesiæ*, vents étésiens ; *aprilis*, avril ; *Sequana*, la Seine ; *Garumna*, la Garonne.

2. Sont *féminins :* les noms d'*êtres femelles*, et la plupart des noms de *pays*, de *provinces*, de *villes*, d'*îles*, d'*arbres*, de *plantes*, de *navires : regina*, reine ; *leœna*, la lionne ; *Ægytus*, l'Égypte ; *Rhodus*, île de Rhodes ; *Corinthus*, Corinthe ; *populus*, le peuplier ; *quercus*, le chêne ; *Argo*, Argo (vaisseau des Argonautes).

**34.** 1. La déclinaison latine a six cas :

Le *Nominatif* (ou sujet) ;

Le *Vocatif* (indiquant l'objet auquel on adresse la parole) ;

Le *Génitif* (ou complément indirect avec *de*, régime des noms, des adjectifs et de quelques verbes) ;

Le *Datif* (ou complément indirect avec *à*) ;

L'*Accusatif* (ou complément direct) ;

L'*Ablatif* (exprimant ordinairement *séparation, éloignement*, et répondant à la préposition *de* après les verbes et quelques adjectifs.

2. Il y a en latin, relativement aux noms, *cinq dé-*

clinaisons, que l'on distingue par les terminaisons du *nominatif* et du *génitif* sing. :

La première a le *nominatif* singulier ordinairement en *a*, et le *génitif* en *æ* : Nom. *rosa*, la rose; Gén. *rosæ*, de la rose;

La deuxième a le *nominatif* sing. en *er*, *us*, *um*, et le *génitif* en *i* : Nom. *puer*, l'enfant; Gén. *pueri*, de l'enfant; Nom. *hortus*, le jardin; Gén. *horti*; Nom. *templum*, le temple; Gén. *templi*;

La troisième n'a point de terminaison fixe pour le *nominatif* singulier; mais elle a le *génitif* en *is* : Nom. *pater*, le père; Gén. *patris*, du père; Nom. *tempus*, le temps; Gén. *temporis*, du temps;

La quatrième a le *nominatif* sing. en *us*, et le *génitif* en *ûs*; elle a quelques *neutres* en *u* à tous les cas du singulier : Nom. *fructus*, le fruit; Gén. *fructûs*, du fruit; Nom. *cornu*, la corne; Gén. *cornu*, de la corne;

La cinquième a le *nominatif* sing. en *es*, et le *génitif* en *ei* : Nom. *dies*, le jour; Gén. *diei*, du jour.

### PREMIÈRE DÉCLINAISON.

**55.** La plupart des noms de cette déclinaison sont terminés au *nominatif* sing. en *a*; quelques-uns, tirés du grec, en *e*, *es*, *as*. Les noms en *a* (excepté les noms d'hommes) et presque tous ceux en *e* sont *féminins*; les autres, en *es* et *as*, *masculins*.

L'*ablatif* en *â* prend ordinairement l'accent circonflexe pour se distinguer du *nominatif* et du *vocatif* en *a*.

| Singulier. | Pluriel. |
|---|---|
| Nom. *Mens ă*, la table. | *Mens æ*, les tables. |
| Voc. *Mens ă!* table! | *Mens æ!* tables! |
| Gén. *Mens æ*, de la table. | *Mens ārum*, des tables. |
| Dat. *Mens æ*, à la table. | *Mens is*, aux tables. |

Acc. *Mens am*, la table.   *Mens as*, les tables.
Abl. *Mens à*, de la table.   *Mens is*, des tables.

Les noms en *e, es, as* se déclinent régulièrement sur *mensa* au *pluriel*, mais non pas au *singulier* :

###### Singulier.

Nom. *Music e*, la musique.   *Comet es*, la comète.
Voc. *Music e!* musique!   *Comet e!* comète!
Gén. *Music es*, de la musique.   *Comet ae*, de la comète.
Dat. *Music æ*, à la musique.   *Comet ae*, à la comète.
Acc. *Music en*, la musique.   *Comet en*, la comète.
Abl. *Music e*, de la musique.   *Comet e*, de la comète.

###### Singulier.

Nom. *Aene as*, Énée.   Dat. *Aene ae*, à Énée.
Voc. *Aene a!* Énée!   Acc. *Aene am, Aene an*, Énée.
Gén. *Aene ae*, d'Énée.   Abl. *Aene à*, d'Énée.

REMARQUES. 1° Quelques noms féminins en *a*, surtout *dea* (la déesse), et *filia* (la fille), ont le *datif* et l'*ablatif* pluriel en *abus*, pour se distinguer des noms masculins correspondants : *deabus, filiabus* (aux ou des déesses, aux ou des filles); *diis, filiis* (aux ou des dieux, aux ou des fils).

2° *Familja* (famille), précédé de *pater, mater, filius*, fait *familiás* au *génitif* : *pater familiás*, le père de famille; *mater familiás*, la mère de famille.

3° Quelques noms ne s'emploient qu'au pluriel : *divitiæ*, richesses; *tenebræ*, ténèbres; *nuptiæ*, noces, mariage; *Athênæ*, Athènes; *Thêbæ*, Thèbes.

###### Déclinez :

**36.** Les FÉMININS : *aquila*, aigle; *ala*, aile; *forma*, forme; *fortuna*, fortune; *alauda*, alouette; *ancilla*, servante; *vita*, vie; *via*, chemin; *dea; filia; divitiæ; tĕnebræ; Roma*, Rome; *epitome*, l'abrégé; *grammatice*, grammaire; *Penelŏpe*, Pénélope.

Les MASCULINS : *incŏla*, l'habitant; *agricŏla*, le laboureur; *nauta*, le matelot; *advĕna*, l'étranger; *geōmetres*, le géomètre; *pyrītes*, la pierre à feu; *Anchīses*, Anchise; *bŏreas*, la bise; *tiăras*, la tiare; *Andrēas*, André.

L'aile de l'alouette. De la vie (gén.) du laboureur. A la constance du matelot. La plume (acc.) de l'aigle. Du chemin (abl.) de l'étranger. Habitant de Rome! Les ailes des aigles. De l'abrégé (gén.) des grammaires. Des couronnes (gén.) des reines. Aux filles de la reine. Aux déesses. Le père de famille. Les habitants (acc.) de l'île. Des richesses (abl.) de Rome, d'Athènes et de Thèbes. Ténèbres de la vie humaine! Les ailes des alouettes sont petites. La forme de la statue est belle. La vie du laboureur est longue. La quantité d'eau est grande. La persévérance des matelots est louable. Aux filles de l'étranger. Les soucis des habitants d'Athènes.

**57.** Ta servante est la fille d'un laboureur. Les aigles sont les habitants des forêts. La guerre est la cause de la dure punition. L'instruction est la grande gloire du poëte. L'argent est le butin du pirate. La persévérance était (*erat*) la cause de la grande victoire. Les servantes de la reine sont les filles du matelot. Les alouettes sont souvent la proie de l'aigle. Les bonnes plantes sont la gloire du laboureur.

### DEUXIÈME DÉCLINAISON.

**58.** 1. Les noms de la *deuxième déclinaison* ont le *nominatif* sing. en *us*, *er*, *ir*, ou *um*, et le *génitif* en *i*. Les noms en *us*, *er*, *ir* sont *masculins* (excepté les *féminins alvus*, le ventre; *humus*, le sol; *vannus*, le van; et les *neutres : pelagus*, la mer; *vulgus*, le vulgaire) et ceux en *um*, *neutres*. Cependant les noms d'*arbres*, d'*arbustes*, de *pays* et de *villes* en *us* sont ordinairement *féminins : ulmus*, l'orme; *populus*, le peuplier; *Ægyptus*, l'Égypte; *Corinthus*, Corinthe. (Voyez n° 33, § 2.)

2. Les noms en *us* (excepté *Deus*, Dieu; *agnus*, agneau; *chorus*, chœur) ont le *vocatif* en *e*. Les mots

*filius*, fils ; *genius*, un génie ; et les *noms propres* de Romains en *ius*, comme *Virgilius*, *Pompeius*, ont le vocatif en *i* : *fili, geni, Virgili, Cai*.

3. Quelques noms en *er* perdent l'*e* au *génitif* et à tous les cas suivants : *faber*, l'artisan ; *ager*, le champ ; *aper*, le sanglier ; *liber*, le livre ; Gén. *fabri, agri, apri, libri*.

4. *Deus*, Dieu, fait au pluriel Nom. et Voc. *Dii* (*Dī*) ; Gén. *Deorum* ; Dat. et Abl. *Diis* (*Dīs*) ; Acc. *Deos*.

**Singulier.**

| | Masc. | | Masc. |
|---|---|---|---|
| Nom. | *Hort us*, le jardin. | *Puer*, l'enfant. |
| Voc. | *Hort e!* jardin ! | *Puer!* enfant ! |
| Gén. | *Hort i*, du jardin. | *Puer i*, de l'enfant. |
| Dat. | *Hort o*, au jardin. | *Puer o*, à l'enfant. |
| Acc. | *Hort um*, le jardin. | *Puer um*, l'enfant. |
| Abl. | *Hort o*, du jardin. | *Puer o*, de l'enfant. |

**Singulier.**

| | Masc. | | Neutre. |
|---|---|---|---|
| Nom. | *Liber*, le livre. | *Templ um*, le temple. |
| Voc. | *Liber!* livre ! | *Templ um!* temple ! |
| Gén. | *Libr i*, du livre. | *Templ i*, du temple. |
| Dat. | *Libr o*, au livre. | *Templ o*, au temple. |
| Acc. | *Libr um*, le livre. | *Templ um*, le temple. |
| Abl. | *Libr o*, du livre. | *Templ o*, du temple. |

**Pluriel.**

| Nom. | *Hort i*, les jardins. | *Puer i*, les enfants. |
|---|---|---|
| Voc. | *Hort i!* jardins ! | *Puer i!* enfants ! |
| Gén. | *Hort orum*, des jardins. | *Puer orum*, des enfants. |
| Dat. | *Hort is*, aux jardins. | *Puer is*, aux enfants. |
| Acc. | *Hort os*, les jardins. | *Puer os*, les enfants. |
| Abl. | *Hort is*, des jardins. | *Puer is*, des enfants. |

**Pluriel.**

| Nom. | *Libr i*, les livres. | *Templ a*, les temples. |
|---|---|---|

Voc. *Libr i!* livres!     *Templ a!* temples!
Gén. *Libr orum,* des livres.     *Templ orum,* des temples.
Dat. *Libr is,* aux livres.     *Templ is,* aux temples.
Acc. *Libr os,* les livres.     *Templ a,* les temples.
Abl. *Libr is,* des livres.     *Templ is,* des temples.

**Déclinez :**

LES MASCULINS : *pŏpulus,* peuple; *servus,* esclave; *nidus,* le nid; *filius, Deus, genius; Horatius,* Horace; sur *puer : socer,* beau-père; *gener,* gendre; *vir,* l'homme; sur *liber : ager, aper, faber, magister,* le maître;

LES FÉMININS : *pirus,* poirier; *fāgus,* hêtre; *ficus,* figuier; *laurus,* laurier;

LES NEUTRES : *bellum,* guerre; *collum,* cou; *folium,* feuille; *studium,* étude; *vinum,* vin; *vitium,* vice.

**59. 1.** Les adjectifs en *us, a, um* et *er, a, um* se déclinent sur les noms de la *deuxième* déclinaison, et les *féminins* en *a* sur ceux de la *première* : *bonus, a, um;* Gén. *boni, æ, i; miser, misěra, miserum;* Gén. *misěri, miseræ, miseri,* etc. Quelques adjectifs en *er, us, um* perdent l'*e* à tous les cas : *pulcher, chra, chrum;* Gén. *pulchri, chræ, chri,* etc.

**2.** Cependant les adjectifs suivants font exceptionnellement, pour les trois genres, le *génitif* sing. en *ῑus,* et le *datif* en *ῑ* : *unus, a, um,* un, un seul; *solus, a, um,* seul (solitaire); *totus, a, um,* tout, entier; *ullus, a, um,* quelque, aucun (sans négat.); *nullus, a, um,* aucun, pas un (avec négat.); *alĭus, alia, aliud,* un autre; *uter, utra, utrum,* lequel des deux, celui des deux qui; *alter, altera, alterum,* l'autre (en ne parlant que de deux); *neuter, neutra, neutrum*, ni l'un ni l'autre, aucun des deux; *uterque, utraque, utrumque*, l'un et l'autre, chacun des deux, tous deux; *utercunque, utracunque, utrumcunque*, n'importe lequel des deux; *alteruter, alterutra, alterutrum*, l'un ou l'autre.

Gén. *Unīus, solius, totius, ullius, nullius, alius, utrius, alterius, neutrīus, utriusque, utriuscunque, alterutrius.*

Dat. *Unī, soli, toti, ulli, nulli, alii, utrī, alteri, neutri, utrique, utricunque, alterutri.*

L'âme de l'ami. Seigneur du ciel et de la terre! A la nourriture du cheval et de l'âne. La maladie (acc.) du maître. De l'œil (abl.) du coq. L'eau du fleuve. Au nombre des cerfs. Des épées (gén.) des ennemis. Les peupliers (acc.) du champ. Les plantes des champs. A la paresse des enfants. Horace, poëte! Fils honnête et vertueux! Les yeux des taureaux noirs. De la maladie (gen.) du maître si juste. Au nombre des petits hêtres. L'endroit (acc.) des beaux peupliers. Les portes de Corinthe. Le secours des bons alliés. J'ai vu le commencement de la mauvaise guerre. Au bienfait d'excellents médecins. J'ai vu les guerres de beaucoup de peuples. Beaucoup de villes d'Égypte. Des dangers fréquents (abl.) des matelots. J'admire les conseils du médecin voisin. Le camp et les armes des Romains. Au camp et aux armes des Gaulois. Un bon élève est la joie de son maître. Nous ne sommes pas parfaits. Vous n'êtes pas envieux. Ils sont justes et sévères, mais non pas méchants. Peuple, tu es heureux! Paul, où es-tu? Je suis ici. Virgile et Horace sont des poëtes romains distingués. Les Romains étaient les maîtres du monde. La récompense des alliés.

**40.** *Eram*, j'étais; *eras*, tu étais; *erat*, il, elle était; *erāmus*, nous étions; *erātis*, vous étiez; *erant*, ils, elles étaient.

J'étais toujours ton ami, mais maintenant je suis ton ennemi. Nous étions heureux. Vous étiez des amis laborieux. La guerre des Romains était nécessaire. Les cerisiers de ton jardin étaient très-petits. Où étiez-vous? Nous étions dans le champ, dans la forêt, dans la barque, à (dans) la cuisine, à (dans) l'école, sur la rive. Il y avait de l'eau dans le fossé. Beaucoup de Grecs furent célèbres. Le Rhin est un fleuve de la Suisse et de l'Allemagne. Les Lacédémoniens étaient un peuple guerrier. Les Latins étaient les alliés des Romains. Nous n'étions pas avides des richesses d'autrui (*alienus*). Cela était très-utile aux enfants de l'école. L'étude est agréable à l'enfant laborieux. Le sommeil est nécessaire aux enfants. Le sommeil est un refuge aux malheureux.

## TROISIÈME DÉCLINAISON.

**41.** La *troisième déclinaison* n'a point de terminaison fixe pour le nominatif singulier; ce cas peut finir par *c, l, n, r, s, t, x,* ou par *e, i, o*. Le *génitif* sing. est en *is*. Les noms *masculins*, *féminins* et *neutres* se déclinent généralement de la même manière; les *neutres* seulement font leur *nominatif* et *accusatif* pluriel en *a* (quelques-uns en *ia*); les autres en *es* : *pater*, Gén., *patris*; *soror*, Gén., *sororis*; *patres*, les pères; *sorores*, les sœurs. *Nomen*, n., nom; Gén., *nominis*; plur., *nomina*, les noms.

### Règles particulières sur le genre des noms de cette déclinaison.

Tout en nous rapportant aux règles générales du genre des noms, exposées au n° 33, nous donnons ici les *règles spéciales* du genre des noms relativement à la troisième déclinaison.

1. Sont généralement *masculins* les noms terminés

en : $o^1$, $or^2$, $os^3$, $er^4$ et les noms *imparisyllabiques* en $es^5$ : *sermo, sermōnis*, discours ; *dolor, ōris*, douleur ; *flos, flōris*, fleur ; *passer, ĕris*, moineau ; *paries, pariĕtis*, mur ; *pes, pedis*, pied.

Les noms s'appellent *imparisyllabiques*, lorsqu'ils ont une syllabe de plus au génitif qu'au nominatif, et *parisyllabiques*, lorsqu'à ces deux cas ils ont un nombre égal de syllabes.

2. Sont généralement *féminins* les noms en : $as^6$ (tous ceux en *tas*), *aus, is* $^7$, $x^8$ ; les noms *parisyllabiques* en

---

[1] Excepté le *féminin caro, carnis*, chair, et les noms en *do, go, io*, également *féminins* : *grando, ĭnis*, grêle ; *natio, ōnis*, nation ; *origo, ĭnis*, origine. Cependant *ordo, ĭnis*, ordre ; *cardo, ĭnis*, gond ; *margo, ĭnis*, marge ; *septentrio, ōnis*, septentrion ; *scipio, ōnis*, bâton ; *vespertilio, ōnis*, chauve-souris, sont *masculins*.

[2] Excepté le *féminin arbor, ŏris*, arbre, et les *neutres* : *æquor, ŏris*, plaine liquide, mer ; *cor, cordis*, cœur ; *marmor, ŏris*, marbre.

[3] Excepté les *féminins* : *cos, cōtis*, pierre à aiguiser ; *dos, dōtis*, dot ; et les *neutres* : *os, ōris*, bouche ; *os, ossis*, l'os.

[4] Excepté les *neutres* : *cadaver, ĕris*, cadavre ; *iter, itinĕris*, voyage ; *tuber, ĕris*, tumeur ; *uber, ĕris*, mamelle ; *ver, vĕris*, printemps ; *verber, ĕris*, fouet.

[5] Excepté les *féminins* : *quies, ētis* ; *requies, ētis*, repos ; *inquies, ētis*, inquiétude ; *merces, ēdis*, salaire ; *merges, ĭtis*, gerbe ; *seges, ĕtis*, moisson ; *teges, ĕtis*, natte, couverture ; et le *neutre* : *æs, æris*, l'airain.

[6] Excepté les *masculins* : *as, assis*, l'as ; *adamas, antis*, diamant ; *elephas, antis*, éléphant ; et les *neutres* : *vas, vāsis*, le vase ; plur., *vasa, orum* ; *fas, nefas* (indécl.), ce qui est permis, défendu.

[7] Excepté les *masculins* : *lapis, ĭdis*, pierre ; *sanguis, ĭnis*, sang ; *pulvis, ĕris*, poussière ; *cucumis, ĕris*, concombre ; et les *parisyllabes* : *amnis*, fleuve ; *anguis*, serpent ; *axis*, axe ; *caulis*, tige ; *collis*, colline ; *crinis*, cheveu ; *ensis*, épée ; *fascis*, faisceau ; *finis* (m. et f.), fin ; *follis*, soufflet ; *fustis*, bâton ; *ignis*, feu ; *mensis*, mois ; *orbis*, cercle ; *panis*, pain ; *piscis*, poisson ; *postis*, porte ; *unguis*, ongle ; *vermis*, ver.

[8] Excepté quelques *masculins* en *ex* et *ix* : *caudex, ĭcis* ; *codex, ĭcis*, tronc d'arbre ; *culex, ĭcis*, moucheron ; *grex, grĕgis*, troupeau ; *vortex, ĭcis*, gouffre ; *calix, ĭcis*, coupe ; *fornix, ĭcis*, voûte.

*es;* les noms en *s* précédée d'une consonne[1], et tous les *polysyllabes* en *us* avec le génitif en *ūris, ūtis, udis :* *pietas, ātis,* piété; *laus, laudis,* louange; *auris, is,* oreille; *pax, ācis,* paix; *lex, legis,* loi; *nubes, is,* nuage; *sedes, is,* siége; *ars, artis,* l'art; *mens, mentis,* esprit; *tellus, ūris,* terre; *virtus, ūtis,* vertu; *palus, ūdis,* marais.

3. Sont généralement *neutres* les noms en : *c, l*[2], *n*[3], *t, ar, ur*[4], *us*[5], *a, e : lac, lactis,* lait; *animal, ālis,* animal; *nomen, ĭnis,* nom; *caput, capĭtis,* tête; *exemplar, āris,* modèle; *fulgur, ŭris,* éclair; *corpus, corpŏris,* corps; *rus, ruris,* campagne; *poema, ătis,* poëme; *mare, is,* mer.

42. C'est à l'aide du génitif donnant le radical pur et complet du mot, que l'on décline, en changeant aux cas suivants la désinence *is* en *i, em, e, es, um, ibus : pater;* Gén., *patris;* Dat., *patri;* Acc., *patrem;* Abl., *patre,* etc.

**Singulier.**

| | | | |
|---|---|---|---|
| Nom. Pater, *m.* | Miles, *m.* | Soror, *f.* | Nomen, *n.* |
| le père. | le soldat. | la sœur. | le nom. |
| Voc. Pater! | Miles! | Soror! | Nomen! |
| Gén. Patr is. | Milĭt is. | Sorōr is. | Nomĭn is. |

[1] Excepté les *masculins : dens, dentis,* dent; *fons, fontis,* fontaine; *mons, montis,* montagne; *pons, pontis,* pont; *rudens, entis,* câble; *torrens, entis,* torrent; *Oriens, entis,* Orient; *Occidens, entis,* Occident.
[2] Excepté les *masculins : sol, solis,* soleil; *sal, salis,* sel.
[3] Excepté les *masculins : pecten, ĭnis,* peigne; *ren, ēnis,* reins; *lien, ēnis,* rate; *splen, ēnis,* rate; *horizon, ontis,* horizon.
[4] Excepté les *masculins : turtur, ŭris,* tourterelle; *vultur, ŭris,* vautour; *furfur, ŭris,* son de farine.
[5] Excepté les *masculins : lepus, lepŏris,* lièvre; *mus, muris,* souris; et le *féminin : grus, gruis,* la grue. Pour les noms en *us* avec le génitif en *ūris, ūtis, udis,* voyez Règle deuxième.

| | | | |
|---|---|---|---|
| *Dat.* Patr i. | Milit i. | Soror i. | Nomin i. |
| *Acc.* Patr em. | Milit em. | Soror em. | Nomen. |
| *Abl.* Patr e. | Milit e. | Soror e. | Nomin e. |

**Pluriel.**

| | | | |
|---|---|---|---|
| *Nom.* Patr es. | Milit es. | Soror es. | Nomin a. |
| *Voc.* Patr es ! | Milit es ! | Soror es ! | Nomin a ! |
| *Gén.* Patr um. | Milit um. | Soror um. | Nomin um. |
| *Dat.* Patr ĭbus. | Milit ibus. | Soror ibus. | Nomin ibus. |
| *Acc.* Patr es. | Milit es. | Soror es. | Nomin a. |
| *Abl.* Patr ibus. | Milit ibus. | Soror ibus. | Nomin ibus. |

REMARQUES. *Jupiter*, Jupiter, fait, au gén., *Jovis*; au dat., *Jovi*; à l'acc., *Jovem*, etc. *Bos*, bœuf, fait, au gén., *bovis*; au dat., *bovi*, etc. Plur., *boves*; gén., *boum*; dat. et abl., *bobus* (quelquefois *bubus*).

**Déclinez :**

LES MASCULINS : *frater, fratris,* frère; *leo, ōnis,* lion; *homo, ĭnis,* homme; *lapis, ĭdis,* pierre; *calix, ĭcis,* coupe; *custos, ōdis,* gardien; *flos, ōris,* fleur; *rex, rēgis,* roi; *bos, bŏvis,* bœuf.

LES FÉMININS : *arbor, ŏris,* arbre; *ratio, ōnis,* raison; *virgo, ĭnis,* jeune fille; *canis, is,* chienne; *potestas, ātis,* pouvoir; *merces, ēdis,* récompense; *virtus, ūtis,* vertu.

LES NEUTRES : *caput, capĭtis,* tête; *littus, ŏris,* rivage; *lumen, ĭnis,* lumière; *vulnus, ĕris,* blessure; *iter, itinĕris,* voyage.

**45.** *Fui,* j'ai été, je fus. *Fuisti,* tu as été, tu fus. *Fuit,* il, elle a été; il, elle fut. *Fuĭmus,* nous avons été, nous fûmes. *Fuistis,* vous avez été, vous fûtes. *Fuērunt,* ils, elles ont été; ils, elles furent.

Le père de la bonne famille. De la sœur (gén.) du soldat. A la loi des hommes. La pierre (acc.) de la montagne. De la fleur (abl.) de ma sœur. Colère de Jupiter ! Les moineaux des champs. Des arbres (gén.) de mon jardin. Aux chiens des laboureurs. Les nations (acc.) du monde. Des vertus (abl.) des hommes honnêtes. A l'origine du mal. Aux oreilles du lièvre. Les noms (acc.) des soldats romains. Des mers (abl.) de l'Europe. Au lait de la chèvre. Aux lois salutaires des peuples. Les chefs expérimentés des soldats romains. La lumière du soleil et de la lune. Du rivage (gén.) de la mer. Les grandes blessures des malheureux soldats. Les bœufs robustes des laboureurs. Aux bœufs du champ. Les couleurs des fleurs sont très-tendres. Les voyages des matelots ont été très-périlleux. J'ai été dans la belle ville romaine. Ce discours a été agréable au roi et à la reine. Nous avons été les amis fidèles de la nation voisine. J'admire ces poëmes remarquables des poëtes grecs et romains. Beaucoup de lions et de tigres ont été dans la forêt. Les lois sont toujours nécessaires à l'ordre de la société humaine. Aux pieds et aux têtes des lions. Le délai a été le plus grand remède contre (de) la colère.

**44. 1.** Les noms *parisyllabiques* en *is* et en *es* ; les *neutres* en *e, al, ar*, et les noms qui ont au génitif deux consonnes avant la terminaison *is*, font le *génitif* pluriel en *ium* : *avis, is, f.*, oiseau ; *nubes, is, f.*, nuage ; *mare, is, n.*, mer ; *animal, ālis, n.*, animal ; *calcar, āris, n.*, éperon ; *fons, fontis, m.*, fontaine, source ; *urbs, urbis, f.*, ville, font au génitif plur. *avium, nubium, marium*, etc.

Cependant les noms suivants ont le génitif plur. en *um* : *canis, m.* et *f.*, chien ; *apis, f.*, abeille ; *juvěnis*, jeune homme ; *senex, senis*, vieillard ; *panis, m.*, pain ; *vates, is*, poëte ; *strues, is, f.*, amas ; *proles, is, f.*, race. *Pater, tris*, père ; *mater, tris*, mère ; *frater, tris*, frère ; *accipĭter, tris, m.*, épervier. Gén. plur. : *canum*, etc.

**2.** Les noms *féminins* suivants en *is* ont l'*accusatif* en *em* ou en *im*, et l'*ablatif* en *e* ou en *i* : *clāvis*, clef ; *febris*, fièvre ; *navis*, navire, vaisseau ; *puppis*, poupe ;

*restis*, cordage; *strigĭlis*, frottoir; *turris*, la tour; Acc., *clavem, clavim;* Abl., *clave, clavi*, etc.

3. Les noms *neutres* en *e, al* et *ar*, ont toujours l'*ablatif* en *i*, et le *nominatif* et l'*accusatif* plur. en *ia* : Abl., *mari, animāli, calcāri;* Nom. et Acc. plur., *marĭa, animalĭa, calcarĭa.*

4. Les noms *féminins* suivants font seulement l'*accusatif* en *im*, et l'*ablatif* en *i* : *sitis*, soif ; *tussis*, toux ; *vis*, force ; *cannăbis*, chanvre ; *sināpis*, moutarde ; et les masculins : *Tibĕris*, le Tibre ; *Albis*, l'Elbe ; *Arar, Araris*, la Saône ; *Liger, Ligĕris*, la Loire. *Vis* fait au pluriel *vires;* Gén., *virium*, etc.

5. Les *adjectifs* de la *troisième déclinaison* :

A *trois terminaisons* en *er*, m.; *is*, f.; *e*, n., comme : *celĕber, bris, bre*, célèbre ; *acer, cris, cre*, âcre, vif ;

A *deux terminaisons* en *is*, m. et f.; *e*, n., comme : *fortis, e*, courageux ; *utilis, e*, utile ;

Et à *une seule terminaison*, comme : *prudens, entis*, m., f. et n., prudent ; *felix, īcis*, m., f. et n., heureux ; ont l'*ablatif* sing. en *i* (ceux à *une seule terminaison*, en *i* ou *e*), le *génitif* plur. en *ium*, et le *nominatif, vocatif* et *accusatif* plur. neutre en *ia* : Abl., *celebri, forti, prudente* et *prudenti;* Gén. plur., *celebrium, fortium, prudentium;* Nom., plur. n., *celebria, fortia, prudentia.*

*Vetus, vetĕris* (le seul de la troisième déclinaison en *us*), m., f. et n., vieux, fait à l'Abl. sing. *vetĕre* et *veteri;* au Nom. plur. n. *vetĕra*, et au Gén. plur. *vetĕrum*.

*Pauper, ĕris*, m., f. et n., pauvre, fait l'Abl. sing. *paupere*, et le Gén. plur. *pauperum*.

Les oiseaux des mers. Les maîtres des animaux. Aux chefs des villes célèbres. L'eau (acc.) des sources intarissables. Aux nuages des montagnes. Les chiens des jeunes gens. Les enfants des pères, des mères, des frères. Aux conseils des nobles vieillards. Des villes (abl.) des statues équestres. Aux croûtes des pains. Les ailes légères (acc.) des éperviers. La clef (acc.) de la tour. Du navire (abl.) de la Loire. Au cordage des navires. La tour (acc.) menaçante des ennemis barbares. De la mer (abl.) de l'île verdoyante. De l'animal (abl.) vorace des montagnes. Toutes les mers de l'Europe. Les vertus des pauvres vieillards étaient remarquables. Les armées immenses des ennemis impétueux. Les conseils excellents des vieux soldats. Par le conseil (abl.) prudent du médecin présent. La toux et la soif (acc.) du pauvre malade. Par la force (abl.) de ma volonté constante. Dans le combat (abl.) célèbre des Romains. Du Tibre (abl.); de l'Elbe (abl.); de la Saône (abl.). J'ai vu le Tibre, l'Elbe, la Saône. Les exploits des généraux hardis ont été très-brillants. Une victoire brillante a été la fin du terrible combat. J'ai été sur le navire de ton frère. L'obscurité de la nuit n'a pas été utile au marchand. La lumière du soleil est commune à tous les hommes. L'adversité éprouve même les hommes courageux.

## QUATRIÈME DÉCLINAISON.

**45.** La *quatrième déclinaison* comprend principalement des noms *masculins* et quelques *féminins* en *us*, avec le *génitif* en *ûs* (marqué d'un accent circonflexe) et des *neutres* en *u;* ces derniers sont indéclinables au singulier.

### Singulier.

| | | |
|---|---|---|
| *Nom.* Fruct us, *m.* | Man us, *f.* | Corn u, *n.* |
| le *fruit.* | la *main.* | la *corne.* |
| *Voc.* Fruct us! | Man us! | Corn u! |
| *Gén.* Fruct ûs. | Man ûs. | Corn u. |
| *Dat.* Fruct ui. | Man ui. | Corn u. |
| *Acc.* Fruct um. | Man um. | Corn u. |
| *Abl.* Fruct u. | Man u. | Corn u. |

**Pluriel.**

| | | | |
|---|---|---|---|
| *Nom.* | Fruct us. | Man us. | Corn ua. |
| *Voc.* | Fruct us! | Man us! | Corn ua! |
| *Gén.* | Fruct uum. | Man uum. | Corn uum. |
| *Dat.* | Fruct ibus. | Man ibus. | Corn ibus. |
| *Acc.* | Fruct us. | Man us. | Corn ua. |
| *Abl.* | Fruct ibus. | Man ibus. | Corn ibus. |

Les principaux noms *féminins* de cette déclinaison sont : *domus*, maison; *manus*, main; *anus*, vieille femme; *nurus*, belle-fille; *socrus*, belle-mère; *portĭcus*, portique; *acus*, aiguille; *tribus*, une tribu; *quercus*, chêne.

REMARQUES. 1° *Jesus*, nom., Jésus, fait à l'acc. *Jesum*, et à tous les autres cas *Jesu*.

2° *Domus*, maison, suit en partie la *quatrième* déclinaison et en partie la *seconde* : gén., *domûs*, de la maison; *domi*, à la maison, au logis; acc., *domum*, la maison, à la maison; abl., *domo*, de la maison; gén. pl., *domuum*, *domorum*; acc., *domus*, *domos*. *Domi sum*, je suis à la maison, chez moi; *eo domum*, je vais à la maison.

3° Les noms suivants ont le *dat.* et l'*abl.* pl. en *ŭbus* au lieu de *ĭbus* : *arcus*, *m.*, arc; *lacus*, *m.*, lac; *artus*, *uum*, *m. pl.*, les membres; *partus*, *m.*, enfantement; *specus*, *m.*, caverne, antre; *acus*, *f.*, aiguille; *quercus*, *f.*, chêne; *tribus*, *f.*, la tribu; *pecu*, *n.*, troupeau. Les *neutres* : *genu*, genou; *tonitru*, tonnerre; *veru*, une broche, prennent également *ibus* et *ubus*.

### Déclinez :

Les MASCULINS : *currus*, char; *exercitus*, armée; *vultus*, visage; *cursus*, course, marche; *motus*, mouvement; *fluctus*, flot; *quæstus*, gain; *senatus*, sénat; *arcus*, arc; *Jesus*, Jésus.

Les FÉMININS : *manus*, *anus*, *nurus*, *porticus*, *acus*, *quercus*, *domus*.

Les NEUTRES : *genu*, *tonitru*, *pecu*.

Le char des anciens. De l'armée (gén.) du général romain.

Au visage de l'enfant. La marche (acc.) des grands navires. Du mouvement (abl.) des étoiles. Les flots de la mer. Au gain de l'argent. Le conseil (acc.) du Sénat. Aux arcs des ennemis. La vie de Jésus. Les mains (acc.) de la vieille femme. Des maisons (gén.) de vos frères. Il a été le possesseur de ma maison. Je suis à la maison. Je vais à la maison. Des portiques (abl.) des maisons romaines. Aux lacs et aux flots. Des aiguilles (abl.) de la belle-mère. Les chênes (acc.) des hautes montagnes. Les ports (acc.) de la mer. Aux tribus du peuple. Les genoux des enfants. Des cornes (gén.) des bœufs. La crainte du tonnerre. Le lion a été dans l'antre de la forêt. Je vais dans la caverne. Les chênes de votre forêt sont très-élevés. Nous regardons le jeu des enfants. Il y avait d'immenses richesses dans le palais de Crésus. Les habitants de la ville d'Athènes construisent un nouveau port. Il y avait une flotte considérable dans le grand port d'Athènes. Nous regardons le mouvement rapide des étoiles.

## CINQUIÈME DÉCLINAISON.

**46. 1.** Cette déclinaison ne comprend que des noms *féminins* en *es*, excepté *dies*, jour, *masc.* et *fém.* au *sing.*, *masculin* seulement au *pluriel*, et le masculin *meridies* (sans pluriel), midi. Le génitif est en *ei*.

|  | Singulier. |  | Pluriel. |  |
|---|---|---|---|---|
| *Nom.* | Di es. | Res. | Di es. | Res. |
|  | le jour. | la chose. | les jours. | les choses. |
| *Voc.* | Di es ! | Res ! | Di es ! | Res ! |
| *Gén.* | Di ēi. | R ei. | Di ērum. | R ērum. |
| *Dat.* | Di ēi. | R ei. | Di ēbus. | R ēbus. |
| *Acc.* | Di em. | R em. | Di es. | Res. |
| *Abl.* | Di e. | R e. | Di ēbus. | R ēbus. |

Tous les noms en *es*, excepté *dies* et *res*, sont inusités au génitif, datif et ablatif *pluriel*. D'autres, comme *fides*, foi ; *materies*, matière ; *segnities*, paresse, n'ont point de *pluriel* ; d'autres encore sont en même temps de la première déclinaison, par ex. : *barbaries* et *barbaria*, barbarie ; *luxuries* et *luxuria*, luxe ; *materies* et *materia*, matière.

### Déclinez :

*Acies*, tranchant, armée ; *diluvies*, déluge ; *effigies*, image ; *facies*, visage ; *fides* ; *glacies*, glace ; *progenies*, race ; *species*, apparence ; *spes*, espérance ; *series*, série, suite ; *materies*.

### Noms dont la signification change au pluriel.

Quelques noms ont au *pluriel* une *autre signification* qu'au *singulier* :

| Singulier. | Pluriel. |
|---|---|
| *Ædes, is, f.* un temple. | *Ædes, ium,* une maison. |
| *Auxilium, ii, n.* secours. | *Auxilia, iorum,* troupes auxiliaires. |
| *Copia, æ, f.* abondance. | *Copiæ, arum,* les troupes. |
| *Castrum, i, n.* un fort. | *Castra, orum,* le camp. |
| *Littera, æ, f.* lettre de l'alphabet. | *Litteræ, arum,* lettre missive ; belles-lettres. |
| *Opera, æ, f.* travail. | *Operæ, arum,* les ouvriers. |

### NOMS COMPOSÉS.

Dans les *noms composés* de deux nominatifs, les deux parties se déclinent :

*Respublica*, la république ; g. *reipublicæ* ; d. *reipublicæ* ; acc. *rempublicam* ; abl. *republicâ*.

*Jusjurandum*, serment ; g. *jurisjurandi*, etc.

Dans les composés d'un nominatif et d'un génitif, le nominatif seul se décline : *paterfamiliâs*, père de famille ; *triumvir*, triumvir ; *legislator*, législateur ; *jurisconsultus*, jurisconsulte ; g. *patrisfamiliâs, triumviri, legislatoris, jurisconsulti*.

Le temps du déluge. Les jours (acc.) du danger. Des jours (gén.) de l'espérance. Aux jours (d.) terribles du combat. Sans les choses du monde. Sur la foi du chef et de l'armée. Avant l'inondation des champs fertiles. Avant quatre jours. Devant l'armée victorieuse des Romains. Devant les yeux du Triumvir romain. Après quatre jours. Derrière le camp de l'armée gauloise. Par la glace du fleuve. Par l'espérance de la foi. Avec la République romaine. Contre la volonté des Triumvirs. Envers les législateurs romains. Cette chose était très-favorable à ta race. Les enfants aiment la glace. Ces filles parent leur tête de fleurs. Les soldats ont été dans la plaine. L'apparence seule de la vertu est méprisable. La paresse de vos élèves était très-blâmable.

**47.** *Fuĕram*, j'avais été; *fuĕras*, tu avais été; *fuĕrat*, il, elle avait été; *fuerāmus*, nous avions été; *fuerātis*, vous aviez été; *fuĕrant*, ils, elles avaient été.

Patris hujus filius bonus fuerat. Filiæ hujus patris pulchræ fuerant. Omnes hujus terræ homines sunt mortales. Horti hujus hominis sunt magni. Negotia horum virorum difficilia fuerant. Multa hujus hominis negotia fuerant periculosa. Beneficia Dei nostri sunt magna. Servorum horum dominus sevērus erat, quia servi erant pigri. Dominus pigrorum servorum sevērus esse debet. Si servi boni sunt et diligentes, domini lenes esse possunt. Rex hujus populi justus erat. Reges horum populorum justi erant. Milites hujus regis crudeles fuerunt, sed audaces et fortes. Pater hujus pueri vir est doctus et honestus. Flores hujus horti pulchriores sunt, quàm hortorum tuorum. Duces militum fortes et sapientes esse debent. Amici mei pietas est laudanda. Mors patris tui est certa. Caput summa pars est corporis hominis. Aqua hujus maris nigra est. Hoc mare nigrum est. Aqua hujus maris nigri est frigida. Hæc aqua pars est maris. Virorum doctorum filii rarò sunt æquè diligentes ac patres. Parentum pecunia plerumquè pestis est liberorum. Liberi hujus patris diligentes sunt et probi. Probi liberi gaudium sunt parentum. Multi liberi non sunt tàm boni, quàm parentes. Pecunia nimìs multa sæpè est noxia. Otium est vitii initium. Repetitio est mater studiorum. Frater meus primus est omnium discipulorum hujus scholæ. Præceptor fratris mei vir est doctus. Mater, cujus filiæ sunt honestæ, beata est. Parentes, quorum liberi sunt probi et honesti, hilares et contenti esse possunt. Si liberi omnium parentum diligentes essent et boni, omnes parentes hilares esse possent. Hominum gaudia sunt brevia.

La tête de l'homme est ronde. Les jardins de mon père sont grands. Les fils de notre roi sont courageux. La fille du roi est belle. La vie humaine est courte. Heureux les parents dont les enfants sont bons. Plût à Dieu que tous les hommes fussent bons! Le père dont les enfants sont bons, est heureux. Les enfants de notre école sont appliqués.

**48.** *Ero*, je serai; *eris*, tu seras; *erit*, il, elle sera; *erĭmus*, nous serons; *erĭtis*, vous serez; *erunt*, ils, elles seront.

Multi homines, qui miseri sunt, felices esse videntur. Domi ero. Domi erimus. Aurum est pretiosum. Otium puerorum periculosum erit. Pueri diligentes esse debent. Si pueri semper essent diligentes, parentum essent gaudium. Liberi, quorum parentes sunt nimìs lenes, rarò boni sunt. Puer, cujus diligentia est laudanda, parentum erit gaudium. Is est bonus discipulus, qui semper est diligens. Præceptor, cujus discipuli semper sunt diligentes, beatus est. Discipuli discēre debent, docēre præceptores. Omnis homo, qui vivere vult, edēre et bibēre debet. Omnes homines, qui vivere volunt, edere et bibere debent. Qui edere et bibere nolunt, vivere non possunt. Is, cujus stomachus corruptus est, diù vivere non potest. Cervus est animal velox. Cervi velociter currere possunt. Cervi non sunt æquè fortes ac veloces. Corvus est avis nigra. Si omnes aves volare possunt, corvus quoquè volare potest. Corvus diù vivere dicitur. Avis est animal bipes. Omnes aves sunt bipedes. Pennæ struthiocameli sunt pretiosæ et ornamentum mulierum.

Le père dont le fils est bon et vertueux, est heureux ; mais il est malheureux, si le fils est méchant. Un tel fils est le déshonneur de ses parents. Tous les fils de bons parents ne sont pas bons ; mais tous les fils de tels parents pourraient être bons, s'ils le voulaient. L'argent est souvent le malheur des enfants opulents. L'homme dont le bien suprême est l'argent, est certainement un misérable. L'argent peut se perdre ; l'activité (diligence) est une source intarissable de profit. Celui qui est appliqué, est toujours assez riche ; le fortuné peut facilement devenir pauvre. Les plumes de l'autruche sont belles et précieuses. Les ailes de cet oiseau sont courtes, c'est pourquoi il ne peut pas voler rapidement. Le moineau est un petit oiseau qui peut voler rapidement. Tu seras dans mon jardin. Vous serez à (dans) l'école.

### FORMATION DU COMPARATIF ET DU SUPERLATIF.

**49. 1.** Le *comparatif* des adjectifs se forme du positif par le changement de la terminaison *i* ou *is* du génitif singulier en *ior* pour le *masculin* et le *féminin*, et en *ius* pour le neutre (en *iùs* pour l'adverbe) ; le *superlatif* se forme par le changement de la terminaison *i* ou *is* du génitif en *issimus, a, um* (en *issimè* pour l'adverbe).

POSITIF. *Doctus, a, um*, savant ; *doctè* (adv.), savamment ; *prudens* (3 genres), prudent ; *prudenter* (adv.), prudemment ; *felix* (3 genres), heureux ; *feliciter* (adv.), heureusement.

COMPARATIF. *Doctior, m. f. ; doctius, n.*, plus savant, *doctiùs* (adv.), plus savamment ; *prudentior, m. f., prudentius, n.*, plus prudent ; *prudentiùs* (adv.), plus prudemment ; *felicior, m. f., felicius, n.*, plus heureux ; *feliciùs* (adv.), plus heureusement.

SUPERLATIF. *Doctissimus, a, um,* le plus savant, très-savant; *doctissimè* (adv.), le plus savamment, très-savamment; *prudentissimus, a, um,* le plus prudent, très-prudent; *prudentissimè* (adv.), le plus prudemment, très-prudemment; *felicissimus, a, um,* le plus heureux, très-heureux; *felicissimè* (adv.), le plus heureusement, très-heureusement.

2. On forme généralement le positif des adverbes dérivés des adjectifs, en changeant les terminaisons *i, is, antis, entis* du génitif en *è, ĭter, anter, enter : doctus, felix, constans* (constant), *prudens;* adv : *doctè, felicĭter, constanter, prudenter.*

Quelques adverbes de manière se forment de l'ablatif ou de l'accusatif neutre : *falsò,* faussement; *facilè,* facilement. Le comparatif prend *iùs,* et le superlatif, *issimè.*

3. Les adjectifs en *ius, eus, uus,* n'ayant ni comparatif, ni superlatif, expriment généralement *plus* par *magis,* et *le plus* par *maximè :*

POSITIF. *Pius, a, um,* pieux; *idonĕus, a, um,* propre à; *conspicuus, a, um,* remarquable.

COMPARATIF. *Magis pius, a, um,* plus pieux; *magis idoneus, a, um,* plus propre à; *magis conspicuus, a, um,* plus remarquable.

SUPERLATIF. *Maximè pius, a, um,* le plus pieux, très-pieux; *maximè idoneus, a, um,* le plus propre à, très-propre à; *maximè conspicuus, a, um,* le plus remarquable, très-remarquable.

Struthiocamelus altior est, quàm equus. Leones multò sunt fortiores, quàm cervi. Corvi multò diutiùs vivere dicuntur, quàm homines. Asinus patientior est laborum quàm equus.

Sermo Diogĕnis erat sæpè insolentior quàm modestior [1]. Hoc consilium fuit utilius quàm justius. Alexander fuit bellicosior etiam quàm fuerat Philippus. Medicamentorum salutarium plenissima est terra. Equus nobilissimum ferocissimumque [2] est animalium. Alexander fuit rex Macedoniæ potentissimus. Alexander Magnus et Carŏlus duodecĭmus [3] bellicosissĭmi fuerunt omnium regum; ille rex fuit Macedoniæ, hic Sueciæ. Carolus erat sobrius, Alexander ebriosus. Si Alexander sobrius fuisset, diutiùs vivere potuisset, et si Carolus moderatior fuisset, felicior esse potuisset. Neuter horum regum omninò felix fuit. Felicissimus rex est is, cujus populus felix est. Reges nimìs bellicosi felices esse non possunt. Panis est magìs necessarius quàm cæteri cibi. Hic puer magìs idoneus erit labori quàm ille. Socrătes nullum habebat discipulum magìs assiduum quàm Platonem. Socrătes antiquitatis philosŏphorum maximè est conspicuus. Athenæ Lacedæmonque erant civitates Græcorum maximè conspicuæ. Philosŏphus Senĕca erat vir ingenii excellentis summæque eruditionis.

Le fils de cet homme est plus savant que moi. La vie du cheval est plus courte que celle de l'homme. Mes frères sont plus appliqués que les tiens. La vie d'un homme malheureux paraît être plus longue que celle d'un homme heureux. L'autruche est un oiseau qui peut courir plus rapidement que voler. Tous les oiseaux peuvent voler; mais les uns peuvent voler plus rapidement que les autres. Beaucoup de petits oiseaux peuvent voler plus vite que beaucoup de grands.

[1] Quand, après un comparatif, le *que* est suivi d'un adjectif, cet adjectif se met aussi au *comparatif* : *felicior quàm prudentior*, plus heureux que prudent (littéralement, plus prudent). Mais si le comparatif est formé de *magìs*, plus, ou de *minùs*, moins, le second adjectif reste au *positif* : *minùs pius est quàm peritus*, il est moins pieux qu'habile.

[2] *Que*, pour *et*, se joint au mot au lieu de le précéder : *pater filiusque*, pour : *pater et filius*.

[3] Pour désigner le rang ou l'ordre des princes, on emploie en latin les nombres ordinaux : *Carolus duodecimus*, Charles XII (littéralement, le douzième).

L'homme pauvre est souvent plus heureux que le riche. Le plus heureux est celui qui est content. Mon frère est le plus heureux de tous les hommes. L'eau est plus nécessaire que le vin. Cet élément est très-nécessaire. Cet homme-là était plus heureux qu'habile.

**50.** 1. Les adjectifs en *er* forment leur superlatif du nominatif masc., en ajoutant *rimus : pulcher, celeber;* superlatif : *pulcherrimus, a, um; celeberrimus, a, um.*

2. Les sept adjectifs suivants en *lis* forment leur superlatif, en changeant *ĭlis* en *illĭmus : facilis, similis, dissimilis* (dissemblable), *difficilis, gracĭlis* (mince), *humilis* (humble), *imbecillis* (faible) ; superlatif : *facillimus, a, um; simillimus, a, um,* etc.

3. Les adjectifs en *dĭcus, fĭcus, vŏlus,* forment leur comparatif en *entior,* et leur superlatif en *entissimus : maledĭcus* médisant ; *benefĭcus,* bienfaisant; *benevolus,* bienveillant; comparatif : *maledicentior, beneficentior, benevolentior;* superlatif : *maledicentissimus, beneficentissimus, benevolentissimus.*

4. Les adjectifs suivants forment leur comparatif et leur superlatif très-irrégulièrement :

Positif. *Bonus, a, um,* bon; *malus, a, um,* mauvais ; *magnus, a, um,* grand ; *parvus, a, um,* petit, *multus, a, um,* beaucoup, nombreux; *nequam* (indécl.), méchant.

Comparatif. *Melior, ius,* meilleur; *pejor, us,* pire; *major, us,* plus grand; *minor, us,* moindre, plus petit; *plus* (plur. *plures*), plus, plus nombreux; *nequior,* plus méchant.

Superlatif. *Optimus, a, um,* le meilleur, très-bon; *pessimus, a, um,* le pire, très-mauvais ; *maximus, a, um,* le plus grand, très-grand; *minimus, a, um,* le moindre, très-petit; *plurimus, a, um,* le plus nombreux, très-nombreux; *nequissimus, a, um*, le plus méchant, très-méchant.

**Remarque.** Le régime du comparatif en *ior* ou *or* s'exprime par *quàm* (que) ou par l'ablatif : l'eau est plus utile que le vin, *aqua utilior est quàm vinum*, ou bien *utilior vino*. Mais lorsque l'ablatif nuit à la clarté, *quàm* est préférable : *Asia major est quàm America*, et non pas : *Asia major est Americâ*, l'Asie est plus grande que l'Amérique. Si le *que* ne se trouve pas devant un *nominatif*, il se rend de rigueur par *quàm* : j'ai plus besoin de toi que de ton frère, *tui magis, quàm fratris tui indigeo*. Je plais plus à toi qu'à ton frère, *tibi magis placeo, quàm fratri tuo*.

Nomen hujus viri celebre erat. Hic poeta celebrior fuit, quàm ille. Cicero fuit orator celeberrimus. Nihil melius est, quàm fidelis amicus (ou : melius fideli amico). Labor tuus erat facillimus ; facilior erat meo. Classis Græcorum fuit pulcherrima. Magister meus benevolentior est fratri tuo quàm meo. Solo sapientior erat æqualibus suis. Sol major est, quàm terra. Argentum vilius est auro. Nihil jucundius est Deo pietate et innocentiâ. Nullum est animal vulpe callidius, tigri crudelius, cane fidius, leone validius, bove utilius, elephante majus. Colores ruboris sunt acerrimi. Parentes severi meliores sunt, quàm lenes. Liberi, quorum parentes sunt nimis lenes, rarò sunt boni. Struthiocamelus est avis, quæ meliùs currĕre quàm volare potest. Libri, quorum sententiæ noxiæ esse dicuntur, non sunt legendi. Auctores librorum noxiorum vituperandi sunt, sed librorum utilium auctores sunt laudandi. Alii libri sunt utiliores, quàm alii. Libri hujus auctoris benè scripti et valdè utiles sunt. Auctor horum librorum non est homo obscurus, sed illustris. Bellum maximum est omnium malorum. Si omnes homines felices essent, qui esse videntur, plures essent felices, quàm re verâ sunt.

Un maître juste est toujours le meilleur. Les fils des parents pauvres sont souvent meilleurs que les enfants des parents fortunés. L'application vaut mieux (est meilleure) que l'argent. Les hommes dont les mœurs sont mauvaises, ne peuvent, ni ne doivent être loués ; mais ceux sont louables, dont les mœurs sont bonnes. Beaucoup d'enfants sont très-pétulants. Si mon fils était pétulant, il ne serait pas ma joie. Un mauvais exemple est toujours très-nuisible. Les riches sont souvent très-malheureux, parce qu'ils ne sont pas contents. Miltiade a été le général le plus célèbre des Grecs. Tu avais été plus appliqué que sage.

**51.** *Fuissem*, j'aurais été, que j'eusse été ; *fuisses*, tu aurais été, que tu eusses été ; *fuisset*, il, elle aurait été, etc. ; *fuissēmus*, nous aurions été, etc. ; *fuissētis*, vous auriez été, etc. ; *fuissent*, ils, elles auraient été.

*Potuissem*, j'aurais pu, que j'eusse pu ; *potuisses*, tu aurais pu, que tu eusses pu ; *potuisset*, il, elle aurait pu, etc. ; *potuissēmus*, nous aurions pu, etc. ; *potuissētis*, vous auriez pu, etc. ; *potuissent*, ils, elles auraient pu, etc.

*Suus, sua, suum*, son, sa, ses ; leur, leurs.

Nom. *Is, m.; ea, f.; id, n.*, celui, celle ; ce, cette ; il, elle.

Gén. *Ejus* (pour les 3 genres).

Nom. plur. *Ii, m.; eæ, f.; ea, n.*, ceux, celles ; ces ; ils, elles.

Gén. *Eōrum, m.; eārum, f.; eōrum, n.*

*Pater amat filium suum*, le père aime son fils (le fils à lui). *Mater amat filiam suam*, la mère aime sa fille (la fille à elle). *Parentes amant liberos suos*, les parents aiment leurs enfants (les enfants à eux).

Mais, lorsque *son, sa, ses, leur, leurs* peuvent se tourner par *de celui-ci, de celle-ci, de ceux-ci, de celles-ci*, on ne rend pas *son, sa, ses* par *suus, sua, suum*, mais par *ejus* ; *leur, leurs* se rend alors par *eorum*, pour le masc. et le neutre, et par *earum* pour le *féminin :*

*Pater bonus est, sed filius ejus malus*, le père est bon, mais son fils (le fils de celui-ci) est mauvais.

*Mater bona est, sed filia ejus mala*, la mère est bonne, mais sa fille (la fille de celle-ci) est mauvaise.

*Parentes boni sunt, sed liberi eorum mali*, les parents sont bons, mais leurs enfants (les enfants de ceux-ci) sont mauvais.

*Matres bonæ sunt, sed filii earum mali*, les mères sont bonnes, mais leurs fils (les fils de celles-ci) sont mauvais.

Socrates omnium Græcorum sapientissimus et honestissimus fuit. Sapientia et honestas hujus viri causa erat mortis ejus. Mors hujus viri honesti et sapientis est opprobrium civium ejus. Nemo Græcorum fuit æquè sapiens et honestus, atquè Socrates. Mores civium Atheniensium Socratis ætate erant corruptissimi. Si cives Athenienses minùs pravi fuissent, Socratis sors minùs tristis fuisset. Socratis conjux erat Xantippe, quæ valdè morosa fuisse dicitur ; sed patientia Socratis æquè erat magna ac morositas conjugis ejus. Nisi Socratis patientia tanta fuisset, tàm hilaris, quàm semper fuit, esse non potuisset. Socrates præceptor erat multorum juvĕnum. Nomina discipulorum optimorum et clarissimorum ejus sunt Plato et Xenophon. Xenophon non solùm est auctor multorum librorum, qui sunt optimè scripti, sed etiàm clarus fuit militum dux.

Les Grecs ont été les maîtres (d'instruction) des Romains. Aucun des généraux grecs n'a été plus grand que Miltiade. La gloire de ce général est éternelle. La peine de ce grand chef fut injuste. Ses concitoyens étaient les hommes les plus ingrats.

**52.** Pour exprimer *plus, moins*, répétés, on met *quò* ou *quantò* devant le premier comparatif, et *eò, hoc* ou *tantò* devant le second : *plus* il est savant, *plus* il est modeste, *quò doctior, eò modestior est.*

Etiam sapientissimi homines errare possunt. Errare humanum est. Si homines non errarent, essent perfecti. Sed homo perfectissimus non est omninò perfectus. Deus solus est perfectus. Deus non potest errare; si posset, non esset Deus. Deus est sapientissimus, optimus, benignissimus, justissimus, sanctissimus et potentissimus, quid? omninò perfectus. Omnes homines moriuntur. Corpora tantùm hominum mortalia sunt, animus est immortālis. Animi hominum perire non possunt. Animus rector est corporis. Cùm animus non adest, corpus est mortuum. Quanquàm vita humana brevis est, tamen satìs est longa, si homo diligens et industrius est. Omnes quidem homines moriuntur, sed vivere satìs diù possunt, si industrii et diligentes esse volunt. Vita negotiosa longior est, quàm otiosa. Quò plura negotia, eò longior vita. Utinàm mihi æquè multa essent negotia, ac tibi et fratri tuo! Tua et fratris tui negotia difficiliora sunt, quàm mea. Quò vitiosior, eò miserior erit.

Plus c'était difficile, plus c'était glorieux. Plus la faute était grande, plus la douleur était forte. Tout homme mourra un jour. Un jeune homme est aussi mortel qu'un vieillard. La vie du vieillard est agréable, s'il a été toujours vertueux ; mais désagréable, s'il a été vicieux. Une vie active est plus agréable qu'une vie oisive. L'oisiveté est le commencement de tous les vices. Le commencement de tout vice est petit. Le plus heureux est celui dont la vie a été toujours vertueuse ; car la vie vertueuse est la meilleure. Personne n'est si heureux que le vertueux. Puissent tous les hommes être heureux ! Si tous les hommes étaient vertueux, personne ne serait malheureux. Ma sœur est vertueuse, mais mon frère est vicieux.

**53.** *Sim*, que je sois ; *sīs*, que tu sois ; *sit*, qu'il, qu'elle soit ; *sīmus*, que nous soyons ; *sītis*, que vous soyez ; *sint*, qu'ils, qu'elles soient.

Les pronoms possessifs *mon*, *ton*, *son*, etc., ne s'expriment pas en latin, quand le sens permet de les supprimer sans équivoque : Le fils de Cicéron n'était pas si grand que *son* père, *Cicerōnis filius non æquè magnus fuit ac pater*.

Cicero fuit clarissimus Romanorum orator, et multorum reorum fortis defensor. Memoria hujus viri diserti erit æterna. Semel fuit consul, id est, summus rector civitatis. Erat Octaviani amicus, sed Antonii inimicus. Hæc inimicitia causa fuit mortis violentæ ejus. Occīsus est, quùm jàm senex esset. Quò acrior inimicus Antonii semper fuerat Cicero, eò crudelior erat Antonius et Antonii conjux, quæ multò crudelior fuisse dicitur, quàm ipse maritus. Cicero potuisset salvus esse, si minùs timidus fuisset. Is, qui anteà Ciceronis cliens fuerat, magni hujus oratoris percussor fuit. Nomen hominis illīus ingratissimi est Popilius. Cicerōnis scripta adhùc exstant, si non omnia, plurima tamen. Utinàm omnia adhùc exstarent ! Qui libri Ciceronis (libri Ciceronis qui) adhùc exstant, perire jàm non possunt. Ciceronis filius non æquè magnus fuit, ac pater. Sæpiùs fit, ut clarorum patrum filii minùs sint clari. Gloria et auctoritas patrum sæpè pestis est liberorum.

Le fils de Cicéron n'était pas aussi grand que son père. Celui-ci a été le plus grand orateur des Romains. Le fils de Cicéron n'a pas été aussi appliqué que son père ; s'il avait été aussi appliqué, il aurait été peut-être un aussi grand orateur. Les fils de grands hommes ne sont pas toujours grands eux-mêmes. L'homme le plus célèbre est quelquefois le fils d'un mendiant. Les grands hommes sont rares. Le plus grand homme n'est pas parfait. La vie humaine est courte et longue : longue, si nous sommes actifs et appliqués ; courte, si nous sommes paresseux et négligents.

### 54. Conjugaison du verbe ESSE, être.

**Présent.**

| INDICATIF. | SUBJONCTIF. |
|---|---|
| Sum, *je suis.* | Sim, *que je sois.* |
| Es, *tu es.* | Sis, *que tu sois.* |
| Est, *il, elle est.* | Sit, *qu'il, qu'elle soit.* |

| INDICATIF. | SUBJONCTIF. |
|---|---|

Sumus, *nous sommes.*     Sīmus, *que nous soyons.*
Estis, *vous êtes.*     Sītis, *que vous soyez.*
Sunt, *ils, elles sont.*     Sint, *qu'ils, qu'elles soient.*

**Imparfait.**

Eram, *j'étais.*     Essem (forem), *que je fusse; je serais.*
Eras, *tu étais.*     Esses (fores), *que tu fusses; tu serais.*
Erat, *il, elle était.*     Esset (foret), *qu'il, qu'elle fût; il, elle serait.*
Erāmus, *nous étions.*     Essēmus, *que nous fussions; nous serions.*
Erātis, *vous étiez.*     Essētis, *que vous fussiez; vous seriez.*
Erant, *ils, elles étaient.*     Essent (forent), *qu'ils, qu'elles fussent; ils, elles seraient.*

**Parfait.**

Fui, *j'ai été; je fus.*     Fuĕrim, *que j'aie été.*
Fuisti, *tu as été; tu fus.*     Fuĕris, *que tu aies été.*
Fuit, *il, elle a été; il, elle fut.*     Fuĕrit, *qu'il, qu'elle ait été.*
Fuĭmus, *nous avons été; nous fûmes.*     Fuerĭmus, *que nous ayons été.*
Fuistis, *vous avez été; vous fûtes.*     Fuerĭtis, *que vous ayez été.*
Fuērunt ou fuēre, *ils, elles ont été; ils, elles furent.*     Fuĕrint, *qu'ils, qu'elles aient été.*

**Plus-que-parfait.**

Fuĕram, *j'avais été.*     Fuissem, *que j'eusse été; j'aurais été.*
Fuĕras, *tu avais été.*     Fuisses, *que tu eusses été; tu aurais été.*
Fuĕrat, *il, elle avait été.*     Fuisset, *qu'il, qu'elle eût été; il, elle aurait été.*
Fuerāmus, *nous avions été.*     Fuissēmus, *que nous eussions été; nous aurions été.*
Fuerātis, *vous aviez été.*     Fuissētis, *que vous eussiez été; vous auriez été.*
Fuĕrant, *ils, elles avaient été.*     Fuissent, *qu'ils, qu'elles eussent été; ils, elles auraient été.*

**Futur.**

Ero, *je serai.*
Eris, *tu seras.*

| INDICATIF. | SUBJONCTIF. |
|---|---|

Erit, *il, elle sera.*
Erĭmus, *nous serons.*
Erĭtis, *vous serez.*
Erunt, *ils seront.*

### Futur antérieur.

Fuĕro, *j'aurai été.*
Fuĕris, *tu auras été.*
Fuĕrit, *il, elle aura été.*
Fuĕrimus, *nous aurons été.*
Fuĕritis, *vous aurez été.*
Fuĕrint, *ils, elles auront été.*

### IMPÉRATIF.

Es *ou* esto, *sois.*
Esto, *qu'il soit, qu'elle soit.*
Simus, *soyons.*
Este *ou* estōte, *soyez.*
Sunto, *qu'ils ou qu'elles soient.*

REMARQUE. Les formes *esto, estote* ont plus de force que *es, este.*

### INFINITIF.

#### Présent.

Esse, *être.*

#### Parfait.

Fuisse, *avoir été.*

#### Futur.

Fore (*indécl.*) *ou* futurum, am, um esse, *devoir être.*

#### Futur antérieur.

Futurum, am, um fuisse, *avoir dû être.*

### PARTICIPE FUTUR.

Futurus, a, um, *devant être.*

REMARQUE. Le verbe latin *sum* n'ayant ni le participe présent *étant*, ni le participe passé *ayant été*, il faut tourner par *lorsque, comme, puisque*, et mettre le verbe au subjonctif : Cicéron étant consul, etc.; tournez : lorsque Cicéron était consul, *quùm Cicero consul esset.* (Voyez n° 133, § 2.)

**Conjuguez sur SUM, FUI, ESSE, les verbes suivants, qui en sont composés.**

55. *Ab-sum, ab-es, ab-fui, ab-esse,* être absent.
*Ad-sum, ad-es, ad-fui, ad-esse,* être présent.
*De-sum, de-es, de-fui, de-esse,* manquer à.
*In-sum, in-es, in-fui, in-esse,* être dans.
*Inter-sum, inter-es, inter-fui, inter-esse,* assister à.
*Ob-sum, ob-es, ob-fui, ob-esse,* être nuisible.
*Præ-sum, præ-es, præ-fui, præ-esse,* présider à.
*Sub-sum, sub-es, sub-fui, sub-esse,* être dessous.
*Super-sum, super-es, super-fui, super-esse,* rester, survivre.
*Pro-sum, prod-es, pro-fui, prod-esse,* être utile.

Dans ce dernier verbe *pro-sum*, on change *pro* en *prod* devant la voyelle *e*. Ainsi, on dit : *Prosum, prodes, prodest, prosumus, prodestis, prosunt; prosim, prosis,* etc. ; *proderam; prodessem; profui; profueram, prodero,* etc.

### POSSUM, POTUI, POSSE, pouvoir.

Dans *possum*, je peux, composé de *potis, pote,* capable, et de *sum,* on change *pos* en *pot* devant *e*. Ainsi : *Possum, potes, potest, possumus, potestis, possunt.* Au parfait et aux temps qui en dérivent, la lettre *f* disparaît. Ainsi : *potui* au lieu de *potfui ; potueram, potuero, potuisse.*

| INDICATIF. | SUBJONCTIF. |
|---|---|
| **Présent.** | |
| Possum, *je peux*; potes, potest, possŭmus, potestis, possunt. | Possim, *que je puisse*; possis, possit, possĭmus, possītis, possint. |
| **Imparfait.** | |
| Potĕram, *je pouvais*; potĕras, etc. | Possem, *que je pusse ; je pourrais*; posses, etc. |

| INDICATIF. | SUBJONCTIF. |
|---|---|
| *Parfait.* | |

Potui, *j'ai pu, je pus*; potuisti, etc.    Potuĕrim, *que j'aie pu*; potuĕris, etc.

*Plus-que-parfait.*

Potuĕram, *j'avais pu*; potuĕras, etc.    Potuissem, *que j'eusse pu*; *j'aurais pu*; potuisses, etc.

*Futur.*

Potĕro, *je pourrai*; poteris, etc.

*Futur antérieur.*

Potuĕro, *j'aurai pu*; potuĕris, etc.

INFINITIF PRÉSENT.

Posse, *pouvoir.*

INFINITIF PARFAIT.

Potuisse, *avoir pu.*

(Pas d'Impératif, d'Infinitif futur, ni de Participes.)

REMARQUE. *Potens*, puissant; *præsens*, présent; *absens*, absent, sont de simples adjectifs.

56. Nos omnes homines sumus. Omnes homines sunt mortales. Vos estis homines, ergò estis mortales. Si[1] felices esse vultis, honesti estote. Honesti homines semper fuerunt felices. Socrates honestissimus et sapientissimus omnium Græcorum fuisse dicitur. Tempora futura meliora esse possunt. Homo avarus nunquàm tàm dives esse potest, ut omninò contentus sit. Homines avari semper erunt opprobrium generis humani. Homo sum, ergò humanus esse debeo. Quod humanum est, mihi non est alienum. Si humanus non essem, non essem homo, sed immanis bellua. Qui reges esse volunt, humani sunto et mites. Si omnes reges semper justi et humani fuissent, multi populi multò fuissent feliciores, quàm fuerunt.

---

[1] *Si*, signifiant *au cas que, à condition que,* se rend par *si* : *si felices esse vultis, honesti estote.*

Vicinus meus dives est,[1] sed haud scio an[1] sit beatus; nec scimus an Cræsus fuerit beatus, quùm esset rex, et omnium regum locupletissimus. Postquàm victus est, minimè fuit beatus. Beati reges sunt rari. Hic puer rex futurus esse dicitur[2]. Uter orator major fuerit, Demosthenes an Cicero, ego haud scio. Demosthenes quidem major fuisse dicitur. Cicero fuit imitator Demosthenis.

Il y a eu et il y aura toujours des imitateurs. Un bon imitateur n'est pas blâmable. Si tous les imitateurs étaient blâmables, Virgile, qui fut l'imitateur d'Homère, serait aussi blâmable. On dit qu'Homère fut aveugle; mais nous ne savons pas s'il[3] a été réellement aveugle. Les poëmes d'Homère sont écrits en grec, et les poëmes de Virgile en latin. Les poëmes d'Homère ne sont pas plus difficiles que les poëmes de Virgile. Celui-ci a été l'ami d'Auguste. L'empereur Auguste était l'ami et le protecteur des poëtes Horace et Virgile.

57. Romulus et Remus fratres fuerunt. Romulus primus Romanorum rex fuit. Septem fuerunt Romanorum reges, quorum ultimus fuit Tarquinius Superbus. Tarquinius crudelissimus rex fuit. Nisi fuisset tàm crudelis, non esset expulsus. Quùm exsul esset, bellum ortum est. Tarquinii amicus et auxiliator fuit Porsenna, Etruriæ rex. Sed Tarquinius exsul mortuus est. Successores Tarquinii exsulis duo consules fuerunt. Alter primorum consulum pater erat severissimus. Filii ejus, qui erant amici regis expulsi, occisi sunt. Auctor mortis horum juvenum pater ipse fuit. Hi juvenes primùm publicè accusati sunt, deindè occisi. Omnes preces horum juvenum

---

[1] *Si*, après les verbes *demander, savoir, ne pas savoir, douter*, s'exprime par *nùm* ou *an*, suivi du subjonctif, et *si—ou* par *utrùm— an* : *haud scio, an sit beatus*. Tu demandes, *si je suis riche ou pauvre, interrogas utrùm sim dives an pauper*. Les Tyriens demandaient aux Macédoniens si Alexandre était plus grand que Neptune, *Tyrii interrogabant Macedones nùm major Neptuno esset Alexander.*

[2] Voyez n° 101, remarque.

[3] Voyez n° 56, remarque.

miserorum erant inanes ; pater non amplius videbatur esse pater, sed consul tantùm et judex. Qui judices erunt, justi et severi sunto. Severitas judicum utilior est, quàm lenitas. Is judex, qui crudelitatis accusari potest, meritò est vituperandus. Si igitur bonus judex esse vis, crudelis ne[1] esto. Qui judex semper justus fuerit, ejus laus erit maxima. Laus justitiæ optima est. Judex non ità severus esse debet, ut durus sit.

Si tu as toujours été juste, tu ne peux pas être avec raison accusé d'injustice. Tout juge doit être juste, mais non pas dur. Un juge trop dur est toujours blâmable ; mais celui qui est juste et sévère, est louable. Si tu as toujours été juste, tu seras mon ami, car l'homme juste est ma joie. Non-seulement les juges, mais aussi les législateurs, doivent être humains. Solon, ce célèbre citoyen athénien, a été un législateur humain ; mais on dit que Dracon, un autre législateur, a été trop dur. Si les lois de Dracon n'avaient été que sévères, elles n'auraient pas été blâmables, car les lois doivent être sévères.

58. Septem fuerunt viri sapientes Græciæ, septem quoque fuēre reges Romani ; numerus igitur virorum sapientium[2] Græciæ idem est, qui[3] est regum Romanorum. Nomina septem sapientium fuerunt : Thales, Solon, Chilon, Pittăchus, Bias, Cleobŭlus, Periander. Nomina septem regum Romanorum sunt : Romulus, Numa, Tullus Hostilius, Ancus Marcius, Tarquinius Priscus, Servius Tullius, Tarquinius Superbus. Memoria horum hominum non est eădem, nam non omnes iidem fuerunt. Si hi septem reges æquè honesti fuissent, atquè septem illi sapientes, Tarquinius Superbus non fuisset expulsus. Sed plures horum regum injusti fuerunt et immanes,

---

[1] Avant l'impératif on met *ne* à la place de *non* : *ne esto crudelis.*
[2] Voyez n° 44, § 5.
[3] *Que*, après *le même*, *la même*, s'exprime par *qui, quæ, quod* ou par *ac* ou *atquè* : *non idem es erga me, qui* (ou *ac, atquè*) *fuisti olim,* vous n'êtes pas le même envers moi, que vous avez été autrefois. *Numerus virorum sapientium Græciæ idem est, qui est regum Romanorum.*

præcipuè ultimus, cujus immanitas causa fuit exsilii ejus[1] et filiorum ; hi filii imitatores erant morum patris, sed socii etiam fortunæ ejus, quæ erat tristissima. Quæ enim[2] fortuna miserior esse potest, quàm exsulis? Quanquàm verum est illud dictum : Ubi benè, ibi patria.

Le sort des hommes n'est pas le même : les uns sont très-heureux, les autres malheureux. Quoique le sort des hommes soit très-divers, tous néanmoins pourraient être heureux, s'ils voulaient être contents. Notre bonheur suprême consiste en (est) un cœur content. Un homme qui veut être heureux, ne doit être ni avare, ni prodigue, ni envieux. L'avarice, la prodigalité et l'envie ont toujours été et seront toujours des sources intarissables de la misère humaine. Le proverbe est vrai : « L'avarice est la source de tous les maux. » Cependant le prodigue est aussi blâmable que l'avare. L'avarice et la prodigalité sont deux vices à peu près égaux.

**59.** *Amāre*, aimer. *Amat*, il, elle aime; *amant*, ils, elles aiment.

*Habēre*, avoir. *Habet*, il, elle a; *habent*, ils, elles ont.

*Reddĕre*, rendre. *Reddit*, il, elle rend; *reddunt*, ils, elles rendent.

*Audīre*, entendre. *Audit*, il, elle entend; *audiunt*, ils, elles entendent.

Parentes filios suos amant. Liberi parentes suos amare debent. Bonus filius amat patrem. Qui bonus esse vult filius, matrem amare debet. Liberi, qui parentes suos non amant, non sunt boni. Si rex bonus est, populus eum amat. Amor populi votum est bonorum regum. Boni reges optant, ut populi sui felices sint. Homines avari multam optant pecuniam. Qui multam pecuniam habet, non semper est felix. Pecunia hominem non reddit felicem. Si pecunia sola homines felices

---

[1] Voyez n° 51.
[2] Voyez n° 21, remarque.

reddere posset, plures homines feliciores essent, quàm sunt. Illum quidem [1] pecunia felicem reddere non potest, qui bonus et honestus non est. Illi sunt verè beati, qui honestatem amant; nam honestas sola beatos homines reddit. Parentes liberos felices reddunt. Si vis beatus esse, honestatem amare debes. Honestatis amicus Dei [2] est amicus. Deum amare præceptaque ejus servare debemus. Qui servat præcepta Dei, homo est honestus. Omnia Dei præcepta bona sunt et utilia. Deus pater est omnium hominum. Deus omnes amat homines, qui præcepta ejus servant. Omnes, qui hæc præcepta servant, homines sunt honesti et pii.

Une bonne fille aime son père, sa mère, ses frères et ses sœurs. Celui qui n'aime pas son frère qu'il voit, comment peut-il aimer Dieu qu'il ne voit pas? Celui seul aime Dieu, qui observe ses commandements. Tous les hommes doivent observer les commandements de Dieu. Celui-là pèche, qui n'observe pas ces commandements. Nul n'est bon que celui qui aime Dieu et qui observe tous ses commandements. Que celui qui désire l'amour de Dieu, soit vertueux et pieux; car Dieu aime les hommes vertueux.

**60.** *Amāre*, aimer. *Amabat*, il aimait. *Amavit*, il a aimé.

*Habēre*, avoir. *Habebat*, il avait. *Habuit*, il a eu.

*Reddĕre*, rendre. *Reddebat*, il rendait. *Reddidit*, il a rendu.

*Audīre*, entendre. *Audiebat*, il entendait. *Audivit*, il a entendu.

Socratis vultus semper idem erat. Meritò autem [3] erat vultus semper idem, quia mens semper erat eădem. Socratis vita sanctissima erat et tamen est impietatis accusatus et damna-

---

[1] Voyez n° 28, remarque.
[2] Voyez n° 38, § 4.
[3] Voyez n° 21, remarque.

tus. Multos Socrates habuit discipulos, quorum unus erat Lysias. Quùm¹ Socrates impietatis accusatus esset, hic eum defendere volebat, sed Socrates defendi noluit. Attamen orationem discipuli sui legit et laudavit. Xantippe, conjux Socratis, quæ morosissima fuisse dicitur², quantoperè amaverit maritum, tùm apparuit, quùm maritus impietatis accusatus est. Sanè hæc mulier non fuit tàm³ mala, quàm fuisse dicitur. Multi homines sæpè mali esse dicuntur, qui re verâ sunt optimi⁴. Si omnes homines mali essent, qui esse dicuntur, plures mali essent, quàm sunt. Omnis homo inimicos habet. Si inimicus judicat, judicium rarò⁵ justum est.

Cet homme-ci a beaucoup d'argent; celui-là a beaucoup de jardins et de champs. Celui qui a beaucoup de champs, est souvent plus heureux que celui qui a beaucoup d'argent. Le champ reste, mais l'argent peut se perdre. Tous les hommes ne peuvent pas avoir des champs et des jardins. Les champs de mon frère ne coûtent (sont) pas si cher que les miens. Mes champs coûtent plus cher que les tiens; mais ils sont meilleurs. Le champ le plus cher n'est pas toujours le meilleur.

**61.** *Am āre*, aimer. *Am o*, j'aime; *am as*, tu aimes; *am at*, il aime; *am āmus*, nous aimons; *am ātis*, vous aimez; *am ant*, ils aiment.

*Man ēre*, rester. *Man eo*, je reste; *man es*, tu restes; *man et*, il reste; *man ēmus*, nous restons; *man ētis*, vous restez; *man ent*, ils restent.

Deus me amat, et ego⁶ amo Deum. Animus melior pars est mei⁷, nam est immortalis. Corpus hominis perit, animus solus

---

¹ Voyez n° 111, remarque.
² Voyez n° 101, remarque.
³ Voyez n° 17, remarque.
⁴ Voyez n° 50, § 4.
⁵ Voyez n° 49, § 2.
⁶ Voyez n° 13, remarque.
⁷ Voyez n° 64.

manet. Si tu me amas, ego te redămo. Qui nos amant, eos nos redamare debemus. Nos omnes Dei præcepta servare debemus, sed multi nostrûm ea non servant'; multi igitur [1] nostrûm sunt impii. Deus semper nostri memor est, sed nos non semper memores sumus Dei, quod valdè est vituperandum. Homines sanè essent beatiores, si semper Dei memores essent. Ego semper tui et magnæ tuæ erga me amicitiæ memor ero. Nequè tu mei et amicitiæ erga te meæ unquàm immemor eris. Amicitia nostra erit sempiterna. Tu semper eris idem; qui hucusquè fuisti; nec minùs ego idem ero, qui semper fui. Deus semper idem est erga homines; nequè benignitas, nequè justitia ejus erga nos mutabilis est. Si Deus mutabilis esset, non esset perfectus. Si verò Deus est perfectus, mutari non potest. Quod perfectum est, deterius fit, si mutatur. Tempora hominesque [2] mutantur. Corpus juvenum robustius est, quàm senum. Senes infirmi sunt et debiles, juvenes fortes et robusti. Si juvenes libidinosi sunt, robusti et fortes non manent; sunto igitur moderati, ut semper robusti sint et fortes.

L'homme bon doit aimer les autres. L'amour de Dieu est le premier commandement; l'amour envers nous-mêmes et les autres, le second. Celui qui n'aime pas soi-même, n'aime pas Dieu non plus, et celui qui n'aime pas Dieu, ne s'aime pas non plus. L'amour de Dieu envers les hommes est plus grand que l'amour des hommes envers Dieu. Mon amitié pour (envers) toi est plus grande que la tienne pour moi. Mon amitié pour toi sera toujours la même. L'amitié inaltérable est la meilleure. Mon père m'aime, et moi, je l'aime aussi. Voilà (celui-là est) l'homme que j'aime autant que moi-même.

62. Multi laudantur homines, quos equidem laudare non possum. Contrà multi vituperantur, qui laudandi videntur. Qui alios [3] laudant, non semper sunt justi. Sæpè amor et

---

[1] Voyez n° 96, remarque.
[2] Voyez n° 49, remarque.
[3] Voyez n° 93, remarque.

odium causæ sunt laudis et vituperationis. Si is, qui alium laudat, sapiens et amicus non est ejus, quem laudat, laus justa esse videtur ; sin laudator est amicus, nec sapiens, laus ejus omninò suspecta est. Qui jure alios laudare volunt, ipsi laudandi esse debent. Laus hominis, qui ipse non est laudandus, inanis esse videtur. Si quis[1] alterum furti accusat, testes necessarii sunt. Hi testes veritatis memores sunto. Interdùm homines furti accusantur, qui non sunt fures. Qui innocentes sunt, defendi debent, ne fiat injuria. Omnis absit injuria. Triste est, si vel[2] unus innocens damnatur ; nemo enim est damnandus, nisi qui est convictus ; ceteri omnes sunt liberandi.

Je loue ceux qui sont justes et je blâme ceux qui sont injustes. Un juge injuste est la ruine d'une ville. Si le roi est très-juste, ses juges aussi ont coutume d'être justes ; car l'inférieur craint le supérieur. Si le roi lui-même est injuste, il ne peut pas avec raison punir les juges injustes. Cependant Cambyse, roi des Perses, était lui-même très-injuste, et pourtant il a puni un juge injuste de la manière la plus cruelle. Frédéric le Grand, roi de Prusse, fut un roi très-juste ; ses juges aussi furent justes.

**63.** Hoc bellum est omnium contra omnes. Si tu es contra me, ego sum contra te. Qui est contra me, idcircò non est inimicus. Qui verò est contra semet[3] ipsum, sanè sibi est inimicus. Circa urbem nostram magnus est murus. Per hanc urbem via est strata. Hæc via in urbem ducit. Hæc urbs magna est, sed muros non habet. Muri hujus urbis alti, sed non firmi sunt. Optimus murus est, qui est firmissimus. Hodiè muri non sunt tàm utiles, quàm olim fuerunt. Hodiè muri non semper hostes retinēre possunt. Hostes facilè muros diruere et in urbem penetrare possunt. Hodiè igitur milites ipsi sunt optimi muri. Belli forma valdè est mutata. Nunc vel[4]

---

[1] Voyez n° 81, remarque.
[2] *Vel*, même.
[3] Voyez n° 64, § 1, remarque.
[4] Voyez n° 62, remarque.

imbellis miles fortissimum occidĕre potest, olìm non item. Antiqua belli forma melior fuisse videtur, quàm hodierna. Utra[1] verò sit crudelior, equidem haud scio ; bellum quidem semper crudele est. Mors ubiquè est comes belli.

Un juge équitable (juste) doit punir les hommes méchants. Ceux-ci sont contre les bons. Les méchants sont le plus grand fléau de la société humaine. S'il[2] n'y avait pas de méchants, la vie humaine serait plus agréable qu'elle n'est[3] à présent. Beaucoup d'entre nous[4] ne sont pas si bons qu'ils pourraient être, s'ils le voulaient. Il y a eu toujours de mauvais hommes. Ils agissent contre les lois de l'État. Celui qui agit contre les lois, doit être puni ; ainsi tous les mauvais doivent être punis. Si l'autorité des lois se perd, l'État se perd lui-même. De bonnes lois sont la base de l'État. Celui qui ébranle cette base, ébranle l'État entier. Ainsi les voleurs et les brigands troublent l'État.

### 64. 1. PRONOMS PERSONNELS.

**Singulier.**

Nom. *Ego*, je, moi.            N. V. *Tu*, tu, toi.
Gén. *Mei*, de moi.             *Tui*, de toi.
Dat. *Mihi* (*mi*, poét.), me, à moi.    *Tibi*, te, à toi.
Acc. *Me*, me, moi.             *Te*, te, toi.
Abl. *Me*, de moi.              *Te*, de toi.

Le pronom *il, lui, elle*, s'exprime en latin par un pronom démonstratif. Le pronom réfléchi de la troisième personne n'a pas de nominatif ; il est de tout genre et sert également pour le singulier et pour le pluriel.

[1] Voyez n° 39, § 2.
[2] Voyez n° 13, remarque.
[3] Voyez n° 15, remarque.
[4] Voyez n° 64, § 1, remarque 2.

**Pluriel.**

Nom. *Nos*, nous.
Gén. *Nostri*, de nous.
*Nostrùm*, de nous, d'entre nous.
Dat. *Nobis*, à nous.
Acc. *Nos*, nous.
Abl. *Nobis*, de nous.

N. V. *Vos*, vous.
*Vestri*, de vous.
*Vestrùm*, de vous, d'entre vous.
Dat. *Vobis*, à vous.
*Vos*, vous.
*Vobis*, de vous.

**Troisième personne du pronom réfléchi.**

Nom. manque.
Gén. *Sui*, de soi, de lui-même, etc.
Dat. *Sibi*, à soi, à lui-même, etc.

Acc. *Se*, se, soi, lui-même, etc.
Abl. *Se*, de soi, de lui-même, etc.

REMARQUE. 1° On trouve souvent l'accusatif *sese* pour *se*, et quelquefois la particule *met*, même, ajoutée aux pronoms personnels : *egomet*, moi-même ; *tibimet*, à toi-même.

2° Ne confondez pas *nostri*, *vestri*, de nous, de vous, avec *nostrùm*, *vestrùm*, d'entre nous, parmi nous ; d'entre vous, parmi vous : *pars melior nostri est animus*, la meilleure partie de nous-même, c'est l'âme. *Multi nostrùm*, etc., beaucoup d'entre nous, parmi nous.

### 2. PRONOMS POSSESSIFS.

*Meus, mea, meum*, mon, ma ; le mien, la mienne.
*Tuus, tua, tuum*, ton, ta ; le tien, la tienne.
*Suus, sua, suum*, son, sa, leur ; le sien, la sienne, le leur, etc.
*Noster, nostra, nostrum*, notre ; le nôtre, la nôtre.
*Vester, vestra, vestrum*, votre ; le vôtre, la vôtre.

REMARQUE. *Meus* fait au vocatif singulier masculin *mi* : *mi pater!* mon père!

### 3. PRONOMS DÉMONSTRATIFS.

1. *Hic, hæc, hoc*, celui-ci, celle-ci, ceci ; ce, cet, cette.

**Singulier.** | **Pluriel.**

Nom. Hic, hæc, hoc. | Hi, hæ, hæc.
Gén. Hujus } pour les 3 genres. | Horum, harum, horum.
Dat. Huic | His (*pour les trois genres*).
Acc. Hunc, hanc, hoc. | Hos, has, hæc.
Abl. Hōc, hāc, hōc. | His (*pour les trois genres*).

REMARQUE. A *hic, hæc, hoc*, on ajoute quelquefois la particule *ce, ci* : *hicce*, celui-ci ; *hujusce*, de celui-ci, etc.

2. *Ille, illa, illud*, celui-là, celle-là, cela ; ce, cet, cette.

**Singulier.** | **Pluriel.**

Nom. Ille, illa, illud. | Illi, illæ, illa.
Gén. Illīus } pour les 3 genres. | Illorum, illarum, illorum.
Dat. Illī | Illis (*pour les trois genres*).
Acc. Illum, illam, illud. | Illos, illas, illa.
Abl. Illo, illa, illo. | Illis (*pour les trois genres*).

**Déclinez sur ILLE :**

3. *Iste, ista, istud*, celui-là, celle-là, cela ; ce, cet, cette ; g. *istius* ; d. *isti*, etc. ; pluriel : *isti, istæ, ista*, etc. *Iste* est le plus souvent pris en mauvaise part.

4. *Ipse, ipsa, ipsum*, même, lui-même, elle-même.

**Singulier.** | **Pluriel.**

Nom. Ipse, ipsa, ipsum. | Ipsi, ipsæ, ipsa.
Gén. Ipsius } p. les 3 genres. | Ipsorum, ipsarum, ipsorum.
Dat. Ipsi | Ipsis (*pour les trois genres*).
Acc. Ipsum, ipsam, ipsum. | Ipsos, ipsas, ipsa.
Abl. Ipso, ipsa, ipso. | Ipsis (*pour les trois genres*).

5. *Is, ea, id*, celui, celle, cela ; ce, cette.

**Singulier.** | **Pluriel.**

Nom. Is, ea, id. | Ii, eæ, ea.

Gén. Ejus ⎫
Dat. Ei ⎭ *pour les 3 genres.*
Acc. Eum, eam, id.
Abl. Eo, ea, eo.

Eōrum, cārum, eōrum.
Iis (eis) *pour les trois genres.*
Eos, eas, ea.
Iis, (eis) *pour les trois genres.*

6. *Idem, eadem, idem* (de *is, ea, id* et de la syllabe *dem*), le même, la même.

**Singulier.**

Nom. Idem, eadem, idem.
Gén. Ejusdem ⎫
Dat. Eīdem ⎭ *p. les 3 genr.*

Acc. Eumdem, eamdem, idem.
Abl. Eodem, eadem, eodem.

**Pluriel.**

Iidem, eædem, eadem.
Eorumdem, earumdem, eo-
 rumdem.
Iisdem (eisdem), *p. les 3 g.*
Eosdem, easdem, eadem.
Iisdem (eisdem), *p. les 3 g.*

REMARQUE. 1° Dans ce pronom on peut changer *m* en *n* devant *d*, ainsi : *eundem, eandem,* pour *eumdem, eamdem.*
2° Ne confondez pas *idem*, le même, avec *ipse*, même : le même homme, *idem homo* ; l'homme même, *ipse homo.*

### 4. PRONOMS RELATIFS.

*Qui, quæ, quod,* qui, lequel, laquelle.

**Singulier.**

Nom. Qui, quæ, quod.
Gén. Cujus ⎫
Dat. Cui ⎭ *pour les 3 genres.*

Acc. Quem, quam, quod.
Abl. Quo, qua, quo.

**Pluriel.**

Qui, quæ, quæ.
Quorum, quarum, quorum.
Quibus (*pour les trois genres*) ;
 *en poésie* queis, quîs.
Quos, quas, quæ.
Quibus (*pour les trois genres*) ;
 *en poésie,* queis, quîs.

REMARQUE. Dans les composés de *qui, quæ, quod,* on ne décline que le mot *qui. Quicumque, quæcumque, quodcumque,* quiconque, qui que ce soit qui ; *quidam, quædam, quoddam* et *quiddam,* certain, un certain, certaine chose ; *quilibet, quælibet, quodlibet* et *quidlibet,* qui l'on voudra ; *quivis, quævis, quodvis* et *quidvis,* qui vous vou-

drez, tout homme, toute chose. Gén., *cujuscumque, cujusdam,* etc.
Dat., *cuicumque, cuidam,* etc.

Au lieu de *quicumque*, on trouve aussi *quicunque*.

### 5. PRONOMS INTERROGATIFS.

*Quis? quæ? quid* (employé seul ou avec un adjectif)? *quod* (avec un nom)? qui? quel? quelle? quoi? *Quid pulchrius?* quoi de plus beau? *Quod templum?* quel temple? Quelquefois on emploie au nominatif masc. *qui* au lieu de *quis : Qui est herus tuus?* quel homme est ton maître?

|  | Singulier. | Pluriel. |
|---|---|---|
| Nom. | Quis? quæ? quid? quod? | Qui? quæ? quæ? |
| Gén. | Cujus? } p. les 3 genres. | Quorum? quarum? quorum? |
| Dat. | Cui? | Quibus? (*p. les trois genres*) |
| Acc. | Quem? quam? quid? quod? | Quos? quas? quæ? |
| Abl. | Quo? qua? quo? | Quibus? (*p. les trois genres*) |

REMARQUE. Qui? ou lequel des deux? se rend par *uter, utra, utrum*.

Dans les composés de *quis, quæ, quid, quod*, on ne décline que ce pronom ; ainsi :

*Quisnam* (*quīnam*), *quænam, quidnam* et *quodnam ?* qui? quel? quelle? quelle chose?

*Ecquis? ecqua? ecquid* et *ecquod?* (pl. n. *ecqua*) qui? quel? quoi? y a-t-il quelqu'un qui?

*Aliquis, aliqua, aliquid* et *aliquod* (pl. n. *aliqua*), quelque, quelqu'un, quelqu'une, quelque chose.

*Quisquam, quæquam, quidquam* ou *quicquam* et *quodquam*, quelqu'un, quelqu'une, quelque chose.

*Quispiam, quæpiam, quidpiam* ou *quippiam* et *quodpiam*, quelque, quelqu'un, quelqu'une, quelque chose.

4.

*Quisque, quæque, quidque* et *quodque*, chaque, chacun (entre plusieurs), chacune, chaque chose.

G. *Cujusnam, eccujus, alicujus, cujusquam, cujuspiam, cujusque.*

D. *Cuinam, eccui, alicui, cuiquam, cuipiam, cuique.*

Dans les composés *unusquisque, unaquæque, unumquidque* et *unumquodque*, chacun, chacune, chaque chose, et *quisquis;* n. *quidquid*, tout homme qui; qui que ce soit qui, on décline les deux parties.

G. *Uniuscujusque;* d. *unicuique;* acc. *unumquemque*, etc. *Quisquis;* n. *quidquid*, n'est guère usité que dans les cas suivants : Abl. *quoquo, quâquâ, quoquo;* acc. *quemquem;* n. *quidquid.*

**65.** On met à *l'ablatif* : 1° Le nom de *temps*, à la question : *quand? en quel temps?* 2° Les noms de *cause*, de *manière*, d'*instrument*, à la question : *de quelle manière ? par quel moyen?* 3° Les noms propres de *villes* et de quelques *petites îles*, à la question : *d'où?* Dans les temps anciens (quand?), *antiquis temporibus*. Ils furent soumis (par quel moyen?) par la guerre, *bello subacti sunt*. Il fut tué par une pierre, *lapide interfectus est*. Il est venu (d'où?) de Rome, *Româ venit*. On dit de même : *Redeo domo, rure*, je reviens de la maison, de la campagne.

Roma urbs omnium fuit frequentissima tùm, quùm Romani domini orbis terrarum fuerunt. Nunc quidem minùs est frequens. Hæc urbs sæpiùs per hostes diruta est. Nostris temporibus centum sexaginta millia [1] hominum in ea esse dicuntur. Quùm antiquis temporibus urbs a Gallis capta esset,

---

[1] L'adjectif *mille*, mille, invariable au singulier, est déclinable au pluriel et se dit alors *millia*, gouvernant le *gén.* : gén. *millium;* dat. et abl. *millibus* : *mille homines*, mille hommes; *duo millia hominum*, deux mille hommes.

omnes senatores occisi sunt. Gallorum dux erat Brennus, vir durus et iniquus. Quùm pacem cum Romanis facere vellet, conditiones pacis durissimæ et iniquissimæ fuerunt. Tantùm [1] enim auri pondus imperabat, quantùm miseri Romani vix dare poterant. Tandem Galli sine auro ex urbe pulsi sunt per Camillum. Camillus eos vicit non auro, sed ferro. Contra hostes ferrum melius est, quàm aurum.

Les Romains ont été les plus vaillants de tous les peuples; ils ont été heureux dans presque toutes les guerres qu'ils ont faites. La discipline des Romains était très-sévère. Sans discipline le soldat ne peut pas vaincre. Le fer est une très-bonne chose dans la guerre; mais celui qui veut faire la guerre, doit aussi avoir de l'or. Aucune guerre ne peut se faire (être faite) sans armes, ni sans argent. La paix vaut mieux (est meilleure) que la guerre.

**66.** 1. *De*, exprimant le *sens partitif* ou l'idée de *possession*, d'*appartenance*, de *propriété* ou de *qualité*, se rend par le *génitif* : Une grande quantité de poissons a été prise, *magna vis piscium capta est;* le plus sage de tous les Grecs, *sapientissimus omnium Græcorum.* Le roi d'Espagne, *rex Hispaniæ.* Un homme d'un grand génie, *vir magni ingenii.* On dirait également *vir magno ingenio.* Ce livre *est* ou *appartient à* mon frère, *hic liber est fratris mei.*

2. *De* signifiant *sur, touchant,* se rend par *de* avec l'*ablatif :* Écris-moi de ton projet, *scribe mihi de consilio tuo.* Je n'ai rien entendu dire de (sur) mon frère, *de fratre meo nihil audivi.* Ce livre a été écrit sur les devoirs, *hic liber de officiis scriptus est.*

---

[1] Dans les phrases comme : *autant* de modestie *que* de science, *autant* se rend par *tantùm* et le *que* suivant par *quantùm* : *tantùm modestiæ, quantùm doctrinæ,* ou bien : *tanta modestia, quanta doctrina.* Je vous aime autant que vous m'aimez, *tantùm te amo, quantùm me amas.* (Voyez n° 136, remarque.)

3. *De*, signifiant *par*, devant un nom de personne ou *d'être animé*, se rend par *a*, *ab*, avec *l'ablatif*. *A* se met devant une consonne ; *ab*, principalement devant les voyelles. *Amor a Deo*, je suis aimé de Dieu. Darius fut vaincu par Alexandre, *Darius ab Alexandro victus est*. *Accepi litteras a patre meo*, j'ai reçu une lettre de mon père.

*A* signifie aussi *dès* : *A primâ ætate*, dès le premier âge.

4. *De* ou *par*, accompagné d'un verbe passif et d'un nom d'*objet inanimé*, s'exprime par *l'ablatif*, sans préposition : Il fut tué par une pierre, *lapide interfectus est*. (Voir n° 65.)

Beaucoup de villes d'Allemagne sont grandes. Depuis longtemps je n'ai rien appris de ton père. Aujourd'hui nous avons parlé de la guerre, qui a été commencée par les ennemis. Socrate était un homme de beaucoup de vertu, d'un grand esprit et d'une modération extraordinaire. Beaucoup d'hommes ont été instruits par Socrate. Je fus ici dès la troisième heure, comme j'y avais été invité par mon frère, de qui j'ai reçu un beau cadeau. Cette ville, dont nous avons parlé si souvent, a été détruite par les ennemis. Cyrus voulut tuer Crésus par les flammes, après que celui-ci eut été pris par lui. Je suis venu de Rome ici. J'ai appris de mon maître beaucoup de choses sur cette ville. J'ai non-seulement reçu de toi beaucoup de cadeaux, mais j'ai aussi appris de toi beaucoup de choses. Cet homme a été blessé par ce chien. Les hommes bons ne sont pas aimés des méchants. J'ai appris cela dès la troisième heure. Cette maison est à mon père ; elle a été bâtie par lui-même. C'est un homme d'un corps grand, mais d'un petit esprit. Néron fut le plus cruel des empereurs romains.

**67.** *Amā bam*, j'aimais, *bas, bat, bāmus, bātis, bant*. *Amā vi*, j'ai aimé, *visti, vit, vĭmus, vistis, vērunt*.

*Amavĕram*, j'avais aimé, *ras, rat, rāmus, rātis, rant.*
*Amavĕro*, j'aurai aimé, *ris, rit, rĭmus, rĭtis, rint.*

*Habē bam*, j'avais, *bas, bat, bāmus, bātis, bant.*
*Habu i*, j'ai eu, *isti, it, ĭmus, istis, ērunt.*
*Habuĕram*, j'avais eu, *ras, rat, rāmus, rātis, rant.*
*Habuĕro*, j'aurai eu, *ris, rit, rĭmus, rĭtis, rint.*

*Amā rem*, que j'aimasse ; j'aimerais, *res, ret, rēmus, rētis, rent.*
*Amavĕrim*, que j'aie aimé, *ris, rit, rĭmus, rĭtis, rint.*
*Amavis sem*, que j'eusse aimé ; j'aurais aimé, *ses, set, sēmus, sētis, sent.*

*Habē rem*, que j'eusse ; j'aurais, *res, ret, rēmus, rētis, rent.*
*Habuĕ rim*, que j'aie eu, *ris, rit, rĭmus, rĭtis, rint.*
*Habuis sem*, que j'eusse eu ; j'aurais eu, *ses, set, sēmus, sētis, sent.*

Cyrus, primus Persarum rex, multa bella gessit et multos populos subegit. Quùm Crœsum, Lydiæ regem [1], vicisset, flammis eum occidere statuit. Quùm Crœsus jàm in rogo staret, ter Solonis nomen exclamavit. Cyrus, qui aderat, interrogavit, cur hoc faceret. Crœsus respondit : Solon, cujus hoc tempore memor sum, homo est sapiens ; quùm ego felix mihi esse videbar, hic mihi dixit : Nemo ante mortem beatus est. Hoc momento intellĭgo quàm verum hoc dictum fuerit. Quùm Cyrus hoc audivisset, liberavit Crœsum vinculis, et ab hoc tempore Cyrus et Crœsus amici facti sunt.

Le meilleur maître des hommes, c'est l'histoire. Dès les

---

[1] Quand un substantif sert à en qualifier un autre (ce qu'on appelle *apposition*), tous les deux se mettent au même cas : *Marius, consul*, Marius, consul ; *Marii, consulis*, de Marius, consul. *Urbs Roma*, la ville de Rome ; *urbis Romæ*, de la ville de Rome. *Quùm Crœsum, Lydiæ regem, vicisset*, etc.

temps les plus anciens les hommes ont toujours été les mêmes. L'envie, la haine, l'avarice, l'avidité du gain ont toujours existé (été). Les méchants ont toujours été contre les bons, et ils le seront toujours. Quand nous lisons l'histoire des siècles passés, nous croyons être presque dans nos temps. Celui qui veut connaître les hommes, doit lire l'histoire. Mais l'étude de l'histoire n'est pas seulement utile ; elle est aussi très-agréable.

**68.** *Am āre*, aimer. *Amā bo*, j'aimerai, *bis, bit, bĭmus, bĭtis, bunt. Ama*, aime ; *amate*, aimez.

*Hab ēre*, avoir. *Habē bo*, j'aurai, *bis, bit, bĭmus, bĭtis, bunt. Habe*, aie ; *habēte*, ayez.

*Leg ĕre*, lire. *Leg am*, je lirai, *es, et, ēmus, ētis, ent. Lege*, lis ; *legĭte*, lisez.

*Aud īre*, entendre. *Audĭ am*, j'entendrai, *es, et, ēmus, ētis, ent. Audi*, entends ; *audīte*, entendez.

Romani præter duos [1] consules creabant interdùm dictatorem, qui erat summâ auctoritate et potestate. Habebat enim jus vitæ et necis. Quùm Romani in magno erant periculo, dictator est creatus. Quanquàm potestas dictatoris tanta erat, ut, quem civium vellet, occidĕre posset, tamen non tàm periculosa fuit, quàm videtur ; hæc potestas enim erat brevis, et licebat dictatorem post dictaturam accusare et damnare. Dictator erat summus belli dux, et omnes, quin etiam consules, sine ullâ morâ jussa ejus sequebantur. Plures Romani iterùm, tertiùm et sæpiùs dictatores creati sunt. Interdùm civis ab aratro ad dictaturam vocatus est. Julius Cæsar dictator perpetuus fuit. Hic vir magnus a Romanis in ipsâ curiâ

---

[1] *Duo*, deux, se décline de la manière suivante : nom. *duo, duæ, duo* ; gén. *duorum, duarum, duorum* ; dat. et abl. *duobus, duabus, duobus* ; acc. *duos* ou *duo, duas, duo*. Déclinez ainsi : *ambo, ambæ, ambo*, les deux, tous deux.

*Tres*, nom. et acc., m., f., trois ; n., *tria* ; gén. *trium*, 3 g. ; dat. et abl. *tribus*, 3 g.

occisus est. Brutus, unus percussorum, amicus Cæsaris fuerat. Post Cæsaris cædem ortum est bellum crudelissimum, in quo omnes Cæsaris percussores occisi sunt.

Les anciens Romains aimaient leur patrie et la liberté plus que les richesses. Le grand nombre (beaucoup) des victoires des Romains ont été leur perte. La seconde guerre punique, où (dans laquelle) les Romains ont été vainqueurs, a le plus corrompu leurs mœurs. Les Romains ont fait plus de guerres que beaucoup d'autres peuples ; dans la plupart des guerres, ils étaient vainqueurs. Les peuples que le soldat romain a soumis, peuvent à peine être comptés. Les Romains ont fait aussi beaucoup de guerres aux (avec les) Germains ; mais ces guerres ne furent pas si heureuses que les autres. La guerre que Varus, général romain, a faite aux Germains, fut la plus malheureuse. La plupart des soldats, et Varus lui-même, perdirent la vie dans cette guerre.

# TROISIÈME PARTIE

### DU VERBE.

**69.** Il y a en latin *quatre* conjugaisons, dont la *première* a, pour marque distinctive, le présent de l'*infinitif* en āre (amāre, aimer); la *deuxième* en ēre (monēre, avertir); la *troisième* en ĕre (legĕre, lire) et la *quatrième* en īre (audīre, entendre).

Pour conjuguer un verbe facilement, il faut en connaître les parties essentielles ou *formes primitives*, c'est-à-dire, le *présent*, le *parfait*, le *supin* et le présent de l'*infinitif*. Les formes tirées de celles-ci s'appellent *formes dérivées*.

**Présent.**
1ʳᵉ *Am* o, j'aime.
2ᵉ *Mon* ĕo, j'avertis.
3ᵉ *Leg* o, je lis.
4ᵉ *Aud* ĭo, j'entends.

**Parfait.**
*Am* āvi, j'ai aimé.
*Mon* ŭi, j'ai averti.
*Leg* i, j'ai lu.
*Aud* īvi, j'ai entendu.

**Supin.**
1ʳᵉ *Am* ātum, à ou pour aimer.
2ᵉ *Mon* ĭtum, à ou pour avertir.
3ᵉ *Lect* um, à ou pour lire.
4ᵉ *Aud* ītum, à ou pour entendre.

**Infinitif.**
*Am* āre, aimer.
*Mon* ēre, avertir.
*Leg* ĕre, lire.
*Aud* īre, entendre.

### Formation du Verbe.

**1.** Du *présent* de l'indicatif, on forme :

1° Le *présent* du *subjonctif*, en changeant o en em,

à la 1re conjug., et en *am* aux trois autres : *am em* (que j'aime) ; *mone am ; leg am ; audi am.*

2° L'*imparfait* de l'ind., en changeant *o* en *ābam*, à la 1re conjug.; en *bam* à la 2e, et en *ēbam* à la 3e et 4e : *am abam* (j'aimais) ; *mone bam ; leg ēbam ; audi ēbam.*

3° Le *futur* de l'indicatif, en changeant *o* en *abo* à la 1re conjug.; en *bo* à la 2e, et en *am*, à la 3e et 4e : *am abo* (j'aimerai) ; *mone bo ; leg am ; audi am.*

4° Le *participe présent*, en changeant *o* en *ans*, à la 1re conjug.; en *ns* à la 2e, et en *ens* à la 3e et 4° : *am ans* (aimant); *mone ns ; leg ens ; audi ens.*

5° Le *gérondif*, en changeant *o* en *andi, ando, andum*, à la 1re conjug.; en *ndi, ndo, ndum*, à la 2e, et en *endi, endo, endum* à la 3e et 4° : *am andi, am ando, am andum* (de, à ou pour aimer) ; *mone ndi*, etc.; *leg endi*, etc.; *audi endi*, etc.

2. Du *parfait* de l'indicatif, on forme :

1° Le *parfait* du *subjonctif*, en changeant *i* en *ĕrim* dans les quatre conjug. : *amav ĕrim* (que j'aie aimé); *monu ĕrim ; leg ĕrim ; audiv ĕrim.*

2° Le *plus-que-parfait* de l'*indicatif* en changeant *i* en *ĕram* dans les quatre conjug. : *amav ĕram* (j'avais aimé); *monu ĕram ; leg ĕram ; audiv ĕram.*

3° Le *plus-que-parfait* du *subjonctif*, en changeant *i* en *issem* dans les quatre conjug.: *amav issem* (que j'eusse aimé); *monu issem ; leg issem ; audiv issem.*

4° Le *futur antérieur*, en changeant *i* en *ĕro* dans les quatre conjug. : *amav ĕro* (j'aurai aimé); *monu ĕro ; leg ĕro ; audiv ĕro.*

5° Le *parfait* de l'*infinitif*, en changeant *i* en *isse* dans les quatre conjug. : *amav isse* (avoir aimé); *monu isse ; leg isse ; audiv isse.*

3. Du *supin*, on forme :

1° Le *futur* de *l'infinitif*, en changeant *m* en *rum, ram, rum*, dans les quatre conjug. : *amatu rum, amatu ram, amatu rum esse* (devoir aimer); *monitu rum, ram, rum esse; lectu rum, ram, rum esse; auditu rum, ram, rum esse*.

2° Le *participe futur*, en changeant *m* en *rus, ra, rum* dans les quatre conjug. : *amatu rus, ra, rum* (devant aimer); *monitu rus, ra, rum; lectu rus, ra, rum; auditu rus, ra, rum*.

3° Le *participe passé passif*, en changeant *um* en *us, a, um*, dans les quatre conjug. : *amat us, a, um* (aimé); *monit us, a, um; lect us, a, um; audīt us, a, um*. Tout verbe qui n'a pas de supin, manque aussi de ces trois formes dérivées.

4. Du *présent* de *l'infinitif*, on forme :

1° L'*impératif*, en ôtant *re* de l'infinitif, dans les quatre conjug. : *ama* (aime) ; *mone; lege; audi*. Quatre impératifs : *dic* (dis), *duc, fac, fer*, de *dicĕre* (dire), *ducĕre* (conduire), *facĕre* (faire), *ferre* (porter), n'ont pas de voyelle finale.

2° L'*imparfait* du *subjonctif*, en ajoutant *m* à l'infinitif, dans les quatre conjug. : *amāre m* (que j'aimasse); *monēre m; legĕre m; audīre m*.

### 70. PREMIÈRE CONJUGAISON.

Verbe *am o, am āvi, am ātum, am āre* (aimer).

Voix active.

#### Présent.

| INDICATIF. | SUBJONCTIF. |
|---|---|
| Am o, *j'aime*. | Am em, *que j'aime*. |
| Am as. | Am es. |
| Am at. | Am et. |

| INDICATIF. | SUBJONCTIF. |
|---|---|
| Am āmus. | Am ēmus. |
| Am ātis. | Am ētis. |
| Am ant. | Am ent. |

### Imparfait.

| | |
|---|---|
| Am ābam, *j'aimais.* | Am ārem, *que j'aimasse* ou *j'aimerais.* |
| Am ābas. | Am āres. |
| Am ābat. | Am āret. |
| Am ābāmus. | Am arēmus. |
| Am abātis. | Am arētis. |
| Am ābant. | Am ārent. |

### Futur.

| | |
|---|---|
| Am ābo, *j'aimerai.* | |
| Am ābis. | |
| Am ābit. | |
| Am ābĭmus. | |
| Am ābĭtis. | |
| Am ābunt. | |

### Parfait.

| | |
|---|---|
| Amāv i, *j'ai aimé; j'aimai,* ou *j'eus aimé.* | Amāv ĕrim, *que j'aie aimé.* |
| Amav isti. | Amāv ĕris. |
| Amāv it. | Amav ĕrit. |
| Amav ĭmus. | Amav erĭmus. |
| Amav istis. | Amav erĭtis. |
| Amav ērunt (ĕre). | Amav ĕrint. |

### Plus-que-parfait.

| | |
|---|---|
| Amav ĕram, *j'avais aimé.* | Amav issem, *que j'eusse aimé* ou *j'aurais aimé.* |
| Amav ĕras. | Amav isses. |
| Amav ĕrat. | Amav isset. |
| Amav erāmus. | Amav issēmus. |
| Amav erātis. | Amav issētis. |
| Amav ĕrant. | Amav issent. |

### Futur antérieur.

Amāv ĕro, *j'aurai aimé.*
Amav ĕris.
Amav ĕrit.

Amavĕrĭmus.
Amavĕrĭtis.
Amavĕrint.

### IMPÉRATIF.

Ama, amāto, *aime*.
Amāto, *qu'il aime*.
Amēmus, *aimons*.
Amāte, amatōte, *aimez*.
Amanto, *qu'ils aiment*.

Les formes *amato, amatote* sont plus expressives que *ama, amate*.

### INFINITIF.

#### Présent.

Amāre, *aimer*.

#### Parfait.

Amavisse, *avoir aimé*.

#### Futur.

Amatūrum, am, um esse, *devoir aimer*.

#### Futur antérieur.

Amatūrum, am, um fuisse, *avoir dû aimer*.

### GÉRONDIF.

*Gén.* Amandi, *d'aimer*.
*Dat.* Amando, *à aimer*.
*Acc.* Amandum, *à* ou *pour aimer*.
*Abl.* Amando, *en aimant*.

### PARTICIPE.

#### Présent.

Amans, *aimant*; *gén.*, amantis.

#### Futur.

Amaturus, a, um, *devant aimer, qui aimera*.

### SUPIN.

Amatum, *à* ou *pour aimer*.

**Conjuguez sur AMO les verbes :**

Laud o, āvi, ātum, āre, louer.
Serv o, āvi, ātum, āre, observer.
Impĕr o, āvi, ātum, āre, commander.
Mut o, āvi, ātum, āre, changer.
Honor o, āvi, ātum, āre, honorer.
Supĕr o, āvi, ātum, āre, surpasser, vaincre.
Cess o, āvi, ātum, āre, cesser.
Vast o, āvi, ātum, āre, dévaster.
Dubĭt o, āvi, ātum, āre, douter.
Orn o, āvi, ātum, āre, orner.

Voici quelques verbes de la 1ʳᵉ conjug., qui ne prennent pas les formes régulières de āvi, ātum au parfait et au supin :

Cubo, cubui, cubĭtum, āre, être couché.
Domo, domui, domĭtum, āre, dompter.
Crepo, crepui, crepĭtum, āre, craquer.
Veto, vetui, vetĭtum, āre, interdire.
Mico, micui (sans supin), āre, étinceler.
Seco, secui, sectum, āre, couper.
Juvo, juvi, jutum, āre, aider.
Do, dedi, datum, dăre, donner.
Sto, steti, statum, stāre, se tenir debout.
Présent. Do, das, dat, damus, datis, dant.
Imparfait. Dabam, dabas, etc.
Présent. Sto, stas, stat, stamus, statis, stant.
Imparfait. Stabam, stabas, etc.

**Conjugaison passive.**

71. Pour conjuguer un verbe passif, il faut en connaître le *présent*, le *participe passé* et l'*infinitif*.

1. Les *temps simples* du verbe passif se forment des mêmes temps de l'actif, en ajoutant *r* à ceux qui sont terminés en *o*, et en changeant *m* en *r* à ceux qui sont terminés en *m* :

Actif : *am o, mone o, leg o, audi o; amabo, moneb o; amaba m, amare m; moneba m, monere m; lega m, audia m.*

Passif. *Amo r, moneo r, lego r, audio r; amabo r, monebo r; amaba r, amare r; moneba r, monere r; lega r, audia r.*

Pour former les autres personnes, on change :
*As* en *āris; es* en *ēris; is* en *ĕris* (1ʳᵉ, 2ᵉ et 3ᵉ conj.), et *is* en *īris* (4ᵉ conjug.) à la 2ᵉ pers. du sing. :

Actif. *Am as; mon es; amab is; moneb is; leg is; aud is.*
Passif. *Am āris; mon ēris; amab ĕris; moneb ĕris; leg ĕris; aud īris.*

*T* en *tur*, à la 3ᵉ pers. du sing. et du plur. :

Actif. *Ama t, mone t, legi t, audi t.*
Passif. *Ama tur, monē tur, legĭ tur, audī tur.*

*Mus* en *mur*, à la 1ʳᵉ pers. du plur., et *tis* en *mĭni*, à la 2ᵉ pers. du plur. :

Actif. *Amā mus, monē mus, legĭ mus, audī mus; amā tis, monē tis, legĭ tis, audī tis.*
Passif. *Amā mur, monē mur, legĭ mur, audī mur; amā mini, monē mini, legĭ mini, audī mini.*

2. Les *temps composés* se forment du participe passé et du verbe auxiliaire *esse : amatus sum,* j'ai été ai-

mé ; *amatus eram*, j'avais été aimé ; *amatus ero*, j'aurai été aimé.

3. L'*impératif passif* est toujours semblable à l'infinitif actif : *amāre, monēre, legĕre, audīre*.

4. L'*infinitif passif* se forme de l'actif, en substituant *i* à *e* final, dans la 1re, 2e et la 4e conjug., et à *ĕre*, dans la 3e :

Actif. *Amāre, monēre, legĕre, audīre*.
Passif. *Amāri, monēri, legi, audīri*.

5. Le *participe passé* se forme du supin actif par le changement de *um* en *us, a, um* : *amatum, amatus, a, um*. Le *participe futur* se tire du gérondif, dont on change la voyelle finale *i* en *us, a, um* : *amandi, amandus, a, um*.

6. Le *futur* de l'*infinitif* se compose du supin actif et de *iri*, infinitif passif du verbe *ire* (aller) : *amatum iri*, devoir être aimé ; *monitum iri*, devoir être averti.

7. Le *supin passif* se forme du supin actif par la suppression de *m* : *amatum, amatu*.

### 72. PREMIÈRE CONJUGAISON.

Verbe *amor, amātus sum, amāri*, être aimé.

Voix passive.

Présent.

| INDICATIF. | SUBJONCTIF. |
|---|---|
| Amor, *je suis aimé*. | Amer, *que je sois aimé*. |
| Amāris (āre). | Ameris (ēre). |
| Amātur. | Amētur. |
| Amāmur. | Amēmur. |
| Amāmĭni. | Amēmĭni. |
| Amantur. | Amentur. |

## Imparfait.

| INDICATIF. | SUBJONCTIF. |
|---|---|
| Amābar, *j'étais aimé*. | Amārer, *que je fusse aimé ou je serais aimé*. |
| Amabāris (āre). | Amarēris (ēre). |
| Amabātur. | Amarētur. |
| Amabāmur. | Amarēmur. |
| Amabāmĭni. | Amarēmĭni. |
| Amabantur. | Amarentur. |

### Futur.

Amābor, *je serai aimé*.
Amabĕris (ĕre).
Amabĭtur.
Amabĭmur.
Amabimĭni.
Amabuntur.

### Parfait.

| | |
|---|---|
| Amātus, a, um, sum (*ou* fui), es, est, *j'ai été aimé ; je fus aimé ; j'eus été aimé*. | Amātus, a, um, sim (*ou* fuĕrim), sis, sit, *que j'aie été aimé*. |
| Amāti, æ, a, sumus, estis, sunt. | Amāti, æ, a, simus, sitis, sint. |

### Plus-que-parfait.

| | |
|---|---|
| Amātus, a, um, eram (*ou* fuĕram), eras, erat, *j'avais été aimé*. | Amātus, a, um, essem (*ou* fuissem), esses, esset, *que j'eusse été aimé ; j'aurais été aimé*. |
| Amāti, æ, a, eramus, eratis, erant. | Amāti, æ, a, essemus, essetis, essent. |

### Futur antérieur.

Amātus, a, um, ero (*ou* fuero), eris, erit, *j'aurai été aimé*.
Amāti, æ, a, erimus, eritis, erunt.

## IMPÉRATIF.

Amāre, amātor, *sois aimé*.
Amātor, *qu'il soit aimé*.
Amēmur, *soyons aimés*.
Amāmĭni, *soyez aimés*.
Amantor, *qu'ils soient aimés*.

La forme *amator* est plus expressive que *amāre*.

### INFINITIF.
**Présent.**

Amāri, *être aimé.*

**Parfait.**

Amātum, am, um esse *ou* fuisse, *avoir été aimé.*

**Futur.**

Amatum iri (*indécl.*) *ou* amandum, am, um esse, *devoir être aimé.*

**Futur antérieur.**

Amandum, am, um fuisse, *avoir dû être aimé.*

### PARTICIPE.
**Passé.**

Amātus, a, um, *aimé, ayant été aimé.*

**Futur.**

Amandus, a, um, *devant être aimé, qui doit être aimé.*

### SUPIN.

Amatu, *à être aimé.*

#### Conjuguez sur AMOR les verbes :

*Laud or, laud atus sum, laud āri,* être loué.
*Serv or, serv atus sum, serv āri,* être observé.
*Mut or, mut atus sum, mut āri,* être changé.
*Honor or, honor atus sum, honor āri,* être honoré.
*Damn or, damn atus sum, damn āri,* être condamné.
*Vast or, vast atus sum, vast āri,* être dévasté.
*Liber or, liber atus sum, liber āri,* être délivré.
*Orn or, orn atus sum, orn āri,* être orné.
*Dom or, dom ĭtus sum, dom āri,* être dompté.
*Juv or, ju tus sum, juv āri,* être secondé.

73. Si boni cives esse vultis, servate leges civitatis ; nemo

enim bonus civis est, qui leges non servat. Omnes boni omnium temporum cives semper leges civitatis servaverunt. Rex imperat, ut cives leges servent. Cives leges servanto. Civis servans semper leges, bonus est. Leges semper sunt servandæ. Si leges semper servarentur, civitas salva esset. A bonis civibus leges semper servantur, et semper servatæ sunt. Divina lex est, ut semper honesti simus. Qui hanc legem servant, boni sunt. Qui omnes leges servat, perfectus est. Homines mutantur. Tempora mutant hominem. Senex non jàm est idem, qui fuit juvenis. Juvenis est robustus, senex est infirmus. Senex homo est multorum annorum. Senes sunt honorandi a juvenibus. Lacedæmonii maximè senes honoravisse dicuntur, ideòque laudati sunt et adhùc laudantur a bonis hominibus. Melius est laudari, quàm vituperari. Non omnes laudari possunt. Qui laudatur, non semper est laudandus. Homo, alium laudaturus[1], ipse sit laudandus[2]. Si alium laudavĕris, qui non erat laudandus, ipse vituperabĕris, et quidem jure meritòque. Nemo laudet hominem vituperandum. Laudetur bonus, vituperetur malus. Qui malum laudant et vituperant bonum, ipsi sunt vituperandi.

La première loi, c'est l'amour de Dieu. Que celui qui veut être heureux, aime Dieu et qu'il observe ses commandements. Sans l'amour de Dieu, personne ne peut aimer son frère. Celui qui est bon est aimé des hommes bons. Si tu m'aimes, je t'aimerai aussi. Tes maîtres t'aimeraient, si tu étais appliqué; car les élèves appliqués sont aimés de leurs maîtres. Si le roi est bon, son peuple l'aime et l'aimera toujours. Je t'aurais aimé, si tu avais été meilleur; mais tu as toujours été mauvais.

REMARQUE. *Avec*, devant un nom d'*instrument* ou de *moyen*, s'exprime par l'*ablatif* sans préposition; mais indiquant l'*accompagnement* ou signifiant *en même temps que*, *et*, *ainsi que*, par *cum* avec l'*ablatif* : *ferire gladio*, frapper avec l'épée. *Cornu taurus petit*, le

---

[1] Voyez n° 138, § 3.
[2] Voyez n° 138, § 1.

taureau attaque avec ses cornes. *Debemus versari cum sapientibus hominibus*, nous devons avoir des relations avec des hommes sages. *Ingressus est cum gladio*, il est entré avec une épée. *Terra cum floribus suis interiit*, la terre a péri avec (ainsi que) ses fleurs. *Cum dolore hoc audivi*, j'ai appris cela avec douleur.

J'ai tué ce chien avec une pierre. C'est avec mon père que j'irai chez lui et je le parerai de fleurs. Je suis allé chez lui avec la pierre, avec laquelle j'ai tué ce chien. La terre a péri avec les fleurs dont elle était ornée. J'ai vu cela avec douleur, avec indignation. On fait la guerre avec des armes ; c'est avec elles que le soldat marche contre l'ennemi. Cet homme vint chez moi avec de l'or. Cette fille-là était parée de fleurs. Nous avons entendu cela avec plaisir.

**74.** Græci a Romanis bello superati sunt. Non tàm facilè superati essent, si concordes fuissent. Discordia Græcorum causa fuit victoriæ Romanorum. In Græciâ plures imperare volebant. Qui imperare vult, prudens esto. Sine prudentiâ nemo benè imperare potest. Mali homines accusantur, et, si convicti sunt, damnantur. Homines innocentes non sunt damnandi ; mali soli damnentur. Græci Socratem, innocentissimum omnium hominum, damnavērunt, quare jure vituperati sunt. Si malos homines laudavĕris, ipse jure vituperabĕris ; nam mali homines non sunt laudandi. Ab homine laudando laudāri, vera laus est. Qui amicos suos est laudaturus, cautus esto ; eodem modo, qui inimicos suos vituperare vult, cautus esse debet. Et laudantes et vituperantes justi sunto. Boni scriptores semper laudabuntur, sed mali vituperabuntur. Mundus creatus est a Deo. Deus creavit mundum. Nisi Deus nos creavisset, non essemus. Antequàm Deus mundum creavit, nihil fuit, nisi Deus ipse. Deus creator est mundi.

L'élève fut loué de son maître, parce qu'il avait été appliqué. S'il avait été toujours appliqué, il aurait été toujours loué ; mais l'élève ne continua pas son application. Le maître cessa de louer son élève ; bien au contraire, il le blâmait souvent. L'élève pensait en lui-même : il est plus agréable d'être loué que d'être blâmé ; l'application est plus utile que la paresse ; il reprit l'application interrompue ; plus encore, il la redoubla. Le maître loua le changement du jeune garçon, et après, il l'aima beaucoup plus qu'il ne l'avait aimé auparavant. La joie, causée par un enfant qui a été paresseux et qui est devenu appliqué, est ordinairement (a coutume d'être) plus grande que la joie causée par un enfant qui a été toujours appliqué. Je ne sais pas[1], si cela est juste ; beaucoup en douteront certainement.

**75.** Verres, civis Romanus, homo nequissimus[2] et avarissimus, prætor fuerat insulæ Siciliæ. Hic homo in præturâ suâ crudelissimè vexaverat Siculos, quare posteà a Cicerone, magno illo oratore Romanorum, furti et multorum aliorum maleficiorum accusatus[3] et a judicibus damnatus est. Quanquàm[4] hic homo scelestus pœnè totam Siciliam vastaverat, tamen non fuit sine defensoribus. Sed Cicero eum ità coarguit, ut defensores eum pœnâ liberare[5] non possent. Tota Sicilia eum accusaverat. In exsilio mortuus est. Nisi Cicero fuisset, pœna ejus aut nulla, aut levis fuisset. Videmus igitur, quàm utilis sit honestus accusator. Turpes verò accusatores pestis sunt generis humani. Ubi mali accusatores florent, ibi boni homines sunt miseri. Gratius est hominem defendere, quàm accusare.

La Sicile est une île assez grande. Les maîtres de cette île n'ont pas été toujours les mêmes. Dans les temps anciens les Grecs, les Carthaginois et les Romains en ont été les maîtres ; dans les temps modernes, ce furent les Français, les Espagnols, les Allemands et d'autres. Dans cette île il y a beaucoup de grandes villes. Il y a aussi le mont Etna, vomissant du feu. Ce mont est plus haut que le Vésuve.

---

[1] Voyez n° 56, remarque 1, page 54.
[2] Voyez n° 50, § 4.
[3] Voyez n° 132, remarque.
[4] Voyez n° 30, remarque.
[5] Voyez n° 115, remarque.

**76.** Epaminondas, Polymnii filius, dux Thebanorum fuit. Pater ejus fuit honestus, sed pauper. Philosophiæ præceptorem habuit Epaminondas Lysĭdem tarentinum, quem maximè amavit. Corporis ejus firmitas maxima fuit. Ad hanc firmitatem corporis accesserunt plura animi bona ; erat enim modestus, prudens, gravis, perītus belli, continens, clemens, patiens, nunquàm mendax. Ferebat non solùm populi injurias, sed etiàm amicorum. In bello contra Peloponnesios duos habuit collēgas, quorum alter [1] erat Pelopidas, vir fortis et strenuus. Thebanis non erat probatus Epaminondas, sed condemnaverunt eum. Epaminondas rogavit [2] Thebanos, ut scribĕrent : Epaminondas a Thebanis morte mulctatus est [3], quòd eos coēgit superare Lacedæmonios, quòdque uno prælio non solùm Thebas [4] servavit, sed etiàm universam Græciam in libertatem reduxit. Quùm hoc verè dixisset, absolutus est.

Épaminondas fut le plus grand général des Thébains. Il était fils de parents pauvres, mais sa gloire était très-grande. Pélopidas était son ami. Les deux généraux ont fait de grandes guerres. Ces guerres furent heureuses. Par ces guerres, la patrie d'Épaminondas fut rendue libre (délivrée). Après la mort de ces généraux, leur patrie était très-malheureuse.

REMARQUE. On met à l'*ablatif* avec *in* le *nom du lieu* où l'on est ; mais sans *in*, les *noms de villes*, excepté ceux de la *première* ou de la *seconde* déclinaison, au *singulier*, que l'on met simplement au *génitif* : *sum in Galliâ, in Italiâ, in urbe, in horto, in silva*, je suis en France, en Italie, dans la ville, dans le jardin, dans la forêt. *Natus est Avenione, Carthagine, Athenis* (*Athenæ, arum*), *Delphis* (*Delphi, orum*), il est né à Avignon, à Carthage, à Athènes, à Delphes. *Habitat Romæ, Corinthi, Lugduni* (de *Roma, Corinthus, Lugdunum*), il demeure à Rome, à Corinthe, à Lyon. *Terrâ marique*, sur terre et sur mer.

[1] Voyez n° 24, remarque.
[2] Voyez n° 114, remarque.
[3] Voyez n° 132, remarque.
[4] Voyez n° 35, remarque 3.

J'ai été dans beaucoup de villes, à Rome, à Athènes, à Carthage. A Alexandrie il y avait autrefois une bibliothèque très-célèbre. Paul a enseigné l'Évangile à Rome, à Corinthe, à Éphèse, à Athènes. Archimède a vécu à Syracuse. Alexandre le Grand mourut à Babylone. Il y a plus d'hommes en Allemagne qu'en Espagne; dans ce pays-ci les hommes ne sont pas si laborieux qu'en Allemagne. A Éphèse, il y avait un temple de Diane très-célèbre. Les hommes sont plus vigoureux dans les campagnes que dans les villes. J'ai vécu trois ans en Italie, quatre en Allemagne et deux en Espagne. Il y a plus de danger sur mer que sur terre.

**77.** Lacedæmonii semper duos reges, nomine magis, quàm imperio habebant. Mortuus erat Agis rex, frater Agesilai, et reliquerat filium Leotychïdem. Is de[1] honore regni cum Agesilao, patruo suo, contendebat. Agesilaus victor fuit, et movit Lacedæmonios, ut exercitum in Asiam contra Persas emitterent. In hoc bello milites magnâ prædâ[2] locupletavit. Post hoc bellum, novum ortum est, quod Corinthium appellatur. In hoc bello Agesilaus decem millia[3] hostium occidit. Epaminondas, Thebanorum dux, Spartam oppugnabat, oppidum sine muris, sed Agesilaus eam fortissimè defendit. Hic vir prudens et sapiens, exiguus et claudus erat altero pede, quæ res afferebat nonnullam deformitatem.

Agésilas, roi des Lacédémoniens, était petit et laid de corps, mais grand d'esprit. Il conduisit une guerre contre les Perses et fut vainqueur. Les Perses étaient toujours ennemis des Grecs, et venaient souvent en Grèce. Dans la première guerre des Grecs contre les Perses, Miltiade était le général des Grecs, et Darius le roi des Perses. Dans cette guerre beaucoup de Perses furent tués en Grèce. Le roi Xerxès fut tué en Perse, sa patrie. La Grèce fut la patrie d'Agésilas, de Pélopidas, d'Épaminondas et de Miltiade.

[1] Voyez n° 103, sur *de*.
[2] Voyez n° 65.
[3] Voyez n° 65, remarque 1, page 66.

**78.** Phocion Atheniensis fuit. Integrĭtas vitæ ejus multò est notior, quàm gloria militaris. Cognomine *Bonus* est appellatus. Fuit enim perpetuò pauper, quanquàm divitissimus esse poterat. A Philippo, Macedoniæ rege[1], magna munera pecuniæ ei oblata sunt, sed repudiavit omnia. Filii ejus fuerunt in eâdem paupertate; dixit enim Phocion : Si filii erunt similes[2] mei, hic idem agellus alet eos, qui me perduxit ad hanc dignitatem ; sin dissimiles futuri sunt, nolo, ut sint divites. Quùm propè ad annum octogesimum prosperâ cum fortunâ pervenisset, extremis temporibus[3] in magnum civium suorum odium incĭdit. Erant eo tempore duæ[4] factiones in patriâ Phociōnis, quarum una causam populi, altera optimatum defendebat. In hac factione erat Phocion, sed populus victor fuit et optimates pepŭlit, in his etiàm Phocionem. Tandem Phocion occisus et a[5] servis sepultus est.

Phocion aimait sa patrie, mais la patrie était ingrate; il en fut chassé. Il pouvait être le plus riche, mais il était très-désintéressé. Philippe, roi de Macédoine, lui envoya beaucoup d'argent, mais il le refusa. Il était toujours pauvre, et ses fils étaient dans la même pauvreté. Sa gloire militaire n'était pas si grande que la gloire de son honnêteté. La fin de sa vie était très-malheureuse; car il fut chassé et, après, tué par ses concitoyens.

### 79. DEUXIÈME CONJUGAISON.

Verbe *mon ĕo, mon ŭi, mon ĭtum, mon ēre,* avertir.

Voix active.

Présent.

| INDICATIF. | SUBJONCTIF. |
|---|---|
| Mon ĕo, *j'avertis.* | Mon ĕam, *que j'avertisse.* |
| Mon es. | Mon cas. |

[1] Voyez n° 67, remarque.
[2] Voyez n° 123, remarque.
[3] Voyez n° 65.
[4] Voyez n° 68, remarque 1.
[5] Voyez n° 66, § 3.

## INDICATIF.

Mon et.
Mon ēmus.
Mon ētis.
Mon ent.

## SUBJONCTIF.

Mon eat.
Mon eāmus.
Mon eātis.
Mon eant.

### Imparfait.

Mon ēbam, *j'avertissais.*
Mon ēbas.
Mon ēbat.
Mon ebāmus.
Mon ebātis.
Mon ēbant.

Mon ērem, *que j'avertisse ou j'a-*
  *vertirais.*
Mon ēres.
Mon ēret.
Mon erēmus.
Mon erētis.
Mon ērent.

### Futur.

Mon ēbo, *j'avertirai.*
Mon ēbis.
Mon ēbit.
Mon ēbĭmus.
Mon ēbĭtis.
Mon ēbunt.

### Parfait.

Monŭi, *j'ai averti; j'avertis ou*
  *j'eus averti.*
Monu isti.
Monu it.
Monu ĭmus.
Monu istis.
Monu ērunt (ēre).

Monu ĕrim, *que j'aie averti.*
Monu eris.
Monu erit.
Monu erĭmus.
Monu erĭtis.
Monu ĕrint.

### Plus-que-parfait.

Monu ĕram, *j'avais averti.*
Monu eras.
Monu erat.
Monu erāmus.
Monu erātis.
Monu ĕrant.

Monu issem, *que j'eusse averti ou*
  *j'aurais averti.*
Monu isses.
Monu isset.
Monu issēmus.
Monu issētis.
Monu issent.

### Futur antérieur.

Monu ĕro, *j'aurai averti.*
Monu eris.
Monu erit.

Monu erĭmus.
Monu erĭtis.
Monu ĕrint.

### IMPÉRATIF.

Mon e, mon ēto, *avertis.*
Mon ēto, *qu'il avertisse.*
Mon eāmus, *avertissons.*
Mon ēte, mon etōte, *avertissez.*
Mon ento, *qu'ils avertissent.*

Les formes *monēto*, *monetōte* sont plus expressives que *mone*, *monete*.

### INFINITIF.

#### Présent.

Mon ēre, *avertir.*

#### Parfait.

Monu isse, *avoir averti.*

#### Futur.

Mon iturum, am, um esse, *devoir avertir.*

#### Futur antérieur.

Mon iturum, am, um fuisse, *avoir dû avertir.*

### GÉRONDIF.

*Gén.* Mon endi, *d'avertir.*
*Dat.* Mon endo, *à avertir.*
*Acc.* Mon endum, *à ou pour avertir.*
*Abl.* Mon endo, *en avertissant.*

### PARTICIPE.

#### Présent.

Mon ens, *avertissant*; *gén.*, mon entis.

#### Futur.

Mon ĭtūrus, a, um, *devant avertir, qui avertira.*

### SUPIN.

Mon ĭtum, *à ou pour avertir.*

**Conjuguez sur MONEO les verbes :**

*Debĕo, debŭi, debĭtum, debēre,* devoir.
*Habĕo, habŭi, habĭtum, habēre,* avoir.
*Nocĕo, nocŭi, nocĭtum, nocēre,* nuire.
*Studĕo, studŭi* (sans supin), *studēre,* étudier.
*Docĕo, docŭi, doctum, docēre,* enseigner.
*Cavĕo, cavi, cautum, cavēre,* prendre garde.
*Favĕo, favi, fautum, favēre,* favoriser.
*Augĕo, auxi, auctum, augēre,* augmenter.
*Lugĕo, luxi, luctum, lugēre,* pleurer.
*Jubĕo, jussi, jussum, jubēre,* ordonner.
*Vidĕo, vidi, visum, vidēre,* voir.
*Mordĕo, momordi, morsum, mordēre,* mordre.
*Spondĕo, spopondi, sponsum, spondēre,* promettre.
*Tondĕo, totondi, tonsum, tondēre,* tondre.

### 80. DEUXIÈME CONJUGAISON.

Verbe *monĕor, monĭtus sum, monēri,* être averti.

**Voix passive.**

**Présent.**

| INDICATIF. | SUBJONCTIF. |
|---|---|
| Monĕor, *je suis averti.* | Monĕar, *que je sois averti.* |
| Monēris (ĕre). | Monēaris (āre). |
| Monētur. | Monĕātur. |
| Monēmur. | Monĕāmur. |
| Monēmĭni. | Monĕāmĭni. |
| Monentur. | Monĕantur. |

**Imparfait.**

| | |
|---|---|
| Monēbar, *j'étais averti.* | Monērer, *que je fusse averti,* ou *je serais averti.* |
| Monebāris (āre). | Monerēris (ēre). |
| Monebātur. | Monerētur. |
| Monebāmur. | Monerēmur. |
| Monebāmĭni. | Monerēmĭni. |
| Monebantur. | Monerentur. |

### Futur.

| INDICATIF. | SUBJONCTIF. |
|---|---|

Mon ěbor, *je serai averti.*
Mon ěběris (ěre).
Mon ěbitur.
Mon ěbimur.
Mon ebiminī.
Mon ebuntur.

### Parfait.

Mon ĭtus, a, um sum (*ou* fui, etc.), es, est, *j'ai été averti; je fus averti, ou j'eus été averti.*  Mon ĭtus, a, um sim (*ou* fuěrim, etc.), sis, sit, *que j'aie été averti.*

Mon ĭti, æ, a sumus, estis, sunt.  Mon ĭti, æ, a simus, sitis, sint.

### Plus-que-parfait.

Mon ĭtus, a, um eram (*ou* fuě-ram, etc.), eras, erat, *j'avais été averti.*  Mon ĭtus, a, um essem (*ou* fuis-sem, etc.), esses, esset, *que j'eusse été averti, ou j'aurais été averti.*

Mon ĭti, æ, a eramus, eratis, erant.  Mon ĭti, æ, a essemus, essetis, essent.

### Futur antérieur.

Mon ĭtus, a, um ero (*ou* fuero, etc.), eris, erit, *j'aurai été averti.*
Mon ĭti, æ, a erimus, eritis, erunt.

### IMPÉRATIF.

Mon ēre, mon ētor, *sois averti.*
Mon ētor, *qu'il soit averti.*
Mon eāmur, *soyons avertis.*
Mon ēmĭni, *soyez avertis.*
Mon entor, *qu'ils soient avertis.*

*Monētor* est plus expressif que *monēre.*

### INFINITIF.

#### Présent.

Mon ēri, *être averti.*

#### Parfait.

Mon ĭtum, am, um esse *ou* fuisse, *avoir été averti.*

### Futur.

Mon ĭtum iri (indécl.), *ou* mon endum, am, um esse, *devoir être averti.*

### Futur antérieur.

Mon endum, am, um fuisse, *avoir dû être averti.*

## PARTICIPE.
### Passé.

Mon ĭtus, a, um, *averti; ayant été averti.*

### Futur.

Mon endus, a, um, *devant être averti; qui doit être averti.*

## SUPIN.

Mon ĭtu, *à être averti.*

### Conjuguez sur MONEOR les verbes :

*Habĕor, habĭtus sum, habēri,* être regardé.
*Docĕor, doctus sum, docēri,* être instruit.
*Augĕor, auctus sum, augēri,* être augmenté.
*Jubĕor, jussus sum, jubēri,* être ordonné.
*Vidĕor, visus sum, vidēri,* être vu, paraître.

84. Codrus ultimus rex Atheniensium fuit. Post eum civitatis administratio pluribus viris permissa est, quorum auctoritas erat annua. Sed civitati tunc nullæ leges erant, quia anteà regum libīdo pro[1] legibus habĭta erat. Itaque Solon legĭtur, vir justissimus, ut velut novam civitatem legibus condĕret; qui cum tantâ moderatione inter plebem et optimates egit, ut ab utrisque parem gratiam sibi conciliaret. Solon non solùm bonus legislator fuit, sed etiam multa bona

---

[1] *Pour*, signifiant *au lieu de*, s'exprime par *pro* avec *l'ablatif*, mais signifiant *dans l'intérêt de*, par le *datif : regum libido pro legibus habita est. Non scholæ, sed vitæ discimus,* ce n'est pas pour l'école, c'est pour le monde que nous apprenons.

civibus suis consilia dedit. Inter Athenienses et Megarenses diù dimicatum fuerat de Salamine insulâ. Post multas clades capitale fuit apud Athenienses, si quis[1] legem ferret de vindicandâ insulâ. Sollicitus igitur Solon subitam dementiam simulat, ut non solùm dicere, sed etiàm facere posset, quod vetĭtum erat. Pannosus more vecordium in publicum evŏlat et suadet populo; quod vetabatur, omniumque animos ità capit, ut extemplò bellum adversus Megarenses decerneretur et insula caperetur.

La ville d'Athènes était anciennement très-célèbre. On dit que l'homme le plus sage de cette ville fut Solon. Celui-ci donna aux Athéniens de nouvelles lois. Interrogé, pourquoi il n'avait pas établi de châtiments contre celui qui tuerait ses parents, il répondit : « Parce que personne ne fera cela. » Les Romains imaginèrent un singulier châtiment contre les parricides : ils les cousaient vivants dans un sac et les jetaient dans un fleuve.

REMARQUE. Le nom qui exprime le *lieu où l'on va*, se met à l'*accusatif* avec *in*; mais sans *in*, devant les noms de *villes*, de quelques **petites îles** et devant *domus* et *rus* : *Eo in Galliam, in urbem*, je vais en France, à la ville. *Proficiscor in Italiam*, je pars pour l'Italie. *Ibo Romam, Athenas, Lemnum, domum, rus*, j'irai à Rome, à Athènes, à Lemnos, à la maison, à la campagne.

Je suis parti pour l'Italie et j'ai visité la plupart des villes de ce pays. Je vais au champ; tu vas à la ville. Paul envoya des lettres à Rome, à Corinthe, à Éphèse et à beaucoup d'autres villes. Des légats ont été envoyés dans ce pays. Les Juifs furent menés à Babylone. L'ennemi a envahi (dans) ce pays et il a tout dévasté. Après que cet homme eut été condamné, il s'enfuit par mer, et se rendit dans une île, où il pouvait vivre en sûreté. Les richesses de tous les peuples vaincus furent transportées à Rome.

[1] Après *si, ne, nùm, sive, quò, ubi, undè, quùm, quomodò*, on retranche *ali* des mots *aliquis, aliquando* : *si quis* pour *si aliquis*; *si quando* pour *si aliquando*, si un jour, etc.

**82.** Xenophontis libri ad multas res sunt perutiles[1]. Quàm copiosè laudatur ab eo agricultura in eo libro, qui Œconomicus inscribitur ! Nihil ei tàm regale esse videbatur, quàm studium agriculturæ. Socrates ibi cum Critobulo loquitur de Cyro minore, Persarum rege[2], qui erat præstans ingenio[3] atque imperii gloriâ. Quùm Lysander, Lacedæmoniorum legatus, ad eum venisset eique dona a Lacedæmoniis attulisset, Cyrus ei agrum conseptum et diligenter consitum ostendit. Quùm Lysander admiraretur proceritatem arborum, humum[4] puram, odorum suavitatem, et non modò diligentiam, sed etiàm solertiam ejus, a quo omnia essent dimensa et descripta, Cyrus ei respondit : Ego ipse omnia dimensus sum ; mei sunt ordines, mea est descriptio ; multas etiàm illarum arborum ipse plantavi. Tùm Lysander : Rectè te, inquit, Cyre, dicunt beatum, quoniam cum virtute tua fortuna conjuncta est.

Xénophon fut un écrivain grec célèbre qui a écrit beaucoup de livres utiles. Il a écrit aussi la vie de Socrate, son maître. Il était l'ami de Cyrus le Jeune. Après la mort de Cyrus, il a reconduit en Grèce l'armée des Grecs. Cyrus l'aimait beaucoup ; il était aussi aimé de[5] ses concitoyens. Socrate l'aimait particulièrement.

### 83. TROISIÈME CONJUGAISON.

Verbe *leg o, leg i, lec tum, leg ĕre*, lire.

Voix active.

Présent.

| INDICATIF. | SUBJONCTIF. |
|---|---|
| Leg o, *je lis.* | Leg am, *que je lise.* |
| Leg is. | Leg as. |
| Leg it. | Leg at. |

[1] Voyez n° 99, remarque.
[2] Voyez n° 67, remarque.
[3] Voyez n° 66, § 1.
[4] Voyez n° 38, § 1.
[5] Voyez n° 66, § 3.

## LA LANGUE LATINE.

| INDICATIF. | SUBJONCTIF. |
|---|---|
| Leg ĭmus. | Leg āmus. |
| Leg ĭtis. | Leg ātis. |
| Leg unt. | Leg ant. |

### Imparfait.

| | |
|---|---|
| Leg ēbam, *je lisais.* | Leg ĕrem, *que je lusse* ou *je lirais.* |
| Leg ebas. | Leg eres. |
| Leg ebat. | Leg eret. |
| Leg ebamus. | Leg erēmus. |
| Leg ebatis. | Leg erētis. |
| Leg ebant. | Leg ĕrent. |

### Futur.

Leg am, *je lirai.*
Leg es.
Leg et.
Leg ēmus.
Leg ētis.
Leg ent.

### Parfait.

| | |
|---|---|
| Leg i, *j'ai lu; je lus; j'eus lu.* | Leg ĕrim, *que j'aie lu.* |
| Leg isti. | Leg eris. |
| Leg it. | Leg erit. |
| Leg ĭmus. | Leg erĭmus. |
| Leg istis. | Leg eritis. |
| Leg ērunt (ēre). | Leg ĕrint. |

### Plus-que-parfait.

| | |
|---|---|
| Leg ĕram, *j'avais lu.* | Leg issem, *que j'eusse lu* ou *j'aurais lu.* |
| Leg eras. | Leg isses. |
| Leg erat. | Leg isset. |
| Leg erāmus. | Leg issēmus. |
| Leg erātis. | Leg issētis. |
| Leg ĕrant. | Leg issent. |

### Futur antérieur.

Leg ĕro, *j'aurai lu.*
Leg eris.
Leg erit.
Leg erĭmus.
Leg erĭtis.
Leg ĕrint.

## IMPÉRATIF.

Leg e, leg ĭto, *lis.*
Leg ĭto, *qu'il lise.*
Leg āmus, *lisons.*
Leg ĭte, leg itōte, *lisez.*
Leg unto, *qu'ils lisent.*

Les formes *legĭto, legitōte* sont plus expressives que *lega, legite.*

## INFINITIF.
### Présent.

Leg ĕre, *lire.*

### Parfait.

Leg isse, *avoir lu.*

### Futur.

Lec turum, am, um esse, *devoir lire.*

### Futur antérieur.

Lec turum, am, um fuisse, *avoir dû lire.*

## GÉRONDIF.

*Gén.* Leg endi, *de lire.*
*Dat.* Leg endo, *à lire.*
*Acc.* Leg endum, *à* ou *pour lire.*
*Abl.* Leg endo, *en lisant.*

## PARTICIPE.
### Présent.

Leg ens; *gén.*, legentis, *lisant.*

### Futur.

Lec turus, a, um, *devant lire; qui lira.*

## SUPIN.

Lec tum, *à* ou *pour lire.*

**Conjuguez sur LEGO les verbes :**

*Defendo, defendi, defensum, defendĕre,* défendre.
*Gero, gessi, gestum, gerĕre,* conduire.
*Colo, colui, cultum, colĕre,* cultiver.

*Dico, dixi, dictum, dicĕre,* dire.
*Fluo, fluxi, fluxum, fluĕre,* couler.
*Ludo, lusi, lusum, ludĕre,* jouer.
*Mitto, misi, missum, mittĕre,* envoyer.
*Emo, emi, emptum, emĕre,* acheter.
*Credo, credĭdi, credĭtum, credĕre,* croire.
*Scribo, scripsi, scriptum, scribĕre,* écrire.
*Rumpo, rupi, ruptum, rumpĕre,* rompre.
*Curro, cucurri, cursum, currĕre,* courir.

### 84. TROISIÈME CONJUGAISON.

Verbe *leg or, lec tus sum, leg i,* être lu.

Voix passive.

**Présent.**

**INDICATIF.**

Leg or, *je suis lu.*
Leg ĕris (ĕre).
Leg ĭtur.
Leg ĭmur.
Leg imĭni.
Leg untur.

**SUBJONCTIF.**

Leg ar, *que je sois lu.*
Leg āris (āre).
Leg ātur.
Leg āmur.
Leg amĭni.
Leg antur.

**Imparfait.**

Leg ebar, *j'étais lu.*
Leg ebāris (āre).
Leg ebātur.
Leg ebāmur.
Leg ebamĭni.
Leg ebantur.

Leg erer, *que je fusse lu ou je serais lu.*
Leg erēris (ĕre).
Leg erētur.
Leg erēmur.
Leg eremĭni.
Leg erentur.

**Futur.**

Leg ar, *je serai lu.*
Leg ēris (ĕre).
Leg ētur.
Leg ēmur.
Leg emĭni.
Leg entur.

### Parfait.

**INDICATIF.**  **SUBJONCTIF.**

Lec tus, a, um sum (*ou* fui, etc.), es, est, *j'ai été lu; je fus lu; j'eus été lu.*
Lec ti, æ, a sumus, estis, sunt.

Lec tus, a, um sim (*ou* fuerim, etc.), sis, sit, *que j'aie été lu.*
Lec ti, æ, a simus, sitis, sint.

### Plus-que-parfait.

Lec tus, a, um eram (*ou* fueram, etc.), eras, erat, *j'avais été lu.*
Lec ti, æ, a eramus, eratis, erant.

Lec tus, a, um essem (*ou* fuissem, etc.), esses, esset, *que j'eusse été lu ou j'aurais été lu.*
Lec ti, æ, a essemus, essetis, essent.

### Futur antérieur.

Lec tus, a, um ero (*ou* fuero, etc.), eris, erit, *j'aurai été lu.*
Lec ti, æ, a erimus, eritis, erunt.

### IMPÉRATIF.

Leg ĕre, leg ĭtor, *sois lu.*
Leg ĭtor, *qu'il soit lu.*
Leg āmur, *soyons lus.*
Leg imĭni, *soyez lus.*
Leg untor, *qu'ils soient lus.*

*Legitor* est plus expressif que *legere*.

### INFINITIF.

#### Présent.

Leg i, *être lu.*

#### Parfait.

Lec tum, am, um esse *ou* fuisse, *avoir été lu.*

#### Futur.

Lec tum iri (indécl.), *ou* leg endum, am, um esse, *devoir être lu.*

#### Futur antérieur.

Leg endum, am, um fuisse, *avoir dû être lu.*

### PARTICIPE.

#### Passé.

Lec tus, a, um, *lu; ayant été lu.*

#### Futur.

Leg endus, a, um, *devant être lu; qui doit être lu.*

#### SUPIN.

Lec tu, *à être lu.*

#### Conjuguez sur LEGOR les verbes :

*Defendor, defensus sum, defendi,* être défendu.
*Geror, gestus sum, geri,* être conduit.
*Dicor, dictus sum, dici,* être dit.
*Mittor, missus sum, mitti,* être envoyé.
*Emor, emptus sum, emi,* être acheté.
*Scribor, scriptus sum, scribi,* être écrit.
*Rumpor, ruptus sum, rumpi,* être rompu.

85. Urbs Syracusæ maxima olim et pulcherrima omnium in Siciliâ urbium Græcarum fuit. Erat tanta, ut ex quatuor magnis urbibus constare diceretur, quarum una erat insula. In hac insulâ domus erat Hierōnis regis, complures ædes[1] sacræ et fons aquæ dulcis, cui[2] nomen Arethusa erat, incredibili magnitudine et plenissimus piscium. In alterâ erat forum maximum, amplissima curia et templum Jovis Olympii, in tertiâ urbe fanum antiquum, gymnasium amplissimum et complures ædes sacræ; hæc pars erat frequentissima. Quarta urbs nominabatur Neapolis, quia postremò ædificata erat. In hac urbe erant theatrum maximum, duo templa, unum Cerĕris, alterum Proserpĭnæ, signumque Apollĭnis pulcherrimum et maximum. Quùm Marcellus, dux Romanorum, hanc urbem præclaram vi[3] cepisset, omnia ædificia et publica et privata, sacra et profana sic servavit, quasi venisset cum exercitu ad ea defendenda[4], non ad ea expugnanda.

[1] Voyez n° 46, page 38.
[2] Voyez n° 127, §§ 2 et 3.
[3] Voyez n° 44, § 4.
[4] Voyez n° 129, § 5.

Cérès était chez les Romains la déesse de l'agriculture ; sa fille, Proserpine, était l'épouse de Pluton, dieu des enfers. Jupiter était le dieu du ciel et Neptune le dieu de la mer. Ces trois dieux étaient fils de Saturne. Chez les Romains, tous les dieux avaient leurs statues et leurs temples. La plupart de ces statues et de ces temples ont été détruits dans les guerres ; mais quelques statues et quelques temples restent (sont restants) encore.

86. Tota insula Sicilia olim Cerĕri et Proserpīnæ consecrata fuit. Hæ deæ, ut credebatur, in hac insulā erant natæ, et fruges in hac terrā primùm repertæ ; et rapta erat Proserpina a Plutone ex nemore Ennensium ; hic locus umbilicus Siciliæ nominatus est, quia situs est mediā in insulā. Enna autem, ubi ea, quæ dico, gesta sunt, est in præcelso loco, et tota ab omni aditu circumcisa. Circa eam multi sunt luci et lætissimi flores omni anni tempore. Propter vetustatem hujus opinionis magna fuit in totā Siciliā religio Cerĕris Ennensis. Nec solùm Siculi, verum etiàm ceteræ nationes Ennensem Cerĕrem maximè coluērunt. Romani, in quorum urbe pulcherrimum et magnificentissimum[1] templum Cerĕris erat, tamen legatos ad Cererem Ennensem mittebant, quùm aliquandò respublica in magno esset periculo. Tanta enim erat auctoritas et vetustas illius religionis, ut, quùm illùc irent, non ad ædem Cereris, sed ad Cererem ipsam proficisci viderentur. Erat in hoc loco simulacrum Cereris e marmore, non itā antiquum, et alterum ex ære singulari opere, cum facibus, antiquissimum omnium illorum, quæ in hoc fano erant. Id sustulit Verres, scelestus ille prætor Romanus, neque tamen eo contentus[2] fuit. Ante ædem Cereris in aperto loco duo erant signa, unum Cereris, alterum Triptolĕmi, et pulcherrima et perampla[3]. His pulchritudo periculosa fuit, amplitudo salutaris, quia eorum demolitio atque asportatio perdifficilis

[1] Voyez nº 50, § 3.
[2] Voyez nº 96, remarque.
[3] Voyez nº 99, remarque.

videbatur. Attamen Verres asportavit, quod asportari potuit.

La Sicile est une île fertile et belle. Dans les temps anciens, la Sicile avait des rois. Les deux Denys, le père et le fils, ont été les plus mauvais rois de la Sicile. Denys le jeune fut chassé de sa patrie et il mourut en Grèce. Aucun de ces rois ne fut aimé de son peuple, parce qu'aucun d'eux n'aimait son peuple. Un roi qui n'aime pas son peuple ne peut pas en être aimé. Hiéron, au contraire, qui était aussi roi de cette île, fut aimé et loué de tous les hommes de son temps, parce qu'il était bon, juste et affable. Les Denys n'avaient pas d'amis; Hiéron en avait beaucoup.

87. Segesta oppidum erat Siciliæ, condĭtum, ut credebatur, ab Ænēa, quùm a Troja fugisset et in hæc loca venisset. Itaque Segestani conjuncti fuerunt cum populo Romano non solùm amicitiâ, verùm etiàm cognatione. Hoc oppidum quondàm a Carthaginiensibus vi captum atque deletum est; omnia ornamenta urbis deportata sunt. Fuit apud Segestanos simulacrum Dianæ ex ære, singulari opere artificioque factum. Hoc quoque simulacrum ex Siciliâ in Africam translatum est; sed locum tantùm et homines mutaverat, religionem pristinam conservabat; nam propter eximiam pulchritudinem colebatur etiàm ab hostibus. Post aliquot sæcula Scipio, Romanorum dux, Carthaginem cepit, et in hac victoriâ Siculos omnes convocavit iisque sua restituit. Illo tempore Diana illa, de quâ suprà dixi, Segestanis reddĭta et cum summâ gratulatione civium in antiquâ suâ sede reposĭta est. Colebatur a civibus, et visebatur ab omnibus advenis. Erat admodùm amplum et excelsum signum, verumtămen in illâ magnitudine virginalis ætas atque habitus erat. Sagittæ pendebant ab humero; sinistrâ manu tenebat arcum; dextrâ præferebat ardentem facem. Ubi Verres hanc Dianam vidit, flagrare cœpit cupiditate, et tandem effecit, ut hoc simulacrum acciperet.

Diane, sœur d'Apollon et fille de Jupiter et de Latone, était la déesse de la chasse. Dans les villes d'Italie et de Grèce, il

6.

y avait beaucoup de statues de cette déesse. Comme elle était la déesse de la chasse, elle avait un arc et des flèches. Les Grecs et les Romains la vénéraient très-religieusement. Le gouverneur romain Verrès a transporté en Sicile beaucoup de statues de cette déesse.

### 88. QUATRIÈME CONJUGAISON.

Verbe *aud ĭo, aud īvi, aud ītum, aud īre,* entendre.

Voix active.

**Présent.**

INDICATIF.

Aud ĭo, *j'entends.*
Aud is.
Aud it.
Aud īmus.
Aud ītis.
Aud iunt.

SUBJONCTIF.

Aud iam, *que j'entende.*
Aud ias.
Aud iat.
Aud iāmus.
Aud iātis.
Aud iant.

**Imparfait.**

Aud iēbam, *j'entendais.*
Aud iēbas.
Aud iebat.
Aud iebamus.
Aud iebatis.
Aud iēbant.

Aud irem, *que j'entendisse,* ou *j'entendrais.*
Aud ires.
Aud iret.
Aud irēmus.
Aud irētis.
Aud irent.

**Futur.**

Aud iam, *j'entendrai.*
Aud ies.
Aud iet.
Aud iēmus.
Aud ietis.
Aud ient.

**Parfait.**

Aud īvi, *j'ai entendu; j'entendis,* ou *j'eus entendu.*
Aud ivisti.
Aud īvit.

Aud īverim, *que j'aie entendu.*
Aud iveris.
Aud īverit.

| INDICATIF. | SUBJONCTIF. |
|---|---|
| Aud ivĭmus. | Aud īverĭmus. |
| Aud ivistis. | Aud īverĭtis. |
| Aud ivērunt (ēre). | Aud ivĕrint. |

### Plus-que-parfait.

| | |
|---|---|
| Aud Ivĕram, *j'avais entendu.* | Aud ivissem, *que j'eusse entendu,* |
| | *ou j'aurais entendu.* |
| Aud iveras. | Aud ivisses. |
| Aud iverat. | Aud ivisset. |
| Aud iverāmus. | Aud ivissĕmus. |
| Aud iverātis. | Aud ivissĕtis. |
| Aud ivĕrant. | Aud ivissent. |

### Futur antérieur.

Aud īvĕro, *j'aurai entendu.*
Aud iveris.
Aud iverit.
Aud iverĭmus.
Aud iverĭtis.
Aud ivĕrint.

### IMPÉRATIF.

Aud i, aud īto, *entends.*
Aud īto, *qu'il entende.*
Aud iāmus, *entendons.*
Aud īte, aud itōte, *entendez.*
Aud iunto, *qu'ils entendent.*

Les formes *audito, auditote* sont plus expressives que *audi, audite.*

### INFINITIF.

#### Présent.

Aud īre, *entendre.*

#### Parfait.

Aud ivisse, *avoir entendu.*

#### Futur.

Aud iturum, am, um esse, *devoir entendre.*

#### Futur antérieur.

Aud iturum, am, um fuisse, *avoir dû entendre.*

## GÉRONDIF.

*Gén.* Aud iendi, *d'entendre.*
*Dat.* Aud iendo, *à entendre.*
*Acc.* Aud iendum, *à ou pour entendre.*
*Abl.* Aud iendo, *en entendant.*

## PARTICIPE.
### Présent.

Aud iens; *gén.*, aud ientis, *entendant.*

### Futur.

Aud iturus, a, um, *devant entendre; qui entendra.*

## SUPIN.

Aud itum, *à ou pour entendre.*

### Conjuguez sur AUDIO les verbes :

*Punio, punivi, punitum, punire,* punir.
*Nutrio, nutrivi, nutritum, nutrire,* nourrir.
*Scio, scivi, scitum, scire,* savoir.
*Sentio, sensi, sensum, sentire,* sentir.
*Haurio, hausi, haustum, haurire,* puiser.
*Sepelio, sepelivi, sepultum, sepelire,* ensevelir.
*Dormio, dormivi, dormitum, dormire,* dormir.
*Venio, veni, ventum, venire,* venir.

REMARQUES. 1° Les verbes de la troisième conjugaison, dont l'indicatif *présent* est en *io* (comme *capio, cepi, captum, capĕre,* prendre), conservent cette voyelle *i* dans toutes les formes dérivées de ce temps, à l'exception de l'indicatif présent, où l'*i* n'est maintenu qu'à la première personne du singulier et à la troisième personne du pluriel : *capio, capis, capit, capimus, capitis, capiunt.* Présent du subjonctif : *capiam, capias,* etc. Imparfait de l'indicatif : *capiebam,* etc. Futur : *capiam, capies,* etc. Gérondif : *capiendi.* Participe présent : *capiens.* La voyelle *i* disparaît à l'*infinitif* et nécessairement aux formes qui en dérivent, à l'exception de la troisième personne du pluriel de l'impératif. Infinitif : *capĕre.* Imparfait du subjonctif : *capĕrem.* Impératif : *cape, capito; capite, capitote; capiunto.*

2° Dans les parfaits en *avi, evi, ovi*, et dans les temps qui en dépendent, on retranche souvent la syllabe *vi* ou *ve*, devant *s* ou *r*. Ainsi on contracte *amavisti* en *amâsti*; *implevisti* en *implêsti*; *cognovisse* en *cognôsse*; *amaveram* en *amâram*; *impleveram* en *implêram*; *cognoverant* en *cognôrant*.

Dans les parfaits en *ivi*, on retranche souvent le *v* seul : *audii, audiisti, audiit*, etc., pour *audivi, audivisti, audivit*; *audieram* pour *audiveram*. Les deux *i* peuvent même se contracter en un seul devant *s* : *audisti, audissem*, pour *audiisti, audiissem*; *audisse* pour *audiisse*, etc.

### Conjuguez sur CAPIO les verbes :

*Facio, feci, factum, facĕre*, faire.
*Fugio, fugi, fugĭtum, fugĕre*, fuir.
*Jacio, jeci, jactum, jacĕre*, jeter.
*Rapio, rapui, raptum, rapĕre*, ravir.
*Aspicio, aspexi, aspectum, aspicĕre*, regarder.
*Cupio, cupīvi, cupĭtum, cupĕre*, désirer.

### 89. QUATRIÈME CONJUGAISON.

Verbe *audĭor, audītus sum, audīri*, être entendu.

Voix passive.

Présent.

| INDICATIF. | SUBJONCTIF. |
|---|---|
| Audĭor, *je suis entendu*. | Audiar, *que je sois entendu*. |
| Audīris (īre). | Audiāris (āre). |
| Audītur. | Audiātur. |
| Audīmur. | Audiāmur. |
| Audīmĭni. | Audiāmĭni. |
| Audiuntur. | Audiantur. |

Imparfait.

| | |
|---|---|
| Audiēbar, *j'étais entendu*. | Audīrer, *que je fusse entendu, ou je serais entendu*. |
| Audiebāris (āre). | Audirēris (ēre). |
| Audiebātur. | Audirētur. |
| Audiebāmur. | Audirēmur. |
| Audiebāmĭni. | Audirēmĭni. |
| Audiebantur. | Audirentur. |

## Futur.

**INDICATIF.** **SUBJONCTIF.**

Aud iar, *je serai entendu.*
Aud iēris (ēre).
Aud iētur.
Aud iēmur.
Aud iēmini.
Aud ientur.

## Parfait.

| | |
|---|---|
| Aud ītus, a, um sum (*ou* fui, etc.), es, est, *j'ai été entendu ; je fus entendu,* ou *j'eus été entendu.* | Aud ītus, a, um sim (*ou* fuerim, etc.), sis, sit. |
| Aud īti, æ, a sumus, estis, sunt. | Aud īti, æ, a simus, sitis, sint. |

## Plus-que-parfait.

| | |
|---|---|
| Aud ītus, a, um eram (*ou* fueram, etc.), eras, erat, *j'avais été entendu.* | Aud ītus, a, um essem (*ou* fuissem, etc.), esses, esset, *que j'eusse été entendu,* ou *j'aurais été entendu.* |
| Aud īti, æ, a eramus, eratis, erant. | Aud īti, æ, a essemus, essetis, essent. |

## Futur antérieur.

Aud itus, a, um ero (*ou* fuero, etc.), eris, erit, *j'aurai été entendu.*
Aud īti, æ, a erimus, eritis, erunt.

## IMPÉRATIF.

Aud īre, aud ītor, *sois entendu.*
Aud ītor, *qu'il soit entendu.*
Aud iāmur, *soyons entendus.*
Aud imĭni, *soyez entendus.*
Aud iuntor, *qu'ils soient entendus.*

*Auditor* est plus expressif que *audire.*

## INFINITIF.

### Présent.

Aud īri, *être entendu.*

### Parfait.

Aud ītum, am, um esse *ou* fuisse, *avoir été entendu.*

### Futur.

Aud ītum iri (indécl.), *ou* aud iendum, am, um esse, *devoir être entendu.*

### Futur antérieur.

Aud iendum, am, um fuisse, *avoir dû être entendu.*

### PARTICIPE.
#### Passé.

Aud ītus, a, um, *entendu; ayant été entendu.*

#### Futur.

Aud iendus, a, um, *devant être entendu; qui doit être entendu.*

### SUPIN.

Aud ītu, *à être entendu.*

### Conjuguez sur AUDIOR les verbes :

*Aperĭor, apertus sum, aperīri,* être ouvert.
*Haurĭor, haustus sum, haurīri,* être puisé.
*Nutrĭor, nutrītus sum, nutrīri,* être nourri.
*Sepelĭor, sepultus sum, sepelīri,* être enseveli.
*Lenĭor, lenītus sum, lenīri,* être adouci.

### 90. *Chremes, Menedēmus.*

Chr. Menedēme, viderĭs mihi nimìs laborare; sanè jàm sexaginta annos natus es.
Men. Chremes, estne[1] tibi tantum otii, ut aliena cures, et ea, quæ ad te nihil attinent?
C. Homo sum, et nihil humani a me alienum puto.
M. Mihi sic est usus.
C. Potestne homini usus esse, ut se ipse[2] cruciet?
M. Mihi est. (Lacrimat.)

---

[1] L'adverbe interrogatif *ne* se met *après* le premier mot de la phrase; mais l'adverbe interrogatif *num* avant : *putasne?* penses-tu? *Nùm putas?* Est-ce que tu penses?

[2] Lorsque MÊME, *ipse,* se rapporte au sujet du verbe, il se met au nominatif en latin : *Avarus sibi ipse nocet,* l'avare se nuit à lui-même.

C. Ne¹ lacrima, atque fac² ut sciam secreta tua ; crede ea mihi, nec retice !

M. Scire hoc vis?

C. Hac quidem causâ, ut te consolari, vel consilio et re juvare possim.

M. Dicam tibi omnia.

C. At istos rastros intereà tamen appone ; ne labora.

M. Minimè ! sine me, ne qua recreatio mihi sit.

C. Non sinam. Nunc loquěre.

M. Filium unïcum habeo ; ah, quid dixi, habeo ; imò habui, Chremes. Nunc habeam necne, incertum est.

C. Quid ità ?

M. Scies. Quùm vitâ filii minùs contentus essem, eumque quotidiè accusarem, subitò in Asiam ad Darïum, regem Persarum, abiit, et tres menses jàm abest.

C. Menedeme, vos ambo accusandi estis ; sed bono es animo ! Filius tuus propediem salvus hìc aderit.

M. Utinàm Dii ità facerent !

C. Facient ; nunc, si commodum est, es hodiè apud me ; plures amicos invitavi ad coenam.

M. Non possum.

C. Cur non ?

M. Nec possum, nec convěnit.

C. Si hæc est tua sententia, Menedeme, benè vale.

M. Et tu, Chremes. (Menedemus abit.)

C. Lacrimas mihi excussit hic pater miser. Sed jàm monebo vicinum meum, ut ad coenam veniat ; ibo, visam, si domi est.

*Chrémès, Clitiphon, son fils.*

Chr. Avec quel homme mon fils s'entretient-il ?

Cl. Mon père est là ! Mon père ! tu viens fort à propos.

Chr. Qu'est-ce ?

Cl. Est-ce que tu connais ce Ménédème, notre voisin ?

¹ Voyez n° 57, remarque, page 55.
² Voyez n° 69, § 4, page 74.

Chr. Fort bien !
Cl. Il a un fils.
Chr. Je l'ai entendu dire (entendu) ; il est en Asie.
Cl. Il n'est pas en Asie, mon père ; il est chez nous.
Chr. Que dis-tu ?
Cl. Il est arrivé aujourd'hui, et je l'ai tout de suite invité à souper (au souper) avec nous ; car, depuis son enfance, il est mon ami intime.
Chr. Tu m'annonces un grand plaisir. Je voudrais que (*utinam*) Ménédème fût aujourd'hui chez nous et qu'il y vît son fils ! Il est encore temps.
Cl. Ne l'invite pas, mon père. Mon ami craint trop la colère de son père.

### 91. *Chremes, Menedemus.*

Chr. Lucescit jam ; pulsabo ostium vicini, ut primùm ex me sciat reditum filii, etsi filius non vult.

Men. Aut ego natus sum ad miserias, aut illud est falsum, quod vulgò dicitur : *Dies adimit ægritudinem hominibus.* Nam mihi quidem quotidiè magìs ægritudo de filio augescit, et quantò[1] diutiùs abest, tantò magìs cupio et desidero.

C. Sed ipsum Menedemum video ; ibo et alloquar. Menedeme, salve ! nuntium gratissimum tibi apporto.

M. Nùm[2] quid de filio meo audivisti, Chremes ?

C. Valet atque vivit.

M. Ubinàm est, quæso ?

C. Apud me.

M. Meus filius ? meus Clinias venit ?

C. Sic est, ut dixi.

M. Duc[3] me ad eum, obsecro.

C. Non vult ut scias reditum suum ; fugitat conspectum tuum ; timet antiquam tuam duritiam.

M. Non tu ei dixisti, ut essem ?

---

[1] Voyez n° 52.
[2] Voyez n° 90, remarque 1.
[3] Voyez n° 69, § 4.

C. Non dixi.

M. Quam ob rem, Chremes?

C. Quia nec tibi, nec illi salutare est, si te tàm lenem et victo animo ostendas.

M. Non possum; satis jàm, satis pater durus fui. Est filius meus unĭcus; faciat, quod libet; sumat, consumat; volo pati, dummŏdò habeam illum mecum [1].

C. Hoc modo perdes filium. Permitte, quæso, mihi totam rem; eam sìc exsĕquar, ut tu ipse et filius beati sitis.

M. Fac, Chremes, ut libet. Natura omnium hominum ità est comparata, ut meliùs videant et dijudicent aliena, quàm sua; in re nostrâ sumus aut nimio gaudio, aut nimià ægritudine præpedīti.

*Clinias, fils de Ménédème.*

Ma joie est si grande, que rien de ce qui peut me causer rien qui me fasse) du chagrin ne peut plus m'arriver; mon père m'est de nouveau dévoué. Mon voisin Chrémès est l'auteur de cette joie. Je ferai tout ce que ce brave homme m'a dit; car je trouve tous ses conseils bons et salutaires. Mon père est vieux; je serai économe; je lui obéirai et je vivrai de manière à rendre (tellement que je rende, *ità ut*) la vieillesse de mon père heureuse. Le voisin Chrémès a toujours été notre ami, et surtout dans ce temps-ci; je veux aller chez lui et lui témoigner ma reconnaissance. Sans Chrémès, je serais encore un jeune homme malheureux; mais à présent je suis le plus heureux des hommes. Je dois tout ce bonheur à Chrémès, cet honnête homme et ce fidèle ami de mon père.

**92.** On met à *l'accusatif :* 1° les termes de *temps*, à la question : *pendant combien de temps ?* 2° Les termes d'*âge* (âgé de, *natus*), de *mesure* et de *distance*. *Romulus septem et triginta annos regnavit*, Romulus a régné

---

[1] La préposition *cum* se met après l'ablatif des pronoms personnels et du relatif *qui, quæ, quod : mecum, tecum, secum, nobiscum, vobiscum, quocum, quibuscum,* etc.

trente-sept ans. *Hic collis viginti pedes altus est,* cette colline a vingt pieds de haut (littéralement, est vingt pieds haute). *Hæc domus quinquaginta pedes longa et triginta pedes lata est,* cette maison a cinquante pieds de long et trente pieds de large. *Civitas ea sita fuit passus mille fermè a mari,* cette ville était située à environ mille pas de la mer. *Viginti annos natus sum,* je suis âgé de vingt ans, j'ai vingt ans.

Cet homme fut trois ans en Angleterre. Ta maison a cinquante pieds de long, trente pieds de large et quarante pieds de haut. Ce fossé a six pieds de profondeur. L'éléphant a ordinairement dix pieds de long et douze pieds de haut. Cet enfant n'a que dix ans. Il est âgé de trente ans. Il fut nommé roi dans sa vingtième année [1], mais il mourut dans la cinquième de son règne. Cette maladie ne nous a quittés que dans la sixième année. Après que ce roi eut régné pendant bien des années, il mourut dans la trentième année de son règne, le troisième mois de cette année, le cinq (cinquième jour) de ce mois.

**95.** *Æschinus et Ctesiphon, fratres; Syrus, servus.*

Cr. A quovis homine, si opus est, beneficia accipere gratum est, verùm id demùm juvat, si is benè facit, qui benè facere debet. O frater, frater, quantùm ego nunc te laudare debeo! sed quidquid dicam, id tamen virtus tua superat. Itaque hanc rem præcipuam habeo præter alios homines, fratrem optimum. O Syre, ubi est Æschinus, frater meus?

Sy. Te exspectat domi.

Cr. Jàm ad eum ibo; illius enim operâ nunc vivo; ille meo commodo omnia postposuit; maledicta, malam famam et meum peccatum in se transtulit. Sed quisnam illinc exit?

Sy. Manè! ipse exit, frater tuus.

[1] Voyez nº 65.

Æs. Ehem, opportunè! te ipsum quæro, Ctesiphon; gaude, omnis res est in tuto; omitte tristitiam tuam.

Cr. Ego illam omitto, quùm te fratrem habeam, o Æschine; o frater germane, verĕor te coràm in os laudare, ne videar magis assentari, quàm tibi gratiam habere.

Æs. Omitte, frater; ne lauda, quod omnes omnibus, præcipuè fratres fratribus, facere debent. Quod feci, id facere officium meum fuit. Tu eras in rebus adversis, ego poteram te adjuvare; adjuvi te. Idem fecisses, si ego fuissem, qui tu eras.

Les frères doivent s'aimer[1]; l'un doit secourir l'autre, s'il le faut. Secourir tous les hommes, ce serait mon plus grand plaisir; car quoi (*quid*) de plus doux (quoi est plus doux) que de secourir les autres? Beaucoup d'hommes voudraient faire du bien aux autres, mais ils ne le peuvent pas, car ils sont trop pauvres. Celui qui est pauvre peut au moins assister les autres de[2] ses conseils. Celui qui nous fait du bien est notre ami; nous devons l'aimer particulièrement; mais nous devons aussi aimer nos ennemis et les assister de nos conseils et de nos actions partout où nous le pouvons.

94. Nihil est tàm aptum et tàm conveniens naturæ humanæ, quàm amicitia. Sed hæc tantùm in bonis hominibus esse potest. Qui ità vivunt, ut eorum fidem, integritatem, liberalitatem et constantiam laudare debeamus, hos appellamus bonos viros. Fortassè nihil est melius homini a Deo datum, quàm amicitia. Alii præponunt divitias, alii bonam va-

---

[1] En parlant de deux, on rend *se* par *se invicem*, quand on peut y ajouter le mot *mutuellement*: *Carolus et Petrus se invicem laudant*, Charles et Pierre se louent (mutuellement). *L'un, l'autre* se rend par *unus, alter*, ou par *alter* répété: *alter ou unus ait, negat alter*, l'un dit oui, l'autre dit non. — *L'un... l'autre, les uns... les autres*, quand on parle de plus de deux, s'expriment par *alius, alia, aliud* répété: *alii ludunt, cantant alii*, les uns jouent, les autres chantent. (Voyez n° 24.) — *Alii, orum*, d'autres; *cæteri, orum*, les autres, tous les autres.

[2] Voyez n° 65.

letudinem, alii potentiam, alii honores; sed hæc omnia caduca et incerta sunt. Summum bonum ponendum est in virtute; virtus autem[1] gignit et continet amicitiam, nec potest ullo modo amicitia esse sine virtute. Inter bonos viros autem amicitia tanta habet commŏda, quanta[2] vix possum dicĕre. Qui verum amicum intuētur, is intuetur tanquàm aliquod exemplar sui. Si quis[3] amicitiam ex rerum naturâ eximĕre vellet, non posset nec ulla domus, nec urbs stare; ne agri quidem[4] cultus permaneret. Si non intelligĭtur, quanta sit vis amicitiæ et concordiæ, ex dissensionibus et discordiis intelligi potest; quæ enim domus est tàm stabĭlis, quæ civitas tàm firma, quæ non possit odiis atque dissidiis funditùs everti? ex quo judicari potest, quantum boni sit in amicitiâ. Est autem amicitia ex amore nominata. In eâ nihil est fictum, nihil simulatum, et quidquid in eâ est, id est verum et voluntarium.

La source de l'amitié n'est pas dans l'intérêt, mais dans l'amour. On remarque même chez (dans) beaucoup d'animaux qui aiment leurs petits très-tendrement et qui en (par eux) sont tendrement aimés, quelle[5] est la force de cet amour. Elle est encore[6] plus visible chez les hommes; car quelle est la tendresse entre les parents et les enfants, et entre les vrais amis! A cause de la vertu et de l'honnêteté nous aimons même ceux que nous n'avons jamais vus.

95. Rarò amicitiæ usque ad extremum vitæ diem permanent. Sæpè accidit, ut vel[7] non idem utrique expediat, vel

---

[1] Voyez n° 21, remarque 1.
[2] *Aussi grand-que*, se rend par *tantus-quantus* : *non tanta est terra quantus sol*, la terre n'est pas aussi grande que le soleil.
[3] Voyez n° 81, remarque 1, page 93.
[4] *Ne... quidem*, ni même, pas même, est toujours séparé par un mot : *ne visus quidem*, pas même vu.
[5] *Quel*, signifiant *combien grand*, se rend par *quantus, a, um*.
[6] *Encore*, plus encore, devant un comparatif, se rend par *etiam*.
[7] *Vel-vel*, ou-ou bien; devant un superlatif, *vel* indique le plus haut degré possible : *vel maxima auctoritas*, le plus grand crédit possible.

de republicâ non idem sentiant ; sæpè etiàm mores hominum mutantur, aliàs adversis rebus, aliàs ætate ingravescente. Summi puerorum amores sæpè unà cum puerili togâ deponuntur. Nulla autem major est pestis in amicitiis, quàm pecuniæ cupiditas. Ex certamine honoris et gloriæ interdùm maximæ inimicitiæ inter amicissimos existunt. Magna etiàm dissidia nasci possunt, si quid ab amicis postulatur, quod rectum non est. Hæc sit igitur prima lex amicitiæ, ut ab amicis tantùm honesta petamus[1], et amicorum causâ[2] honesta tantùm faciamus, nec exspectemus, dùm[3] rogemur[4]. Omnis cunctatio abesse debet. Qui autem amicitiam e vitâ prorsùs tollère volunt, non sunt audiendi ; solem enim videntur e mundo tollere ii, qui amicitiam e vitâ tollunt ; nihil melius habemus, nihil jucundius, quàm amicitiam. Cura, quæ est cum amicitiâ conjuncta, est parva. Si curam fugimus, ipsa virtus est fugienda. Ne[5] quis igitur ob nonnullas molestias amicitiam e vitâ tollere velit !

La flatterie est funeste ; elle nuit à celui qui l'admet. Les hommes bons n'aiment pas la flatterie. Beaucoup d'hommes qui ne sont pas bons, veulent le paraître. La flatterie les charme. Une parole frivole leur paraît (être) un témoignage de louange. Ce n'est pas de l'amitié, que l'un ne veuille pas entendre la vérité et que l'autre soit porté à mentir. Celui qui prête son oreille (qui ouvre les oreilles) aux flatteurs est perdu. Le flatteur est toujours notre ennemi. Il ne cherche que son profit et notre argent. Lorsqu'il a notre argent et que nous

---

[1] *Peto urbem*, je gagne, ou j'atteins une ville ; *peto aliquid ab aliquo*, demander quelque chose à quelqu'un.

[2] *Causâ*, à cause de, veut le génitif, et se met après son régime : *honoris causâ*, à cause de l'honneur. Mais au lieu de *meî, tuî*, etc., *causâ*, on dit : *meâ, tuâ, suâ, nostrâ, vestrâ causâ*.

[3] *Dùm*, signifiant *pendant que, tandis que, tant que*, veut généralement l'*indicatif* ; mais signifiant : *jusqu'à ce que, pourvu que*, il prend le *subjonctif*.

[4] *Rogare aliquem aliquid*, demander (avec instance) quelque chose à quelqu'un.

[5] Voyez n° 81, remarque 1, page 93.

sommes pauvres, il nous abandonne, et, de plus, il nous raille de ce que (parce que) nous avons été si crédules.

Cet homme-ci est plus fort [1] que celui-là. Tu écris mieux que moi. L'Afrique est plus grande que l'Europe. En hiver les nuits sont plus longues que les jours. Cet enfant plaît plus au roi qu'à la reine. Cet homme-là est plus savant qu'honnête [2]. Les dents sont plus dures que les os. Dieu aime les hommes vertueux plus que les méchants. L'Angleterre est plus petite que l'Allemagne. L'Etna est plus haut que le Vésuve. Je t'aime plus que ton père. Je me fie plus à toi qu'à ton frère.

96. Amicitia, nisi inter bonos, esse non potest. Boni viri officium est, hæc duo [3] tenēre in amicitiā : primùm, ne quid [4] fictum sit, nec simulatum ; apertè odisse melius est, quàm fronte occultare sententiam ; deindè, oblatas criminationes depellĕre. Hùc accedĕre debet suavitas quædam sermonum et morum, haud mediocre condimentum amicitiæ. Exsistit autem [5] hoc loco quæstio, nùm [6] aliquandò amici novi, digni [7] amicitiā, veteribus sint præponendi, ut [8] solemus equis vetŭlis tenĕros præponĕre. Quæstio homine indigna! Verum est illud, quod vulgò dicitur : *Multi modii salis sunt simùl edendi*, ut munus amicitiæ expleatur. Novi amici, si spem afferunt, non sunt quidem [9] repudiandi, vetusti tamen [10] sunt suo loco

---

[1] Voyez n° 50, remarque, page 45.
[2] Voyez n° 49, remarque 1, page 43.
[3] Voyez n° 68, remarque 1.
[4] Voyez n° 81, remarque 1, page 93.
[5] Voyez n° 24, remarque 1.
[6] Voyez n° 56, remarque 1, page 54, et n° 90, rem. 1.
[7] Les adjectifs *dignus*, digne de ; *indignus*, indigne de ; *contentus*, content de ; *præditus*, doué de, etc., gouvernent *l'ablatif : dignus amicitiā*, digne de l'amitié.
[8] Voyez n° 32, remarque 1.
[9] Voyez n° 28, remarque 1.
[10] Les conjonctions *at, sed, verùm*, se placent en tête de la phrase ; *autem, porrò, verò*, après le premier mot ; *etenim, attamen, equidem*, au commencement de la phrase ; *enim, tamen*, après un mot ou dans le corps de la phrase ; *igĭtur* et *ergò*, indifféremment.

conservandi. Dissimilitudo morum dissociat amicitias; hanc ob causam boni homines amici improbis esse non possunt, nec improbi bonis. Digni autem sunt amicitiâ ii, in quibus ipsis inest causa, cur amentur. Rarum est illud genus hominum; sed omnia præclara sunt rara, nec quidquam est difficilius, quàm reperire, quod sit ex omni parte in suo genere perfectum.

Beaucoup d'hommes veulent (veulent avoir) des amis tels[1] qu'ils ne pourraient pas être eux-mêmes, et ils demandent[2] à leurs amis des services qu'ils ne leur rendraient pas eux-mêmes. Chacun doit être d'abord soi-même un homme bon et en chercher ensuite un autre semblable. De tels hommes seulement peuvent être de vrais amis. L'un et l'autre[3] doivent être justes, constants et fidèles; l'un[4] doit se charger des (entreprendre) affaires de l'autre. Aucun[5] ne doit rien demander à l'autre, excepté (*nisi*) ce qui est juste et honnête. Dans une telle amitié nous trouvons tout ce qui est à désirer : honnêteté, gloire, plaisir et tranquillité. Là où ces qualités se trouvent (sont trouvées), la vie est heureuse; mais sans celles-ci, elle ne peut pas l'être.

### VERBES DÉPONENTS.

**97.** On appelle *déponents* certains verbes qui, tout en *déposant* la forme active pour en prendre la passive en *or*, conservent la signification active ou neutre : *imitor, imitatus sum, imitari*, imiter. Ces verbes se conjuguent exactement comme les verbes passifs; ils n'ont de l'*actif* que le participe présent en *ans* ou *ens;*

---

[1] *Tel-que* se rend par *talis-qualis*.
[2] Voyez n° 95, remarques 1 et 4.
[3] *L'un et l'autre, tous deux*, se rendent par *uterque*, avec le verbe au singulier.
[4] Voyez n° 93, remarque 1.
[5] *Aucun des deux, ni l'un ni l'autre*, se rend par *neuter, neutra, neutrum*, et *l'autre*, par *alter*. (Voyez n° 39, § 2.)

le participe futur en *rus ;* le gérondif, et le supin en *um ;*
ils ont du *passif* avec le sens passif : le participe futur
en *dus,* et le supin en *u ;* ils ont enfin les futurs actifs
et passifs de l'infinitif.

### PREMIÈRE CONJUGAISON.

*Imit or, imit atus sum, imit ari,* imiter.

**Présent.**

| INDICATIF. | SUBJONCTIF. |
|---|---|
| Imit or, āris (āre), etc., *j'imite.* | Imit er, ēris (ēre), etc., *que j'imite.* |

**Imparfait.**

| | |
|---|---|
| Imit ābar, abāris (abāre), *j'imitais.* | Imit ārer, arēris (arēre), *que j'imitasse* ou *j'imiterais.* |

**Futur.**

Imit abor, abĕris (abĕre), etc., *j'imiterai.*

**Parfait.**

| | |
|---|---|
| Imit atus, a, um sum *ou* fui, *j'ai imité ; j'imitai ; j'eus imité.* | Imit atus, a, um sim *ou* fuerim, *que j'aie imité.* |

**Plus-que-parfait.**

| | |
|---|---|
| Imit atus, a, um eram *ou* fueram, *j'avais imité.* | Imit atus, a, um essem *ou* fuissem, *que j'eusse imité ; j'aurais imité.* |

**Futur antérieur.**

Imit atus, a, um ero *ou* fuero, *j'aurai imité.*

### IMPÉRATIF.

Imit āre, imit ator, etc., *imite.*

### INFINITIF.

**Présent.**

Imit ari, *imiter.*

**Parfait.**

Imit atum, am, um esse *ou* fuisse, *avoir imité.*

7.

### Futur.
Imit aturum, am, um esse, *devoir imiter.*

### Futur antérieur.
Imit aturum, am, um fuisse, *avoir dû imiter.*

### Futur passé.
Imit atum iri *ou* imit andum, am, um esse, *devoir être imité.*

### Futur antérieur passé.
Imit andum, am, um fuisse, *avoir dû être imité.*

## GÉRONDIF.
*Gén.* Imit andi, *d'imiter.*
*Dat.* Imit ando, *à imiter.*
*Acc.* Imit andum, *à* ou *pour imiter.*
*Abl.* Imit ando, *en imitant.*

## PARTICIPE.
### Présent.
Imit ans, antis, *imitant.*

### Passé.
Imit atus, a, um, *ayant imité.*

### Futur actif.
Imit aturus, a, um, *devant imiter.*

### Futur passif.
Imit andus, a, um, *devant être imité, qui doit être imité.*

## SUPIN.
### Actif.
Imit atum, *à* ou *pour imiter.*

### Passif.
Imit atu, *à être imité.*

### Conjuguez sur IMITOR les verbes :

*Hort or, hort atus sum, hort āri,* exhorter.
*Mir or, mir atus sum, mir ari,* admirer.
*Prec or, prec atus sum, prec ari,* prier.
*Adul or, adul atus sum, adul āri,* flatter.
*Vener or, vener atus sum, vener āri,* révérer.

## DEUXIÈME CONJUGAISON.

*Pollicĕor, pollicĭtus sum, pollicēri*, promettre.

### Présent.

**INDICATIF.**      **SUBJONCTIF.**

Pollicĕor, ēris (ĕre), etc., *je promets.*    Pollicĕar, caris (cāre), etc., *que je promette.*

### Imparfait.

Pollicĕbar, cbāris (ebāre), etc., *je promettais.*    Pollicērer, erēris (erēre), etc., *que je promisse* ou *je promettrais.*

### Futur.

Pollicĕbor, ebĕris (ebĕre), etc., *je promettrai.*

### Parfait.

Pollicĭtus, a, um sum *ou* fui, *j'ai promis; je promis; j'eus promis.*    Pollicĭtus, a, um sim *ou* fuerim, *que j'aie promis.*

### Plus-que-parfait.

Pollicĭtus, a, um eram *ou* fueram, *j'avais promis.*    Pollicĭtus, a, um essem *ou* fuissem, *que j'eusse promis; j'aurais promis.*

### Futur antérieur.

Pollicitus, a, um ero *ou* fuero, *j'aurai promis.*

### IMPÉRATIF.

Pollicēre, pollicētor, etc., *promets.*

### INFINITIF.
### Présent.

Pollicēri, *promettre.*

### Parfait.

Pollicĭtum, am, um esse *ou* fuisse, *avoir promis.*

### Futur.

Pollicĭturum, am, um esse, *devoir promettre.*

### Futur antérieur.

Pollicĭturum, am, um fuisse, *avoir dû promettre.*

### Futur passé.

Pollic ĭtum iri *ou* pollic endum, am, um esse, *devoir être promis.*

### Futur antérieur passé.

Pollic endum, am, um fuisse, *avoir dû être promis.*

### GÉRONDIF.

*Gén.* Pollic endi, *de promettre.*
*Dat.* Pollic endo, *à promettre.*
*Acc.* Pollic endum, *à ou pour promettre.*
*Abl.* Pollic endo, *en promettant.*

### PARTICIPE.

#### Présent.

Pollic ens, entis, *promettant.*

#### Passé.

Pollic ĭtus, a, um, *ayant promis.*

#### Futur actif.

Pollic iturus, a, um, *devant promettre.*

#### Futur passif.

Pollic endus, a, um, *devant être promis, qui doit être promis.*

### SUPIN.

#### Actif.

Pollic ĭtum, *à ou pour promettre.*

#### Passif.

Pollic ĭtu, *à être promis.*

### Conjuguez sur POLLICEOR les verbes :

*Ver ĕor, ver ĭtus sum, ver ēri,* craindre.
*Fat ĕor, fas sus sum, fat ēri,* avouer.
*Tu ĕor, tu ĭtus sum, tu ēri,* garder.
*Mer ĕor, mer ĭtus sum, mer ēri,* mériter.
*Miser ĕor, miser ĭtus ou miser tus sum, miser ēri,* avoir pitié.

## TROISIÈME CONJUGAISON.

Sequ or, sec utus sum, sequ i, suivre.

### Présent.

**INDICATIF.**      **SUBJONCTIF.**

Sequ or, ĕris (ĕre), etc., *je suis.*    Sequ ar, āris (āre), etc., *que je suive.*

### Imparfait.

Sequ ēbar, ebāris (ebāre), etc., *je suivais.*    Sequ ĕrer, erĕris (erēre), etc., *que je suivisse* ou *je suivrais.*

### Futur.

Sequ ar, ēris (ēre), etc., *je suivrai.*

### Parfait.

Sec utus, a, um sum ou fui, *j'ai suivi; je suivis; j'eus suivi.*    Sec utus, a, um sim ou fuerim, *que j'aie suivi.*

### Plus-que-parfait.

Sec utus, a, um eram ou fueram, *j'avais suivi.*    Sec utus, a, um essem ou fuissem, *que j'eusse suivi; j'aurais suivi.*

### Futur antérieur.

Sec utus, a, um ero ou fuero, *j'aurai suivi.*

### IMPÉRATIF.

Sequ ĕre, sequ ĭtor, etc., *suis.*

### INFINITIF.

### Présent.

Sequ i, *suivre.*

### Parfait.

Sec utum, am, um esse ou fuisse, *avoir suivi.*

### Futur.

Sec uturum, am, um esse, *devoir suivre.*

### Futur antérieur.

Sec uturum, am, um fuisse, *avoir dû suivre.*

### Futur passé.

Sec utum iri *ou* sequ endum, am, um esse, *devoir être suivi.*

### Futur antérieur passé.

Sequ endum, am, um fuisse, *avoir dû être suivi.*

### GÉRONDIF.

*Gén.* Sequ endi, *de suivre.*
*Dat.* Sequ endo, *à suivre.*
*Acc.* Sequ endum, *à ou pour suivre.*
*Abl.* Sequ endo, *en suivant.*

### PARTICIPE.
#### Présent.

Sequ ens, entis, *suivant.*

#### Passé.

Sec utus, a, um, *ayant suivi.*

#### Futur actif.

Sec uturus, a, um, *devant suivre.*

#### Futur passif.

Sequ endus, a, um, *devant être suivi, qui doit être suivi.*

### SUPIN.
#### Actif.

Sec utum, *à ou pour suivre.*

#### Passif.

Sec utu (inusité), *à être suivi.*

### Conjuguez sur SEQUOR les verbes :

*Ut or, u sus sum, ut i,* se servir.
*Aggredĭ or, aggres sus sum, aggrĕd i,* attaquer.
*Loqu or, locu tus sum, loqu i,* parler.
*Morĭ or, mor tuus sum, mor i,* mourir.

## QUATRIÈME CONJUGAISON.

*Larg ior, larg ītus sum, larg īri*, accorder.

### Présent.

**INDICATIF.**      **SUBJONCTIF.**

Larg ior, ĭris (īre), etc., *j'accorde.*    Larg ĭar, ĭāris (ĭāre), etc., *que j'accorde.*

### Imparfait.

Larg iēbar, iebāris (iebāre), etc., *j'accordais.*    Larg īrer, irēris (irēre), etc., *que j'accordasse* ou *j'accorderais.*

### Futur.

Larg ĭar, ĭēris (ĭēre), etc., *j'accorderai.*

### Parfait.

Larg ītus, a, um sum *ou* fui, *j'ai accordé; j'accordai; j'eus accordé.*    Larg ītus, a, um sim *ou* fuerim, *que j'aie accordé.*

### Plus-que-parfait.

Larg ītus, a, um eram *ou* fueram, *j'avais accordé.*    Larg ītus, a, um essem *ou* fuissem, *que j'eusse accordé; j'aurais accordé.*

### Futur antérieur.

Larg ītus, a, um ero *ou* fuero, *j'aurai accordé.*

### IMPÉRATIF.

Larg īre, larg ītor, etc., *accorde.*

### INFINITIF.

### Présent.

Larg īri, *accorder.*

### Parfait.

Larg ītum, am, um esse *ou* fuisse, *avoir accordé.*

### Futur.

Larg iturum, am, um esse, *devoir accorder.*

### Futur antérieur.

Larg iturum, am, um fuisse, *avoir dû accorder.*

### Futur passé.

Larg ītum iri *ou* larg iendum, am, um esse, *devoir être accordé.*

### Futur antérieur passé.

Larg iendum, am, um fuisse, *avoir dû être accordé.*

### GÉRONDIF.

*Gén.* Larg iendi, *d'accorder.*
*Dat.* Larg iendo, *à accorder.*
*Acc.* Larg iendum, *à ou pour accorder.*
*Abl.* Larg iendo, *en accordant.*

### PARTICIPE.
#### Présent

Larg iens, ientis, *accordant.*

#### Passé.

Larg ītus, a, um, *ayant accordé.*

#### Futur actif.

Larg iturus, a, um, *devant accorder.*

#### Futur passif.

Larg iendus, a, um, *devant être accordé, qui doit être accordé.*

### SUPIN.
#### Actif.

Larg ītum, *à ou pour accorder.*

#### Passif.

Larg ītu, *à être accordé.*

### Conjuguez sur **LARGIOR** les verbes :

*Bland ior, bland ītus sum, bland īri,* flatter.
*Met ior, men sus sum, met īri,* mesurer.
*Ment ior, ment ītus sum, ment īri,* mentir.
*Or ior, or tus sum, or īri,* naître, s'élever.

REMARQUE. Mentionnons encore quelques verbes *semi-déponents* (à moitié déponents) qui ont la forme active aux temps simples, et la forme passive aux temps composés :

*Audĕo, es*, etc., *ausus sum, audēre*, oser.
*Gaudĕo, es*, etc., *gavīsus sum, gaudēre*, se réjouir.
*Solĕo, es*, etc., *solĭtus sum, solēre*, avoir coutume.
*Fīdo, is*, etc., *fīsus sum, fīdĕre*, se fier.
*Confīdo, is*, etc., *confīsus sum, confīdĕre*, se confier.
*Diffīdo, is*, etc., *diffīsus sum, diffīdĕre*, se défier.
*Audeo* fait au présent du subjonctif *audeam, audeas*, etc., ou irrégulièrement *ausim, ausis, ausit*, etc.

98. Somnus homini a naturâ datus est non solùm ad pellendam lassitudinem reparandasque corporis vires, verùm etiàm ad promovendam exhalationem. Quin miseris et sollicitis somnus perfugium est omnium laborum et sollicitudinum. Homo sanus ægrè somno ultra viginti quatuor horas caret. Qui multis laboribus exercentur, iis longior somnus ad valetudinem necessarius est. Fenestræ cubiculorum, in quibus dormīmus, interdiù aperiendæ sunt, ut vapores exeant, āĕr purus intromittatur. Nocturnum tempus aptissimum est somno. Prodest[1] etiàm ante mediam[2] noctem cubĭtum ire[3] et manè surgere. Noxium est, somnum nocturnum ultra septem vel octo horas extrahĕre. Curandum est etiàm[4], ut a cubiculo absit vapor carbonum aut fornacis calefactæ. Odores quoquè graves ar-

---

[1] Voyez n° 55.
[2] Plusieurs *noms*, tels que le *haut* ou le *sommet*, le *bas* ou le *fond*, le *milieu*, le *bout* ou l'*extrémité*, etc., s'expriment par les *adjectifs* correspondants : *summus, altus, imus, intimus, medius, extremus*, etc. : *summa arbor*, le haut, le sommet d'un arbre ; *medius mons*, le milieu d'une montagne ; *ima arbor*, le bas d'un arbre ; *imum mare*, le fond de la mer ; *extremi digiti*, le bout des doigts.
[3] Après les verbes de mouvement, tels que *aller, venir*, etc., on met le second verbe généralement au supin en *um* : *eo cubitum*, je vais me coucher ; *venio lusum*, je viens jouer.
[4] *Aussi*, signifiant *et même, de plus*, se rend par *etiàm* ; mais signifiant *pareillement*, par *quoquè*.

cendi sunt. Ad somnum multùm ambulatio confert. Pueros facilè somnus complectitur. Qui obdormiscit, is primùm connivet oculis, deindè sensim torpescit audiendi sensus[1]. Qui expergiscitur, ei primùm audiendi sensus, deindè oculorum usus redit.

L'homme ne peut pas vivre sans sommeil. Le sommeil de l'homme ne doit être ni trop long, ni trop court; l'un et l'autre sont nuisibles. Les vieillards, ordinairement, ne dorment pas si bien que les enfants. Lorsque l'homme dort, tous ses soucis et toutes ses inquiétudes se taisent. Le sommeil est donc un doux bienfait pour des hommes malheureux. Lorsqu'un homme dort, il n'entend, ni ne voit. Un homme dormant ne peut ni voir, ni entendre.

99. Ad bonam valetudinem multùm confert, in aëre purissimo vivëre. Itaque fenestræ et januæ[2] cubiculi, in quo habitamus, sæpiùs sunt aperiendæ, ne aër noxius fiat. Præstereà, qui in urbibus vivunt, sæpius rus excurrĕre et sub dio exercēri debent. Deniquè curandum est, ut sensim adsuescamus perferre tempestatis injurias, calores, frigora, ventos, pluvias; cavendum[3] saltem est, ne corpus ità mollescat, ut ne minima quidem incommoda sine periculo feramus. Videmus enim valentissimos et robustissimos homines inter agricolas, hortulanos, fabros, milites, nautas; at in imbecillium numero magnam urbanorum partem et permultos[4] litterarum studiosos.

[1] Après un nom gouvernant le *génitif*, on met le *gérondif* en *di* : *tempus legendi*, le temps de lire.

[2] *Janua*, porte d'une maison; *porta*, porte de ville.

[3] Après les verbes *craindre*, *appréhender*, *avoir peur* (metuere, vereri, pavere), *prendre garde* et *dissuader* (cavēre, dissuadere, etc.), *de* ou *que... ne* se rend par *ne* avec le subjonctif : *timeo ne præceptor veniat*, je crains que le maître ne vienne. *Cave ne cadas*, prenez garde de tomber.

[4] *Per*, comme préfixe d'un adjectif ou d'un adverbe, signifie *fort*, *très*, *beaucoup*; comme préfixe d'un verbe, il lui joint une idée de *traverser*, *entièrement*, *tout à fait*. *Peraltus*, très-haut; *percurrĕre*, parcourir; *perficere*, achever.

Magnum sanitatis præsidium est temperantia in victu, si quis abstinet a nimio cibo et potu. Nunquàm igitur, qui diù sanus esse vult, edĕre debet, nisi esuriens, nec bibĕre, nisi sitiens. Qui nimium cibum sumit, cruditatem, capitis dolores et febres contrahit. Nullum diei tempus magis aptum est ad corpus exercendum, quàm antequàm sumptus aut postquàm concoctus est cibus. Homo non in eodem statu aut motu diutiùs manēre debet. Non semper est standum, sedendum, cubandum. Neque utile est semper ambulare, equitare, declamare, onĕra ferre, aut quidquam ejus generis sine intermissione facĕre.

Celui qui veut être en bonne santé (*valens*) doit être sobre. La propreté est un grand soutien de la santé. Le matin (*mane*) il faut[1] se nettoyer les dents, se laver les mains avec de l'eau et du savon, se couper les ongles et se peigner les cheveux. Il faut se laver les yeux avec de l'eau froide et se nettoyer les oreilles.

## PRÉPOSITIONS.

**100.** Les *prépositions* suivantes régissent l'*accusatif* :

*Ad* (marquant la direction vers un objet), *à, vers, auprès de, près de, chez, pour* : *venit ad me. Redire ad suos*, revenir vers les siens. *Ad Capuam proficisci*, partir pour Capoue. *Ad vesperam*, vers le soir.

*Apud* (en parlant d'un lieu, d'un objet, où l'on est), *chez, auprès de* : *est apud nos*, il est chez nous. *Apud oppidum*, auprès d'une ville. *Sedĕre apud focum*, être assis près du feu.

*Ante*, avant, devant : *ante tres dies*, avant trois jours. *Ante pedes*, devant les pieds.

*Adversùs, adversùm*, contre, vis-à-vis de : *inimicus est adversùs me*, l'ennemi est contre moi. *Adversùs Athe-*

---

[1] Voyez n° 138.

*nas*, vis-à-vis d'Athènes. *Amor adversùs parentes*, l'amour envers ses parents.

*Circa*, aux environs de, autour de : *urbes circa Capuam*, les villes aux environs de Capoue. *Ire circa urbem*, aller autour de la ville.

*Circum*, autour de : *circum caput*, autour de la tête.

*Cis, citra*, deçà, en deçà de : *cis flumen*, en deçà du fleuve. *Cis paucos dies*, avant ou sous peu de jours.

*Circiter*, environ, vers (et comme adverbe : à peu près) : *circiter meridiem*, vers midi. *Circiter dies quindecim*, quinze jours environ.

*Contra*, contre, vis-à-vis de, en face de : *tu es contra me*, tu es contre moi. *Carthago contra Italiam sita est*, Carthage est située en face de l'Italie.

*Erga*, envers, à l'égard de : *amor erga parentes*, l'amour envers les parents.

*Extra*, hors de, outre, excepté : *extra urbem habitat*, il demeure hors de la ville. *Extra periculum*, hors de danger. *Extra cum nemo aderat*, excepté lui, personne n'était présent.

*Infra*, sous, au-dessous de : *infra mensam*, sous la table. *Id est infra meum officium*, cela est au-dessous de mes fonctions.

*Inter*, entre, parmi : *inter homines*, parmi les hommes. *Inter urbem et Tiberim*, entre la ville et le Tibre. *Inter spem et metum*, entre l'espoir et la crainte. — *Inter cœnam*, pendant le dîner.

*Intra*, au dedans de, dans l'espace de : *intra urbem*, au dedans ou dans l'intérieur de la ville. *Intra tres dies*, dans l'espace de trois jours.

*Juxta*, auprès de, proche, à côté de, tout de suite après, d'après : *juxta viam*, près du chemin. *Juxta Deum tibi maxima beneficia debeo*, après Dieu, je te dois les plus grands bienfaits. *Juxta præceptum*, d'après les ordres.

*Ob*, à cause de ; devant : *ob eam rem*, à cause de cela ; *eam ob causam*, à cause de ce motif. *Ob oculos*, devant les yeux.

*Penès*, au pouvoir de, en la possession de : *penès te est*, cela est en ton pouvoir. *Penès regem summum imperium est*, le commandement suprême est au pouvoir du roi.

*Per*, par, au travers de ; pendant : *per urbem ire*, passer par la ville. *Per me hoc factum est*, ceci a été fait par moi. *Per vim, per occasionem, per jocum*, par force, par occasion, par plaisanterie. *Per noctem*, pendant ou durant la nuit.

*Ponè*, derrière, par derrière : *ponè arbores*, derrière les arbres.

*Post*, après, derrière ; depuis : *post aliquot menses*, quelques mois après. *Post me venit*, il vient derrière moi. *Post hominum memoriam*, de (depuis) mémoire d'homme. *Post calamitatem*, depuis son malheur. — *Pòst*, après le nom, est adverbe : *multis annis pòst*, bien des années après. *Paulò pòst*, peu après.

*Præter*, au delà de, le long de, devant ; excepté, outre : *præter castra*, au delà du camp. *Præter ripam ire*, marcher le long de la rive. *Præter oculos*, devant les yeux. *Omnes præter unum*, tous excepté un. *Præter spem*, contre toute espérance ; *præter modum*, outre mesure.

*Prope*, près de : *prope urbem*, près de la ville.

*Propter*, tout près de, à côté de ; à cause de : *insulæ propter Siciliam*, les îles tout près de la Sicile. *Propter fratrem*, à cause du frère. *Propter metum*, par crainte.

*Secundùm*, le long de ; suivant, selon ; après (en second lieu) : *secundùm flumen*, le long du fleuve. *Vulnus secundùm aurem*, une blessure près de l'oreille. *Secundùm naturam vivere*, vivre selon la nature. *Secundùm hunc diem*, après ce jour, demain. *Secundùm te, nihil est*, après toi, il n'est rien.

*Secùs*, le long de : *secùs mare*, le long de la mer.

*Supra*, au-dessus de; plus de : *imber supra caput*, un nuage au-dessus de sa tête. *Supra novem millia hominum*, plus de neuf mille hommes.

*Trans*, au delà de, de l'autre côté de : *trans Tiberim*, au delà du Tibre.

*Ultra*, au delà de : *ultra montem*, au delà de la montagne. *Ultra modum*, outre mesure. *Ultra tres horas*, au delà de trois heures.

*Versùs* (se met après son régime), vers, du côté de : *Orientem versus*, du côté de l'Orient.

**101.** Crœsus ultimus rex Lydorum fuit. Opes ac divitiæ ejus tantæ fuerunt, ut in proverbium abierint. Si quis[1] admŏdùm opulens est, Crœsum divitiis superare, vel Crœsus esse dicitur[2]. Ad hunc venit Solon Atheniensis, vir sapientissimus. Rex ostendit ei omnes divitias ornatumque regium, et quæsivit ab[3] eo, nùm[4] vidisset hominem, qui esset omnium beatissimus, Solon ingenuè respondit : Nemĭnem vidi beatiorem, quàm Tellum Atheniensem. Hic enim, etsi pauper, tamen fuit

---

[1] Voyez n° 81, remarque 1, page 93.

[2] *On se tourne ordinairement par le passif* : on aime la vertu, *virtus amatur* (la vertu est aimée). On dit que les cerfs vivent très-longtemps, *cervi dicuntur diutissimè vivere* (les cerfs sont dits vivre, etc.), ou bien : *dicitur cervos diutissimè vivere*, il est dit que les cerfs, etc.

[3] En latin on dit : *demander, solliciter* quelque chose *de* quelqu'un, *ab aliquo* : *petere pacem a Romanis*, demander la paix aux Romains.

[4] Voyez n° 56, remarque 1, page 51.

felicissimus, quia ei contigit[1], quùm filii ac nepotes superstites essent, in prælio pro patriâ mori. Crœsus denuò interrogavit, quem post Tellum existimaret beatissimum. Solon respondit: Cleobin et Bitōnem. Hi filii fuerunt sacerdotis Argivæ. Quùm enim[2] mater eorum ad solemne et statum sacrificium curru vehenda[3] esset, satis longè ab oppido ad fanum, et jumenta abessent, ad jugum juvenes accesserunt. Ità sacerdos vecta est in fanum a filiis. Tùm mater dicitur a Dea precata esse, ut filiis daret pro pietate maximum præmium, quod homini dari posset a Deo. Adolescentes igitur, epulati cum matre, somno se dederunt, et manè mortui inventi sunt. Quùm Crœsus sæpius et postremùm etiàm de se interrogaret, Solon: Nemo, inquit, ante mortem beatus habēri potest.

Crésus, vaincu par Cyrus, roi de Perse, et se trouvant déjà sur le bûcher pour être brûlé, prononça plusieurs fois et tout haut le nom de Solon. Cyrus entendant cela demanda, pourquoi il le faisait. Crésus raconta tout ce que Solon lui avait dit un jour. Cyrus lui accorda la vie.

102. Crœsi filius, quùm jàm adolevisset, nihil poterat fari. Diù igitur[4] mutus et elinguis habitus est. Quùm pater ejus victus esset, et miles quidam eum educto gladio[5] invaderet, quia regem ignorabat, adolescens os diduxit, ut clamaret, quo nisu atque impĕtu vitium nodumque linguæ rupit; clamavit enim subitò: Ne[6] regem occīde. Tùm hostis gladium reduxit; vita regis salva fuit, et adolescens posteà incepit loqui. Simile quiddam de Samio quodam narratur, cui nomen fuit Ægles. Is quùm anteà fari non potuisset, simili causâ loqui incepisse

---

[1] Cela m'arrive, me survient, *id mihi accidit, contingit, evenit*. *Accidit* se dit des événements malheureux; *contingit*, des événements heureux; *evenit*, de l'un et de l'autre.

[2] Voyez n° 96, remarque 10.

[3] Voyez n° 138.

[4] Voyez n° 96, remarque 10.

[5] Voyez n° 65.

[6] Voyez n° 57, remarque 1, page 55.

dicitur. Nam quùm in quodam certamine sortitio inter ipsum et adversarios non bonâ fide fieret, repentè magnâ voce clamavit in eum, qui falsam sortem subjiciebat. Sic vinculo oris solutus, per omne vitæ tempus distinctè locutus est.

On dit que le fils de Crésus a été (le fils de Crésus est dit avoir été) muet dès son enfance. C'est à l'ennemi qu'il dut (à l'ennemi il dut) la parole. L'ennemi aurait tué le (son) père, si le fils ne s'était pas écrié : Ne[1] tue pas le roi Crésus. Les efforts du jeune homme furent si grands, qu'il rompit le lien de la langue. C'est cet effort qui sauva la vie du père et qui donna la parole au fils. Il n'est pas certain que cette histoire soit vraie. On raconte cependant plusieurs histoires de ce genre. Il peut se faire (*fieri*) que par[2] beaucoup d'efforts et par une grande anxiété la langue se délie (soit déliée).

**105.** Les *prépositions* suivantes régissent l'*ablatif* :

*A, ab, abs* (marquant *séparation, éloignement, point de départ*), de, par, depuis : *a patre aberrare*, se séparer de son père ; *ab urbe abesse*, être loin de la ville. *Amatus a patre*, aimé de son père. *Interfectus ab aliquo*, tué par quelqu'un. *Accipĕre ab aliquo*, recevoir de quelqu'un. *Ab initio*, depuis ou dès le commencement. *A pueritiâ*, dès l'enfance.

*A* se met devant les consonnes ; *ab* devant une *h*, devant les voyelles et devant les consonnes *d, j, l, n, r, s* ; *abs* devant le pronom *te* (*abs te*), et, dans les composés, devant *c* (*abscedere*, s'éloigner).

*Absque* (peu usité), sans : *absque te*, sans toi.

*Clàm*, à l'insu de : *clam præceptore*, à l'insu du maître.

*Coràm*, en présence de : *coràm populo*, en présence du peuple.

---

[1] Voyez n° 52, remarque 1, page 55.
[2] Voyez n° 65.

*Palàm*, en présence de (tout le monde) : *palàm populo*.

*Cum*, avec : *cum patre habitat*, il habite avec son père. Pour *mecum, tecum*, etc., voyez page 110, rem. 1.

*De*, de, signifiant *du haut de, sur, touchant* : *de equo cadĕre*, tomber de cheval. *De ponte dejectus*, jeté du haut du pont. *De bello loqui*, parler de la guerre. *Hac de re tibi scribam*, je t'écrirai de cela.

*E, ex* (marquant *sortie, extraction*), de (hors de), par, depuis, d'après : *ex urbe redire*, revenir de la ville. *Ex urbe ejectus*, chassé de la ville. *Bibere ex fonte*, boire à (hors de) la source. *Poculum ex auro factum*, coupe faite (tirée de) d'or ou en or. *Ex aliquo discere, accipere*, apprendre, tenir de quelqu'un. *Ex litteris cognoscere*, connaître par une lettre. *Ex ordine, ex lege*, d'après l'ordre, d'après la loi. *Ex hoc tempore*, depuis ce temps. — Comparez : *venio* AB *urbe*, je viens d'auprès de la ville ; *venio* EX *urbe*, je viens de la ville même.

*E* se met devant les consonnes ; *ex* devant les voyelles, devant une *h* et devant les consonnes *c, p, q, s, t*.

*Præ*, devant (en avant de); à cause de ; en comparaison de : *præ se agere gregem*, chasser devant soi le troupeau. *Præ mœrore, præ lætitiâ*, de chagrin, de joie. *Præ nobis beatus est*, il est (heureux en comparaison de nous) plus heureux que nous.

*Pro*, devant; pour (à la place de, au lieu de, pour prix de, en faveur de) ; selon : *pro muro*, devant le rempart. *Pro aliquo mori*, mourir pour quelqu'un. *Unus pro multis. Pro vecturâ solvere*, payer (pour le transport) le prix du transport. *Pro viribus*, selon ses forces. *Pro tempore*, selon le temps.

*Sinè*, sans : *sinè periculo*, sans danger.

8

*Tenùs* (se place après son régime), jusqu'à : *muro tenùs,* jusqu'au rempart.

Si le régime est au pluriel, *tenùs* le veut au *génitif,* surtout en poésie : *aurium tenùs,* jusqu'aux oreilles.

#### Prépositions à deux cas (Acc. et Abl.).

**104.** Les *quatre prépositions* suivantes, jointes à un verbe marquant le *mouvement* vers un lieu, régissent l'*accusatif;* mais, jointes à un verbe de *repos, l'ablatif :*

*In,* en, dans, sur : *in Siciliâ, in urbe, in dubio esse,* être en Sicile, dans la ville, dans le doute. *In montibus Roma posita est,* Rome est assise sur des hauteurs. *Eo in Italiam, in urbem,* je vais en Italie, dans la ville.

*In,* signifiant *pour* (un temps à venir), *envers, contre,* veut l'*accusatif : in posterum diem,* pour le lendemain. *Gratus in vulgus,* reconnaissant envers le peuple. *Amor in patriam. Hæc in te dico,* je dis cela contre toi. *Odium in malos.* — Comparez : *eo* IN (dans) *urbem; eo* AD (vers) *urbem.*

*Sub,* sous : *sub terrâ vivere,* vivre sous terre; *sub terram ire,* aller sous terre.

*Sub,* signifiant *vers* (en parlant du temps), veut l'accusatif, et signifiant *pendant, l'ablatif : sub vesperam,* vers le soir. *Sub nocte,* pendant la nuit.

*Super,* sur, au-dessus de : *super fronde requiescere,* reposer sur du feuillage. *Super aquam eminēre,* s'élever au-dessus de l'eau.

*Super* prend plus généralement l'*accusatif,* même avec un verbe de *repos : super aliquem sedēre,* être assis au-dessus de quelqu'un. *Super cœnam,* pendant le repas.

Dans le sens de *de* (touchant, au sujet de), *super* veut *l'ablatif : super aliquâ re loqui,* parler de quelque chose.

*Subter*, au-dessous de, se joint ordinairement à l'*accusatif*, qu'il y ait mouvement ou non : *grues dormiunt capite subter alam condito*, les grues dorment la tête cachée sous l'aile. *Subter littore*, sous le rivage.

**105.** Cyrus, Crœsi victor, ipse a[1] Scythis victus et occīsus est. Quùm Cyrus Scythis bellum inferret, eorum[2] regīna erat Tomyris. Hæc non muliebriter territa est adventu[3] hostium, sed eos permisit transire flumen, quanquàm[4] prohibēre poterat. Quùm prœlium commissum esset, Cyrus victus est. Scythæ ducenta Persarum millia[5] cum ipso rege trucidavērunt. In hac victoriâ etiam illud fuit memorabile, quòd ne nuntius quidem[6] tantæ cladis superfuit. Caput Cyri amputatum et in utrem, humano sanguine[7] repletum, conjectum est, et regina hæc verba addidit : *Satia te sanguine, quem sitisti, cujusque*[8] *insatiabilis semper fuisti*. Cyrus triginta annos regnaverat.

Si nous lisons la vie de Cyrus, écrite par Xénophon, nous affectionnons volontiers ce roi. Il parle si judicieusement à ses fils de la vertu et de la vie après la mort ! Nous désirons que la vie de Cyrus, écrite par Xénophon, soit la véritable. Mais cette vie n'est pas entièrement vraie ; car si elle l'était, Cambyse, fils de Cyrus, n'aurait pas été si méchant. Ce roi cruel a tué son propre frère.

**106.** Cyro successit Cambyses filius, qui imperio patris Ægyptum adjēcit ; sed offensus superstitionibus Ægyptiorum diruit Deorum ædes[9]. Post hæc vidit in somno fratrem suum,

[1] Voyez n° 66, § 3.
[2] Voyez n° 51.
[3] Voyez n° 65.
[4] Voyez n° 30, remarque 2.
[5] Voyez n° 65, remarque 1, page 66.
[6] Voyez n° 94, remarque 4.
[7] Voyez n° 65.
[8] Voyez page 43, remarque 2.
[9] Voyez n° 46, page 38.

Smerdim, regem futurum. Exterrĭtus somnio fratrem occīdit. Nam quomŏdò fratri parceret[1], quùm[2] adversùs religionem et deos sæviret? Ad hoc tàm crudele ministerium delegit quemdam ex amicis, nomine Prexaspem. Interìm ipse priùs mortuus est. Quippè gladius e vagīna elapsus graviter eum vulneraverat in femŏre. Quùm Patizithes, unus ex magis, nuntium de morte regis accepisset, statìm Smerdim, fratrem suum subjecit. Is enim persimilis[3] erat Cambȳsis fratri et vultu et corpore. Nemo sensit dolum. Hoc facilè fieri poterat apud Persas, ubi persona regis sub specie majestatis occultabatur. Rex Smerdis et ministri ejus omni modo populi favorem sibi conciliare studebant; tributi et militiæ vacationem in triennium permittebant, ut[4] regnum, quod quæsiverant fraude, indulgentiâ et largitionibus confirmarent. Sed tandem res detecta et rex occisus est. Darius, Hystaspis filius, rex electus est.

Il était très-difficile aux conjurés qui avaient tué le faux roi d'en élire un nouveau. Mais ils trouvèrent bientôt un expédient. Ils convinrent de conduire (ils convìnrent entre eux, qu'ils, etc.) à un jour fixé leurs chevaux devant le palais royal et de reconnaître pour roi celui d'entre eux dont le cheval hennirait le premier au lever du soleil. Les Perses adoraient le soleil comme leur dieu, et les chevaux étaient consacrés à cette divinité. Darius, fils d'Hystaspe, se trouvait parmi les conjurés. Son cheval hennit le premier et Darius devint roi. La modération des autres était si grande qu'ils sautèrent aussitôt à bas de leurs chevaux et proclamèrent Darius roi.

**107.** Novo regi non solùm erat forma et virtus egregia, sed

---

[1] La plupart des verbes neutres gouvernent le *datif* : *studēre*, étudier; *favēre*, favoriser; *parcĕre*, épargner; *benedicĕre*, bénir; *consulĕre*, pourvoir à; *servire*, servir; *satisfacere*, satisfaire; *nubĕre*, épouser, etc. : *studeo grammaticæ*, j'étudie la grammaire.

[2] Voyez n° 111.

[3] Voyez n° 99, remarque 4.

[4] Voyez n° 32, remarque 1.

etiàm cognatio cum pristinis regibus. Principio¹ regni in matrimonium Cyri regis filiam recepit, ut his nuptiis regnum firmaret. Sic regnum non tàm in extraneum translatum, quàm in familiam Cyri reversum est. Quondàm Assyrii desciverant, et urbem Babylonem occupaverant. Expugnatio hujus urbis erat difficillima ². Tandem, quùm Darius urbem expugnare non posset, Zopyrus toto se corpore laceravit; nasum, aures et labia sibi præcīdit. Quùm Darius Zopyrum sic laceratum videret, causam et auctorem tàm fœdæ lacerationis quæsīvit. Tùm Zopyrus : Ipse feci, inquit, ut tu Babylonem capere posses. Zopyrus igĭtur intravit in urbem, ibique populo corpus laceratum ostendit, et dixit : Darius rex est crudelissimus; videte, quomodò me laceravit is, qui me non virtute, sed hinnītu equi sui superavit. Urbis incŏlæ crediderunt ei. Sic Zopyrus dux est Babyloniorum factus. Tandem et incolas et urbem redēgit in potestatem regis Darii.

Zopyre était un ami fidèle du roi Darius, mais il était très-cruel envers lui-même. Quoi de plus (quoi est plus) cruel, que de se couper le nez, les oreilles et les lèvres? Et il fit tout cela, pour que (*ut*) le roi pût prendre la ville. Le roi Darius la prit; mais Zopyre était un homme mutilé, sans nez, sans oreilles et sans lèvres. Darius lui-même ne pouvait pas le regarder sans pitié. Si Zopyre avait consulté Darius avant son action, celui-ci n'aurait pas permis une si affreuse mutilation.

**108.** Darius multis populis bellum intulit, et postremò omnem belli impetum in Athenienses convertit. Sed quoniam ad bella Atheniensium venīmus, placet hoc loco originem urbis narrare. Non advĕnæ urbi originem dederunt, sed homines in eodem solo nati, quod incolebant; quæ sedes illis fuit, eădem fuit origo. Athenarum incolæ primi lanificii, olei, vini usum docuerunt. Arāre quoquè monstraverunt, et frumenta serĕre.

¹ Voyez n° 65.
² Voyez n° 50, § 2.

Litteræ[1] certè ac facundia Athenas veluti templum habent. Ante Deucaliōnis tempora rex iis fuit Cecrops. Huic successit Cranăus, cujus filia Atthis regioni nomen dedit. Post hunc Amphictyon regnavit, qui primus urbem Minervæ sacravit. Hujus regis temporibus[2] aquarum illuvies majorem Græciæ populorum partem absumpsit. Superfuerunt tantùm, qui in montes se receperant, aut ad Deucalionem, Thessaliæ regem. Ab hoc rege proptereà genus hominum denuò condĭtum esse dicitur. Per successionis ordinem deindè ad Erechthĕum regnum venit, sub quo frumenti satio a Triptolĕmo reperta est. Posteà rex fuit Ægeus, Thesĕi pater, et post eum Theseus, et Thesĕi filius, qui Græcis adversùs Trojanos auxilium tulit. Ultimus Atheniensium rex fuit Codrus.

L'inondation du temps de Deucalion a une grande analogie avec le déluge de Noé. Ces deux hommes ont construit une barque pour se sauver avec les leurs. Mais l'histoire de Deucalion est très-fabuleuse. Deucalion et sa femme jetaient, dit-on[3], des pierres derrière eux pour fonder une race nouvelle. Ces pierres se changeaient en hommes; mais ces hommes nouveaux furent durs et cruels.

### 109. ADJECTIFS NUMÉRAUX.

| Nombres cardinaux. | Nombres ordinaux. |
|---|---|
| 1, *unus, a, um.* | 1er, *primus, a, um.* |
| 2, *duo, æ, o.* | 2e, *secundus, a, um.* |
| 3, *tres, tria.* | 3e, *tertius, a, um.* |
| 4, *quatuor.* | 4e, *quartus, a, um.* |
| 5, *quinque.* | 5e, *quintus,* etc. |
| 6, *sex.* | 6e, *sextus.* |
| 7, *septem.* | 7e, *septĭmus.* |
| 8, *octo.* | 8e, *octāvus.* |
| 9, *novem.* | 9e, *nōnus.* |

[1] Voyez n° 46, page 38.
[2] Voyez n° 65.
[3] Voyez n° 101, remarque 2.

| Nombres cardinaux. | Nombres ordinaux. |
|---|---|
| 10, *decem*. | 10e, *decimus*. |
| 11, *undĕcim*. | 11e, *undecimus*. |
| 12, *duodĕcim*. | 12e, *duodecimus*. |
| 13, *tredĕcim*. | 13e, *tertius decimus*. |
| 14, *quatuordĕcim*. | 14e, *quartus decimus*. |
| 15, *quindecim*. | 15e, *quintus decimus*. |
| 16, *sedecim*. | 16e, *sextus decimus*. |
| 17, *septemdecim* ou *decem et septem*. | 17e, *septimus decimus*. |
| 18, *decem et octo* ou *duodeviginti*. | 18e, *duodevicesimus*. |
| 19, *decem et novem* ou *undeviginti*. | 19e, *undevicesimus*. |
| 20, *viginti*. | 20e, *vicesimus (vigesimus)*. |
| 21, *unus et viginti* ou *viginti unus*. | 21e, *vicesimus primus* ou *unus et vicesimus*. |
| 22, *duo et viginti* ou *viginti duo*. | 22e, *vicesimus secundus* ou *secundus et vicesimus*. |
| 28, *duodetriginta* ou *octo et viginti*. | 28e, *vicesimus octavus*, etc. |
| 29, *undetriginta* ou *novem et viginti*. | 29e, *vicesimus nonus*, etc. |
| 30, *triginta*. | 30e, *tricesimus*. |
| 38, *duodequadraginta*. | 38e, *tricesimus octavus*, etc. |
| 39, *undequadraginta*. | 39e, *tricesimus nonus*, etc. |
| 40, *quadraginta*. | 40e, *quadragesimus*. |
| 50, *quinquaginta*. | 50e, *quinquagesimus*. |
| 60, *sexaginta*. | 60e, *sexagesimus*. |
| 70, *septuaginta*. | 70e, *septuagesimus*. |
| 80, *octoginta*. | 80e, *octogesimus*. |
| 90, *nonaginta*. | 90e, *nonagesimus*. |
| 100, *centum*. | 100e, *centesimus*. |
| 200, *ducenti, æ, a*. | 200e, *ducentesimus*. |
| 300, *trecenti, æ, a*. | 300e, *trecentesimus*. |
| 400, *quadringenti, æ, a*. | 400e, *quadringentesimus*. |

**Nombres cardinaux.**

500, *quingenti, œ, a.*
600, *sexcenti, œ, a.*
700, *septingenti, œ, a.*
800, *octingenti, œ, a.*
900, *nongenti, œ, a.*
1000, *mille.*
2000, *duo millia.*

**Nombres ordinaux.**

500e, *quingentesimus.*
600e, *sexcentesimus.*
700e, *septingentesimus.*
800e, *octingentesimus.*
900e, *nongentesimus.*
1000e, *millesimus.*
2000e, *bis millesimus.*

REMARQUES. 1° Les *adjectifs cardinaux* sont *indéclinables*, excepté les trois premiers, les centaines au-dessus de cent et le pluriel de *mille*, mille. (Voyez nos 39, 68 et 65.)

2° Les *adjectifs ordinaux* se déclinent sur *bonus, a, um*, et s'emploient spécialement pour désigner les *années*, les *jours*, les *heures* et l'*ordre de succession* des princes : le trois janvier, l'an trois cent de la fondation de Rome, *tertiâ die januarii, anno trecentesimo ab Urbe conditâ*. Quelle heure est-il? *Quota hora est?* Il est six heures, *sexta hora est*. Louis quatorze, *Ludovicus quartus decimus*.

**Traduisez :**

1, 11, 21, 31, 41, 51, 61, 71, 81, 91, 101, 1001, 2001.
2, 12, 22, 32, 42, 52, 62, 72, 82, 92.
3, 13, 23, 33, 43, 53, 63, 73, 83, 93.
4, 14, 24, 34, 44, 54, 64, 74, 84, 94, 104.
5, 15, 25, 35, 45, 55, 65, 75, 85, 95, 105.
6, 16, 26, 36, 46, 56, 66, 76, 86, 96, 106.
7, 17, 27, 37, 47, 57, 67, 77, 87, 97.
8, 18, 28, 38, 48, 58, 68, 78, 88, 98.
9, 19, 29, 39, 49, 59, 69, 79, 89, 99.
100, 300, 700, 900, 200, 400, 600.

1e, 11e, 21e, 49e, 67e, 88e, 100e, 68e, 99e, 2004e, 9861e, 1631e, 2453e.
16e, 15e, 34e, 48e, 11e, 5e, 7e, 4e, 17e, 13e, 64e, 3e, 2e, 4623e.

L'an deux mille. L'an mil huit cent soixante-quatre. Le dix-sept janvier, l'an mil trois cent un. Le vingt septembre. Quelle heure est-il? Il est deux heures. Il est onze heures. Charles douze; Charles six; Henri quatre. Deux mille soldats. Mille hommes. Quatre mille pas. Deux mers; à deux mers. A trois tables; de trois tables. A quatre cents soldats. De deux mille trois cent quarante soldats.

# QUATRIÈME PARTIE

### VERBES IRRÉGULIERS.

**110.** En latin, on appelle *verbes irréguliers* ceux qui, dans les temps dérivés du *présent*, ne sont pas entièrement conformes aux modèles des quatre conjugaisons. Les temps dérivés du *parfait* et du *supin* sont toujours réguliers.

Les *verbes irréguliers* sont les suivants :

*Sum, fui, esse* (être), avec ses composés *prosum, possum*, etc. (voyez n°s 54 et 55); *fero*, je porte; *edo*, je mange; *volo*, je veux, avec ses deux composés *nolo*, je ne veux pas, et *malo*, j'aime mieux; *eo*, je vais; *queo*, je peux; *nequeo*, je ne peux pas; *fio*, je deviens.

1. *Fĕro, tŭli, lātum, ferre*, porter.

#### Voix active.

**Présent.**

| INDICATIF. | SUBJONCTIF. |
|---|---|
| Fĕro, fers, fert, ferĭmus, fertis, ferunt. | Feram, feras, etc. |

**Imparfait.**

| | |
|---|---|
| Ferēbam, ferebas, etc. | Ferrem, ferres, etc. |

**Futur.**

| | |
|---|---|
| Feram, feres, etc. | |

**Parfait.**

| | |
|---|---|
| Tŭli, tulisti, etc. | Tulerim, tuleris, etc. |

## Plus-que-parfait.

**INDICATIF.**  **SUBJONCTIF.**

Tulĕram, tuleras, etc.   Tulissem, tulisses, etc.

### Futur antérieur.

Tulĕro, tuleris, etc.

## IMPÉRATIF.

Fer *ou* ferto; ferto; ferāmus; ferte *ou* fertote; ferunto.

## INFINITIF.
### Présent.

Ferre.

### Parfait.

Tulisse.

### Futur.

Laturum, am, um esse.

### Futur antérieur.

Laturum, am, um fuisse.

## GÉRONDIF.

Ferendi, o, um, o.

## PARTICIPE.
### Présent.

Ferens, entis.

### Futur.

Laturus, a, um.

## SUPIN.

Latum.

### Ainsi conjuguez les composés de FERO :

*Offĕro, obtŭli, oblātum, offerre,* offrir.
*Affero, attuli, allatum, afferre,* apporter.
*Differo, distuli, dilatum, differre,* différer.
*Aufero, abstuli, ablatum, auferre,* emporter, etc.

*Feror, latus sum, ferri*, être porté.

Voix passive.

**Présent.**

**INDICATIF.**      **SUBJONCTIF.**

Feror, ferris, fertur, ferĭmur,    Ferar, feraris (re), etc.
ferimini, feruntur.

**Imparfait.**

Ferēbar, ferebāris (re), etc.     Ferrer, ferrēris (re), etc.

**Futur.**

Ferar, ferēris (re), etc.

**Parfait.**

Latus, a, um sum, etc.     Latus, a, um sim, etc.

**Plus-que-parfait.**

Latus, a, um eram, etc.     Latus, a, um essem, etc.

**Futur antérieur.**

Latus, a, um ero, etc.

**IMPÉRATIF.**

Ferre *ou* fertor; fertor; ferāmur; ferimini; feruntor

**INFINITIF.**

**Présent.**

Ferri.

**Parfait.**

Latum, am, um esse (fuisse).

**Futur.**

Latum iri *ou* ferendum, am, um esse.

**Futur antérieur.**

Ferendum, am, um fuisse.

**PARTICIPE.**

**Passé.**

Latus, a, um.

**Futur.**

Ferendus, a, um.

**SUPIN.**

Latu.

## Ainsi conjuguez :

*Differor, dilātus sum, differri*, être différé.
*Offeror, oblatus sum, offerri*, être offert.
*Afferor, allatus sum, afferri*, être apporté.
*Auferor, ablatus sum, auferri*, être emporté.

2. *Edo, edi, esum, edĕre* ou *esse*, manger.

### Voix active.

#### Présent.

**INDICATIF.**      **SUBJONCTIF.**

Edo, edis (es), edit (est), edĭmus,    Edam, edas, edat, etc.
edĭtis (estis), edunt.

#### Imparfait.

Edēbam, edebas, etc.      Edĕrem (essem), ederes (esses), ederet (esset), ederēmus (essemus), ederētis (essetis), edĕrent (essent).

#### Futur.

Edam, edes, etc.

#### IMPÉRATIF.

Ede (es) ou edĭto (esto); edĭto (esto); edĭte (este) ou edĭtote (estote); edunto.

#### INFINITIF.
#### Présent.

Edĕre (esse).

#### PARTICIPE.
#### Présent.

Edens, entis.

REMARQUE. Les temps dérivés du parfait et du supin sont réguliers.

### Ainsi conjuguez :

*Comĕdo, comĕdi, comēsum, comedĕre* ou *comesse*, manger.

La conjugaison du passif *edor, esus sum, edi* (être mangé), est régulière ; on trouve seulement *estur* pour *edĭtur*, il est mangé.

### 3. Vŏlo, vŏlui, velle, vouloir.

**Présent.**

| INDICATIF. | SUBJONCTIF. |
|---|---|
| Volo, vis, vult, volŭmus, vultis, volunt. | Velim, velis, velit, velīmus, velītis, velint. |

**Imparfait.**

| | |
|---|---|
| Volēbam, volebas, volebat, volebāmus, etc. | Vellem, velles, vellet, vellēmus, vellētis, vellent. |

**INFINITIF.**
**Présent.**

Velle.

**Parfait.**

Voluisse.

**PARTICIPE.**
**Présent.**

Volens, entis.

REMARQUES. Les temps *volui, voluerim, volueram, voluissem, voluero* sont réguliers. — *Volo* n'a ni l'*impératif*, ni le *gérondif*, ni le *supin*, ni les temps qui en dérivent.

Les deux composés *nolo* (de : *non volo*), je ne veux pas, et *malo* (de : *magis volo*), j'aime mieux, se conjuguent, sauf quelques différences, sur *volo*.

### 4. Nōlo, nōlui, nolle, ne vouloir pas.

**Présent.**

| INDICATIF. | SUBJONCTIF. |
|---|---|
| Nolo, non vis, non vult ; nolŭmus, non vultis, nolunt. | Nolim, nolis, nolit ; nolīmus, nolītis, nolint. |

## Imparfait.

**INDICATIF.**        **SUBJONCTIF.**

Nolēbam, nolēbas, etc.      Nollem, nolles, etc.

### Futur.

(Nolam), noles, etc.

### IMPÉRATIF.

Noli *ou* nolīto; nolīto; nolīte *ou* nolitōte; nolunto.

### INFINITIF.
#### Présent.

Nolle.

#### Parfait.

Noluisse.

### PARTICIPE.
#### Présent.

Nolens, entis.

REMARQUE. *Nolui*, et les temps qui en dérivent, sont réguliers.

5. *Mālo, mālui, malle*, aimer mieux.

#### Présent.

**INDICATIF.**        **SUBJONCTIF.**

Malo, mavis, mavult; malŭmus,    Malim, malis, malit; malīmus,
mavultis, mālunt.               malītis, malint.

#### Imparfait.

Malēbam, malēbas, etc.      Mallem, malles, etc.

#### Futur.

(Malam), males, etc.

(*Pas d'Impératif*).

### INFINITIF.
#### Présent.

Malle.

#### Parfait.

Maluisse.

(*Pas de Participes*).

REMARQUE. *Mālui*, et les temps qui en dérivent, sont réguliers.

6. *Eo, īvi* ou *ii, ītum, īre,* aller.

### Présent.

**INDICATIF.**  **SUBJONCTIF.**

Eo, īs, it ; īmus, ītis, eunt.    Eam, eas, eat ; eamus, eatis, eant.

### Imparfait.

Ibam, ibas, ibat, etc.    Irem, ires, iret, etc.

### Futur.

Ibo, ibis, ibit, ibimus, etc.

### Parfait.

Ivi, ivisti, ivit, etc.    Ivĕrim, ivĕris, ivĕrit, etc.

### Plus-que-parfait.

Ivĕram, iveras, iverat, etc.    Ivissem, ivisses, ivisset, etc.

## IMPÉRATIF.

I *ou* īto ; īto ; eamus ; ite *ou* itote ; eunto.

## INFINITIF.

### Présent.

Ire.

### Parfait.

Ivisse.

### Futur.

Iturum, am, um esse.

## GÉRONDIF.

Eundi, o, um, o.

## PARTICIPE.

### Présent.

Iens, euntis.

### Futur.

Iturus, a, um.

## SUPIN.

Itum.

**Ainsi conjuguez les composés :**

*Abeo, abii* ou *abīvi, abĭtum, abīre,* s'en aller.
*Exeo, exii* ou *exīvi, exĭtum, exīre,* sortir.

*Pereo, perii, perĭtum, perīre*, périr.
*Redeo, redii, redĭtum, redīre*, revenir, etc.

Les composés de *eo* font plus souvent le parfait en *ii* qu'en *ivi*. — *Ambio, īvi* ou *ii, ambītum, ambīre* (aller autour, ambitionner), se conjugue régulièrement sur *audio*.

Les deux verbes *queo*, je puis, et *nĕqueo*, je ne puis pas, se conjuguent sur *eo ;* seulement ils n'ont ni *participes*, ni *supin*.

7. *Queo, quīvi, quīre*, pouvoir.

### Présent.

| INDICATIF. | SUBJONCTIF. |
|---|---|
| Queo, quis, quit ; quīmus, quītis, queunt. | Queam, queas, queat ; queámus, queātis, queant. |

### Imparfait.

| | |
|---|---|
| Quībam, quības, etc. | Quīrem, quires, etc. |

### Futur.

Quībo, quibis, etc.

### Parfait.

| | |
|---|---|
| Quīvi, quivisti, etc. | Quivĕrim, quiveris, etc. |

### Plus-que-parfait.

| | |
|---|---|
| Quivĕram, quiveras, etc. | Quivissem, quivisses, etc. |

### Futur antérieur.

Quivero, quivĕris, etc.

### INFINITIF.
#### Présent.
Quire.

#### Parfait.
Quivisse.

(*Pas d'Impératif ni de Gérondif*).

8. *Nĕqueo, nequīvi, nequīre*, ne pouvoir pas.

**Présent.**

| INDICATIF. | SUBJONCTIF. |
|---|---|
| Nĕqueŏ, nĕquis, nĕquit; nequī- mus, nequītis, nequeunt. | Nĕqueam, nĕqueas, nequeat; ne- queāmus, nequeātis, nequeant. |

**Imparfait.**

| | |
|---|---|
| Nequībam, nequības, etc. | Nequīrem, nequīres, etc. |

**Futur.**

Nequībo, nequībis, etc.

**Parfait.**

| | |
|---|---|
| Nequīvi, nequivisti, etc. | Nequivĕrim, nequiveris, etc. |

**Plus-que-parfait.**

| | |
|---|---|
| Nequivĕram, nequiveras, etc. | Nequivissem, nequivisses, etc. |

**Futur antérieur.**

Nequivĕro, nequiveris, etc.

**INFINITIF.**

**Présent.**

Nequīre.

**Parfait.**

Nequivisse.

(*Pas d'Impératif ni de Gérondif*).

Le verbe suivant sert de passif au verbe *facĭo, fēci, factum, facĕre*, faire.

9. *Fīo, factus sum, fĭĕri*, devenir, être fait.

**Présent.**

| INDICATIF. | SUBJONCTIF. |
|---|---|
| Fīo, fis, fit; fīmus, fītis, fīunt. | Fīam, fīas, fiat; fiamus, fiatis, fiant. |

**Imparfait.**

| | |
|---|---|
| Fiĕbam, fiebas, etc. | Fiĕrem, fiĕres, etc. |

|  INDICATIF. | SUBJONCTIF. |
|---|---|
| | Futur. |
| Fiam, fies, fiet, etc. | |
| | Parfait. |
| Factus, a, um sum. | Factus, a, um sim. |
| | Plus-que-parfait. |
| Factus, a, um eram. | Factus, a, um essem. |
| | Futur antérieur. |
| Factus, a, um ero. | |

IMPÉRATIF.

Fi ou fito; fito; fite ou fitote; fiunto.

INFINITIF.

Présent.

Fieri.

Parfait.

Factum, am, um esse.

Futur.

Factum iri ou faciendum, am, um esse.

Futur antérieur.

Faciendum, am, um fuisse.

PARTICIPE.

Passé.

Factus, a, um.

Futur.

Faciendus, a, um.

SUPIN.

Factu.

**111.** 1. *Cùm, quùm,* signifiant *lorsque, quand,* veut le *subjonctif* devant l'*imparfait* où le *plus-que-parfait;* mais il prend l'*indicatif* devant le *présent,* le *parfait* ou le *futur : Quùm Athenæ florerent,* lorsqu'Athènes était florissante. *Quùm devicisset hostium exercitus,* après qu'il eut vaincu les armées ennemies. *Quùm aliquid auditis*, lorsque vous entendez quelque chose. *Quùm omnes te laudibus extulerunt*, quand tous vous ont comblé d'éloges. *Quùm navigari poterit*, lorsqu'on pourra naviguer.

2. *Cùm, quùm* veut cependant l'*indicatif*, s'il est suivi de deux verbes exprimant des *faits simultanés*; et, le *subjonctif*, si le verbe exprime une *hypothèse* ou *supposition*. *Fulgentes gladios hostium videbant, quùm in aciem eorum irruēbant*, ils voyaient briller les glaives des ennemis, pendant qu'ils se précipitaient sur les bataillons. *Difficile est tacēre, quùm doleas*, il est difficile de se taire, quand on souffre.

3. *Cùm*, signifiant *comme, puisque, vu que, quoique*, veut le subjonctif; mais signifiant *alors que, toutes les fois que (quand), pendant que*, il prend l'indicatif. *Quùm nihil sit mendacio turpius*, comme il n'y a rien de plus honteux que le mensonge. *Quùm id velis*, puisque tu le veux. *Cùm vetuisset, tamen*, etc., quoiqu'il l'eût défendu, cependant, etc. *Cùm scribis, non cogitas*, pendant que tu écris, tu ne réfléchis pas. *Tùm in Siciliâ vixit, quùm ea insula florebat*, il a vécu en Sicile à l'époque où (alors que) cette île était florissante.

Crœsus cùm in rogo staret, exclamavit : Solon, Solon ! — Epaminondas cùm Lacedæmonios apud Mantineam vicisset, quæsivit, nùm[1] salvus clipeus esset. — Rectè agĕre debemus, cùm Deus sic jubeat. — Cùm omnia habĕam, unum tamen deest, amicus fidelis. — Cùm Cæsar in Galliam venit, principes Gallorum erant Ædui. — Cùm inimici nostri venient, rus ībimus. — Qui non defendit injuriam a suis, cùm potest, injustè facit. — Veteres Germani consultabant, cùm

[1] Voyez page 54, remarque 1.

dissimulare non potĕrant. — Tùm, cùm Sicilia opibus florebat, magna artificum copia in eâ erat insulâ. — Vix hostes vallum superāverant, cùm ingens perturbatio in castris orta est.

Quand Cimon voyait quelqu'un mal vêtu, il lui donnait son manteau. Après que Darius fut revenu d'Europe en Asie, il équipa une flotte de cinq cents vaisseaux. Puisque tu m'as invité, je viendrai demain. Nous devons agir avec justice (justement), comme Dieu et ses lois l'ordonnent. Puisqu'il en est ainsi, je ne vous blâmerai pas. Lorsque je serai arrivé à Rome, je lui écrirai. Lorsque j'étais à Athènes, j'entendais fréquemment Zénon. Lorsque le sage compare la vie des insensés avec la sienne, il est pénétré d'une grande joie[1]. Phocion fut toujours pauvre, quoiqu'il pût être très-riche. Cicéron a écrit six livres sur la république[2] à l'époque où (tùm, cùm) il tenait les rênes de l'État.

**112.** *Ut,* signifiant *que, afin que, pour que, de sorte que,* veut le subjonctif ; mais dans le sens de *comme, de même que, aussitôt que, dès que,* il veut l'indicatif : *ut veniat,* pour qu'il vienne. *Ut obsides darent,* afin qu'ils donnassent des otages. *Facies ut poteris,* tu feras comme tu pourras. *Ut hæc audiit,* dès qu'il eut appris cela. *Ut aiunt,* comme on dit. *Itâ ut,* tellement que.

Donavit milites pecuniâ, ut fortiter pugnarent. Decius itâ patriam amavit, ut sponte se morti devovēret. Cæsar ut vidit hostem, vicit. Ut luna circùm terram movētur, sic terra cum lunâ circùm solem. Nihil dixi, ut irasci possis. Mihi suasit, ut ad te irem. Non sum itâ hebes, ut hæc dicam. Vespasianus injurias obliviscebatur adèo, ut Vitellii hostis sui filiam locupletissimè dotaverit. Ut profectus es, nullæ mihi abs te sunt reddĭtæ litteræ. Metuebat Alexander, ne[3] sibi Darius vic-

---

[1] Voyez n° 66, § 4.
[2] Voyez n° 46, noms composés.
[3] Voyez n° 99, remarque 3.

tóriam eripĕret. Periculum erat, ne rex vulneraretur. Cavendum erat, ne in insidias incideret.

Le nombre des étoiles est si grand qu'on ne peut pas les compter. J'ai fait cela, afin que tu te réjouisses. Dès que je le vis, je lui racontai cette histoire. Lorsque je vins chez lui, je le trouvai si triste, qu'il ne put pas se réjouir. Nous faisons cela, afin que tu ne deviennes [1] pas triste. Continuez comme vous avez commencé. Les malheureux attendent la mort comme la fin de leurs souffrances. Les abeilles n'aiment pas la solitude, comme l'aigle; mais, la société, comme l'homme. Il craint que [2] tu ne l'abandonnes. Prends garde qu'il ne te trompe.

115. Thēseus, Ægĕi filius, Atheniensis fuit. Is multa clara facinŏra edidit, sed hæc facinora valdè aucta sunt fabulosis narrationibus. Erat illo tempore iter ex Peloponneso infestum propter multos latrones. Ex eo numero erat Procustes, qui hominum crudelissimus fuisse dicitur. Si quis [3] hospes ad eum venerat, longior quàm lectus, qui ei proponebatur, præcidebat partem supereminentem corporis; sin corpus hospitis brevius erat, extendebat, dùm [4] lecti longitudinem æquāret. Hunc Theseus interfēcit. Eodem tempore Minos in Cretā insulā regnabat. Is bello, quod cum Atheniensibus gesserat, victor evaserat victisque durissimum vectīgal imposuerat. Instituerat enim, ut Athenienses septem quŏtannis adolescentes totĭdemque virgines Minotauro ad epulandum [5] mitterent. Minotaurus autem monstrum fuisse dicitur, cui caput erat [6] bubulum, pars autem inferior humāna. Huic monstro Dædalus Labyrinthum fecerat inextricabili exitu, in quo erat inclusus.

[1] Voyez nº 110, § 9.
[2] Voyez nº 99, remarque 3.
[3] Voyez page 93, remarque 1.
[4] *Dùm*, signifiant *jusqu'à ce que*, *pourvu que*, régit le *subjonctif*; mais, dans le sens de *pendant que*, *tandis que*, il prend plutôt l'*indicatif* que le *subjonctif* : *dùm vivis*, tandis que tu vis.
[5] Voyez nº 129.
[6] Voyez page 174, remarque 2.

Hunc Theseus interfecit, sed non perfecisset, nisi Ariadne, regis filia, auxilium ei tulisset. Theseus posteà a Lycomede in mare præcipitatus est.

Thésée fut un des rois les plus célèbres d'Athènes. On [1] raconte de ce roi beaucoup de choses fabuleuses. Son père Egée, craignant [2] que son fils n'eût été tué par le Minotaure, se précipita dans la mer, appelée ensuite la mer Egée. Si ce roi eût connu la vérité, il ne se serait pas précipité dans la mer. Il a régné quarante ans.

114. Bella, quæ Athenienses contra Lacedæmonios gesserunt, utrorumque [3] fuerunt exitium. Philippus, Macedoniæ rex, utrisque insidiatus est. Fuit hic rex belli studiosissimus. Nulla ei vincendi [4] ratio turpis fuit. Erat æquè [5] blandus atque insidiosus; promittebat plura, quàm præstabat. Amicitias colebat utilitate, non fide. Huic Alexander filius successit, virtute et vitiis major, quàm pater [6]. Itaque vincendi ratio utrique erat diversa. Alexander apertè agebat, Philippus cum dolo. Pater iram dissimulabat; in filio nec dilatio, nec modus ultionis erat. Uterque [7] nimis avidus erat vini; sed ebrietatis vitia in utroque erant diversa. Pater amari malebat [8], filius metui. Ille frugalitati, hic luxuriæ magis deditus erat. His artibus pater fundamenta jecit imperii orbis, filius totum opus consummavit. Hic post patris mortem Persas bello aggressus est. Rex Persarum erat Darius Godomannus. Hunc Alexander bello persequi voluit, quòd a patre suo Philippo tributum re-

---

[1] Voyez n° 101, remarque 2.
[2] Voyez n° 99, remarque 3.
[3] Voyez page 116, remarque 3.
[4] Voyez page 126, remarque 1.
[5] Le *que* après *æquè* (également, aussi, autant) se rend par *ac*, *atque* : *æquè miser ac ego*, aussi malheureux que moi.
[6] Voyez n° 53.
[7] *Uterque*, l'un et l'autre, veut le verbe au *singulier* : *uterque virtute regnum adeptus est*, l'un et l'autre parvinrent à la royauté par leur mérite.
[8] Voyez n° 110, § 6.

quisīverat. In primâ pugnâ ad Granīcum amnem Darii exercitum vicit Alexander. Iterùm atque tertiùm victus Persarum rex, postremùm a Besso multis vulneribus occisus est. Hunc Alexander mox cepit et justâ morte punivit. Quippè hic Bessus non erat Græcus et Alexandri amicus, sed Persarum dux et cui maximam fidem habuerat Darius.

Alexandre, roi de Macédoine, fut très-doux et bienveillant envers l'épouse et la fille de Darius. Celles-ci étaient prisonnières d'Alexandre et redoutaient la cruauté de ce roi. Mais elles furent bien étonnées, lorsqu'elles trouvèrent Alexandre si bon et si doux. Quand Darius apprit la bonté d'Alexandre, il en fut tellement touché, qu'il[1] lui envoya une lettre, dans laquelle il le remercia de sa grande bonté, et le pria[2] de devenir son ami. Alexandre, si doux et si bienveillant envers l'épouse et la fille de Darius, fut très-dur envers Darius lui-même.

**115.** Alexander cùm[3] regnum Persicum evertisset, bellum gessit cum Indis, et complures regulos vicit. Deindè ab ultimis Oceăni littoribus reversus est Babylonem[4]. Ibi legationes multarum gentium eum opperiebantur. Quam ob rem cùm Babylonem festinaret, quidam ex Magis prædixit ei, ne in urbem introiret, quia hic locus ei fatalis esset. Ob hanc causam in aliam urbem, quæ Bursia nominata et trans Euphrātem sita erat, concessit. Ibi ab Anaxarcho philosŏpho compulsus est, ut[5] Magorum prædicta, quæ falsa essent et incerta, contemneret. Reversus igitur Babylonem, ibique mortuus est

---

[1] Voyez n° 112.
[2] Après les verbes *conseiller, souhaiter, commander, prier, avoir soin, il faut, il est juste, il est nécessaire*, etc., *de* ou *à* s'exprime par *ut* avec le *subjonctif*, et *de ne pas* ou *à ne pas*, par *ne* : *suadeo tibi ut legas*, je te conseille de lire. *Suadeo tibi ne ludas*, je te conseille de ne pas jouer.
[3] Voyez n° 111.
[4] Voyez page 93, remarque.
[5] Voyez remarque 2.

ætatis anno tricēsimo [1] tertio. Quanquàm [2] Alexander crudēlia et superba ediděrat facinŏra, mors tamen ejus maximum et Macedonibus et Persis luctum ac mœrorem attŭlit [3]. Fama tanti mali magnam Asiæ partem cis [4] Euphrātem pervasit, et celeriter ad Darii quoquè matrem pervēnit. Hæc vestem sumpsit lugubrem, laceravit crines, abstinuit [5] cibo, et mori statuit. Quinto die, postquàm mori statuerat, exstincta est.

Agésilas, roi et général des Lacédémoniens, était l'homme le plus probe de son temps. Il aimait le bien et détestait le mal. Beaucoup de gens ont reçu de [6] lui des bienfaits ; jamais il n'a fait tort à personne. Il n'était pas l'esclave du sommeil ; il en était le maître. Il avait toujours un très-mauvais lit. Il supportait également la grande chaleur de l'été et le gros froid de l'hiver. Il aimait beaucoup le travail et travaillait toujours plus que ses soldats. Aux festins il était gai et content. A cause de cela beaucoup de gens allaient souvent le voir. Quoiqu'il fût bien loin de toute ostentation, il n'écoutait pas avec peine ceux qui se vantaient, parce qu'ils ne nuisaient à personne et qu'ils paraissaient aimer la bravoure. Il vivait toujours sous les yeux des siens, et ce qu'il faisait était vu de tout le monde.

**116.** Romæ urbis orīgo diis debetur. Romulus enim et Remus, urbis conditores, Martis filii, qui belli deus apud Romanos habĭtus est, fuisse dicuntur. Puerorum mater erat Rhea Sylvia, avus Numĭtor, rex Albæ. Numitōrem regno Amulius frater pepŭlit [7]. Idem Romulum et Remum, Rheæ Sylviæ li-

---

[1] Voyez n° 109, remarque 2.
[2] Voyez n° 30, remarque 2.
[3] Voyez n° 110, § 1.
[4] Voyez n° 100, page 128.
[5] Les verbes qui marquent l'*éloignement*, la *séparation*, veulent leur complément indirect à l'*ablatif* avec *a* ou *ab*, *e* ou *ex*, et quelquefois sans préposition : *eximĕre aliquem a* ou *ex servitute* ou *servitute* (sans prép.), délivrer quelqu'un de la servitude.
[6] Voyez n° 66, § 3.
[7] Voyez n° 115, remarque 5.

beros, occidĕre statuerat. Dedit igitur infantes servis suis, qui eos in profluentem aquam mitterent. Sed pueri casu servati sunt. Fluvius enim Tiberis fortè effūsus erat super [1] ripas, et servi nusquàm ad justum fluvii cursum venire poterant; itaque juxta [2] fluvium pueros exposuērunt. Quùm servi abiissent, lupa venisse et infantibus mammas præbuisse dicitur. Magister pecoris regii, cui nomen Faustulus erat, lupam invenit [3] linguà pueros lambentem, eosque tulit ad Laurentiam uxorem. Quùm pueri adolevissent, non solùm boni erant pastores, sed etiàm feras figebant, et impĕtus faciebant in latrones, prædà onustos. Omnia, quæ latronibus rapuĕrant, cum ceteris pastoribus dividēbant. Sic in dies grex juvĕnum crescebat, quibuscum [4] Romulus et Remus res serias et jocos tractabant. Aliquandò latrones Remum cepĕrunt et Amulio regi ad supplicium tradiderunt. Accusaverunt autem eum de impetu, quem fecisset in agros regis. Faustulus cùm hoc audivisset, apĕruit Romulo, undè natus esset.

Romulus et Rémus furent élevés par [5] Faustulus, berger du roi. Celui-ci trouva ces deux enfants près du Tibre, où ils avaient été exposés par leur grand-père. Pendant longtemps ces garçons ne surent rien de [6] leurs parents; Faustulus leur découvrit enfin toute la chose. Rémus avait été pris et conduit au roi Amilius par des voleurs qui l'accusaient d'avoir ravagé les troupeaux de Numitor. Le roi jeta Rémus en prison. Cette affaire força Faustulus à découvrir à Romulus son origine [7].

[1] Voyez n° 104.
[2] Voyez n° 100, page 128.
[3] Après les verbes *voir*, *trouver*, *sentir*, *écouter*, *entendre*, *admirer*, l'infinitif français se rend en latin par le *participe présent* : je le vois venir, *video eum venientem*. Mais si l'on veut indiquer seulement une action passée, ces verbes sont suivis de l'infinitif : *audivi eum venire*, je l'ai entendu venir.
[4] Voyez n° 110, remarque 1.
[5] Voyez n° 66, § 3.
[6] Voyez n° 66, § 2.
[7] Voyez n° 135.

## VERBES DÉFECTIFS.

**117.** Les verbes suivants s'appellent *défectifs*, parce qu'ils manquent d'une partie de leurs formes.

1. *Aio*, je dis.

Présent indicatif, *aio, ais, ait, aiunt*. Subjonctif, *aias, aiat, aiant*. Imparfait, *aiēbam, bas, bat, bamus, batis, bant*. Participe présent, *aiens, entis*. — *Aio* signifie souvent *dire oui, affirmer*, opposé à *negāre*, dire non, nier.

2. *Inquam*, dis-je.

Présent indicatif, *inquam*, dis-je ; *inquis, inquit; inquĭmus, inquiunt*. Imparfait, *inquiebat*, disait-il; *inquiebant*. Futur, *inquies, inquiet*. Parfait, *inquii, inquisti, inquit*.

3. *Fari, fatus sum*, dép., dire, parler.

Présent indicatif, *fatur*. Futur, *fabor, fabĭtur*. Parfait, *fatus sum*, etc. Plus-que-parfait, *fatus eram*, etc. Impératif, *fāre*. Infinitif, *fari*. Gérondif, *fandi, fando*. Participe présent (*fans*), *fantis*, etc. Participe passé, *fatus*. Supin, *fatu*.

Les quatre verbes suivants ne sont usités qu'au *parfait* et aux temps qui en dépendent. Dans ces verbes, le *parfait* a la signification du *présent;* le *plus-que-parfait*, celle de l'*imparfait;* le *futur antérieur*, celle du *futur simple*, etc.

A. *Memĭni*, je me souviens ; *meminisse*, se souvenir.

Parfait indicatif, *memini*, etc., je me souviens. Subjonctif, *meminĕrim*, etc., que je me souvienne. Plus-que-parfait, *meminĕram*, je me souvenais, etc. Subjonctif, *meminissem*, etc., que je me souvinsse. Futur antérieur, *meminĕro*, je me souviendrai. Impératif, *memento*, souviens-toi; *mementote*. Infinitif, *meminisse*, se souvenir.

B. *Odi*, je hais; *odisse*, haïr.

Parfait indicatif, *ōdi*, je hais, etc. Subjonctif, *odĕrim*. Plus-que-parfait, *odĕram*, je haïssais. Subjonctif, *odissem*. Futur antérieur, *odĕro*, je haïrai. Pas d'impératif. Infinitif, *odisse*, haïr. Futur, *osurum esse*, devoir haïr.

Ainsi se conjuguent, mais *sans impératif*:

C. *Cœpi*, je commence; *cœpisse*, commencer.

D. *Novi*, je connais; *novisse*, connaître.

**118.** Quùm Romulus audivisset, quis ipse esset, undè natus, et a quo expositus, cum globo juvĕnum regem aggressus est eumque obtruncavit. Cùm Numitor, Romuli et Remi avus, globum vidēret juvenum gratulantium[1] ad se venire, extemplò concilium advocavit, et ostendit fratris in[2] se scelera, nepōtum originem, ut genïti, ut educati, ut cognïti essent, deindè cædem tyranni et se auctorem ejus[3]. Cùm juvenes mediam[4] per concionem progressi essent et avum regem salutassent[5], omnis secuta est multitudo. Cùm Numitori regnum reddĭtum esset, Romulum Remumque cupīdo[6] cepit, in iis locis, ubi exposïti, ubique educati essent, urbem condendi. In hoc opĕre Remus occisus est. Dicitur enim[7] novos muros

---

[1] Les verbes déponents *minari*, menacer; *gratulari*, féliciter, veulent le nom de la chose à l'*accusatif*, et le nom de la personne au *datif* : *minari mortem alicui*, menacer quelqu'un de la mort ; *gratulari victoriam alicui*, féliciter quelqu'un d'une victoire.

[2] Voyez n° 104.
[3] Voyez n° 51.
[4] Voyez n° 98, remarque 2.
[5] Voyez page 105, remarque 2.
[6] Voyez page 126, remarque 1.
[7] Voyez n° 96, remarque 10.

transiluisse, ideòque ab irato Romulo interfectus esse. Ità Romulus solus imperium habuit, et condïta urbs ab ejus nomine appellata est. Romulus tunc sacra fecit diis, aliis Albano ritu, Hercŭli ritu Græco, ut ab Evandro olìm instituta erant. Hercŭles enim, ut [1] dicunt, abēgerat in ea loca boves mirâ specie, et juxtà Tiberim, fessus viâ, procubuĕrat. Cùm ibì, vino ciborumque gravatus, dormiret, Cacus, accŏla ejus loci, ferox viribus et satis callĭdus, nonnullos boves abēgit. Ne vestigia bŏum [2] quærentem dominum ad speluncam suam deducerent, pulcherrimos aversos caudis in eam traxit. Cùm Hercules primâ luce gregem oculis perlustravisset, nec omnes boves invenisset, ivit [3] ad proximam speluncam, si fortè eò vestigia ferrent. Ibì cùm vestigia omnia foràs versa vidēret, confusus atque incertus boves porrò agĕre cœpit. Sed mox, cùm boves acti mugīre inciperent, inclusorum vox ex speluncâ reddĭta est. Hercules igĭtur reversus ad speluncam, Cacum clavâ interfecit. Posteà Evander, profŭgus ex Peloponneso, cùm in illis locis consedisset, Herculi ibì sacra instituit.

On dit que Géryon, roi espagnol, avait trois corps, trois têtes et six bras. Il possédait de très-beaux bœufs (de très-beaux bœufs étaient à lui). Eurysthée ordonna [4] à Hercule de les lui enlever. Lorsque Hercule était avec ces bœufs en Italie, un certain brigand, nommé Cacus, lui en déroba quelques-uns et les tira à reculons dans une caverne. Mais Hercule découvrit cette ruse et tua Cacus avec sa massue. Cacus était très-fort, mais Hercule était encore plus fort. Hercule, après avoir (après qu'il eut) tué Cacus, retourna en [5] Grèce, et fut ensuite adoré [6] en Italie comme un dieu. Évandre qui s'était

---

[1] Voyez n° 112.
[2] Voyez n° 42, remarque, page 32.
[3] Voyez n° 110, § 6.
[4] Voyez page 156, remarque 2.
[5] Voyez page, 93, remarque.
[6] Voyez n° 76, remarque.

enfui de Grèce en Italie, institua ce culte dans cette dernière contrée.

**119.** Romulus cùm diis [1] sacra fecisset, multitudinem ad concilium convocavit, et leges populo dedit ; nam sinè legibus multitudo coalescĕre in corpus unīus [2] populi non poterat. Ut has leges sanctas redderet hominibus agrestibus, se ipsum venerabilem fecit insignibus imperii, et præcipuè duodecim lictoribus. Hi ministri erant, qui supplicia, quæ Romulus statuĕrat, exsequebantur. Deindè, cùm asylum aperuisset, omnis turba ex finitimis populis, sinè discrimine, eò perfūgit, quæ res novam urbem præcipuè incŏlis auxit. Tùm Romulus centum creavit senatores, sive quia is numerus satis erat, sive quia tantùm centum erant, qui senatores creari possent. Senatores appellati sunt a senectute, vel Patres, quorum postĕri patricii nominati sunt. Patricii per longum temporis spatium principes urbis Romæ mansērunt.

Romæ deĕrant [3] incŏlæ. Romulus legatos ad vicinas gentes misit, qui societatem connubiumque petĕrent. Hi verò [4] vicīni a societate cum fero rudique populo abhorrebant [5] ; nusquàm benignè legatio audīta est. Romulus, ægritudinem animi dissimulans, ludos parat : indici deindè finitimis spectaculum jubet. Multi convenērunt studio [6] etiàm videndæ novæ urbis, maximè Sabini, cum liberis et conjugibus. Ubì spectaculi tempus venit, tùm dato signo [7], virgĭnes raptæ sunt : et hæc fuit statim causa bellorum. Sabini adversùs Romanos bellum sumpsērunt. Sabinorum rex Tatius, Tarpeji, qui Romanæ arci præerat, filiam auro corrūpit, ut armatos Sabinos in ar-

---

1 Voyez n⁰ 38, § 4.
2 Voyez n⁰ 39, § 2.
3 Les verbes composés de *esse* (excepté *abesse*, être loin), régissent le *datif* : *deest officio*, il manque à son devoir.
4 Voyez n⁰ 96, remarque.
5 Voyez page 157, remarque 5.
6 Voyez page 126, remarque 1.
7 Voyez n⁰ 133.

cem acciperet; nam ea fortè extra mœnia iverat, aquam petītum¹. Sabini posteà eam necaverunt, sive ut arx vi, non dolo, capta videretur, sive ut exemplum proderent, ne quid ² usquàm fidum esset proditori.

Les Sabins, peuple qui n'était pas éloigné³ de Rome, avaient entrepris la guerre contre Romulus, parce que lui et le peuple leur avaient fait outrage. Un grand malheur menaçait⁴ Rome. Tarpéia, dont le père commandait⁵ la citadelle de Rome, avait été entraînée à la trahison par les Sabins. Trompée par les promesses d'un grand présent, elle leur avait livré la citadelle, nommée Capitole. Romulus s'avança contre Tatius, général des Sabins, et livra une sanglante bataille.

**120.** Tenuērunt igitur⁶ arcem Sabini. Postero die⁷ exercitus Romanus complevit campum, qui est inter Palatinum Capitolinumque collem. Cùm Sabini de arce descendissent in æquum, pugna cœpta est. Principes utrinquè pugnam ciebant; a⁸ Sabinis Mettus Curtius, a Romanis Hostus Hostilius. Hostus cecĭdit, et Romana acies fusa est. Tunc Romulus arma ad cœlum tollens sic est precatus : Jupiter⁹, tuo jussu hic in Palatio prima urbis fundamenta jēci. Jàm arcem tenent Sabini, quam scelere emērunt; armati hùc tendunt. At tu, pater Deorum hominumque, hinc saltem arce hostes; deme terrorem Romanis, et fugam fœdam siste. Hic ego tibi templum voveo, si nos juvas, quod posteris tui auxilii monumentum erit. Quùm hæc precatus esset, ad suos conversus, Romani,

---

¹ Voyez n° 98, remarque 3.
² Voyez page 93, remarque 1.
³ Voyez page 157, remarque 5.
⁴ Les verbes neutres *imminēre, impendēre, instāre*, menacer, régissent le *datif : magna calamitas mihi imminet, impendet, instat*, un grand malheur me menace.
⁵ Voyez page 162, remarque 3.
⁶ Voyez n° 96, remarque 10.
⁷ Voyez n° 65.
⁸ Voyez n° 103.
⁹ Voyez page 32, remarque.

inquit ¹, Jupiter optimus maximus jubet resistĕre atque iterāre pugnam. Restiterunt Romani; Romulus ad primōres provŏlat. Mettus Curtius a Sabinis primus ab arce decucurrerat et Romanos in fugam ēgerat; jàm non procul erat a portà Palatii, clamitans : Vicimus perfidos hospites, imbelles hostes. In ² eum Romulus impĕtum fecit cum globo ferocissimorum juvenum. Mettus tùm fortè pugnabat ex equo; eo facilè pulsus est. Mox Sabini in fugam fusi sunt. Mettus se conjecit in palūdem. Tandem Romani Sabinique prælium in convalle duorum ³ montium redintĕgrant; sed Romanorum muliĕres Sabinæ ausæ ⁴ sunt se inter ⁵ tela volantia inferre; et hinc patres, indè viros deprecatæ, pacem conciliârunt ⁶.

Les soldats romains étaient consternés par ⁷ la mort d'Hostilius, et s'enfuyaient déjà. Les Sabins étaient très-fiers ⁸ de la victoire. Mais Romulus ne perdit point courage : il leva ses armes au ciel, voua un temple à Jupiter, rappela les soldats au combat, et remporta une victoire complète sur (ab) l'ennemi. Enfin la paix, que Romulus désirait ⁹ tant, arriva ¹⁰.

Il surpasse tout le monde (tous) par ¹¹ son esprit. L'Amérique est fort riche (abonde) en ¹² or et en argent. Ne nous réjouissons

---

[1] Voyez n° 117, § 2.
[2] Voyez n° 104.
[3] Voyez n° 68, remarque 1.
[4] Voyez page 125, audeo.
[5] Voyez n° 100, inter.
[6] Voyez page 105, remarque 2.
[7] Voyez n° 66, § 4.
[8] Les verbes florēre, être florissant; gaudēre, se réjouir; superbīre, s'enorgueillir de, être fier de, etc., ainsi que les verbes exprimant abondance, privation, tels que abundāre, abonder ; affluĕre, regorger de; carēre, manquer de; vacāre, être privé de, etc., régissent l'ablatif : abundat divitiis, il regorge de richesses; nullā re caret, il ne manque de rien; gaudeo felicitate, je me réjouis du bonheur.
[9] Voyez page 104, remarque 1.
[10] Voyez page 131, remarque 1.
[11] Voyez n° 65.
[12] Voyez remarque 8.

pas de la guerre. Je reconnais à la laine les brebis espagnoles. La terre surpasse la lune en grandeur. Les fleurs sont très-diverses et de formes et de couleurs.

## VERBES UNIPERSONNELS.

**121.** Les *verbes unipersonnels* sont ceux qui ne s'emploient qu'à la *troisième personne* du singulier. Ces verbes n'ont ni *impératif*, ni *gérondif*, ni *participes*, ni *supin*. Les plus usités sont :

1. *Fulgŭrat, avit, āre*, il fait des éclairs ; *grandĭnat, avit, āre*, il grêle ; *tonat, uit, āre*, il tonne ; *pluit, uit, ĕre*, il pleut ; *ningit, ninxit, ningĕre*, il neige.

2. *Decet, uit, ēre*, il convient ; *dedĕcet, uit, ēre*, il ne convient pas ; *licet, uit, ēre*, il est permis ; *libet, uit, ēre*, il plaît ; *liquet, ēre*, il est clair ; *oportet, uit, ēre*, il faut ; *placet, placuit* ou *placĭtum est, ēre*, il plaît ; *patet, uit, ēre*, il est évident. *Accĭdit, it, ĕre*, il arrive (malheur) ; *contingit, contigit, ĕre*, il arrive (bonheur) ; *conducit, duxit, ĕre*, il est avantageux ; *rēfert, retŭlit, referre*, il importe. *Convĕnit, it, īre*, il convient ; *expĕdit, iit, īre*, il est avantageux ; *evĕnit, it, īre*, il arrive (du bien ou du mal). *Fit, factum est, fĭĕri*, il se fait, il arrive. *Interest, fuit, esse*, il importe ; *constat, stĭtit, āre*, il est constant ; *præstat, stĭtit, āre*, il vaut mieux ; *juvat, juvit, āre*, il plaît. *Dicĭtur*, on dit ; *tradĭtur, fertur*, on rapporte.

3. *Me pœnĭtet, uit, ēre*, je me repens. *Me pudet, uit, ēre*, j'ai honte. *Me piget, uit, ēre*, je suis fâché. *Me tædet, tæsum est, ēre*, je m'ennuie. *Me misĕret, misertum* ou *miserĭtum est, ēre*, j'ai pitié.

Ces cinq verbes prennent le nom de la *personne* à l'*accusatif*, et le nom de la *chose* au *génitif* : *me pœni-*

*tet consilii mei*, je me repens de ma résolution. *Eos miseret hominis hujus,* ils ont pitié de cet homme.

**122.** Hæc pax, ex tàm tristi bello orta, Sabinas et maritis et parentibus cariores fecit, et ante omnes Romulo ipsi. Itaque, cùm Romulus populum in triginta curias divideret, nomina nonnullarum Sabinarum his curiis imposuit. Post aliquot annos factum est[1], ut Tatius in concursu hominum occideretur. Quam rem Romulus minùs ægrè tulisse dicitur[2], quàm par erat. Nec ultus est cædem. Deindè bella cum Fidenatibus et Vejentibus gessērunt Romani. In utroque[3] bello Romani fuērunt victores. Mox Romuli mors secuta est. De hac morte fama est diversa. Romulus concionem convocaverat, ut[4] exercitum recensēret; subitò tempestas cum magno fragore tonitribusque orta est, et operuit regem tàm denso nimbo, ut conspectus ejus[5] concioni auferretur; nec deindè in terris Romulus fuit. Hæc narratio de regis morte credita est. Sed verisimilior altera[6] est fama, quâ Romulus a senatoribus occīsus, et corpus ejus discerptum esse traditur. Nam Romulus nimìs arroganter[7] regnare et senatores contemnere cœperat; undè facilè fièri potuit, ut senatores consilium[8] caperent tyrannum occidendi. Romulus annos[9] septem et triginta regnaverat, quùm vitâ excederet.

Après la mort de Romulus il y eut un interrègne. On[10] élut dix hommes, dont chacun régnait cinq jours, et tous ensemble ne régnèrent pas plus longtemps qu'un an; ce gouvernement ne plut pas longtemps au peuple. C'est pourquoi les

[1] Voyez n° 121, § 2.
[2] Voyez page 130, remarque 2.
[3] Voyez n° 39, § 2.
[4] Voyez page 156, remarque 2.
[5] Voyez n° 51.
[6] Voyez page 14, remarque 2.
[7] Voyez n° 49, § 2.
[8] Voyez page 126, remarque 1.
[9] Voyez n° 92.
[10] Voyez page 130, remarque 2.

sénateurs prirent la résolution d'élire un roi. Dans ce temps on louait beaucoup la justice et la bonne foi de Numa Pompilius. Il fut élu roi des Romains.

**125.** Numa cùm rex creatus esset, urbem, quæ vi et armis condĭta erat, de intĕgro legibus et moribus condere studebat. Annum ad lunæ cursum in duodecim menses descripsit. Sacerdotes creavit. Omnes Romanos et doctrinâ et exemplo suo tantâ pietate imbuit, ut fides et religio meliùs, quàm leges et pœna, civitatem regĕrent. Omnes in regis, velut præcipui exempli, mores se formabant. Finitimi quoquè¹ populi, qui anteà multa cum Romanis bella gessĕrant, in tantam verecundiam adducti sunt, ut civitatem violare, quæ tota in deorum cultum versa esset, nefas putarent. Lucus erat, quem fons perenni aquâ rigabat. Quià Numa sæpè sinè arbĭtris in hunc lucum ibat², velut ad congressum deæ Egĕriæ, sacravit eum Musis, quòd earum³ concilia ibi cum Egeriâ essent. Omnium ejus opĕrum maximum erat pacis conservatio per omne regni tempus. Ità hi duo primi reges civitatem auxerunt, Romulus bello, Numa pace. Numa tres et quadraginta annos regnavit. Civitatem reliquit validam et pacis artibus maximè florentem. Morte ejus³ res ad interregnum rediit. Tùm Tullum Hostilium, Hostilii, quem suprà memorāvimus, nepōtem, regem creaverunt. Is non solùm Numæ dissimilis⁴, sed etiàm ferocior fuit, quàm Rómulus. Nam et ætas, et vires, et avīta gloria animum stimulabant. Undiquè materiam⁵ quærebat bella excitandi. Primum bellum gessit cum Albanis, quod fuit civili simillimum⁶; nam propè inter parentes et natos gereba-

---

¹ Voyez page 125, remarque 4.
² Voyez n° 110, § 6.
³ Voyez n° 51.
⁴ Les adjectifs *similis*, semblable ; *dissimilis*, dissemblable ; *æqualis*, égal ; *impar*, *dispar*, inégal ; *affinis*, allié ; *inimicus*, ennemi de ; *amicus*, ami de ; *communis*, commun à ; *proprius*, propre à, veulent leur complément au *génitif* ou au *datif* : *similis patris* ou *patri*, semblable à son père.
⁵ Voyez page 126, remarque 1.
⁶ Voyez n° 50, § 2.

tur. Tamen eventus belli minùs tristis fuit ; tecta tantùm alterius[1] urbis diruta sunt, et duo populi in unum confusi.

Tullus Hostilius fut le troisième roi des Romains. Il était encore jeune, lorsqu'il fut élu ; mais il était moins porté à (il favorisait[2] moins) la paix que Numa. On dit même qu'il était plus belliqueux que Romulus. Il montra la bravoure de son grand-père, qui avait combattu si vaillamment dans la guerre entre les Romains et les Sabins. Il trouva bientôt une occasion[3] pour faire la guerre. Les Romains et les Albains s'étaient mutuellement enlevé du bétail. On envoya des deux côté des députés pour[4] le revendiquer. Tullus désirant la guerre, employa la ruse pour la faire[5] éclater. Les Romains furent vainqueurs ; on[6] réunit les deux peuples en un seul et l'on détruisit la ville des Albains.

**124.** Cùm hoc bellum ortum est, Cluilius, rex Albanus, in castris[7] morĭtur. Dux eligitur Mettus Fuffetius. Hic ad Romanorum regem legatos mittit, et petit[8] ab eo, ut concēdat colloquĭum. Tullus haud aspernatus est rem. Uterque[9] in medium procēdit. Ibi Albanus dux sic loquitur : Tulle[10], cupīdo imperii duos cognatos vicinosque populos ad arma stimulat. Illud te monēre[11] volo : Etrusci sunt vicini nostri ; hi multum pollent

---

[1] Voyez n° 39, § 2.
[2] Voyez page 136, remarque 1.
[3] Voyez page 126, remarque 1.
[4] Tournez : qui revendiqueraient ou afin qu'ils (*ut*) revendiquassent.
[5] Tournez : pour faire qu'elle éclatât.
[6] Voyez page 130, remarque 2.
[7] Voyez page 38.
[8] Voyez n° 101, remarque 3, et page 156, remarque 2.
[9] Voyez page 155, remarque 7.
[10] Voyez n° 38, § 2.
[11] Les verbes *monēre, admonēre, commonēre*, avertir ; *facere certiorem*, informer, veulent leur complément indirect à *l'ablatif* avec *de*, ou au *génitif* ; mais les mots *de ceci, de cela, d'une chose*, se mettent à l'*accusatif* : *admoneo te periculi* ou *de periculo*, je t'avertis

terrâ marique [1]. Si nunc bella gerimus, et fessi confectique sumus, hi nos aggredientur, simul victorem ac victum. Ineamus igitur aliquam viam, quâ res nostra decerni possit sinè magnâ clade et sinè multo sanguine. Res haud displĭcet Tullo. Fortè tùm erant in duobus exercitibus trigemĭni fratres, nec ætate, nec viribus dispāres, Horatii et Curiatii nominati. Quanquàm fermè non alia res antiqua nobilior est, tamen error nominum manet, utrīus populi Horatii, utrīus Curiatii fuerint. Plures tamen auctores Romanos vocant Horatios. Cum his trigemĭnis fratribus reges agunt, ut pro suâ patriâ pugnent ferro. Neutri recusant ; tempus et locus constituitur. Ubì victoria, ibì imperium erat futurum. Trigemĭnì arma capiunt [2]. Consedĕrant utrinquè pro [3] castris duo exercĭtus. Datur signum. Infestis armis concurrunt terni juvenes. Nec his, nec illis periculum, sed imperium patriæ ante oculos est. Duo Horatii vulnerantur et occiduntur ; tertius solus superstes est. Sed hic unus tres Curiatios occīdit. Nec tamen id sinè dolo effēcit. Ipse intĕger erat, sed tres Curiatii vulnerati. Hinc fugam capessivit, ut ipsos separaret, et singulos occidĕre posset. Sic unus victor fuit trium fratrum, et patriæ imperium Albanorum paravit.

Le jeune Horace, qui avait vaincu les trois frères Albains, souilla sa gloire par une action bien cruelle. Voyant [4] sa sœur fiancée à l'un des Curiaces pleurer en apercevant le manteau de celui-ci sur les épaules de son frère, il tira l'épée et en perça la jeune fille. Comme ce crime parut atroce à tout le monde (à tous), on amena le jeune homme devant le roi qui convoqua aussitôt l'assemblée publique. Alors le père d'Horace

du danger. *Me de his rebus certiorem facit*, il m'informe de ses affaires. *Hoc, id, illud, unum eos moneo*, je les avertis de ceci, de cela, d'une chose.

[1] Voyez page 85, remarque.
[2] Voyez page 104, remarque 1.
[3] Voyez n° 103, *pro*.
[4] Voyez page 158, remarque.

supplia¹ le peuple de ne pas le priver² (qu'il ne le privât pas, etc., *ne*) de tous ses enfants et de pardonner à son fils. Le peuple, ne pouvant³ pas (comme il ne put pas) résister aux (supporter les) larmes du vieux père, acquitta son fils, mais plutôt par⁴ admiration pour (de) sa bravoure, que pour la justice de la cause. On⁵ enterra Horatia au même endroit, où elle avait été tuée. C'est⁶ ainsi qu'une brillante victoire fut souillée par un meurtre affreux.

**125.** Mox bellum inter Romanos et Fidenates ortum est. Tullus Mettum ab Albâ ad se vocavit. Mettus cum exercitu suo ad Tullum venit. Sed in prœlio non fuit fidus. Cùm prœlium finītum esset, et Romani victoriam reportavissent, Mettus Tullo gratulatus⁷ est de⁸ hostibus victis. Tullus contrà Mettum benignè allocutus est, et sacrificium in posterum diem⁹ statuit. Postero die uterque¹⁰ exercitus aderat, et Tullus sic locutus est : Romani, omnium prœliorum hesternum fuit periculosissimum. Dimicatum est enim non magìs cum hostibus, quàm cum proditione et perfidiâ sociorum. Sed hæc non culpa est omnium Albanorum, sed ducis. Mettus proditionis auctor est, Mettus ruptor fœdĕris Romani Albanique. Tùm Metto dixit : Mette¹¹, si discĕre fidem posses ac fœdera servare, vivo tibi ea disciplina a me adhibĭta esset. Nunc quoniàm ingenium tuum insanabile est, doce¹² supplicio tuo

---

¹ Voyez page 156, remarque 2.
² Voyez page 164, remarque 8.
³ Voyez page 51, remarque, au bas.
⁴ Voyez n° 65.
⁵ Voyez n° 101, remarque 2.
⁶ *C'est... que*, au commencement d'une phrase, ne s'exprime pas : c'est ainsi qu'il parla, *sic locutus est*.
⁷ Voyez n° 118, remarque 1.
⁸ Voyez n° 66, § 2.
⁹ Voyez n° 104, *in*.
¹⁰ Voyez n° 114, remarque 7.
¹¹ Voyez n° 38, § 2.
¹² Les verbes *docere*, enseigner, instruire ; *rogare*, prier, demander ; *celare*, cacher, prennent l'*accusatif* de la *personne* et l'*accusa-*

genus humanum ea sancta habēre, quæ a te violata sunt. Ut igitur paulò antè animus tuus inter Fidenates et Romanos anceps fuit, ità corpus tuum nunc distrahētur in duas partes. Tunc Mettus in duos currus distentus ab equis, in diversam partem concitatis¹, dilaceratus est. Omnes oculos a tàm fœdo spectaculo averterunt. Hoc supplicium fuit sanè crudelissimum ; primum tamen et ultimum fuit exemplum tantæ crudelitatis ; cæteroquin pœnæ Romanorum fuerunt mitissimæ. Cùm hæc fierent, equites Romani jàm præmissi erant Albam², qui populum traducerent Romam. Milites deindè eò ducti sunt, ut diruerent urbem. Templa tamen servata sunt ; ità enim a ³ rege jussum erat.

Mettus, roi des Albains, était perfide envers les Romains. Mais sa perfidie fut si cruellement punie, que tous détournèrent⁴ les yeux de ce triste spectacle. Le corps de Mettus fut écartelé (déchiré par des chevaux). Ensuite Tullus détruisit la ville d'Albe, et les Albains furent conduits à Rome⁵. Lorsque les habitants quittèrent leur ville, ils remplirent les rues de⁶ gémissements.

#### PROPOSITION INFINITIVE.

**126.** Après les *verbes déclaratifs :* croire, assurer, penser, prétendre, dire, annoncer, savoir, permettre, promettre, voir, vouloir, désirer, espérer, persuader, et autres d'un sens analogue, ainsi qu'après les *verbes* et les *termes unipersonnels :* il est nécessaire, il faut, il est convenable, il est permis, il est arrêté, on dit, on

---

tif de la *chose :* docēre aliquem grammaticam, enseigner la grammaire à quelqu'un; id vos celavi, je vous ai caché cela.
¹ Voyez n° 69, remarque 1.
² Voyez page 93, remarque.
³ Voyez n° 66, § 3.
⁴ Voyez page 157, remarque 5.
⁵ Voyez page 93, remarque.
⁶ Voyez n° 65.

rapporte, on croit, il est certain, juste, évident, etc., on met, tout en retranchant la conjonction *que*, le sujet du second verbe à l'*accusatif*, et le verbe, selon le sens, à l'*infinitif* du *présent*, du *passé*, du *futur* ou du *futur antérieur*. Cette construction s'appelle *proposition infinitive*. — *Credo Deum esse*, je crois que Dieu existe (littér., je crois Dieu exister). *Certum est Deum esse*, il est certain que Dieu existe. *Credo sororem tuam flevisse*, je crois que ta sœur a pleuré. *Spero te venturum esse*, j'espère que tu viendras. *Credebam, credidi, credideram illum legere*, je croyais, j'ai cru, j'avais cru qu'il lisait. *Non credo illum cras venturum esse*, je ne crois pas qu'il vienne demain. *Putabam eum cras venturum esse*, je croyais qu'il viendrait demain. *Credo illum venturum fuisse, si...*, je crois qu'il serait venu, si, etc. *Nesciebam te advenisse*, je ne savais pas que vous fussiez arrivé. *Non credebam, non credidi, non credideram te ægrotare*, je ne croyais pas, je n'ai pas cru, je n'avais pas cru que vous fussiez malade. *Non credo, non credebam te ægrotavisse*, je ne crois pas, je ne croyais pas que vous fussiez malade. *Si putarem te brevi venturum esse, te exspectarem*, si je croyais que vous vinssiez bientôt, je vous attendrais.

Scimus, mundum providentiâ divinâ regi. Certum est, omnes homines errare. Possumus pronuntiare eos esse malos, malos fuisse et futuros. Te abundare oportet præceptis philosophiæ. Socratem doctum et sapientem virum fuisse memoriæ proditum est. Titus affirmabat se periturum potiùs, quàm perditurum esse alios. Litteras græcas Catonem in senectute didicisse, accepi. Decet[1] cariorem esse patriam nobis, quàm nosmet ipsos. Omnibus expedit bonis salvam esse rempubli-

---

[1] Voyez n° 121, § 2.

cam. Matris ferre injurias me pietas jubet. Pudore et liberalitate liberos retinēre, satiùs esse credo, quàm metu. Rectè spero natum salvum tibi adfuturum esse hìc propediem. Dico providentiâ Dei mundum, et omnes mundi partes et initio constitutas esse, et omni tempore administrari. Cupio me esse clementem. Jubeo te benè sperare, et bono animo esse.

Nous voyons que la terre est parée de fleurs. Nous voyons que les plus hautes montagnes sont couvertes de neige. L'histoire nous démontre, que les Athéniens étaient les hommes les plus civilisés de la Grèce. La religion nous dit que l'âme est immortelle. Il est certain que Dieu voit tout. Le père espère que son fils vivra longtemps. Mon frère me disait que son voyage avait été sans danger. Je crois, je croirai toujours que le monde est l'œuvre de Dieu, et non du hasard. Je ne crois pas que l'homme qui a menti une fois, soit jamais cru. Thalès a dit que l'eau était le principe de toutes choses. Il est impossible (il ne peut se faire [1]) que l'homme qui a commis un crime, jouisse [2] du calme de l'âme. Croyez-vous [3] qu'Homère était aveugle ? Je crois qu'Annibal aurait assiégé Rome, s'il l'avait pu.

**127.** Post Tulli mortem Ancus Martius rex electus est. Hic quartus Romanorum rex fuit, Numæ Pompilii nepos. Cùm Ancus regnaret, Lucŭmo quidam, vir fortis et dives, Romam venit. Lucumonis conjux erat Tanăquil, mulier honoris cupidissima. Cùm ad montem Janiculum venissent, aquĭla pīleum Lucumoni abstŭlit, et deindè aptè capiti reposuit. Tùm Tanaquil amplexa est maritum, et jussit excelsa et alta sperare. Novitas et divitiæ eum brevi [4] tempore fecērunt conspicuum.

[1] Voyez n° 121, § 2.
[2] Les verbes déponents *fruor*, jouir; *fungor*, s'acquitter de; *potior*, s'emparer de; *vescor*, se nourrir de; *utor*, se servir de; *glorior*, se glorifier de; *laetor*, se réjouir de, régissent l'*ablatif* : *fruor otio*, je jouis du repos.
[3] Voyez page 107, remarque 1 sur *ne*.
[4] Voyez n° 44, § 5.

Mox regis amicus, et prostremò tutor liberorum ejus factus[1] est. Regnavit Ancus annos quatuor et viginti. Quùm mortuus esset, Lucumo, cui[2] cognomen Tarquinius erat, dolo effecit, ut ipse rex eligeretur. Cùm duodequadraginta annos regnavisset, et multa bella feliciter gessisset, ab Anci filiis, quibus regnum ademerat, occisus est. Nec tamen hi regnum consecuti sunt, sed Servius quidam, in regiâ domo educatus, dolo Tanaquilis rex creatus est. Hic rex multas res laudabiles instituit, sed misĕrè interfectus est a Tarquinio, qui Superbus nominatus est. Ipsa[3] Servii filia crudelissimè patrem tractavit. Quùm hic a Tarquinio e curiâ per gradus dejectus et deindè ab aliis interfectus esset, filia per jacens corpus patris equos et carpentum egisse dicitur. Servius regnavit annos quatuor et quadraginta ità, ut etiàm[4] bono et moderato regi æmulatio difficilis esset.

Tullie, fille du roi Servius, était très-cruelle et barbare. Que (*quàm*) les parents sont malheureux d'avoir (qui ont) de tels enfants! Tullie était l'opprobre du genre humain. — Alexandre croyait que l'ennemi arrivait. J'espère que cela nous arrivera[5]. Il est certain que nous jouirons[6] du repos. Nous pensons que nous ne nous repentirons[7] jamais de cette fermeté. Il est vraisemblable que le monde a été fait pour les hommes. Je vous promets de lui envoyer cette lettre. Annibal promit aux Gaulois de ne point tirer l'épée, avant d'être (avant qu'il fût) arrivé en Italie.

**128.** Tùm Lucius Tarquinius regnare cœpit, cui facta sua cognomen Superbi dederunt, quià socĕrum suum sepelĭre no-

---

[1] Voyez n° 110, § 9.
[2] *Avoir* (posséder) se rend souvent par *être* (*esse*), accompagné du *datif* de la personne : *liber est mihi* (littéralement, le livre est à moi). j'ai un livre.
[3] *Ipse* signifie *même* : *ego ipse*, moi-même; *idem*, le même.
[4] Voyez n° 98, remarque 1.
[5] Voyez page 131, remarque 1.
[6] Voyez page 173, remarque 2.
[7] Voyez n° 121, § 9.

luit[1]. Primōres Patrum, qui Servii amici fuĕrant, interfecit; deindĕ elēgit armatōs, qui corpus suum[2] custodirent. Ad regnum enim per vim pervenerat, nec jussu populi regnabat. Cùm in caritate civium spem nullam poneret, metum omnibus incutĕre studuit. Eam ob rem multos cives interfecit, multos in[3] exsilium egit, et Patrum numerum valdĕ imminuit. Injussu populi et senatûs omnia per se ipse[4] fecit, bellum, pacem, fœdĕra. Latinos maximè sibi conciliavit, ut etiàm peregrinis opibus tutior inter cives esset; neque sòlùm hospitia cum primoribus eorum, sed etiàm affinitates jungebat. Octavio Mamilio, qui Latinorum longè princeps erat, filiam suam in matrimonium dedit, perque eas nuptias [5] multos cognatos amicosque ejus sibi conciliavit. Junius Brutus regnum hujus tyranni finivit. Hic Junius filius fuit Tarquiniæ, sororis [6] regis. Quùm rex primores civitatis, et in his fratrem Junii interfecisset, hic ex [7] industriâ stultitiam simulavit, nec abnuit cognomen Bruti, ut hujus cognominis prætextu liberātor populi Romāni fieret[8]. Quùm Brutus regi non timendus esse videretur, tutus in regiâ domo vixit, ludibrium magis filiorum regis, quàm amicus.

Lucius Tarquin était le roi le plus cruel de Rome. Il tua beaucoup de citoyens pour [9] diminuer le nombre des sénateurs, et il ne choisit pas de nouveaux sénateurs, afin de pouvoir (afin qu'il[10] pût) faire ce qu'il voulait. Ce roi était l'oncle de Junius qui délivra[11] plus tard sa patrie du tyran. Tarquin aurait certainement tué aussi Junius, si celui-ci n'avait pas

---

[1] Voyez n° 110, § 4.
[2] Voyez n° 51.
[3] Voyez n° 104.
[4] Voyez page 107, remarque 2.
[5] Voyez n° 35, remarque 3.
[6] Voyez n° 67, remarque 1.
[7] Voyez n° 103, e, ex.
[8] Voyez n° 110, § 9.
[9] Tournez : afin qu'il diminuât, etc.
[10] Afin que, *ut*, avec le subjonctif.
[11] Voyez page 157, remarque 5.

sauvé sa vie par[1] ruse : il feignait la folie, bien qu'il fût très-fin, et trompait le roi de cette manière. Sans lui le roi serait demeuré longtemps encore la terreur des Romains.

**129.** GÉRONDIF. — 1. *L'infinitif*, régime d'un *nom* ou d'un *adjectif*, se remplace par le *gérondif*, qui se met au cas régi par le nom ou par l'adjectif : L'art (de quoi?) d'écrire, *ars scribendi*. L'occasion (de quoi?) de lire, *occasio legendi*. Curieux de voir, *cupidus videndi*. L'eau est utile (à quoi?) à boire, *aqua est utilis bibendo* ou *ad bibendum*. Enclin à plaisanter, *promptus ad jocandum*.

2. Le *gérondif* garde le régime de son verbe : L'occasion de lire des livres, *occasio legendi libros*. Curieux de voir la ville, *cupidus urbem videndi*.

3. Après les verbes *exciter à, exhorter à*, on met le second verbe au gérondif en *dum* avec *ad*, et après les verbes *détourner de, dissuader de, s'éloigner de*, le second verbe se met au gérondif en *do* avec *a* ou *ab* : Je t'ai engagé à lire, *te induxi ad legendum*. Détourner quelqu'un d'écrire, *deterrere aliquem a scribendo*. Je reviens de me promener, *redeo ab ambulando*.

4. Lorsque *l'infinitif* précédé de *à* exprime la *manière*, il se remplace par le *gérondif* en *do :* Il passe son temps (comment? de quelle manière?) à lire, *consumit tempus legendo* (en lisant).

5. Après les verbes de *mouvement*, tels que *aller, venir*, le second verbe se met au *supin* en *um*, ou bien au *gérondif* en *dum* avec *ad :* Je vais jouer, *eo lusum*. Je viens jouer, *venio lusum* ou *venio ad ludendum*. Si le second verbe n'a pas de supin, celui-ci se remplace par le *gérondif* en *dum* avec *ad*, ou par le *gérondif* en *di*

---

[1] Voyez n° 65.

avec *causâ* ou *gratiâ*, ou bien par *ut* avec le *subjonctif :* Je viens étudier (*studeo* n'a pas de supin), *venio ad studendum*, ou *venio studendi causâ*, ou bien *venio ut studeam*.

Titus equitandi peritissimus erat. Crassus disserendo par non erat. Propensus est ad docendum. Homo ad intelligendum et agendum natus est. In bibendo sobrii esse debemus. Avidus erat cognoscendi Alexandrum. Compŭlit eum ad peccandum. Aptus est currendo *ou* ad currendum. Hominis mens cogitando et discendo alĭtur. Nihil eum a legendo et scribendo deterrēre potuit. Pronus est ad irascendum. A discendo senectus sapientem non deterret. Te hortor ad scribendum. Prohibenda est ira in puniendo. Terit tempus accusando. Eo cubitum. Te hortor ad opitulandum [1] misĕris. Cupido dominandi cunctis affectibus [2] flagrantior est. Parcimonia est ars vitandi sumptus supervacuos. Cæsar pabulandi gratiâ tres legiones misit. Persuadendi causâ dicunt oratores. Admonitum venimus te. Legatos ad Cæsarem miserunt, rogatum auxilium.

L'art d'écrire est très-utile. En écrivant et en lisant, nous devons être attentifs. Nous apprenons en enseignant. Il passe son temps à écrire l'histoire romaine. Nous nous instruisons en lisant de bons livres. Évitons l'occasion de pécher. L'âge de la jeunesse est le meilleur temps pour apprendre. Le désir de plaire à Dieu, est une marque de l'amour de Dieu. Ordinairement on s'acquiert plus d'amis en louant qu'en blâmant. Nous nous rendons heureux par le choix de (en choisissant de) vrais amis. Ce jeune écolier est plus apte à lire qu'à écrire. L'occasion de faire du bien n'est pas rare. Il était curieux d'écouter. Ne soyons pas portés à venger l'injure. La grandeur de Platon n'a pas détourné Aristote d'écrire. Nous allons nous coucher. Je vais dormir.

---

[1] Les verbes déponents *irasci*, se fâcher contre ; *blandiri*, flatter ; *opitulari*, secourir ; *minari*, menacer, etc., régissent le *datif* : *minatur mihi*, il me menace.

[2] Voyez n° 50, remarque.

**150.** Tarquinius aliquandò filios suos[1] Delphos[2] misit, ut oraculum Apollĭnis de re quadam domesticâ interrogarent. Brutus eos comitatus est. Quùm Delphos venissent, et mandata patris perfecissent, cupīdo[3] incessit animos juvenum sciscitandi, ad quem eorum regnum Romanum esset venturum. Ex infĭmo[4] specu reddita est vox : « Imperium summum Romæ habebit, qui vestrûm[5] primus osculum matri tulerit. » Tarquinii filii, qui Delphos missi erant, a Bruto petivērunt[6], ut de oraculi responso tacēret, ut Sextus frater, qui domi[7] relictus fuerat, ignarus oraculi manēret ; ipsi sorti permittunt, cùm Romam rediissent[8], uter[9] prior[10] matri osculum daret. Brutus autem[11] oraculi responsum alĭter interpretatus est. Lapsus quasi fortè, terram ore contĭgit et osculatus est, scilicèt quòd ea communis omnium mortalium mater esset. Neque Brutum fefellit opinio. Duorum enim Tarquiniorum neuter regnum accepit. Brutus eos Româ pepŭlit[12], et ipse summum imperium adeptus est. Hicce[13] Brutus, cùm Delphos venisset, Apollĭni corneum dedit baculum, quod risērunt Tarquinii ; sed Brutus præclarum Apollini donum dederat, nam baculus erat cavatus et alter[14] aureus[15] inclusus, ità ut Bruti donum longè melius esset, quàm quod Tarquinii dederant.

Les jeunes gens, arrivés à Delphes, et après avoir (après

[1] Voyez n° 51.
[2] Voyez page 93, remarque.
[3] Voyez n° 129, § 1.
[4] Voyez page 125, remarque 2.
[5] Voyez page 62, remarque 2.
[6] Voyez page 130, remarque 3.
[7] Voyez n° 45, remarque 2.
[8] Voyez n° 88, remarque 2.
[9] Voyez n° 39, § 2.
[10] *Prior*, le premier des deux ; *primus*, le premier de tous. *Posterior*, le second des deux ; *postremus*, le dernier.
[11] Voyez n° 96, remarque 10.
[12] Voyez page 157, remarque 5.
[13] Voyez page 63, remarque.
[14] Voyez n° 24, remarque 2.
[15] Voyez n° 14, remarque.

qu'ils eurent) exécuté les ordres de Tarquin, demandèrent[1] à l'oracle, qui d'entre eux serait roi. Ils reçurent cette réponse : « Celui-là aura le souverain pouvoir qui le premier[2] embrassera sa mère. » En revenant, Brutus feignit de se laisser tomber, et baisa la terre, la mère commune de tous les mortels[3]. La prédiction de l'oracle s'accomplit peu de temps après[4]. Le baiser que les fils de Tarquin avaient donné à leur mère, fut inutile : aucun d'eux n'a jamais régné; Tarquin et ses[5] fils, au contraire, furent chassés[6] de Rome. Brutus qui leur paraissait insensé, était plus sensé qu'eux. Il cessa de simuler la folie, et devint l'ennemi le plus dangereux du roi et de ses fils.

**131.** Ardĕam urbem Rutŭli habebant, gens divitiis præpollens[7], quæ causa belli fuit cum Romanis. In hoc bello Sextus, regis filius, crudelitate suâ Romanis occasionem[8] dedit, et ipsum et regem Româ expellendi. Lucretia, mulier castissima, contumeliâ a Sexto vexata, se ipsa[9] cultro occīdit. Brutus, cultrum ex vulnere Lucretiæ extractum, manantem[10] cruore præ[11] se tenuit, et sic locutus est : « Per hunc castissimum sanguinem juro, vosque, Dii[12], testes facio propositi mei; ego[13] Lucium Tarquinium cum scelerata conjuge et omni liberorum stirpe, ferro, igni et omni vi[14] delebo, nec illos[15], nec alium quem-

---

[1] Voyez page 130, remarque 3.
[2] Voyez n° 130, remarque 10.
[3] Voyez n° 44, § 5.
[4] Voyez n° 100, *post*.
[5] Voyez n° 51, au bas.
[6] Voyez page 157, remarque 5.
[7] *Præ*, comme préfixe d'un adjectif, signifie *très* : *præaltus*, très-élevé.
[8] Voyez n° 129, § 1.
[9] Voyez page 107, remarque 2.
[10] Voyez n° 67, remarque 1.
[11] Voyez n° 103, *præ*.
[12] Voyez n° 38, § 4.
[13] Voyez n° 13, remarque 1.
[14] Voyez n° 44, § 4.
[15] Voyez n° 126.

quam regem Romæ[1] esse patiar. » Cultrum deindè dedit Collatino, indè Lucretio ac Valerio, qui idem jurant, et Brutum ducem sequuntur. Lucretiæ corpus in forum ferunt, et homines ad arma concitant. Ferocissimi juvenes voluntarii cum armis adsunt. Brutus orationem habet de vi ac libīdine Sexti Tarquinii, de miserabili Lucretiæ cæde, de superbiâ regis ipsius et de populi miseriis. Memoratur etiàm indigna Servii regis cædes, et Dii ultores parentum invocantur. Hac oratione Brutus populum perpŭlit, ut regi imperium abrogaret. Quùm hoc Tarquinio nuntiatum esset, Romam profectus est, ut motus comprimeret. Sed quùm Romam venisset, portæ[2] ei clausæ sunt et exsilium indictum. Lucius Tarquinius Superbus regnavit annos quinque et viginti. Omninò regnatum est Romæ a conditâ urbe[3] annos ducentos quadraginta quatuor. Duo consules deindè sunt creati, Junius Brutus et Tarquinius Collatinus.

Le dernier roi des Romains fut chassé de Rome à cause de[4] sa cruauté et de son orgueil. Ses fils paraissaient lui ressembler beaucoup. L'un s'enfuit à Gabies, où il fut tué; les deux autres s'exilèrent en[5] Étrurie avec leur père. La cruelle Tullie, dès qu'elle[6] entendit le tumulte, se sauva de sa maison. Les Romains la maudissaient partout où elle passait; les hommes et les femmes imploraient les dieux, pour qu'ils châtiassent cette reine barbare. Mais bien qu'elle eût mérité la peine la plus sévère, l'exécration des Romains, le bannissement et la misère étaient pour elle déjà une punition assez cruelle. Souvent le châtiment arrive tard, mais il attend (menace[7]) toujours le méchant.

[1] Voyez n° 76, remarque.
[2] Voyez n° 99, remarque 2.
[3] Voyez n° 109, remarque 2.
[4] Voyez n° 100, *ob*, *propter*.
[5] Voyez page 93, remarque.
[6] Voyez n° 112.
[7] Voyez page 163, remarque.

**132.** Quùm Tarquinius cum conjuge impiâ et liberis [1] Româ pulsus esset, libertas per dolum ac proditionem propè amissa est. Erant in Romanâ juventute aliquot adolescentes, quorum libido in regno solutior fuerat, quùm essent æquales sodalesque adolescentium Tarquiniorum et assueti more regio vivere. Hi erant minùs contenti [2] præsenti rerum statu. Sic secum [3] cogitabant : « Ad regium imperium redeamus! A rege omnia impetrari possunt; potest irasci et ignoscĕre [4]; novit discrimen inter amicum atque inimicum. Leges sunt surdæ et inexorabiles, salubriores inopi, quàm potenti ; si quis peccat, non est venia. » Cùm [5] hoc modo de novo rerum ordine queruntur, legati a rege superveniunt [6], ut regis bona repetant. Plures dies Romani deliberaverunt, quid [7] facerent; nùm [8] redderent, an retinerent bona regis. Interìm Tarquinii legati ad illos adolescentes itabant, et clàm consilia [9] regnum recuperandi struebant. Etiàm [10] litteræ [11] juvenibus datæ sunt a Tarquiniis, ut regem et filios clàm nocte in urbem acciperent. Principes horum juvenum consulum filii vel cognati erant. Proditio tandem per servum delata est ad consules. Consules sinè tumultu et conjuratos et legatos deprehenderunt. Conjurati extemplò in vincula conjecti sunt; de legatis paululùm addubitatum est; tandem jus gentium valuit.

Les rois ayant été chassés [12], l'autorité des lois prévalut sur l'arbitraire et sur la violence; car, tant que [13] les Tarquins ré-

---

[1] *Liberi, orum*, enfants de parents désignés; *pueri, orum*, enfants en général.
[2] Voyez n° 96, remarque 7.
[3] Voyez page 110, remarque 1.
[4] Voyez n° 117, *D*.
[5] Voyez n° 111.
[6] Voyez page 156, remarque 2.
[7] Voyez n° 64, § 5.
[8] Voyez page 54, remarque 1.
[9] Voyez n° 129, § 1.
[10] Voyez n° 98, remarque 4.
[11] Voyez page 38.
[12] Voyez n° 133.
[13] Voyez n° 113, remarque 4.

gnaient, les lois n'avaient pas de valeur. Mais il y avait dans Rome un grand nombre de jeunes gens auxquels les lois nouvelles et sévères déplaisaient, et qui, afin de pouvoir (afin qu'ils [1] pussent) vivre plus librement, désiraient vivement le retour du roi et de ses fils. Pendant ce temps-là, arrivèrent des envoyés du roi pour réclamer (pour qu'ils [2] réclamassent) les biens des Tarquins. C'est [3] avec ces envoyés que les jeunes gens formèrent le projet de faire rentrer dans Rome le roi et sa famille. Mais un esclave entendit heureusement leurs propos et les dénonça aux consuls. Tous les conjurés furent saisis et punis [4] de mort. C'est ainsi que la liberté de Rome fut sauvée.

**153. ABLATIF ABLOLU. — 1.** Lorsque le nom ou le pronom auquel se rapporte le participe, n'est ni sujet, ni régime dans la phrase, on le met ainsi que le participe à l'*ablatif*. C'est ce qu'on appelle l'*ablatif absolu*. Cette tournure remplace très-souvent les conjonctions : *après que, lorsque, comme, tandis que, pendant que, quoique, si,* etc. ou bien les prépositions : *sous, avec, après, à,* etc. :

*Regibus Româ expulsis, consules creati sunt*, les rois ayant été (après avoir été, ou, après qu'ils eurent été), chassés de Rome, on créa des consuls. *Carthagine delētâ, suas in se vires Roma convertit,* Carthage détruite

---

[1] Voyez n° 112.
[2] Voyez page 156, remarque 2.
[3] Voyez page 170, remarque 6.
[4] Les verbes *accuser, convaincre, juger, condamner, absoudre,* veulent leur régime indirect au *génitif : accusāre aliquem proditionis,* accuser quelqu'un de trahison. Avec *damnare, condemnare, mulctare* (condamner), et *absolvere* (absoudre), on met le nom de la *peine*, désignant la *mort*, l'*exil* ou l'*amende*, à *l'ablatif*, et le nom de l'*instrument* ou du *lieu* du supplice à *l'accusatif* avec *ad : morte* ou *capite damnatus est,* il fut condamné à mort. *Damnāre aliquem pecuniâ,* condamner quelqu'un à l'amende. *Damnāre aliquem ad triremes,* condamner quelqu'un aux galères.

(après que Carthage, etc.), Rome tourna ses forces contre elle-même. *Græci Thermopylas, advenientibus Persis, occupaverunt*, les Grecs occupèrent les Thermopyles à l'arrivée des Perses (ou, lorsque les Perses arrivèrent). *Deo juvante, res benè succedet*, Dieu aidant (si Dieu aide), l'affaire réussira. *Pythagoras, Tarquinio Superbo regnante, in Italiam venit*, Pythagore vint en Italie sous le règne de Tarquin le Superbe (pendant que Tarquin le Superbe régnait).

2. Quelquefois on met à *l'ablatif absolu* un nom suivi d'un autre nom ou d'un adjectif, en sous-entendant le participe *étant*, qui manque en latin (V. page 51, r.) : *Cicerone consule, detecta fuit conjuratio*, Cicéron étant consul (sous le consulat de Cicéron), la conjuration fut découverte. *Sereno quoquè cœlo, aliquandò tonat*, il tonne quelquefois, même par un ciel serein (le ciel étant serein). *Mortuo patre*, après la mort du père (le père étant mort). *Me vivo*, de mon vivant (durant ma vie). *Te ignaro*, à ton insu. *Me invīto*, malgré moi, malgré ma volonté.

Pietate adversùs Deum sublatâ, tollitur societas. — Annibal in Italiam pervenit, Alpibus superatis. — Demetrius impulit Philippum, ut, omissis Ætolis, bellum Romanis inferret. — Pericles Athenienses solis obscuratione territos [1], redditis ejus rēi causis, metu liberavit. — Medici, causâ morbi inventâ, curationem esse inventam putant [2]. — Æneas, Trojâ a Græcis expugnatâ, in Italiam venit. — Amisso rege, totum dilabitur examen apum. — Augusto regnante, Christus natus est. — Sullâ absente, Cinna tumultum movit. — Solon et Pisistratus, Servio Tullio regnante, viguerunt. — Nihil præcepta atque artes valent, nisi adjuvante naturâ. — Natus est Au-

---

[1] Voyez page 69, remarque 1.
[2] Voyez n° 126.

gustus, Cicerone et Antonio consulibus. — Trojani, Æneâ duce, profugerunt. — Magis auctoribus, Xerxes omnia templa Græciæ inflammavit.

La paix ayant été rétablie, on [1] ferma le temple de Janus. — Darius vaincu, Alexandre était le roi le plus puissant de son temps. — Les lièvres dorment les yeux ouverts. — Catilina sortit de Rome après la découverte de la conjuration. — Énée quitta l'Asie après la destruction de Troie. — Sous le règne de Tibère il y eut un très-grand tremblement de terre. — Le Christ naquit sous le consulat de Sabinus et de Rufus; il mourut sous l'empire de Tibère. — C'est [2] sous la conduite de (chef) Pausanias que Mardonius et sa grande armée furent mis en fuite. — Ceci a été fait [3] à mon insu.

**154.** Quùm legati regem dolo [4] et fraude Romam [5] reducĕre studuissent, senatus iratus regi bona sua non reddidit, sed plebi tradidit. Ager Tarquiniorum, qui inter urbem et Tiberim fuit, consecratus Marti est et Martius campus nominatus. Postquàm bona regum direpta sunt, proditores damnati et puniti sunt. Nobilissimi juvĕnes, filii consulis, stabant deligati ad palum; omnes miserebantur [6], quòd tantam pœnam meriti erant. Consules in sedem suam processerunt, et lictores missi sunt [7], ut supplicium sumerent. Juvenes igitur nudati, virgis cæsi et deindè interfecti sunt. Per omne hoc tempus pater aderat [8]. Supplicio sumpto [9], indici præmium datum est, pecunia ex ærario, et insŭper libertas et civitas. Quùm hoc factum esset, Tarquinius bellum contra Romanos gerĕre cœpit. In hoc bello consul Brutus occisus est a filio Tarquinii, quem et [10] ipse

[1] Voyez page 130, remarque 2.
[2] Voyez page 170, remarque 6.
[3] Voyez n° 110, § 9.
[4] Voyez n° 65.
[5] Voyez n° 81, remarque.
[6] Voyez n° 121, § 3.
[7] Voyez page 156, remarque 2.
[8] Voyez n° 55.
[9] Voyez n° 133.
[10] *Et* signifie quelquefois *aussi*, *même*.

eodem tempŏris momento transfixit. Simul enim uterque [1] equum suum in alterum [2] concitaverat, ità ut uno eodemque tempore alter alterum vulneraverat, et ambo [3] moribundi ex equis decidĕrent. Consul superstes funus collēgæ [4] fecit, quanto apparatu tùm potuit. Sed multò majus decus mortuo [5] fuit publica mœstitia, eo [6] ante omnia insignis, quià matronæ quoquè [7] eum, ut parentem, annum [8] luxerunt.

Brutus se crut obligé (crut [9] être obligé) par les devoirs de sa charge d'assister [10] au supplice de ses fils. Il ordonna [11] aux licteurs de les frapper de [12] verges et de leur trancher la tête (de les frapper avec la hache [13]). Mais ces jeunes gens excitèrent la compassion de tous les spectateurs dont les yeux n'étaient pas moins fixés sur le père que sur ses fils. Pendant tout ce temps, Brutus resta sur son siége; son regard était grave; il n'y avait point de larmes dans ses yeux. Le supplice fini [14], Brutus s'en alla, après avoir sacrifié [15] le sang de ses enfants à l'amour de la patrie. Brutus paraît à beaucoup de gens très-blâmable; mais le juge, le législateur doit être sévère, s'il veut maintenir l'autorité des lois; car, s'il voulait pardonner des fautes si graves à ses propres enfants, il serait injuste envers sa patrie, et l'autorité des lois se perdrait bientôt.

[1] Voyez n° 114, remarque 7.
[2] Voyez page 112, remarque 1.
[3] Voyez n° 68, remarque 1.
[4] Voyez n° 35.
[5] Voyez page 92, remarque 1.
[6] Voyez n° 65.
[7] Voyez page 125, remarque 4.
[8] Voyez n° 92.
[9] Voyez n° 126.
[10] Voyez n° 119, remarque 3.
[11] Voyez page 156, remarque 2.
[12] Voyez n° 65.
[13] Voyez n° 11.
[14] Voyez n° 133.
[15] Tournez : après qu'il eut sacrifié, etc.; ou bien : le sang de ses enfants ayant été sacrifié, avec l'ablatif absolu.

**135. Participe Futur Passif.** — 1. Si le *gérondif* est suivi *d'un régime direct*, il se remplace généralement par le *participe futur passif* en *dus, da, dum*, que l'on fait accorder avec le régime; mais le *gérondif* doit être maintenu, s'il est suivi *d'un régime indirect* : *Studium videndæ novæ urbis* (pour *videndi novam urbem*), le désir de voir la nouvelle ville (littéral., le désir de la ville devant être vue). *Te hortor ad opitulandum miseris* (*opitulor* gouverne le datif), je vous exhorte à secourir les malheureux. *Cupidus videndæ urbis* (pour *videndi urbem*), curieux de voir la ville. *Promptus ad bella suscipienda* (pour *ad suscipiendum bella*), prompt à entreprendre des guerres.

2. **Supin en *u*.** — Après les adjectifs *facile à, difficile à, incroyable à, admirable à*, etc., on exprime l'*infinitif* complément par le *supin* en *u: Facile dictu*, facile à dire. *Mirabile visu*, admirable à voir.

*Eum compulit ad faciendam hanc rem* (pour *ad faciendum hanc rem*). — *Aptus corpori exercendo* (pour *exercendo corpus*). — *In condenda urbe* (pour *in condendo urbem*). — *Ad exercendas vires* (pour *ad exercendum vires*) *multum confert*[1]. — *Locus captus est condendo oppido* (pour *condendo oppidum*). — *Omnia parata erant ad obsidendam urbem* (pour *ad obsidendum urbem*). — *Ingenium colitur legendis poëtis* (pour *legendo poëtas*). — *Virtus maxime cernitur in spernenda voluptate* (pour *in spernendo voluptatem*). — *Liberos suos fratri educandos tradidit*. — *Lentulus collegæ suo cives Romanos trucidandos attribuit*. — *Verres prætor Siciliam provinciam diripiendam suscepit*. — *Quod optimum factu erit, facies*.

[1] Voyez n° 121, § 2.

— *Hoc incredibile dictu erat.* — *Cognitu facilior narratio fiet.*

L'art d'écrire de bons livres est très-difficile. — Nous devons être prudents dans le choix de nos amis ( prudents dans nos amis devant être choisis). — La plupart des hommes sont curieux de voir et d'entendre quelque chose de nouveau (curieux de quelque chose devant être vu et entendu). — Le plus grand moyen pour augmenter la mémoire (moyen de la mémoire devant être augmentée), c'est l'exercice. — Cyrus, roi de Perse, permit aux Juifs de restaurer leur temple (donna aux Juifs la permission du temple devant être restauré). — Cet homme n'est pas propre à écrire des lettres. — Ces bêtes ne sont pas propres à porter des fardeaux. — La tempérance contribue beaucoup à la conservation de la santé ( à la santé devant être conservée). — Nous les exhortons à secourir [1] les pauvres. — Il passe son temps à lire l'histoire. — Je te donne des livres à lire. — Nous nous instruisons par la lecture de bons auteurs. — Ceci est facile à dire, mais difficile à faire. — La voix de Démosthène fut au commencement désagréable à entendre. — Les paupières sont très-souples à toucher.

136. Tarquinius exsul Porsennam, Etruriæ regem, perpulit, ut bellum Romanis inferret. Porsenna igitur Romam venit cum magno exercitu. Gloriosum ei videbatur, si per se Tarquinius ex Romam reduceretur. Non unquàm aliàs anteà tantus terror invasit senatum. Tàm valida tùm erat potentia et tantum nomen Porsennæ. Nec Romani hostes tantùm timebant; sed suos ipsorum cives; fièri enim facilè poterat, ut plebs regem in urbem acciperet. Senatus autem liberalitate et benignitate effēcit, ut omnes concordes essent et nomen regium horrērent. Quùm hostes adessent, omnes ex agris in urbem demigrārunt [2]; urbs ipsa [3] præsidiis septa est. Omnia tuta videbantur, alià

[1] Voyez page 177, remarque 1.
[2] Voyez page 105, remarque 2.
[3] Voyez page 174, remarque 3.

muris, alià Tiberi[1], sed pons penè hostibus viam in urbem dedisset, nisi unus vir fuisset, Horatius Cocles. Hic vir illo die munimentum fuit urbis Romanæ. Solus enim hostium impĕtum excepit, dùm[2] cæteri pontem ferro ignique[3] interrumpĕrent. Ponte interrupto[4], ipse desiluit in Tiberim, sic precatus : « Tiberine[5] pater, te, sancte, precor, propitio flumine hæc arma et hunc militem accipias. » Incolŭmis ad suos transnavit. Civitas grata fuit erga tantam virtutem : Horatio statua in foro posïta est, et tantùm[6] agri datum, quantùm[7] uno die circumarāri posset.

Horatius Coclès était un des hommes les plus vaillants[8] de Rome ; il défendit un pont avec tant[9] de bravoure, que[10] même tous les ennemis ne purent l'en chasser. Ce pont devait[11] être rompu, afin que l'ennemi ne pût pénétrer dans la ville. Horatius seul soutint le choc de l'ennemi jusqu'au moment où[12] le pont fut rompu. Voilà (c'est) l'exemple de la plus grande bravoure. Mais les Romains ne furent pas ingrats envers Ho-

[1] Voyez n° 44, § 4.
[2] Voyez page 114, remarque 3.
[3] Voyez n° 44.
[4] Voyex n° 133.
[5] Voyez n° 38, § 2.
[6] Les *adverbes de quantité* : *multùm*, beaucoup ; *parùm*, peu ; *minùs*, moins ; *plùs*, plus ; *tantùm*, etc., veulent le nom au *génitif*, s'il est au *nominatif* ou à l'*accusatif* du *singulier* : *multùm pecuniæ*, beaucoup d'argent ; *parùm sapientiæ*, peu de sagesse. Mais lorsque les *adverbes* de *quantité* sont employés comme *régime indirect*, ou qu'ils sont suivis d'un *pluriel*, on les remplace par les adjectifs correspondants que l'on fait accorder avec le nom : *multâ cum libertate*, avec beaucoup de liberté ; *multi libri*, beaucoup de livres. — Les *adverbes de qualité* : *que*, *combien de*, *peu*, etc., pouvant se tourner par *combien grand*, *combien petit*, etc., s'expriment par les adjectifs correspondants : *Quanta doctrina !* Que de (quelle grande) science ! *Parva doctrina*, peu de (petite) science.
[7] Voyez page 113, remarque 2.
[8] Voyez page 69, remarque 1.
[9] Voyez n° 136, remarque 6.
[10] *Ut*.
[11] Voyez n° 138, § 1.
[12] *Donec*. Voyez n° 113, remarque 4.

ratius; on [1] lui dressa au Forum une statue, et on lui donna autant [2] de terrain qu'il en put labourer dans un jour. Des particuliers aussi [3] lui firent des présents considérables.

**157.** Porsenna, primo conatu repulsus, consilium [4] cepit urbem obsidendi [4]; præsidium in monte Janiculo locavit; ipse in plano ripisque Tiberis castra posuit, ne frumentum Romanis subveheretur [5]. Omnis ager Romanus sic est infestus redditus, ut non solùm cætera, sed omne etiàm pecus ex agris in urbem compelleretur; neque quisquam ampliùs pecus extra portas [6] propellere auderet. Summa igitur inopia et caritas frumenti exorta est. Hæc obsidio Caio Mucio turpis videbatur, adolescenti nobili et forti; itaque statuit, hanc ignominiam magno audacique facinore vindicare. Primùm penetrare in castra hostium parabat, sed timebat, ne [7] a Romanis custodibus deprehenderetur, et ut transfuga retraheretur, si injussu consulum isset [8]. Adiit igitur ad senatum, et « Patres, inquit [9], ego [10] transire Tiberim et, si potero, intrare castra hostium statui, non prædo, nec populationum hostilium [11] ultor; majus facinus in animo est, si Dii juvant. » Approbant Patres consilium, et Mucius proficiscitur, ferro intra vestem occultato [12]. Quùm in hostium castra venisset, constitit prope regium tribūnal. Fortè ibi stipendium militibus dabatur. Scriba regis erat pari ferè ornatu, quo rex ipse; Mucius, quùm regem non nosset, nec

---

[1] Voyez n° 101, remarque 2.
[2] Voyez page 113, remarque 2.
[3] Voyez n° 98, remarque 4.
[4] Voyez n° 129, § 1.
[5] Beaucoup de verbes composés des prépositions *ante*, *inter*, *ob*, *post*, *præ*, *sub*, *ad*, *cum*, *in*, veulent leur complément indirect au datif : *antepono amicitiam omnibus rebus*, je préfère l'amitié à toute chose.
[6] Voyez n° 99, remarque 2.
[7] Voyez n° 99, remarque 3.
[8] Pour *irisset*. Voyez page 105, remarque 2.
[9] Voyez n° 117, § 2.
[10] Voyez n° 13, remarque 1.
[11] Voyez n° 44, § 5.
[12] Voyez n° 133.

sciscitari vellet, uter¹ esset Porsenna, scribam interfecit pro² rege. Statim deprehensus et ante tribunal regis ductus est, tùm quoquè magis metuendus³, quàm metuens. « Romanus sum, inquit, civis ; Mucium me vocant. Hostis hostem occidere volui⁴, nec minùs⁵ animi mihi est⁶ ad mortem, quàm fuit ad cædem. Et facere et pati fortiter, Romanum est. Nec unus sum ; longus est ordo eorum juvenum⁷, qui eamdem gloriam petunt. » Rex cùm Mucium igni occidere vellet, Mucius suâ sponte dextram manum igni injecit. Tùm rex attonitus libertatem ei dedit, et ipse ex agro Romano decessit. Pax statim secuta est.

Mucius dit au roi Porsenna : « Nous sommes trois cents⁸, l'élite de la jeunesse romaine, qui avons conspiré contre tes jours (pour⁹ ta mort). Le sort m'a désigné le premier ; les autres¹⁰ suivront, et nous ne serons tranquilles que¹¹ lorsque l'un de nous¹² t'aura tué. » Le roi fut tellement effrayé de ces menaces, qu'il envoya des ambassadeurs à Rome pour¹³ y faire des propositions de paix, dans lesquelles était mentionné¹⁴ le retour des Tarquins. Mais cette condition fut rejetée, et les Tarquins ne rentrèrent jamais dans leur patrie. Porsenna ne put pas tenir ce qu'il avait promis. Si Mucius n'avait pas effrayé le roi en tuant¹⁵ son secrétaire, il aurait pu arriver (se

---

¹ Voyez n° 39, § 2.
² Voyez n° 81, remarque 1.
³ Voyez n° 138, § 1.
⁴ Voyez n° 110, § 3.
⁵ Voyez n° 136, remarque 6.
⁶ Voyez page 174, remarque 2.
⁷ Voyez n° 44, § 1.
⁸ Voyez n° 109, remarque 1.
⁹ In.
¹⁰ Voyez page 112, remarque 1.
¹¹ Ne... que — seulement.
¹² Voyez page 62, remarque 2.
¹³ Voyez n° 135, § 1.
¹⁴ Voyez n° 110, § 9.
¹⁵ Voyez n° 129, § 4.

faire), que Porsenna restât vainqueur et qu'il ramenât les Tarquins à Rome[1].

**138.** Participe Futur Passif. — 1. Lorsque les verbes *devoir, falloir,* peuvent se tourner par le passif, on se sert du participe futur passif en *dus, da, dum : Diligentia in omnibus rebus adhibenda est,* il faut apporter du soin à toutes choses (du soin doit être apporté à toutes choses; littéral., du soin est devant être apporté, etc.). *Is ad laborem est incitandus,* on doit l'exciter au travail (il doit être excité au travail; littéral., il est devant être excité, etc.).

2. Si le verbe qui suit *devoir, falloir,* n'a pas de complément direct, on emploie le participe futur passif *neutre* en *dum* avec *est,* en mettant le *nom* de la personne au *datif : Scribendum est,* il faut écrire; *mihi scribendum est,* il faut que j'écrive. *Serviendum est Deo,* il faut servir Dieu (*servire* régit le datif).

3. Participe Futur Actif. — Quand les verbes *aller, devoir,* suivis d'un infinitif, indiquent qu'on est sur le point de faire une action, on se sert du *participe futur actif* en *rus, ra, rum,* avec *esse : Lecturus sum,* je vais lire, je dois lire (je suis sur le point de lire). *Lecturus eram,* j'allais lire; je devais lire (j'étais sur le point de lire.) *Lecturus fui, ero,* etc.

4. *Venir de,* suivi d'un *infinitif,* se tourne par *tout à l'heure, modò : Modò scripsi,* je viens d'écrire (j'ai écrit tout à l'heure). *Modò scripseram,* je venais d'écrire (j'avais écrit tout à l'heure).

Castra[2] metanda erant, commeatus subvehendus erat. —

---

[1] Voyez page 93, remarque.
[2] Voyez page 38.

Non omnis error stultitia est dicenda. — Liber is est existimandus, qui nulli turpitudini servit [1]. — Occultæ inimicitiæ magis timendæ sunt, quàm apertæ. — Omnem memoriam discordiarum oblivione sempiternâ delendam censeo [2]. — Annibal Alexandro Magno non postponendus [3] est. — Nùnc est bibendum. — Nobis scribendum est. — Moriendum est omnibus. — Discipulis tacendum est. — Faciendum est nobis, quod parentes imperant. — Ciconiæ abituræ [4] congregantur in loco certo. — Germani, processuri in prælium, gestas res Herculis canunt. — Effugere nemo id potest, quod futurum est. — Darius pervenerat ad Arbela vicum, nobilem suâ clade facturus. — Quid sis acturus, considera. — Magna pars peccatorum tollitur, si peccaturis testis assistat. — Modò profectus est. — Modò adveneram, quùm mihi a te litteræ redditæ sunt. — Modò hoc malum rempublicam invasit.

Il faut accorder les plus grands éloges (les plus grands éloges sont devant être accordés) à la piété. — Il ne faut pas pleurer la mort que suit l'immortalité (la mort n'est pas devant être pleurée). — Nous devons réprimer nos passions (nos passions sont devant être réprimées). — On doit pratiquer les bienfaits en secret. — Il faut choisir ses [5] amis, et non les prendre au hasard. — Il faut pardonner aux vaincus. — Il faut que nous lisions. — Il fallait user [6] d'exercices modérés. — Ce n'est [7] pas par crainte, mais par devoir, que nous devons nous abstenir [8] du péché. — Il va lire une longue histoire. — Nous allons écrire l'histoire romaine. — Philippe allait déclarer la guerre aux Perses, quand il fut assassiné par Pausanias. — Ils vont venir. — Les disciples de Pythagore devaient se taire cinq an-

---

[1] Voyez page 136, remarque 1.
[2] Voyez n° 126.
[3] Voyez page 189, remarque 5.
[4] Voyez n° 110, § 6.
[5] Voyez n° 53.
[6] Voyez page 173, remarque 2.
[7] Voyez page 170, remarque 6.
[8] Voyez page 157, remarque 5.

nécs. — Je viens de partir. Il vient de m'envoyer un beau présent. Annibal venait de vaincre les Romains à [1] Cannes. — Nous venions d'arriver, lorsque nous reçûmes votre lettre.

**159.** Patres Caio Mucio ob virtutem agrum dederunt trans Tiberim, qui ager posteà appellatus est Mucia prata. Ità cùm honoraretur virtus, feminæ quoquè ad virtutem excitatæ sunt. Virgo quædam, Clælia nomine, una erat ex obsidibus, quæ Porsennæ a Romanis datæ erant. Cùm castra Porsennæ forte haud procul a ripâ Tiberis essent, Clælia frustrata custodes, inter tela hostium transnavit Tiberim cum magno virginum agmine, quas omnes sospites Romam ad propinquos reduxit. Quùm hoc regi nuntiatum esset, iratus misit legatos Romam, qui obsidem Clæliam deposcerent, addens [2], nisi Clælia redderetur, fœdus se pro rupto habiturum esse; si redderetur, facturum esse, ut inviolata ad suos remitteretur. Utrinquè fides servata est. Romani restituerunt ex [3] fœdere pignus pacis, et apud regem Clælia non solùm tuta fuit, sed etiàm honorata. Rex enim laudavit virginem, et permisit [4] ei, ut ex obsidibus eligĕret, quos vellet. Obsides autem, qui reliqui erant, maximâ ex parte erant mares; nam virginum magnum agmen jàm secum [5] duxerat Clælia. Quùm hi igitur producti essent, Clælia elegisse dicitur virgines puerosque. Pace redintegratâ [6], Romani novam in feminâ virtutem novo genere honoris, statuâ equestri, honoravēre [7]. In viâ sacrâ insĭdens [8] equo virgo posita fuit.

Dans l'histoire ancienne, nous trouvons souvent des femmes qui, ne reculant devant aucun danger, ont donné des preuves

---

[1] *Apud* ou *ad.*
[2] Voyez n° 126.
[3] Voyez n° 103, *ex.*
[4] Voyez page 156, remarque 2.
[5] Voyez page 110, remarque 1.
[6] Voyez n° 133.
[7] Voyez page 105, remarque 2.
[8] Voyez page 189, remarque 5.

du plus grand courage. Chez les Romains ; nous rencontrons la célèbre Clélie qui, sans craindre (ne craignant pas) les traits ennemis, traversa le fleuve à la nage, à la tête de ses compagnes (précédant la troupe des jeunes filles), les ramena à Rome et les rendit à leurs familles. Le roi d'Étrurie réclama Clélie comme otage. Elle lui fut rendue ; mais, plein d'admiration pour le courage de la jeune fille, Porsenna lui rendit aussitôt la liberté et la renvoya chargée de présents. Les Romains lui élevèrent en récompense une statue équestre. Cette statue fut, bientôt après, détruite par un incendie ; mais le souvenir de ce beau fait durera toujours.

140. Anno sequenti [1] postremùm legati a Porsenna de Tarquiniis in regnum reducendis [2] Romam venerunt. His promisit senatus [3], missuros se esse legatos ad regem ; et statim honoratissimos patres miserunt, non, quòd responsum breviter dari non posset, sed ut regum mentio in perpetuum desineret. Petiverunt [4] igitur [5] a rege, ne [6] quid cuperet, quòd esset contra libertatem populi Romani. Populum Romanum hostibus portas [7] patefacere malle [8], quàm regibus. Eam voluntatem esse [9] omnibus, ut idem finis urbi esset, qui libertati esset futurus [10]. Sineret [11] igitur Romam liberam esse, si salvam esse vellet [12]. Rex respondit : « Quandò id certum est et obstinatum, ego [13] neque obtundam vos ampliùs, neque frustrabor Tarquinios spe

---

[1] Voyez n° 44, § 5.
[2] Voyez n° 135, § 1.
[3] Quand le sujet est un *nom collectif*, on peut mettre le verbe au singulier ou au *pluriel* : *turba ruit* ou *ruunt*, la foule se précipite.
[4] Voyez n° 101, remarque 3.
[5] Voyez n° 96, remarque 10.
[6] Voyez page 156, remarque 2.
[7] Voyez n° 99, remarque 2.
[8] Voyez n° 110, § 5.
[9] Voyez page 174, remarque 2.
[10] Voyez n° 138, § 3.
[11] Voyez n° 126.
[12] Voyez n° 110, § 3.
[13] Voyez n° 13, remarque 1.

auxilii, quod nullum in me est. Alium locum exsilii quærant, ne quid [1] amicitiam meam vobiscum [2] distineat. » Facta regis amiciora etiam [3] erant, quàm dicta. Obsides omnes redditi sunt et agri restituti. Romanis pax fida cum Porsenna fuit. Consules deindè principes Romæ manserunt, usquè ad Julium Cæsarem et Octavianum Augustum, quorum ille quidem [4] à libertatis amicis occisus est, alter autem usquè ad senectutem dominus fuit; neque posteà Roma antiquam libertatem recuperavit.

141. Quod meum [5] non est, redeat [6] ad dominum.

Pythagoricus quidam emerat a sutore calcěos, rem magnam, non præsentibus nummis [7]. Post aliquot dies venit ad tabernam pretium soluturus [8]. Quam quùm clausam invenisset, et ostium diù pulsaret, fuit qui diceret : « Quid [9] perdis operam tuam? Sutor ille, quem quæris, elatus et combustus est. » At philosophus noster tres aut quatuor denarios, quod pretium calceorum attulerat, non invitus domum retulit, subindè manu concutiens. Deindè, quùm intellexisset [10] arrisisse sibi illud lucellum, reprehendens hanc suam non reddendi [11] tacitam voluptatem [11], ait [12] ipse sibi : « Sutor ille tibi vivit. Tu redde quod debes. » Rediit ergo ad eamdem [13] tabernam, et per claustrum, quà parte rimam invenit, quatuor denarios inseruit ac misit, pœnas a se exigens improbæ cupiditatis, ne alieno assuesceret.

[1] Voyez page 93, remarque 1.
[2] Voyez page 110, remarque 1.
[3] Voyez n° 94, remarque 6.
[4] Voyez n° 28, remarque 1.
[5] Voyez n° 4, remarque.
[6] Voyez n° 110, § 6.
[7] Voyez n° 133, § 2.
[8] Voyez n° 138, § 3.
[9] *Quid* ou *cur*, que? pourquoi?
[10] Voyez n° 126.
[11] Voyez n° 129, § 1.
[12] Voyez n° 117, § 1.
[13] Voyez page 64, § 6.

*Animi fortitudo.*

**142.** Inter Romanorum legatos, qui ad Pyrrhum de captivis redimendis [1] aut commutandis venerant, C. Fabricius fuit. Cujus postquàm audivit [2] Pyrrhus magnum esse apud Romanos nomen, ut viri boni et bello insignis, sed admodùm paupĕris, eum præ [3] cæteris benignè habuit, contenditque, ut munera atque aurum abs [4] se acciperet in hospitii tantùm et amicitiæ pignus. Cuncta oblata respuit Fabricius. Postero die, quùm illum exterrēre cuperet [5] Pyrrhus subito conspectu elephantis, cujus speciem nunquàm viderat, imperavit [6] suis, ut bellua, quæ cæteras magnitudine præstaret, Fabricio secum colloquenti [7] admoveretur a tergo post aulæum. Quod ubi [8] factum est, signo dato [9] remotoque aulæo, repentè [10] bellua stridorem horridum emisit, et proboscĭdem super Fabricii caput suspendit minaciter. At ille, placidè ad belluam conversus, subrisit, dixitque Pyrrho : « Non me hodiè magis commovet tua bellua, quàm heri aurum tuum movit. » Admiratus Pyrrhus Fabricii fortitudinem animi et gravitatem, illum privatìm invitavit, ut, post factam cum Romanis pacem, secum vellet vivere, primumque ei inter amicos locum atque etiàm imperii partem obtulit. Cui submissâ voce fertur [11] Fabricius respondisse : « Hoc tibi, o rex, non expĕdit. Nam illi ipsi qui te nunc tantoperè colunt ac mirantur, si me cognoverint ac probaverint, magis a [12] me rĕgi, quàm a te volent. »

[1] Voyez n° 135, § 1.
[2] Voyez n° 126.
[3] Voyez n° 103, *præ*.
[4] Voyez n° 103, *a*.
[5] Voyez page 105, remarque 1.
[6] Voyez page 156, remarque 2.
[7] Voyez n° 67, remarque 1.
[8] *Ubi*. conj., dès que, aussitôt que; *ubi*, adv., où, en quel lieu.
[9] Voyez n° 133.
[10] Voyez n° 49, § 2.
[11] Voyez n° 121, § 2.
[12] Voyez n° 66, § 3.

# VOCABULAIRE

## DES EXERCICES A PARTIR DU N° 20.

### 20.

Bellum, n., guerre.
Pietas, f., piété.
Veritas, f., vérité.
Avis, f., oiseau.
Apis, f., abeille.
Laus, f., louange, éloge.
Fraus, f., fraude, fourberie, supercherie.
Pax, f., paix.
Nox, f., nuit.
Lex, f., loi.
Nix, f., neige.
Verbum, n., mot, parole.
Malum, n., le mal.
Bonum, n., le bien.
Verus, a, um, vrai.
Severus, a, um, sévère.
Obscurus, a, um, obscur.
Sedulus, a, um, empressé, diligent, zélé.
Laudandus, a, um, louable.
Vituperandus, a, um, blâmable, reprochable.

### 21.

Causa, f., cause.
Vox, f., voix.
Luna, f., lune.
Dominus, m., maître.
Æternus, a. um, éternel.
Amplius, plus amplement; plus, davantage, de plus; non amplius, ne plus.
Ipse, ipsa, ipsum (pronom), même; ego ipse, moi-même.
Autem, mais.
Neque ou nec, et non; neque-neque, ou nec-nec, ni-ni.
Enim, car.
Utinam, plaise ou plût à Dieu! Dieu veuille que! (suivi du subjonctif).

### 22.

Utilis, utilis, utile, utile.
Lenis, lenis, lene, doux (au toucher, de caractère).
Fortis, fortis, forte, fort, brave, vaillant.
Omnis, omnis, omne, tout, chaque.
Mortalis, mortalis, mortale, mortel.
Animal, n., animal, bête.
Mulier, f., femme.
Homo, m., homme (individu).
Vir, m., homme; homme distingué, personnage.
Otium, n., oisiveté.
Æquè-ac ou æquè-atque, aussique.
Ergò, donc, ainsi, par conséquent.

## 23.

*Mundus, m.*, monde.
*Amīca, f.*, l'amie.
*Initium, n.*, commencement.
*Admirabĭlis, lis, le*, admirable.
*Brevis, is, e*, court.
*Crudēlis, is, e*, cruel.
*Difficĭlis, is, e*, difficile.
*Dulcis, is, e*, doux (aux sens), agréable.
*Fidēlis, is, e*, fidèle.
*Liberălis, is, e*, libéral, généreux.
*Pinguis, is, e*, gras.
*Sublīmis, is, e*, sublime, haut, élevé.
*Nimis*, trop.

## 24.

*Popŭlus, m*, peuple.
*Omnis, is, e*, tout, chaque, chacun.
*Totus, a, um*, tout, tout entier.
*Alius, alia, aliud*, un autre.
*Alter, a, um*, l'autre (de deux).
*Aliēnus, a, um*, d'autrui, étranger.
*Hilăris, is, e*, enjoué, gai, joyeux.
*Tristis, is, e*, triste.
*Fertĭlis, is, e*, fertile.
*Sterĭlis, is, e*, stérile.
*Ubīquĕ*, partout.
*Vivĕre*, vivre.

## 25.

*Nemo, m.*, personne, nul, aucun.
*Felix, felix, felix*, heureux.
*Sapiens, sapiens, sapiens*, sage, prudent.
*Dives* (pour les 3 genres), riche.
*Pauper* (des trois genres), pauvre.
*Laudāre*, louer.
*Laudāri*, être loué.
*Merĭtŏ*, avec raison, justement.

## 26.

*Amīca, f.*, amie; plur. *amīcæ.*
*Regīna, f.* reine; plur. *regīnæ.*
*Mendacium, n.*, mensonge; plur. *mendacia.*
*Collum, n.*, cou; plur. *colla.*
*Frater, m.*, frère, plur. *fratres.*
*Magnus, a, um*, grand; pluriel *magni, æ, a.*
*Altus, a, um*, haut; pl. *alti, æ, a.*
*Rotundus, a, um*, rond; pluriel *rotondi, æ, a.*
*Mortalis, is, e*, mortel; pluriel *mortales, es, ia.*
*Lenis, is, e*, doux, indulgent; plur. *lenes, es, ia.*
*Plerumquĕ*, ordinairement, le plus souvent.
*Igitur*, donc, ainsi, par conséquent, c'est pourquoi.
*Rufus, a, um*, roux; pl. *rufi, æ, a.*

## 27.

*Multus, a, um*, beaucoup; pluriel *multi, æ, a.*
*Honestus, a, um*, honnête; plur. *honesti, æ, a.*
*Durus, a, um*, dur; pl. *duri, æ, a.*
*Humānus, a, um*, humain; plur. *humani, æ, a.*
*Miser, a, um*, misérable; pluriel *miseri, æ, a.*
*Meus, mea, meum*, mon, ma; pl. *mei, æ, a.*
*Crudēlis, is, e*, cruel; plur. *crudeles, es, ia.*
*Fertĭlis, is, e*, fertile; plur. *fertiles, es, ia.*
*Omnis, is, e*, chaque, tout; plur. *omnes, es, ia.*
*Ipse, ipsa, ipsum*, même; plur. *ipsi, æ, a.*
*Sapiens, m., f. et n.*, sage; plur. *sapientes, es, ia.*

*Hic, hæc, hoc,* ce, cette; celui-ci, celle-ci, ceci; plur. *hi, hæ, hæc.*
*Ille, illa, illud,* ce, cette; celui-là, celle-là, cela; plur. *illi, æ, a.*
*Qui, quæ, quod,* qui, lequel, laquelle; pl. *qui, quæ, quæ.*
*Nos,* nous.
*Vos,* vous (pl.).
*Parens, m., f.,* le père, la mère; pl. *parentes, m.,* les parents.
*Ter,* trois fois.

## 28.

*Miles, m.,* soldat; pl. *milites.*
*Dux, m.,* chef, général; plur. *duces.*
*Sanus, a, um,* sain, bien portant; plur. *sani, æ, a.*
*Sobrius, a, um,* sobre, frugal; plur. *sobrii, æ, a.*
*Expetendus, a, um,* désirable; pl. *expetendi, æ, a.*
*Potens, m. f. et n.,* puissant; pl. *potentes, es, ia.*
*Amare,* aimer; *amari,* être aimé.
*Diù,* longtemps.
*Quidem,* adv. à la vérité, certes, assurément.
*Dummŏdŏ,* pourvu que.

## 29.

*Ager, m.,* champ; plur. *agri.*
*Negotium, n.,* affaire; plur. *negotia.*
*Flos, m.,* fleur; plur. *flores.*
*Cultus, a, um,* cultivé; plur. *culti, æ, a.*
*Pulcher, pulchra, pulchrum,* beau (bien fait); plur. *pulchri, æ, a.*
*Tamen,* cependant, néanmoins, pourtant.
*Cùm, quùm,* quand, lorsque.

## 30.

*Vir, m.,* l'homme; plur. *viri.*
*Præceptor, m.,* précepteur, maître; plur. *præceptores.*
*Senex, m.* vieillard; plur. *senes.*
*Animal, n.,* animal; plur. *animalia.*
*Doctus, a, um,* savant; plur. *docti, æ, a.*
*Is, ea, id,* ce, cette; celui-là, celle-là, cela; plur. *ii, eæ, ea.*
*Honorāre,* honorer; *honorari,* être honoré.
*Docēre,* enseigner; *docet,* il enseigne; *docent,* ils enseignent.
*Legĕre,* lire.
*Scribĕre,* écrire.
*Nolunt,* ils, elles ne veulent pas.
*Discĕre,* apprendre, étudier.
*Fiĕri,* devenir.
*Bĕnĕ, adv.* bien.
*Meliùs,* mieux.
*Jăm,* déjà.
*Quanquàm, quàmquàm,* quoique.

## 31.

*Tristis, is, e,* triste; comparat. *-ior, ior, ius;* pl. *-iores, iores, iora.*
*Locŭples, m.* et *f.,* riche, opulent; comparat. *locupletior; or, us,* plus riche; pl. *-es, es, a.*
*Audax* (des 3 genres), audacieux, hardi; comparat. *audacior, or, us;* pl. *-es, es, a.*
*Infēlix* (des 3 g.), malheureux.
*Latus, a, um,* large; comparat. *latior, or, us;* plur. *-es, es, a.*
*Paucus, a, um,* adj. peu; plur. *pauci, æ, a.*
*Justitia, f.* justice.
*Severĭtas, f.,* sévérité.
*Fur, m.,* voleur; plur. *fures.*

*Latro, m.*, brigand; pl. *latrones*.
*Exĭtus, m.*, l'issue, la fin.
*Erit*, il, elle sera.
*Ubi*, où.
*Ibi*, là.

### 32.

*Societas, f.*, société ; plur. *societates*.
*Tigris, m.* et *f.*, tigre; pl. *tigres*.
*Generosus*, *a*, *um*, généreux ; comparat. *generosior*, *or*, *us*; pl. *-es, es, a.*
*Miser*, *ĕra*, *ĕrum*, malheureux ; Comparat. *miserior*, *or*, *us*; plur. *-es, es, a.*
*Periculōsus, a, um*, dangereux, périlleux ; comparat. *-ior, ior, ius*; plur. *es, -es, a.*
*Mitis, is, e*, doux, calme, paisible, indulgent ; compar. *-ior, ior, ius*; plur. *-es, es, a.*
*Et - et*, et - et ; aussi bien -que.
*Ut*, conj. que, afin que.

### 36.

*Constantia, f.*, constance, persévérance.
*Penna, f.*, plume.
*Corona, f.*, couronne.
*Insula, f.*, île.
*Humanus, a, um*, humain.
*Forma, f.*, forme, figure.
*Copia, f.*, quantité.
*Cura, f.*, soin, souci.
*Statua, f.*, statue.

### 37.

*Silva, f.*, forêt.
*Pigritia, f.*, paresse.
*Causa, f.*, cause.
*Pœna, f.*, peine, punition.
*Doctrina, f.*, science, instruction.
*Gloria, f.*, gloire.

*Pecunia, f.*, argent (monnaie).
*Præda, f.* proie, butin.
*Victoria, f.*, victoire.
*Planta, f.*, plante.

### 39.

*Animus, m.*, l'âme.
*Cœlum, n.*, le ciel.
*Cibus, m.*, nourriture.
*Asinus, m.*, âne.
*Morbus, m.*, maladie.
*Oculus, m.*, œil.
*Gallus, m.*, coq ; le Gaulois.
*Fluvius, m.*, fleuve.
*Numerus, m.*, nombre.
*Cervus, m.*, cerf.
*Gladius, m.*, épée.
*Taurus, m.*, taureau.
*Locus, m.*, endroit.
*Porta, f.*, porte.
*Auxilium, n.*, secours.
*Socius, m.*, l'allié, compagnon, associé.
*Vidi*, j'ai vu.
*Initium, n.*, commencement.
*Oppidum, n.*, ville.
*Crēber, crebra, crebrum*, fréquent.
*Miror*, j'admire.
*Consilium, n.*, conseil.
*Medicus, m.*, médecin.
*Vicinus, a, um*, voisin.
*Castra, orum, n. pl.*, camp.
*Arma, orum, n. pl.*, les armes.
*Romanus, a, um*, Romain.
*Magister, tri, m.*, maître, précepteur.
*Prosper, ĕra, ĕrum*, prospère, heureux.
*Paulus, m.*, Paul.
*Hic*, ici.
*Egregius, ia, ium*, éminent, distingué.
*Præmium, n.*, récompense.

## 40.

*Laboriosus, a, um,* laborieux.
*Cerasus, f.,* cerisier.
*Silva, f.,* forêt.
*In,* dans, sur (ici avec l'abl.).
*Cymba, f.,* barque.
*Culina, f.,* cuisine.
*Ripa, f.,* rive.
*Fossa, f.,* fossé.
*Rhenus, m.,* le Rhin.
*Helvetia, f.,* l'Helvétie, la Suisse.
*Germania, f.,* la Germanie, l'Allemagne.
*Lacedæmonius, ii, m.,* Lacédémonien.
*Somnus, m.,* sommeil.
*Perfugium, n.,* refuge, abri.

## 43.

*Ira, æ, f.,* colère.
*Europa, æ, f.,* l'Europe.
*Capra, æ, f.,* chèvre.
*Salutaris, is, e,* salutaire.
*Dux, ducis, m.,* chef.
*Peritus, a, um,* expérimenté.
*Color, ōris, m.,* couleur.
*Tener, ĕra, ĕrum,* tendre.
*Malum, i, n.,* le mal.
*Urbs, urbis, f.,* ville, cité.
*Societas, ātis, f.,* société.
*Dilatio, ōnis, f.,* délai.

## 44.

*Perennis, e,* intarissable, continuel.
*Liberi, orum, m. pl.,* enfants.
*Nobilis, e,* noble.
*Equester, tris, tre,* de cavalier, équestre.
*Crusta, æ, f.,* croûte.
*Celer, ĕris, ĕre,* prompt, rapide, léger.
*Minax, ācis, m., f. et n.,* menaçant.
*Atrox, ōcis, m., f. et n.,* atroce, terrible.
*Viridis, e,* verdoyant, vert.
*Vorax, ācis, m., f. et n.,* vorace.
*Omnis, e,* tout.
*Insignis, e,* remarquable.
*Ingens, m., f. et n.,* immense.
*Vehemens, m., f. et n.,* impétueux, violent.
*Præstans, m., f. et n.,* excellent.
*Præsens, m., f. et n.,* présent, actuel.
*Voluntas, ātis, f.,* volonté.
*Constans, m., f. et n.,* constant.
*Splendidus, a, um,* splendide, brillant.
*Audax, ācis, m., f. et n.,* audacieux, hardi.
*Communis, e,* commun, général.

## 45.

La préposition *in*, dans, sur, jointe à un verbe marquant le mouvement vers un but, gouverne l'accusatif, mais jointe à un verbe de repos, l'ablatif : *in urbe sum,* je suis dans la ville ; *eo in urbem,* je vais dans la ville.
*Stella, æ, f.,* étoile.
*Possessor, ōris, m.,* possesseur.
*Portus, ûs, m.,* port (de mer).
*Metus, ûs, m.,* crainte, anxiété.
*Spectamus,* nous regardons.
*Regia, æ, f.,* palais.
*Crœsus, i, m.,* Crésus.
*Ædificant,* ils construisent.

## 46.

*Quatuor,* quatre.
*Planities, ei, f.,* plaine.
*Victor, oris, m., victrix, icis, f.,* vainqueur, victorieux.
*Amant,* ils aiment.
*Ornant,* ils parent.

Les prépositions : *ante*, avant, devant ; *post*, après, derrière ; *per*, par, à travers ; *contra*, contre ; *erga*, envers, gouvernent l'*accusatif*.

Les prépositions : *cum*, avec ; *de*, de, sur, touchant ; *sinè*, sans, gouvernent l'*ablatif*.

### 47.

*Hic, hæc, hoc*, celui-ci, celle-ci, ceci ; ce, cette ; gén., *hujus, m., f.* et *n.*, de celui-ci, de celle-ci, de ceci ; de ce, de cette. Pluriel : *hi, hæ, hæc*, ceux-ci, celles-ci, ces ; génit., *horum, harum, horum*, de ceux-ci, de celles-ci ; de ces.

*Onus, ĕris, n.*, fardeau.

*Summus, a, um*, le plus haut, le plus élevé ; supérieur, suprême.

*Globosus, a, um*, rond, formé en globe.

*Liberi, orum, m. pl.*, enfants (de parents désignés) ; *pueri, orum, m.*, enfants (en général).

*Pestis, is, f.*, peste, malheur, désastre.

*Rarò*, rarement.

*Repetitio, ōnis, f.*, répétition.

*Primus, a, um*, premier.

*Classis, is, f.*, classe.

*Schola, æ, f.*, école.

*Qui, quæ, quod*, qui, lequel, laquelle ; gén., *cujus* (3 genres), dont le, dont la, dont les, duquel, de laquelle ; pluriel : *qui, quæ, quæ*, qui, lesquels, lesquelles ; gén., *quorum, quarum, quorum*, dont le, dont la, dont les, desquels, desquelles.

### 48.

*Esse*, être.

*Videtur*, il, elle paraît ; *videntur*, ils, elles paraissent.

*Diligens, entis* (3 genres), diligent, soigneux, appliqué.

*Diligentia, æ, f.*, diligence, zèle, empressement.

*Vivĕre*, vivre.

*Edĕre*, manger.

*Bibĕre*, boire.

*Nolunt*, ils ne veulent pas.

*Stomăchus, i, m.*, estomac.

*Corruptus, a, um*, corrompu, gâté.

*Velox, ōcis* (3 genres), rapide, prompt, agile.

*Velociter*, promptement, rapidement.

*Currĕre*, courir.

*Corvus, i, m.*, corbeau.

*Dicitur*, est dit ; *dicuntur*, sont dits ; on dit que.

*Bipes, pĕdis*, bipède.

*Struthiocamēlus, i, m.*, l'autruche.

*Ornamentum, i, n.*, ornement, parure.

*Mulier, ĕris, f.*, femme.

*Turpis, e*, vilain, honteux.

*Talis, e*, tel.

*Opprobrium, ii, n.*, opprobre, honte, déshonneur.

*Dives, ĭtis* (3 genres), riche, opulent.

*Locuples, ētis*, riche, opulent.

*Bonum, i, n.*, le bien.

*Perire*, périr, se perdre.

*Lucrum, i, n.*, lucre, gain, profit.

*Facilè*, facilement.

*Reddi*, être fait ; devenir.

*Volăre*, voler.

*Passer, ĕris, m.*, moineau.

### 49.

*Altus, a, um*, haut, élevé, grand.

*Diù*, longtemps ; *diutiùs*, plus longtemps.

*Patiens, entis* (3 genr.), patient.
*Sermo, ōnis, m.*, langage, discours.
*Diōgĕnes, is, m.*, Diogène.
*Insolens* (3 genres), insolent.
*Modestus, a, um*, modeste.
*Medicamentum, i, n.*, médicament, remède.
*Ferox, ōcis* (3 genres), féroce, fougueux, fier.
*Macedonïa, æ, f.*, Macédoine.
*Potens, entis* (3 genres), puissant.
*Carŏlus, i, m.*, Charles.
*Duodecĭmus*, douzième.
*Suecia, æ, f.*, Suède.
*Ebriōsus, a, um*, ivrogne, adonné au vin.
*Moderatus, a, um*, modéré.
*Neuter, tra, trum*, ni l'un ni l'autre, aucun des deux.
*Habebat*, il avait.
*Assiduus, a, um*, assidu.
*Socrătes, is, m.*, Socrate.
*Plato, ōnis, m.*, Platon.
*Antiquĭtas, ātis, f.*, antiquité.
*Civitas, ātis, f.*, État, patrie, république.
*Philosŏphus, i, m.*, philosophe.
*Senĕca, æ, m.*, Sénèque.
*Ingenium, ii, n.*, génie.
*Excellens, entis* (3 genres), excellent.
*Eruditio, ōnis, f.*, érudition.
*Elementum, i, n.*, élément.

### 50.

*Orator, ōris, m.*, orateur.
*Nihil*, indécl., rien.
*Solo, ōnis, m.*, Solon.
*Fidelis, e*, fidèle.
*Æqualis, e*, égal; contemporain.
*Vilis, e*, vil, vilain, vulgaire.
*Innocentïa, æ, f.*, innocence.
*Vulpes, is, f.*, renard.
*Callĭdus, a, um*, rusé.

*Fidus, a, um*, fidèle, sûr, loyal.
*Valĭdus, a, um*, fort, robuste.
*Rubor, ōris, m.*, le rouge, la rougeur.
*Acer, ācris, ācre*, âcre, vif, véhément, éclatant.
*Sententia, æ, f.*, sentiment, opinion, sentence, pensée.
*Legendus, a, um*, à lire; digne d'être lu.
*Auctor, ōris, m.*, auteur.
*Alii - alii*, les uns - les autres.
*Scriptus, a, um*, écrit.
*Obscurus, a, um*, obscur.
*Illustris, e*, illustre.
*Re verā; reverā*, en effet, réellement.
*Mos, moris, m.*, usage; plur., *mores*, mœurs.
*Laudandus, a, um*, louable.
*Lascīvus, a, um*, lascif, folâtre, pétulant.
*Miltiădes, is, m.*, Miltiade.

### 51.

*Sapientia, æ, f.*, sagesse.
*Honestas, ātis, f.*, honnêteté, vertu.
*Causa, æ, f.*, cause.
*Civis, is, m.*, citoyen, concitoyen.
*Nemo, inis, m.*, personne, aucun.
*Atheniensis, is*, Athénien.
*Ætas, atis, f.*, âge, époque, temps; *ætate*, à l'époque, du temps.
*Pravus, a, um*, dépravé, pervers, méchant.
*Corruptus, a, um*, corrompu.
*Sors, sortis, f.*, sort.
*Tristis, e*, triste.
*Conjux, conjŭgis, m. et f.*, épouse, époux.
*Morōsus, a, um*, morose, chagrin.
*Fuisse*, avoir été.

*Patientia, æ, f.* patience.
*Morositas, ātis, f.*, morosité, humeur chagrine.
*Nisi,* si... ne pas.
*Tantus, a, um,* si grand.
*Hilaris, e,* enjoué, gai.
*Non solùm -sed etiàm,* non seulement - mais encore.
*Æternus, a, um,* éternel, perpétuel.
*Immerĭtus, a, um,* non mérité, injuste.
*Ingrātus, a, um,* ingrat.

### 52.

*Errāre,* errer, se tromper ; *errarent,* ils erraient, se trompaient.
*Perfectus, a, um,* parfait.
*Benignus, a, um,* clément.
*Sanctus, a, um,* saint.
*Quid?* quoi? en un mot; enfin.
*Mori,* mourir ; *moriuntur,* ils meurent.
*Tantùm,* seulement.
*Animus, i, m.,* âme, esprit.
*Immortalis, e,* immortel.
*Perire,* périr.
*Rector, ōris, m.,* directeur, gouverneur.
*Cùm,* quand.
*Mortuus, a, um,* mort.
*Quanquàm,* quoique.
*Industrius, a, um,* actif, industrieux.
*Negotiosus, a, um,* occupé, actif.
*Otiosus, a, um,* oisif.
*Mihi,* à moi, me.
*Tibi,* à toi, te.
*Vitiosus, a, um,* vicieux.
*Præclarus, a, um,* glorieux, illustre.
*Gravis, e,* grave, fort.
*Injucundus, a, um,* désagréable.
*Otium, ii, n.,* oisiveté.

*Initium, ii, n.,* commencement.
*Moriĕtur,* il mourra.
*Aliquandò,* un jour, enfin.

### 53.

*Cicero, ōnis, m.,* Cicéron.
*Reus, i, m.,* prévenu, accusé.
*Defensor, ōris, m.,* défenseur.
*Memoria, æ, f.,* mémoire.
*Disertus, a, um,* disert, éloquent,
*Sæpè,* souvent ; *sæpiùs,* plus souvent.
*Semel,* une (seule) fois.
*Consul, sŭlis, m.,* consul.
*Inimīcus, i, m.,* ennemi (privé).
*Inimicitia, æ, f.,* inimitié, haine, animosité.
*Violentus, a, um,* violent.
*Occīsus, a, um,* tué.
*Quàm, cùm,* lorsque (avec le subjonctif).
*Timidus, a, um,* timide.
*Anteà,* avant, auparavant.
*Cliens, entis, m.,* client.
*Scriptum, i, n.,* l'écrit.
*Exstant,* ils existent ; *exstarent,* qu'ils existassent.
*Marītus, i, m.,* mari.
*Salvus, a, um,* sain, sain et sauf, sauvé.
*Illius,* génit. (de *ille*), de celui-là.
*Jàm,* déjà ; *jàm non,* ne plus ; *non jàm,* pas encore.
*Fit,* il se fait, il arrive.
*Auctoritas, ātis, f.,* autorité.
*Fortassè,* peut-être.
*Interdùm,* quelquefois.
*Mendicus, i, m.,* mendiant.
*Rarus, a, um,* rare.
*Imperfectus, a, um,* imparfait.
*Negligens, entis* (3 genres), négligent.
*Percussor, ōris, m.,* meurtrier, assassin.

## 56.

*Ergò*, donc, ainsi, par conséquent.
*Tempus, tempŏris, n.*, temps.
*Nunquàm*, jamais, ne-jamais.
*Genus, genĕris, n.*, genre.
*Immānis, e*, inhumain.
*Bellua, æ, f.*, bête féroce.
*Mitis, e*, doux, calme, paisible.
*Haud*, non, ne pas.
*Scio*, je sais; *scimus*, nous savons.
*Num*, si.
*Crœsus, i, m.*, Crésus, roi de Lydie.
*Postquàm*, après que.
*Victus-est*, il a été vaincu.
*Minimè*, nullement, point du tout.
*An*, si, ou.
*Uter, utra, utrum*, lequel des deux; pl. *utri, utræ, utra*.
*Imitator, ōris, m.*, imitateur.
*Homērus, i, m.*, Homère, poëte grec.
*Cæcus, a, um*, aveugle.
*Re verà, reverà*, en effet.
*Græcè*, en grec.
*Latinè*, en latin.
*Imperator, ōris, m.*, empereur.
*Fautor, ōris, m.*, protecteur, fauteur.

## 57.

*Septem*, sept.
*Ultimus, a, um*, dernier.
*Superbus, a, um*, superbe, hautain, orgueilleux.
*Expulsus, a, um*, expulsé, chassé.
*Exsul, ŭlis, m.*, proscrit, exilé, banni.
*Ortus, a, um*, issu, levé, né.
*Crudelitas, ātis, f.*, cruauté.
*Accusare*, accuser; *accusari*, être accusé; *accusatus, a, um*, accusé.
*Auxiliator, ōris, m.*, aide; celui qui aide, qui secourt.
*Etruria, æ, f.*, Etrurie, province d'Italie.
*Successor, ōris, m.*, successeur.
*Duo, æ, o*, deux.
*Primùm*, premièrement, d'abord.
*Publicè*, publiquement, en public.
*Deindè*, ensuite, après.
*Prex* (nominatif inus.), *precis, f.*, prière.
*Inānis, e*, vain, inutile.
*Videbatur*, il, elle paraissait.
*Ampliùs*, plus, davantage, plus longtemps.
*Injustitia, æ, f.*, injustice.
*Judex, dĭcis, m.*, juge.
*Lenitas, ātis, f.*, douceur.
*Ità*, ainsi, tellement.
*Legislator, ōris, m.*, législateur.
*Draco, ōnis, m.*, Dracon, législateur d'Athènes.

## 58.

*Idem, eadem, idem*, le même; pl. *iidem, eædem, eădem*.
*Priscus, a, um*, ancien, vieux.
*Præcipuè*, principalement, surtout.
*Immanitas, ātis, f.*, barbarie, férocité, énormité.
*Exsilium, ii, n.*, exil, bannissement.
*Dictum, i, n.*, dicton, proverbe.
*Ubì-ibi*, où-là.
*Patria, æ, f.*, patrie.
*Diversus, a, um*, divers, différent.
*Felicitas, ātis, f.*, félicité, bonheur.
*Prodĭgus, a, um*, prodigue.
*Prodigalitas, ātis, f.*, prodigalité.
*Avaritia, æ, f.*, avarice.
*Invidia, æ, f.*, envie.

*Miseria*, æ, *f.*, misère.
*In posterum*, à l'avenir, désormais.
*Proverbium*, ii, *n.*, proverbe.
*Attamen*, cependant, pourtant.
*Ferè*, presque, à peu près, environ.
*Par, paris* (3 genres), égal, semblable, pareil.

### 59.

*Votum*, i, *n.*, vœu, désir, souhait.
*Optāre*, souhaiter, désirer ; *optat*, il souhaite ; *optant*, ils souhaitent.
*Illum*, *acc.*, celui-là.
*Verè*, vraiment.
*Præceptum*, i, *n.*, précepte, commandement.
*Servāre*, conserver, observer, garder ; *servat*, il observe ; *servant*, ils observent.
*Vidēre*, voir ; *videt*, il voit ; *vident*, ils voient.
*Quomŏdò*, comment ? de quelle manière ? comme.
*Peccare*, pécher ; *peccat*, il pèche ; *peccant*, ils pèchent.
*Nemo-nisi*, personne-excepté.
*Amor*, ōris, *m.*, amour.

### 60.

*Vultus*, ūs, *m.*, visage, physionomie.
*Mens, mentis, f.*, esprit, intelligence.
*Impiĕtas*, ātis, *f.*, impiété.
*Damnāre*, condamner ; *damnatus, a, um*, condamné.
*Volebat*, il voulait ; *voluit*, il a voulu.
*Noluit*, il n'a pas voulu.
*Defendĕre*, défendre ; *defendi*, être défendu.

*Legēre*, lire ; *legit*, il a lu.
*Laudāre*, louer ; *laudāvit*, il a loué.
*Oratio*, ōnis, *f.*, discours.
*Quantoperè*, combien, jusqu'à quel point.
*Amavĕrit*, qu'il ait aimé.
*Tùm-quùm*, alors-que.
*Apparēre*, apparaître ; *apparuit*, il a apparu.
*Sanè*, certes, assurément.
*Judicare*, juger ; déclarer.

### 61.

*Redamāre*, rendre amour pour amour ; prés. *redămo, as, at, amus, atis, ant*.
*Impius, a, um*, impie.
*Memor*, ŏris, se souvenant de.
*Unquàm*, jamais, quelquefois, déjà.
*Immemor*, ŏris, ne se souvenant pas, oublieux.
*Sempiternus, a, um*, éternel, perpétuel.
*Hucusquè*, jusqu'ici, jusqu'à-présent.
*Mutabilis, e*, changeant, variable, inconstant.
*Fit*, il devient, se fait.
*Mutare*, changer, modifier ; *mutari*, être changé. Prés. *muto, as, at, amus, atis, ant*. *Mutatur*, il est changé ; *mutantur*, ils sont changés.
*Infirmus, a, um*, infirme, débile, faible.
*Debilis, e*, débile, infirme.
*Libidinosus, a, um*, licencieux, débauché.
*Secundus, a, um*, second.
*Deterior, us*, moins bon, détérioré.
*Mei*, de moi ; *tui*, de toi.
*Nostri*, de nous ; *vestri*, de vous.

*Nostrûm*, parmi nous ; *vestrûm*, parmi vous.

## 62.

*Equĭdem*, certes, certainement, pour ma part.
*Contrà*, au contraire.
*Laudāre*, louer ; *laudatus, a, um*, loué. Prés. *laudo, as, at, amus, atis, ant. Laudantur*, ils sont loués.
*Vituperāre*, blâmer. Prés. *vitupero, as, at, amus, atis, ant. Vituperantur*, ils sont blâmés.
*Odium, ii, n.*, haine.
*Vituperatio, ōnis, f.*, blâme.
*Sin*, mais si.
*Laudator, ōris, m.*, louangeur, panégyriste.
*Suspectus, a, um*, suspect, soupçonné.
*Jus, juris, n.*, droit, raison ; *jure*, avec raison.
*Si quis*, si quelqu'un.
*Furtum, i, n.*, vol, larcin.
*Testis, is, m.*, témoin.
*Innocens, entis* (3 genres), innocent.
*Fiat*, qu'il devienne, qu'il se fasse.
*Injuria, æ, f.*, injure, injustice, dommage.
*Vel*, ou, ou bien, même.
*Convictus, a, um*, convaincu.
*Liberare*, délivrer, affranchir, acquitter.
*Inferior, us*, inférieur ; comp. de *inferus*.
*Timēre*, craindre, avoir peur. Prés. *timĕo, es, et, ēmus, ētis, ent*.
*Superior, us*, supérieur ; compar. de *superus*.
*Proh dolor!* ô douleur! malheureusement!

*Punīre*, punir ; *punīvit*, il a puni.
*Persa, æ, m.*, le Perse, Persan.
*Fridericus, i, m.*, Frédéric.
*Borussia, æ, f.*, Prusse.
*Crudelissimè*, très-cruellement.

## 63.

*Idcircò*, pour cette raison, à cause de cela.
*Verò*, mais (se place après un mot).
*Semet*, soi-même, lui-même. *Met*, même, s'ajoute aux pronoms personnels.
*Circa* (préposition), autour, auprès, environ, gouverne l'accusatif.
*Murus, i, m.*, mur, rempart.
*Stratus, a, um*, pavé.
*Ducĕre*, conduire, mener ; *ducit*, il conduit.
*Hodiè*, aujourd'hui.
*Hodiernus, a, um*, d'aujourd'hui.
*Olim*, autrefois, anciennement.
*Constructus, a, um*, construit.
*Hostis, is, m.*, ennemi (de guerre).
*Retinēre*, retenir.
*Diruĕre*, détruire, renverser.
*Penetrare*, pénétrer.
*Mutatus, a, um*, changé.
*Imbellis, e*, peu propre à la guerre, lâche, pusillanime.
*Occidĕre*, tuer.
*Item*, de même, aussi, pareillement.
*Comes, mĭtis, m., f.*, compagnon, compagne.
*Agĕre*, agir ; *agit*, il agit ; *agunt*, ils agissent.
*Punīre* punir ; *puniri*, être puni.
*Fundamentum, i, n.*, fondement, base.
*Labefactare*, ébranler. Prés.

*labefacto, as, at, āmus, ātis, ant.*

*Latro, ōnis, m.*, brigand, voleur.

### 65.

*Frequens, entis* (3 genres), fréquent, nombreux, peuplé.

*Orbis, is, m.*, cercle, région, univers; *orbis terrarum*, univers.

*Dirutus, a, um*, détruit, renversé.

*Centum*, cent.

*Sexaginta*, soixante.

*Mille*, sing.; plur., *millia*, mille.

*Captus, a, um*, pris.

*Senator, ōris, m.*, sénateur.

*Iniquus, a, um*, inique, injuste.

*Facěre*, faire.

*Conditio, ōnis, f.*, condition.

*Tantus, a, um*, si grand; aussi grand que, *tantus quantus*; *tantùm quantùm*, autant - que.

*Pondus, děris, n.*, poids, quantité.

*Imperabat*, il ordonna.

*Vix*, à peine.

*Dăre*, donner.

*Tandem*, enfin.

*Pulsus, a, um*, chassé, expulsé.

*Vincěre*, vaincre; *vicit*, il a vaincu.

*Pænè*, presque.

*Gerěre*, gérer, conduire, faire; *geri*, être fait; *gessit*, il a fait; *gessērunt*, ils ont fait.

*Disciplina, æ, f.*, discipline.

*Arma, orum, n. pl.*, les armes.

### 66.

*Germania, æ, f.*, Germanie, Allemagne.

*Audivi*, j'ai entendu, j'ai appris.

*Locuti sumus*, nous avons parlé.

*Inceptus, a, um*, commencé.

*Moderatio, ōnis, f.*, modération.

*Rarus, a, um*, rare, peu commun, extraordinaire.

*Instituti sunt*, ils ont été instruits.

*Invitatus, a, um*, invité.

*Donum, i, n.*, don, cadeau.

*Accepi*, j'ai reçu.

*Dirutus, a, um est*, il a été détruit.

*Captus erat*, il avait été pris.

*Didici*, j'ai appris.

*Vulneratus est*, il a été blessé.

*Amantur*, ils sont aimés.

*Ædificatus, a, um est*, il a été bâti.

*Nero, ōnis, m.*, Néron, empereur romain.

*Flamma, æ, f.*, flamme.

### 67.

*Subigěre*, dompter, vaincre, soumettre, subjuguer; *subegit*, il a subjugué.

*Vincěre*, vaincre; *quùm vicisset*, lorsqu'il eut vaincu.

*Statuěre*, arrêter, décréter, décider; *statuit*, il arrêta.

*Rogus, i, m.*, bûcher (funèbre).

*Cùm staret*, lorsqu'il se tenait.

*Exclamare*, s'écrier; *exclamavit*, il s'écria.

*Ter*, trois fois.

*Interrogare*, interroger, demander; *interrogavit*, il demanda.

*Cur*, pourquoi.

*Facěre*, faire; *facerem*, que je fisse, je ferais; *faceres, ret, rēmus, rētis, rent.*

*Respondēre*, répondre; *respondit*, il répondit.

*Videbar*, je paraissais.

*Dicěre*, dire; *dixit*, il dit.

*Momentum, i, n.*, moment.

*Intelligĕre*, comprendre; *intelligo*, je comprends.
*Quàm*, combien, que; *quàm verus, a, um*, que vrai.
*Liberāre*, délivrer, débarrasser, affranchir; *liberavit*, il délivra.
*Vinculum, i, n.*, lien, chaînes, fers.
*Factus, a, um est*, il a été fait, il est devenu.
*Magister, tri, m.*, maître; *magistra, æ, f.*, maîtresse.
*Indè*, de là, de ce lieu; *indè a* ou *ab*, depuis, dès.
*Cupiditas, ātis, f.*, cupidité, avidité.
*Præterĭtus, a, um*, écoulé, passé.
*Seculum, i, n.*, siècle.
*Legĕre*, lire; *legĭmus*, nous lisons.
*Videmur nobis*, nous nous paraissons, nous croyons.
*Cognoscĕre*, connaître.
*Studium, ii, n.*, étude, zèle, désir, bienveillance.

### 68.

*Præter*, (préposition) gouverne l'*accusatif* : excepté, outre, au delà de; par-dessus, au-dessus de, plus que.
*Creāre*, créer, élire, nommer; *creabant*, ils créaient; *creatus, a, um est*, il a été créé.
*Dictator, ōris, m.*, dictateur.
*Dictatūra, æ, f.*, dictature.
*Potestas, ātis, f.*, pouvoir, puissance.
*Jus, juris, n.*, le droit.
*Nex, necis, f.*, mort (violente).
*Licet*, il est permis; *licebat*, il était permis.
*Periculum, i, n.*, péril, danger; *periculosus, a, um*, dangereux.

*Quin etiàm*, bien plus, de plus, et même.
*Mora, æ, f.*, délai, retard.
*Jussum, i, n.*, ordre, commandement.
*Sequi*, suivre; *sequebantur*, ils suivaient.
*Iterùm*, de nouveau, pour la seconde fois.
*Tertiùm*, pour la troisième fois.
*Arātrum, i, n.*, charrue.
*Vocāre*, appeler, nommer; *vocatus, a, um est*, il a été appelé.
*Perpetuus, a, um*, perpétuel, continuel.
*Curia, æ, f.*, curie; palais du sénat romain.
*Percussor, ōris, m.*, meurtrier, assassin.
*Cædes, is, f.*, meurtre.
*Libertas, ātis, f.*, liberté.
*Divitiæ, arum, f. pl.*, richesses.
*Punĭcus, a, um*, punique, carthaginois.
*Victor, ōris, m.*, vainqueur.
*Corrumpĕre*, corrompre; *corrūpit*, il a corrompu.
*Plurima bella*, la plupart des guerres.
*Gerĕre*, gérer, faire; *gessērunt*, ils ont fait.
*Amittĕre*, perdre; *amisērunt*, ils ont perdu.
*Numerāre*, compter; *numerāri*, être compté.
*Germanus, a, um*, Germain, Allemand.

### 73.

*Salvus, a, um*, sain, en bonne santé, bien conservé.
*Divīnus, a, um*, divin.
*Ideòque*, et pour cela.
*Jure*, avec raison.
*Meritò*, justement.

12.

*Saxum, i, n.,* pierre.
*Occīdi,* j'ai tué ; *occidĕram,* j'avais tué.
*Ibo,* j'irai.
*Gerĭtur,* il est fait, on fait.
*Proficiscitur,* il marche.
*Venit,* il vint.

### 74.

*Concors,* génitif, *concordis* (3 g.), d'accord, en bonne intelligence.
*Discordia, æ, f.,* discorde.
*Græcia, æ, f.,* Grèce.
*Volebant,* ils voulaient.
*Prudentia, æ, f.,* prudence.
*Quare,* c'est pourquoi.
*Cautus, a, um,* prudent, vigilant.
*Modus, i, m.,* mode, manière.
*Et - et,* et - et.
*Scriptor, oris, m.,* écrivain, auteur.
*Antequàm,* avant que.
*Nihil,* rien.
*Creator, oris, m.,* créateur.
*Continuāre,* continuer.
*Imò,* bien au contraire.
*Cogitāre,* penser, réfléchir.
*Secum,* avec lui-même, en lui-même.
*Pigritia, æ, f.,* paresse.
*Interruptus, a, um,* interrompu.
*Duplicāre,* doubler, redoubler.
*Mutatio, onis, f.,* changement.
*Posteà,* après.
*Anteà,* avant.
*Factus est,* il est devenu.
*Solet,* il a coutume.
*Num,* si (dubitatif).
*Certè,* certainement.

### 75.

*Prætor, oris, m.,* préteur, gouverneur.

*Prætura, æ, f.,* préture, commandement.
*Vexāre,* vexer, tourmenter.
*Siculus, i, m.,* Sicilien.
*Maleficium, ii, n.,* mauvaise action, méfait, forfait.
*Scelestus, a, um,* criminel, scélérat, impie.
*Defensor, oris, m.,* défenseur.
*Coarguit,* il a convaincu.
*Levis, e,* léger, insignifiant.
*Vidēmus,* nous voyons.
*Quàm utilis,* combien utile.
*Accusator, oris, m.,* accusateur.
*Florent,* ils sont florissants, puissants.
*Satis,* assez.
*Carthaginiensis, is, m.,* Carthaginois.
*Recens,* génitif, *recentis* (3 g.), récent, nouveau, moderne.
*Francogallus, i, m.,* Français ; *Hispānus, i, m.,* Espagnol.
*Ignivŏmus, a, um,* vomissant du feu.
*Mons,* génit., *montis, m.,* mont.

### 76.

*Philosophia, æ, f.,* philosophie.
*Lysis, ĭdis, m.,* Lysis, maître d'Épaminondas.
*Tarentinus, i, m.,* Tarentin, de Tarente.
*Firmitas, atis, f.,* fermeté, solidité.
*Accedĕre,* approcher ; s'ajouter ; *accessĕrunt,* s'ajoutèrent.
*Modestus, a, um,* modeste.
*Gravis, e,* grave ; lourd, important, pénible.
*Perītus, a, um,* expérimenté, habile.
*Mendax, ācis* (3 genres), menteur, mensonger.
*Continens, entis* (3 g.), contigu,

continu; sobre, tempérant, désintéressé.

*Clemens*, *entis* (3 g.), clément, indulgent; calme, paisible.

*Patiens*, *entis* (3 g.), patient, persévérant.

*Ferre*, porter, supporter; *ferebat*, il supportait.

*Injuria*, *æ*, *f.*, injure.

*Peloponnesii*, *orum*, *m. pl.*, Péloponésiens, habitants du Péloponèse.

*Collēga*, *æ*, *m.*, collègue.

*Strenuus*, *a*, *um*, actif, infatigable, courageux.

*Probatus*, *a*, *um*, agréable; approuvé, estimé.

*Rogāre*, demander, prier.

*Scribĕre*, écrire; *scribĕrent*, qu'ils écrivissent.

*Multāre*, *mulctāre*, condamner (à une amende); punir (par un jugement).

*Quòd*, parce que.

*Cogĕre*, forcer; *coëgit*, il a forcé.

*Prælium*; *prœlium*, *ii*, *n.*, combat, bataille.

*Universus*, *a*, *um*, tout entier, tout; universel, général.

*Reducĕre*, ramener; *reduxit*, il a ramené, remis.

*Dicĕre*, dire; *dixĕrat*, il avait dit.

*Absolvĕre*, absoudre, acquitter; *absolutus est*, il fut acquitté.

*Gerĕre*, conduire, faire; *gessĕrunt*, ils ont fait.

*Alexandrĭa*, *æ*, *f.*, Alexandrie, ville d'Égypte.

*Nobilis*, *e*, noble, célèbre.

*Bibliothēca*, *æ*, *f.*, bibliothèque.

*Olim*, autrefois.

*Docuit*, il a enseigné.

*Diāna*, *æ*, *f.*, Diane, déesse de la chasse.

*Ephĕsus*, *i*, *f.*, Éphèse, ville d'Ionie.

*Evangelium*, *ii*, *n.*, l'Évangile.

*Archimēdes*, *is*, *m.*, Archimède, célèbre géomètre de Syracuse.

*Syracusæ*, *arum*, *f. pl.*, Syracuse, ville de Sicile.

*Babylon*, *ōnis*, *f.*, Babylone, ville sur l'Euphrate, en Asie.

*Mortuus est*, il mourut.

*Validus*, *a*, *um*, robuste, vigoureux.

*Laboriosus*, *a*, *um*, laborieux; fatigant, pénible.

*Vivĕre*, vivre; *vixi*, j'ai vécu; *vixit*, il a vécu.

*Hispanĭa*, *æ*, *f.*, Espagne.

## 77.

*Agis*, *ĭdis*, *m.*, Agis, roi de Sparte.

*Nomine* (de *nomen*, *nominis*, *n.*), de nom.

*Agesilāus*, *i*, *m.*, Agésilas, roi de Lacédémone.

*Imperium*, *ii*, *n.*, pouvoir, empire, commandement.

*Relinquĕre*, laisser en arrière; laisser derrière en mourant; *reliquĕrat*, il laissa.

*Regnum*, *i*, *n.*, règne, empire, royaume, royauté.

*Patruus*, *i*, *m.*, oncle paternel.

*Contendĕre*, lutter; *contendēbat*, il luttait.

*Movēre*, mouvoir, agiter; pousser à; *movit*, il poussa.

*Emittĕre*, émettre; lancer, jeter; *emittĕrent*, qu'ils lançassent.

*Locupletāre*, enrichir.

*Præda*, *æ*, *f.*, butin.

*Ortus*, *a*, *um*, levé, né, issu.

*Novus*, *a*, *um*, neuf, nouveau.

*Corinthius*, *a*, *um*, Corinthien, de Corinthe.

*Appellāre*, nommer.
*Occidĕre*, tuer ; *occīdit*, il tua.
*Decem*, dix.
*Oppugnāre*, attaquer, assiéger.
*Oppidum, i, n.*, place forte, petite ville.
*Murus, i, m.*, mur, rempart.
*Exiguus, a, um*, petit, exigu.
*Claudus, a, um*, boiteux.
*Afferre*, apporter, occasionner ; *afferēbat*, il occasionnait.
*Nonnullus, a, um*, quelque.
*Deformitas, ātis, f.*, difformité, laideur, défaut.
*Deformis, e*, difforme, laid, hideux.
*Venīre*, venir ; *veniebant*, ils venaient.

### 78.

*Phocion, ŏnis, m.*, Phocion, illustre citoyen d'Athènes.
*Integrĭtas, ātis, f.*, honnêteté, probité.
*Multò*, de beaucoup, beaucoup.
*Notus, a, um*, connu.
*Militaris, e*, militaire, guerrier.
*Cognōmen, mĭnis, n.*, surnom.
*Perpetuò*, toujours, constamment.
*Dives*, génitif, *divĭtis*, riche.
*Munus*, gén. *munĕris, n.*, don, présent ; charge, office, fonction.
*Oblatus, a, um*, offert.
*Repudiāre*, répudier, refuser, rejeter.
*Paupertas, ātis, f.*, pauvreté.
*Simĭlis, e*, semblable ; *mei*, à moi.
*Agellus, i, m.*, petit champ.
*Alĕre*, nourrir ; *alet*, il nourrira.
*Perducĕre*, conduire, amener ; *perduxit*, il a conduit.
*Dignitas, ātis, f.*, dignité.

*Dissimĭlis, e*, dissemblable, différent.
*Nolo*, je ne veux pas.
*Propè*, près de.
*Octogesĭmus, a, um*, le quatre-vingtième.
*Prosper, ĕra, ĕrum*, prospère, heureux.
*Fortuna, æ, f.*, fortune, sort.
*Pervenīre*, parvenir, arriver ; *quàm pervenisset*, lorsqu'il fut arrivé.
*Extrēmus, a, um*, extrême, dernier.
*Incidĕre*, tomber dans ; *incĭdit*, il tomba dans.
*Odium, ii, n.*, haine.
*Factio, ōnis, f.*, faction, parti.
*Optimates, um, m. pl.*, les grands, les nobles.
*Victor, oris, m.*, vainqueur.
*Pellĕre*, chasser ; *pepŭlit*, il a chassé ; *pulsus est*, il fut chassé.
*Sepelīre*, enterrer ; *sepultus est*, il fut enterré.
*Ingratus, a, um*, ingrat.
*Mittĕre*, envoyer ; *misit*, il envoya.
*Ad*, prépos., gouvern. l'accusatif : à, vers, chez.
*Finis, is, m.* et *f.*, fin.

### 81.

*Ultimus, a, um*, dernier (après tous les autres).
*Administratio, ōnis, f.*, administration.
*Permittĕre*, confier ; *permissus, a, um*, confié.
*Annuus, a, um*, annuel, d'un an.
*Libīdo, dĭnis, f.*, caprice, volonté ; déréglement, débauche.
*Habēo, ui, itum, ēre*, avoir ; regarder comme.
*Legĕre*, choisir, lire ; *legitur*, il est choisi.

*Itaque*, c'est pourquoi.
*Pro*, préposit. avec l'*abl.*, pour.
*Velut*, comme, pour ainsi dire.
*Condĕre*, fonder; *ut condĕret*, pour qu'il fondât.
*Moderatio*, ōnis, f., modération.
*Inter*, préposit. avec l'*accusat.*, entre, parmi.
*Plebs*, *plebis*, f., le peuple, le bas peuple.
*Agĕre*, agir; *egit*, il a agi.
*Uterque*, *utraque*, *utrumque*, l'un et l'autre.
*Par*, génitif, *paris* (3 g.), égal, pareil.
*Gratĭa*, æ, f., grâce, reconnaissance.
*Conciliāre*, assembler, concilier, procurer.
*Consilium*, ii, n., conseil.
*Dăre*, donner; *dedit*, il donna.
*Dimicāre*, combattre.
*Megarenses*, ium, m. pl., habitants de Mégare.
*Salămis*, ĭnis, f., île de Salamine.
*Clades*, is, f., défaite.
*Capitalis*, e, capital; *capitale* (*crimen*), crime capital (puni de mort).
*Apud*, préposit. avec l'*accusat.*, auprès de, chez.
*Ferre legem*, porter, présenter une loi; *si quis legem ferret*, si quelqu'un présentait une loi.
*Vindicāre*, revendiquer, reconquérir.
*Sollicĭtus*, a, um, agité, inquiet, soucieux.
*Subĭtus*, a, um, subit, soudain.
*Dementĭa*, æ, f., démence, folie.
*Simulāre*, simuler, feindre.
*Veto*, ui, ĭtum, āre, défendre, interdire, prohiber.
*Pannosus*, a, um, déguenillé.

*Vecors*, génitif, *vecordis*, furieux, fou, insensé.
*Publĭcus*, a, um, public.
*Evolāre*, s'envoler, s'enfuir, s'échapper.
*Suadĕo*, suasi, suasum, suadēre, conseiller.
*Capĕre*, prendre, saisir, séduire; *capit*, il séduit; *ut caperētur*, qu'il fût pris.
*Extemplŏ*, sur-le-champ.
*Adversŭs*, prép. avec l'*acc.*, contre.
*Decernĕre*, décider, décréter; *ut decernerētur*, qu'il fût décidé.
*Olim*, autrefois, anciennement.
*Supplicium*, ii, n., supplice, châtiment.
*Constituĕre*, établir, dresser; *constituisset*, il avait (eût) établi.
*Necāre*, tuer; *qui necaret*, qui tuerait.
*Facturus est*, il fera, doit faire.
*Parricīda*, æ, m., parricide.
*Singularis*, e, singulier, particulier.
*Excogitāre*, réfléchir mûrement; imaginer, inventer.
*Insuĕre*, coudre dans; *insuēbant*, ils cousaient dans.
*Vivus*, a, um, vivant, vif.
*Culĕus*, i, m., sac de cuir.
*Dejicĕre*, jeter à bas; *dejiciebant*, ils jetaient.
*Proficiscor*, je pars; *profectus sum*, je suis parti.
*Visĕre*, voir, examiner, visiter; *visi*, j'ai visité.
*Ego eo*, je vais; *tu is*, tu vas.
*Mittĕre*, envoyer; *misit*, il envoya.
*Epistŏla*, æ, f., lettre (missive).
*Judæi*, orum, m. pl., les Juifs.
*Ducĕre*, conduire; *ducti sunt*, ils furent conduits, menés.

*Invadĕre*, envahir ; *invasit*, il a envahi.
*Devastāre*, dévaster ; *devastavit*, il a dévasté ; *omnia*, tout.
*Postquàm damnatus est*, après qu'il eut été condamné.
*Fugĕre*, fuir, s'enfuir ; *fugit*, il s'enfuit.
*Tutus, a, um*, sûr, en sûreté.
*Vivĕre posset*, il pouvait (pourrait) vivre.
*Opes, um, f. pl.*, richesses.
*Victus, a, um*, vaincu.
*Deferre*, transporter ; *delatus, a, um*, transporté.

## 82.

*Xenŏphon, ontis, m.*, Xénophon, guerrier et écrivain célèbre.
*Perutilis, e*, très-utile.
*Copiosè*, abondamment, éloquemment.
*Agricultura, æ, f.*, agriculture.
*OEconomĭcus, a, um*, économique, ce qui concerne l'économie.
*Inscribĕre*, inscrire, intituler ; *inscribĭtur*, il est intitulé.
*Regalis, e*, royal.
*Loqui*, parler ; *loquĭtur*, il parle.
*Minor*, compar. de *parvus*, moindre, plus petit ; le cadet, le jeune (en parlant de deux frères).
*Præstans, antis*, supérieur, remarquable, distingué.
*Legatus, i, m.*, légat, envoyé.
*Donum, i, n.*, don, présent.
*Venīre*, venir ; *quùm venisset*, lorsqu'il fut venu.
*Afferre*, apporter ; *quùm attulisset*, lorsqu'il eut apporté.
*Ostendĕre*, montrer, faire voir ; *ostendit*, il montra.
*Conseptus, a, um*, de *consepio*, enclos, fermé de tous côtés.
*Diligenter*, soigneusement.
*Consĭtus, a, um*, de *consero*, planté, rempli de.
*Admirāri*, admirer ; *quùm admirarētur*, lorsqu'il admira.
*Procerĭtas, ātis, f.*, longueur, hauteur.
*Humus, i, f.*, sol, terre.
*Suavĭtas, ātis, f.*, douceur, suavité, agrément.
*Odor, ōris, m.*, odeur.
*Solertĭa, æ, f.*, habileté, sagacité, pénétration.
*Dimensus, a, um sum*, de *dimetior*, j'ai mesuré.
*Descriptio, ōnis, f.*, dessin, description, disposition.
*Describĕre*, dessiner, tracer, décrire ; *descriptus, a, um*, dessiné.
*Ordo, ĭnis, m.*, ordre, arrangement.
*Plantāre*, planter.
*Tùm*, alors.
*Inquit*, dit-il.
*Virtus, ūtis, f.*, vertu, valeur.
*Dicĕre*, dire ; *dicunt*, ils disent, on dit.
*Quoniàm*, parce que.
*Conjungere*, joindre, lier ; *conjunctus, a, um*, joint.
*Scribĕre*, écrire ; *scripsit*, il a écrit.
*Reducĕre*, reconduire ; *reduxit*, il a reconduit.
*Exercitus, ûs, m.*, armée.
*Præcipuè*, particulièrement, principalement.

## 85.

*Consto, ĭti, ūtum, āre*, consister en, coûter ; *constat*, v. unipers., il est certain, constant.
*Complures, a*, génitif, *ium*, plu-

sieurs, grand nombre, beaucoup.
Ædes, is, f., temple; ædes, ium, f. plur., demeure, maison.
Incredibĭlis, e, incroyable.
Magnitudo, ĭnis, f., grandeur.
Plenus, a, um, plein.
Piscis, is, m., poisson.
Forum, i, n., forum, place publique.
Amplus, a, um, grand, considérable.
Templum, i, n., temple.
Jupiter, génitif, Jovis, Jupiter, maître des dieux.
Olympius, a, um, olympique, d'Olympe.
Tertius, a, um, troisième.
Fanum, i, n., lieu consacré, temple.
Gymnasium, ii, gymnase, lieu pour les exercices gymnastiques; académie, école.
Quartus, a, um, quatrième.
Nomināre, nommer, appeler.
Neapŏlis, is, f., ville neuve, quartier de Syracuse.
Postremò, enfin, en dernier lieu.
Ædificāre, construire, bâtir.
Theātrum, i, n., théâtre.
Ceres, Cerĕris, Cérès, déesse des moissons.
Proserpĭna, æ, f., déesse des enfers.
Signum, i, n., signe, signal, enseigne, drapeau, statue.
Apollo, ĭnis, m., Apollon, dieu de la poésie, de la musique et de la médecine.
Præclārus, a, um, remarquable, distingué, illustre.
Vis, f., force, vigueur; vi, avec force, violemment; plur., vires, ium, les forces.

Capĭo, cepi, captum, capĕre, prendre, saisir.
Delĕo, ēvi, ētum, ēre, détruire.
Ædificium, ii, n., édifice.
Privatus, a, um, privé, particulier.
Profanus, a, um, profane, vulgaire.
Quasi, comme, comme si.
Expugnāre, prendre d'assaut, soumettre.
Defendo, di, sum, ĕre, défendre.
Conjux, jŭgis, f., épouse.
Pluto, ōnis, m., Pluton, roi des enfers.
Orcus, i, m., enfer, les enfers.
Relĭquus, a, um, restant, qui reste.

## 86.

Consecrāre, consacrer.
Ut, comme.
Natus, a, um, né, âgé de.
Fruges, um, f. plur. de frux, inus., les fruits.
Reperĭo, i, tum, ire, trouver, découvrir, inventer; repertus, a, um, trouvé.
Rapĭo, ui, raptum, ĕre, ravir, enlever.
Nemus, ŏris, n., bois, forêt, bocage.
Enna, æ, f., Enna, ville de Sicile.
Ennensis, is, e, d'Enna; habitant d'Enna.
Umbilĭcus, i, m., nombril, point central, milieu.
Situs, a, um, situé, placé.
Medius, a, um, situé au milieu, mitoyen.
Præcelsus, a, um, fort haut, fort élevé.
Locus, i, m., lieu, place, endroit; pluriel, loci et loca.

*Aditus, ūs, m.*, approche, abord, accès.
*Circumcisus, a, um*, de *circumcido*, coupé, découpé, inaccessible.
*Lucus, i, m.*, bois, forêt, bois sacré.
*Lætus, a, um*, joyeux, gai, riant, beau.
*Propter, præp.* avec *l'acc.*, à cause de, pour.
*Vetustas, ātis, f.*, vieillesse, vétusté, ancienneté.
*Opinio, ōnis, f.*, opinion.
*Religio, ōnis, f.*, religion, culte, sainteté.
*Colo, ui, cultum, ĕre*, cultiver, honorer.
*Magnificus, a, um*, magnifique; compar., *magnificentior, us*; superlat., *magnificentissimus, a, um*.
*Proficiscor, profectus sum, proficisci*, partir.
*Aliquando*, quelquefois, un jour, autrefois.
*Respublica*, génitif, *reipublicæ, f.*, république, gouvernement.
*Illic*, là, en cet endroit-là.
*Eo, ivi, itum, ire*, aller; *irent*, ils allaient (qu'ils allassent).
*Simulăcrum, i, n.*, image, statue.
*Marmor, oris, n.*, marbre.
*Æs, æris, n.*, airain.
*Opus, opĕris, n.*, œuvre, ouvrage, travail; *opus est*, il est besoin, il faut.
*Fax, făcis, f.*, flambeau, torche.
*Tollo, sustŭli, sublatum, ĕre*, enlever, emporter.
*Apertus, a, um*, ouvert, découvert.
*Triptolĕmus, i, m.*, Triptolème, inventeur de l'agriculture.

*Peramplus, a, um*, fort ample, fort grand.
*Amplitudo, ĭnis, f.*, grandeur, étendue.
*Salutaris, e*, salutaire.
*Demolitio, ōnis, f.*, démolition, destruction.
*Asportatio, ōnis, f.*, transport.
*Asportāre*, emporter, transporter.
*Pessimus, a, um*, superlatif de *malus*, le plus mauvais; détestable.
*Dionysius, ii, m., Minor*, Denys le Jeune, roi de Syracuse.
*Neuter, tra, trum*, ni l'un ni l'autre.
*Contrà*, au contraire.
*Affabĭlis, e*, affable.

### 87.

*Condo, ĭdi, ĭtum, ĕre*, fonder, bâtir.
*Ænēas, æ, m.*, Énée, prince troyen.
*Fugio, i, ĭtum, ĕre*, fuir.
*Cognatio, ōnis, f.*, parenté, rapport.
*Quondăm*, autrefois, un jour.
*Deportāre*, transporter, emporter.
*Artificium, ii, n.*, artifice, habileté, adresse.
*Transfĕro, -tuli, lātum, ferre*, transporter.
*Pristinus, a, um*, ancien, précédent, primitif.
*Conservāre*, conserver, observer, sauver.
*Pulchritudo, ĭnis, f.*, beauté.
*Eximius, a, um*, excellent, éminent, rare.
*Aliquot, pl. indécl.*, quelques, quelques-uns.

*Seculum, sæculum, i, n.*, siècle.
*Convocāre*, convoquer, assembler.
*Restituo, ui, ūtum, ĕre*, restituer, rétablir, réintégrer.
*Suprà*, dessus, ci-dessus.
*Gratulatio, ōnis, f.*, félicitation.
*Sedes, is, f.*, demeure, séjour, siége.
*Repono, posui, positum, ponĕre*, remettre, replacer.
*Viso, i, sum, ĕre*, voir, aller voir, visiter.
*Advĕna, æ, m.*, étranger, nouveau venu.
*Admŏdùm*, beaucoup, très, fort.
*Excelsus, a, um*, haut, élevé.
*Verumtămen*, mais pourtant, mais cependant.
*Ætas, ātis, f.*, âge, temps de la vie, vie, temps.
*Habitus, ûs, m.*, manière d'être, attitude, port.
*Virginālis, e*, virginal.
*Sagitta, æ, f.*, flèche, trait.
*Pendĕo, pependi, ĕre*, pendre, dépendre; hésiter.
*Sinister, tra, trum*, gauche, sinistre.
*Manus, ûs, f.*, main.
*Teneo, ui, tentum, ĕre*, tenir.
*Arcus, ûs, m.*, arc; arcade.
*Dexter, tra, trum*, droit, à droite; habile, opportun, propice.
*Præfero, tuli, latum, ferre*, porter devant; préférer.
*Ardĕo, arsi, arsum, ĕre*, brûler.
*Ubi*, où; quand, lorsque, dès que.
*Cœpi*, je commence; *cœpisti, cœpit;* infin., *cœpisse*, commencer.
*Flagrāre*, brûler.
*Efficio, fēci, fectum, ĕre*, faire, effectuer, exécuter; faire en sorte.

*Accipio, cepi, ceptum, ĕre*, recevoir.
*Venatio, ōnis, f.*, chasse.
*Sanctissimè*, très-religieusement.
*Prædo, ōnis, m.*, brigand, voleur, pirate.

### 90.

*Chremes, mētis, m.*, Chrémès;
*Menedēmus, i, m.*, Ménédème.
*Vidĕor, visus sum, vidēri*, être vu, paraître.
*Laborāre*, travailler.
*Sexaginta*, soixante.
*Tantùm*, tant, autant, tellement.
*Curāre*, soigner, prendre soin de; guérir.
*Attinĕo, ui, entum, ĕre*, tenir près, retenir, garder; *id ad me attinet*, cela me regarde ou concerne.
*Putāre*, penser, croire.
*Usus, ûs, m.*, usage, habitude.
*Cruciāre*, tourmenter, chagriner.
*Lacrimāre*, pleurer.
*Fac*, impératif de *facĕre*, fais.
*Secrētum, i, n.*, solitude, secret, mystère.
*Credo, dĭdi, dĭtum, dĕre*, croire, confier.
*Reticĕo, ui, ēre*, dissimuler, ne pas divulguer, taire.
*Consolor, ātus sum, āri*, consoler.
*At*, mais, cependant, du moins.
*Rastrum, i, m.*, plur. *i* et *a*, hoyau, bêche, râteau.
*Interĕa*, pendant ce temps-là; cependant.
*Appono, posui, positum, ĕre*, poser, déposer.
*Sino, sivi, situm, ĕre*, laisser faire, laisser, permettre.
*Recreatio, onis, f.*, récréation, rétablissement.

*Loquor, locutus sum, loqui*, dép., parler.
*Unĭcus, a, um*, unique, seul.
*Ah!* Ah! Hélas!
*Quid?* quoi? pourquoi? *quid ita?* pourquoi cela?
*Necne*, ou non.
*Incertus, a, um*, incertain.
*Quotidiè*, tous les jours, chaque jour, journellement.
*Subitò*, subitement.
*Abeo, ĭi, ĭtum, ĭre*, s'en aller.
*Mensis, is, m.*, mois.
*Propediem*, au premier jour, dans peu.
*Hic*, ici.
*Commodus, a, um*, commode, agréable.
*Invitāre*, inviter.
*Cœna, æ, f.*, le souper.
*Convenio, ēni, entum, īre*, aller trouver, se réunir; convenir.
*Valĕo, ui, ēre*, se bien porter; *bene vale!* porte-toi bien!
*Lacrima, æ, f.*, larme.
*Excutio, cussi, cussum, ĕre*, secouer, renverser, provoquer.
*Peropportunè*, fort à propos.
*Nosco, novi, notum, ĕre*, prendre connaissance de, connaître; *novi*, je connais.
*Probè*, fort bien, parfaitement.
*Advenio, eni, entum, īre*, arriver.
*Illĭcò*, sur-le-champ, tout de suite.
*Clitipho, m.*, Clitiphon.
*Pueritia, æ, f.*, enfance.
*Indè a*, dès, depuis.
*Familiaris, e*, de la famille, de la maison; domestique, ami intime.
*Nuntiāre*, annoncer.
*Voluptas, ātis, f.*, volupté, plaisir.
*Timĕo, ui, ēre*, craindre.
*Ira, æ, f.*, colère.

**91.**

*Lucesco, ĕre*, commencer à luire; *lucescit*, il commence à faire jour.
*Pulsāre*, pousser, battre, frapper; agiter.
*Ostium, ii, n.*, porte, embouchure, détroit.
*Redĭtus, ûs, m.*, retour.
*Etsi*, bien que, quoique.
*Aut*, ou; *aut—aut*, ou—ou.
*Vulgò*, publiquement, communément, ordinairement.
*Falsus, a, um*, faux, trompeur.
*Adĭmo, ēmi, emptum, ĕre*, enlever.
*Ægritudo, ĭnis, f.*, chagrin, affliction.
*Augesco, ĕre*, croître, grandir, s'augmenter.
*Quantò — tantò*, d'autant plus que; plus — plus.
*Cupio, ivi, ītum, ĕre*, désirer.
*Desiderāre*, désirer, demander, réclamer; désirer ce qui n'est pas, regretter.
*Allŏquor, allocutus sum, alloqui*, dép., parler à, converser; *allŏquar*, je lui parlerai.
*Salvĕo, ēre*, être en bonne santé; *salve*, portez-vous bien, je vous salue; salut! bonjour!
*Nuntius, ii, m.*, messager, nouvelle.
*Vivo, vixi, victum, ĕre*, vivre.
*Apportāre*, apporter; causer, procurer.
*Ubinàm?* où? en quel lieu?
*Quæso, ivi, ītum, ĕre*, prier, supplier; *quæso*, je vous prie, de grâce.
*Obsecrāre*, supplier.
*Fugitāre*, fuir, éviter.
*Conspectus, ûs, m.*, aspect, regard, contemplation.

*Duritia, æ, f.*, dureté.
*Vinco, vici, victum, ĕre*, vaincre, surpasser; fléchir.
*Libet, uit ou itum est, ēre*, v. impers., il plaît, il convient.
*Sumo, sumpsi, sumptum, ĕre*, prendre, saisir, ravir.
*Consumo, sumpsi, sumptum, ĕre*, consommer, consumer, dissiper.
*Patior, passus sum, pati*, dép., souffrir, supporter, tolérer.
*Dummŏdò*, pourvu que (avec le subj.).
*Perdo, dĭdi, dĭtum, ĕre*, perdre, ruiner, gâter, corrompre.
*Exsĕquor, secutus sum, exsĕqui*, suivre, poursuivre, exécuter.
*Comparāre*, comparer, préparer, disposer, régler, acquérir.
*Dijudicāre*, juger, discerner, distinguer.
*Præpedĭo, ĭvi, ĭtum, īre*, empêcher, embarrasser, enchaîner.
*Tantus, a, um*, si grand, aussi grand.
*Accĭdo, i, ĕre*, arriver fortuitement, survenir (le plus souvent en mauvaise part).
*Benevŏlus, a, um*, bienveillant, dévoué.
*Frugālis, e*, sobre, frugal, économe.
*Obedĭo, ĭvi, ītum, īre*, obéir.
*Senectus, utis, f.*, vieillesse.
*Gratia, æ, f.*, grâce, beauté, reconnaissance; *gratias agĕre*, témoigner de la reconnaissance.
*Adolescens, entis, m.*, adolescent, jeune homme.
*Reddo, ĭdi, ĭtum, ĕre*, rendre, faire, restituer.

### 92.

*Quadraginta*, quarante.

*Fossa, æ, f.*, fosse, fossé.
*Sex*, six.
*Profundus, a, um*, profond.
*Creāre*, créer, nommer.
*Vicesimus, a, um*, vingtième.
*Morior, mortuus sum, mori*, dép., mourir.
*Quintus, a, um*, cinquième.
*Durāre*, durer.
*Quinque*, cinq.
*Mensis, is, m.*, mois.
*Rideo, risi, risum, ridēre, de aliquâ re*, rire, se moquer de quelque chose.

### 93.

*Quivis, quævis, quodvis*, quiconque, quelconque, tout homme, tout.
*Opus est*, il est besoin, il faut.
*Demùm*, enfin, à la fin; seulement, surtout.
*Juvo, juvi, jutum, āre*, aider, secourir; charmer, faire plaisir.
*Quantùm*, combien.
*Præcipuus, a, um*, particulier, remarquable, excellent; *res præcipua*, préférence.
*Expectāre*, attendre.
*Opera, æ, f.*, travail, peine, occupation, soin.
*Commŏdum, i, n.*, avantage, intérêt.
*Postpono, posui, positum, ĕre*, placer après, mettre au-dessous de, estimer moins.
*Maledictum, i, n.*, parole injurieuse, injure.
*Fama, æ, f.*, renommée, réputation; infamie, tradition.
*Peccatum, i, n.*, faute, délit, crime.
*Transfero, tuli, latum, ferre*, transférer, transporter; rejeter sur (*in*).

*Illinc*, de là, de ce côté-là ; *illùc*, là, en cet endroit-là ; *illic*, là, en cet endroit-là.
*Exeo, ĭi, ĭtum, ĭre*, sortir.
*Ehem!* Ah! Hé! Holà!
*Manè*, de bonne heure, matin.
*Opportunè*, à propos, à point, justement.
*Quæro, quæsīvi, quæsītum, ĕre*, chercher, demander.
*Gaudĕo, gavīsus sum, ēre*, se réjouir.
*Tutus, a, um*, sûr, en sûreté, abrité ; *in tuto*, en sûreté.
*Omitto, mīsi, missum, ĕre*, omettre, quitter.
*Tristitia, æ, f.*, tristesse.
*Officium, ii, n.*, devoir.
*Germanus, a, um*, germain, de frère germain.
*Verĕor, ĭtus sum, ēri, dép.*, craindre, éprouver une crainte respectueuse.
*Coràm*, publiquement, ouvertement, en face.
*Os, oris, n.*, bouche, visage ; *in os*, en face.
*Assentor, ātus sum, āri*, approuver, flatter.
*Gratiam habēre*, garder de la reconnaissance, savoir gré.
*Adversus, a, um*, contraire, funeste, adversaire ; *res adversæ*, malheurs, adversité.
*Adjuvo, jŭvi, jŭtum, āre*, aider, secourir, assister.
*Alter alterum*, l'un l'autre.
*Certè*, certainement, du moins.
*Ubicunquè*, partout où, en quelque lieu que ce soit.

### 94.

*Aptus, a, um*, apte, propre, convenable, adapté à.
*Conveniens, entis* (3 genres), convenable, conforme.
*Fides, ei, f.*, foi, bonne foi.
*Liberalitas, atis, f.*, libéralité, générosité, honnêteté.
*Constantia, æ, f.*, constance.
*Appellāre*, nommer.
*Præpono, posui, posĭtum, ĕre*, préposer, préférer.
*Valetudo, ĭnis, f.*, état sanitaire, santé.
*Potentia, æ, f.*, pouvoir, puissance.
*Honor, ōris, m.*, honneur ; *plur.*, honneurs, dignités, charges, places importantes.
*Cadūcus, a, um*, périssable, fragile, caduc.
*Summum bonum*, le bien suprême.
*Pono, posui, posĭtum, ĕre*, poser, placer, mettre.
*Gigno, genui, genĭtum, ĕre*, engendrer, produire.
*Continĕo, ui, tentum, ēre*, continuer, soutenir, maintenir, conserver.
*Intuĕor, tuĭtus sum, ēri, dép.*, voir, regarder.
*Tanquàm*, comme, comme si.
*Exemplar, āris, n.*, modèle, copie, exemple.
*Exĭmo, ēmi, emptum, ĕre*, ôter, arracher, enlever.
*Sto, steti, statum, āre*, se tenir debout, rester, subsister.
*Cultus, ûs, m.*, culture, culte.
*Permanĕo, mansi, mansum, ēre*, durer, persévérer.
*Concordia, æ, f.*, concorde.
*Dissensio, ōnis, f.*, dissentiment, dissension.
*Stabĭlis, e*, stable, solide.
*Dissidium, ii, n.*, séparation, discorde.

*Fundĭtŭs*, de fond en comble, entièrement.
*Everto, verti, versum, ĕre*, détruire, renverser, bouleverser.
*Fictus, a, um*, de *fingo*, feint, déguisé, inventé.
*Simulātus, a, um*, de *simulo*, feint, simulé.
*Voluntarius, a, um*, volontaire, spontané.
*Quantus, a, um*, combien grand, que grand, quel.
*Animadverto, ti, sum, ĕre*, apercevoir, remarquer.
*Bestia, æ, f.*, bête féroce, animal.
*Pullus, i, m.*, le petit (d'un animal).
*Summopere*, extrêmement, très-tendrement.
*Evidens, entis* (3 genr.), évident, visible.
*Caritas, ātis, f.*, amour, tendresse.
*Ob*, prép. avec l'*acc.*, à cause de, pour; devant.

### 95.

*Rarò*, rarement.
*Usquè* ou *usquè ad*, jusqu'à.
*Expĕdit, ire, impers.*, il est utile, avantageux, il importe.
*Sentĭo, sensi, sensum, ire*, sentir, s'apercevoir, penser, juger.
*Aliàs — aliàs*, tantôt — tantôt.
*Ingravesco, ĕre*, devenir pesant, s'appesantir, s'accroître.
*Depono, posui, positum, ĕre*, déposer, mettre de côté, quitter.
*Puerĭlis toga, æ, f.*, robe d'enfant.
*Assentatio, ōnis, f.*, complaisance, flatterie.
*Perniciosus, a, um*, pernicieux, funeste.
*Recipio, cēpi, ceptum, ĕre*, reprendre, recevoir, admettre.
*Delectāre*, charmer, amuser.
*Vanus, a, um*, vain, futile, frivole.
*Sermo, ōnis, m.*, parole, langage, discours.
*Testimonium, ii, n.*, témoignage, preuve.
*Mentior, ītus sum, īri*, mentir; *ad mentiendum*, à mentir.
*Paratus, a, um*, prêt, disposé.
*Assentator, ōris, m.*, flatteur.
*Patefacĭo, feci, factum, ĕre*, ouvrir, élargir.
*Desĕro, ui, sertum, ĕre*, abandonner, délaisser, déserter.
*Insuper*, par-dessus, de plus.
*Credulus, a, um*, crédule.
*Certamen, ĭnis, n.*, lutte, combat, rivalité.
*Exsisto, stĭti, ĕre*, paraître, naître, sortir de; exister.
*Postulāre*, demander, réclamer, exiger.
*Rogāre*, interroger, demander, prier.
*Rectus, a, um*, droit, juste, convenable, honnête.
*Peto, ivi, ītum, ĕre*, gagner, atteindre (un endroit); désirer, demander.
*Causā* (après son complément mis au *gén.*), à cause de.
*Dùm*, pendant que, tandis que; jusqu'à ce que, pourvu que.
*Cunctatio, ōnis, f.*, hésitation, lenteur.
*Prorsùs*, absolument, tout à fait, entièrement.
*Sol, solis, m.*, soleil.
*Molestia, æ, f.*, ennui, inquiétude, embarras, incommodité.
*Hiems, hiĕmis, f.*, hiver.
*Placĕo, ui, ītum, ĕre*, plaire.
*Os, ossis, n.*, os.

*Confido, fisus sum, ĕre*, se fier à.

## 96.

*Tenĕo, ui, tentum, ēre*, tenir, retenir ; obtenir, garder.
*Apertē*, ouvertement, publiquement.
*Odi, isti, isse*, haïr.
*Frons, frontis, f.*, front, visage.
*Occultāre*, cacher, tenir secret.
*Sententia, æ, f.*, sentiment, opinion, intention, pensée.
*Deindĕ*, ensuite.
*Offĕro, obtŭli, oblātum, offerre*, offrir, présenter, causer.
*Criminatio, ōnis, f.*, accusation, calomnie.
*Depello, pŭli, pulsum, ĕre*, renverser, chasser, repousser.
*Hŭc*, ici (avec mouvement).
*Sermo, ōnis, m.*, parole, langage, discours.
*Mediŏcris, e*, médiocre, modéré.
*Condimentum, i, n.*, assaisonnement.
*Quæstio, ōnis, f.*, question, recherche, enquête.
*Dignus, a, um* (gouvernant l'abl.), digne.
*Vetus, ĕris* (3 g.), vieux, ancien.
*Vetŭlus, a, um*, assez vieux, vieillot.
*Tener, ĕra, ĕrum*, tendre, jeune.
*Indignus, a, um* (avec l'*abl.*) indigne.
*Modius, ii, m.*, boisseau.
*Sal, salis, m.*, sel.
*Simŭl*, ensemble ; à la fois ; *simul ac* ou *atque*, aussitôt que.
*Explĕo, ēvi, ētum, ēre*, combler, accomplir.
*Spes, ei, f.*, espoir, attente.
*Suo loco*, à sa place, à leur place.
*Dissimilitudo, ĭnis, f.*, dissemblance, différence.

*Dissociāre*, désunir, séparer.
*Improbus, a, um*, méchant, pervers.
*Insum, fui, esse*, être dans, exister.
*Reperĭo, i, ertum, īre*, trouver, découvrir, imaginer.
*Talis — qualis*, tel — que.
*Præsto, ĭti, ĭtum* ou *ātum, āre*, se tenir devant ; surpasser, exécuter, offrir, rendre (service).
*Suscipĭo, cepi, ceptum, ĕre*, entreprendre, se charger de.
*Tranquillitas, ātis, f.*, tranquillité.

## 98.

*Lassitudo, ĭnis, f.*, lassitude.
*Reparāre*, réparer, rétablir.
*Sollicĭtus, a, um*, agité, inquiet, soucieux.
*Promovĕo, mōvi, mōtum, ēre*, pousser en avant, avancer.
*Exhalatio, ōnis, f.*, exhalaison, vapeur.
*Quin, quin etiăm*, bien plus.
*Labor, ōris, m.*, labeur, travail, fatigue, peine.
*Sollicitudo, ĭnis, f.*, sollicitude, souci, inquiétude.
*Ægrē*, avec peine, difficilement.
*Carĕo, ui, ĭtum, ēre*, avec l'*abl.*, manquer de, être privé de, se passer de.
*Ultra*, prép. avec l'*acc.*, au delà, plus que, outre.
*Viginti*, vingt.
*Quatuor*, quatre.
*Octo*, huit.
*Exercĕo, ui, ĭtum, ēre*, exercer, travailler, fatiguer.
*Fenestra, æ, f.*, fenêtre.
*Cubiculum, i, n.*, chambre, chambre à coucher.
*Interdiŭ*, de jour, pendant le jour.

*Aperio, ui, apertum, ĭre*, ouvrir.
*Vapor, oris, m.*, vapeur.
*Exeant*, présent du subj. de *exeo, ii, ĭtum, ire*, sortir.
*Aër, aëris, m.*, air.
*Intromitto, misi, missum, ĕre*, introduire, faire entrer.
*Nocturnus, a, um*, nocturne, de nuit.
*Cubo, ui, ĭtum, āre*, se coucher; *cubĭtum ire*, aller se coucher.
*Manè*, adv., matin, de grand matin.
*Surgo, surrexi, surrectum, ĕre*, se lever.
*Extraho, traxi, tractum, ĕre*, extraire, tirer hors, traîner, prolonger.
*Carbo, ōnis, m.*, charbon.
*Fornax, ācis, f.*, four, fourneau, fournaise.
*Calefactus, a, um*, part. de *calefacio*, chauffé, échauffé.
*Gravis, e*, grave, lourd, important, pénible, fort.
*Arceo, ui, ēre*, chasser, repousser, empêcher d'avancer.
*Confero, tuli, collatum, ferre*, apporter, contribuer.
*Ambulatio, ōnis, f.*, promenade.
*Complector, plexus sum, plecti*, dép., embrasser.
*Obdormisco, ĕre*, s'endormir.
*Conniveo, nīvi* ou *nixi, ēre*, cligner, fermer les yeux.
*Sensim*, peu à peu, graduellement.
*Torpesco, ĕre*, s'engourdir.
*Sensus, ūs, m.*, sens.
*Expergiscor, experrectus sum, expergisci*, dép., s'éveiller, se réveiller.
*Redeo, dii, dĭtum, ire*, revenir, retourner.
*Silĕo, ui, ēre*, se taire, être silencieux.

## 99.

*Janua, æ, f.*, porte (de maison).
*Habitāre*, habiter.
*Præterĕà*, outre cela, de plus, ensuite.
*Excurro, curri, cursum, ĕre*, courir hors, faire des sorties.
*Dium, i, n.*, l'air, le ciel; *sub divo*, à l'air, en plein air.
*Assuesco, suēvi, suētum, ĕre*, habituer, s'habituer.
*Perfĕro, tŭli, lātum, ferre*, porter, apporter, supporter.
*Injuria, æ, f.*, injustice, tort, dommage; rigueur.
*Tempestas, ātis, f.*, saison, température, tempête.
*Calor, ōris, m.*, chaleur.
*Frigus, ŏris, n.*, le froid.
*Pluvia, æ, f.*, pluie.
*Saltem*, au moins, du moins.
*Caveo, cāvi, cautum, ēre*, prendre garde.
*Mollesco, ĕre*, s'amollir, s'énerver.
*Incommodum, i, n.*, incommodité, inconvénient.
*Valens, entis*, bien portant, fort, vigoureux, de *valēre*, se porter bien.
*Agricŏla, æ, m.*, cultivateur, laboureur.
*Hortulanus, i, m.*, jardinier.
*Faber, bri, m.*, ouvrier, artisan, forgeron.
*Nauta, æ, m.*, matelot.
*Imbecillis, e*, faible (de corps ou d'esprit).
*Urbanus, i, m.*, citadin; *urbanus, a, um*, de ville.
*Studiosus, a, um*, appliqué, studieux, laborieux, s'appliquant à.
*Sanitas, ātis, f.*, santé.
*Præsidium, ii, n.*, garde, garni-

son; secours, aide, remède.
*Temperantia, æ, f.*, tempérance, modération.
*Victus, ûs, m.*, nourriture, régime de vie.
*Sequor, secutus sum, sequi, dép.*, suivre, poursuivre.
*Abstineo, ui, abstentum, ēre*, retenir, s'abstenir.
*Nimius, a, um*, excessif, trop grand.
*Potus, ûs, m.*, boisson, breuvage.
*Esurio, ivi, , ire*, avoir faim, être affamé.
*Sitio ivi, itum, ire*, avoir soif, être altéré.
*Contraho, traxi, tractum, ĕre*, attirer, s'attirer, contracter.
*Cruditas, atis, f.*, crudité, indigestion.
*Dolor, ōris m.*, douleur.
*Febris, is, f.*, fièvre.
*Sumo, sumpsi, sumptum, ĕre*, prendre, saisir.
*Concoquo, coxi, coctum, ĕre*, faire cuire, digérer.
*Status, ûs, m.*, état, attitude, position, situation.
*Motus, ûs, m.*, mouvement, agitation.
*Sedĕo, sēdi, sessum, ēre*, être assis, s'asseoir.
*Cubo, ui, itum, āre*, se coucher.
*Ambulāre*, se promener.
*Equitāre*, aller à cheval, être à cheval.
*Declamāre*, déclamer, discourir.
*Intermissio, ōnis, f.*, interruption, relâche.
*Munditia, æ, f.*, propreté.
*Defrico, ui, frictum, āre*, frotter.
*Sapo, ōnis, m.*, savon.
*Lavo, ātum, āre*, ou *lavo, i, lautum* ou *lotum, ĕre*, laver, se laver.
*Unguis, is, m.*, ongle.
*Seco, secui, sectum, āre*, couper.
*Pecto, pexi* ou *pexui, pexum, ĕre*, peigner.
*Purgāre*, nettoyer.

### 101.

*Abire in proverbium*, passer en proverbe.
*Admŏdùm*, beaucoup, très, fort.
*Opulens, entis* (3 genres), opulent, riche.
*Ornatus, ûs, m.*, ornement, parure, toilette.
*Regius, a, um*, royal.
*Quæro, quæsivi, quæsitum, ĕre ab* ou *ex aliquo*, demander à quelqu'un.
*Ingenuè*, franchement, sincèrement.
*Contingit, contigit, ĕre, unipers.*, il arrive (heureusement).
*Nepos, ōtis, m.*, petit-fils, neveu.
*Superstes, stitis* (3 genres), survivant, qui survit, qui subsiste.
*Denuò*, de nouveau.
*Existimāre*, estimer, juger, penser, croire.
*Argivus, a, um*, Argien, d'Argos (en Grèce).
*Sacerdos, dōtis, m. et f.*, prêtre, prêtresse.
*Solemnis, e*, solennel.
*Status, a, um*, part. de *sto*, arrêté, déterminé.
*Sacrificium, ii, n.*, sacrifice.
*Currus, ûs, m.*, char, chariot.
*Veho, vexi, vectum, ĕre*, traîner, charrier, conduire.
*Longè*, loin, longuement, beaucoup.
*Jumentum, i, n.*, bête de somme.
*Jugum, i, n.*, joug.

*Accedo, cessi, cessum, ĕre*, aller vers, s'approcher de.
*Precor, precatus sum, āri*, dép., prier, supplier, implorer.
*Pietas, ātis, f.*, piété; piété filiale.
*Præmium, ii, n.*, récompense.
*Epulor, ātus sum, āri*, dép., manger, faire un festin.
*Se dăre (do, dedi, datum)*, s'adonner, s'abandonner à.
*Invenio, veni, ventum, īre*, trouver, découvrir.
*Postremùm*, enfin, pour la dernière fois.
*Inquit*, dit-il, dit.
*Habeo, ui, ĭtum, ēre*, avoir, regarder comme.
*Rogus, i, m.*, bûcher.
*Sto, steti, statum, stāre*, se tenir debout, se trouver, rester.
*Cremāre*, brûler.
*Exclamāre*, s'écrier, prononcer tout haut.
*Sæpius*, plus souvent, plusieurs fois.
*Narrāre*, raconter, narrer.
*Concedo, cessi, cessum, ĕre*, accorder (par grâce).

### 102.

*Adolesco, adolēvi, adultum, ĕre*, croître, grandir.
*For (inusité), faris, fatus sum, fāri*, dép., parler, proférer, avoir l'usage de la parole.
*Mutus, a, um*, muet.
*Elinguis, e*, sans langue; qui ne peut parler; muet.
*Eductus, a, um*, part. de *educo*, tiré dehors, tiré.
*Gladius, ii, m.*, glaive, épée, sabre.
*Invado, vasi, vasum, ĕre*, envahir, attaquer.

*Ignorāre*, ignorer, ne pas connaître.
*Diduco, duxi, ductum, ĕre*, étendre, élargir, ouvrir de force.
*Clamāre*, crier.
*Nisus, ūs, m.*, effort.
*Impetus, ūs, m.*, impétuosité, élan, mouvement violent.
*Rumpo, rūpi, ruptum, ĕre*, rompre.
*Vitium, ii, n.*, vice, défaut.
*Nodus, i, m.*, nœud, lien.
*Reduco, duxi, ductum, ĕre*, retirer, reconduire, ramener.
*Incipio, cēpi, ceptum, ĕre*, commencer.
*Certamen, ĭnis, n.*, lutte, combat (pour emporter le prix).
*Sortitio, ōnis, f.*, tirage au sort.
*Adversarius, i, m.*, adversaire.
*Bonā fide*, de bonne foi.
*Repentè*, tout à coup, soudainement.
*Subjicio, jēci, jectum, ĕre*, mettre dessous, substituer, suborner.
*Solvo, vi, solūtum, ĕre*, délier, délivrer.
*Distinctè*, distinctement.
*Narratio, ōnis, f.*, conte, récit, histoire, narration.
*Anxietas, ātis, f.*, anxiété.

### 105.

*Scythæ, arum, pl. m.*, Scythes, habitants de la Scythie.
*Bellum alicui inferre*, porter ou faire la guerre à quelqu'un.
*Muliebriter*, en femme, lâchement.
*Terrĕo, ui, ĭtum, ēre*, effrayer, épouvanter.
*Adventus, ūs, m.*, arrivée.
*Permitto, misi, missum, ĕre,*

envoyer à travers, lancer; permettre, accorder.
*Transeo, ii, itum, ire,* traverser, passer.
*Prohibĕo, ui, itum, ēre,* empêcher, défendre.
*Committere prœlium,* engager le combat.
*Trucidāre,* massacrer, tailler en pièces.
*Ducenti, æ, a,* deux cents.
*Memorabilis, e,* mémorable.
*Supersum, fui, esse,* rester, survivre.
*Amputāre,* amputer, couper.
*Uter, utris, m.,* outre (en peau).
*Sanguis, is, m.,* sang.
*Repletus, a, um,* part. de *repleo,* rempli.
*Conjicio, jeci, jectum, ĕre,* jeter, lancer.
*Addo, didi, ditum, ĕre,* ajouter.
*Satiāre,* rassasier, assouvir.
*Insatiabilis, e,* insatiable.
*Triginta,* trente.
*Lego, i, lectum, ĕre,* lire.
*Scribo, scripsi, scriptum, ĕre,* écrire.
*Facilè,* facilement.
*Amore amplecti* (dép.) *aliquem,* aimer, affectionner quelqu'un.
*Quàm pulchrè,* que.... bien, que.... noblement!
*Cupio, ivi, itum, ĕre,* désirer.
*Fictus, a, um,* part. de *fingo,* inventé, imaginé.
*Germanus, a, um,* germain, naturel, propre.

## 106.

*Succedo, cessi, cessum, ĕre,* succéder.
*Adjicio, jēci, jectum, ĕre,* jeter, lancer; ajouter.
*Offensus, a, um,* part. de *offendo,* offensé, choqué.
*Superstitio, ōnis, f.,* superstition.
*Exterritus, a, um,* part. de *exterrĕo,* épouvanté, effrayé.
*Quomodò,* comment, de quelle manière, comme.
*Parco, peperci, parcitum, parsum, ĕre alicui,* épargner quelqu'un.
*Sævio, ii, itum, ire,* sévir.
*Interim,* pendant ce temps-là.
*Ministerium, ii, n.,* ministère, service, charge.
*Deligo, lēgi, lectum, ĕre,* choisir.
*Quippè,* car, parce que, puisque.
*Vagina, æ, f.,* fourreau.
*Elabor, elapsus sum, i,* dép., se glisser, s'échapper, tomber.
*Graviter,* gravement.
*Vulnerāre,* blesser.
*Femur, moris, n.,* fémur, cuisse.
*Statim,* aussitôt, sur-le-champ.
*Sentio, sensi, sensum, ire,* sentir, éprouver, s'apercevoir, se douter.
*Dolus, i, m.,* ruse, tromperie.
*Species, ei, f.,* forme, apparence.
*Majestas, ātis, f.,* majesté.
*Occultāre,* cacher, tenir secret.
*Minister, tri, m.,* serviteur, ministre.
*Studĕo, ui, ēre,* s'empresser, travailler à, étudier.
*Favor, ōris, m.,* faveur.
*Conciliāre,* concilier, gagner, acquérir.
*Tributum, i, n.,* impôt, contribution.
*Vacatio, ōnis, f.,* exemption.
*Triennium, ii, n.,* espace de trois ans.
*Confirmāre,* affermir, fortifier, confirmer.
*Indulgentia, æ, f.,* indulgence.

*Largitio*, ōnis, f., largesses, dons.
*Detego*, texi, tectum, ĕre, découvrir, dévoiler.
*Eligo*, lēgi, lectum, ĕre, élire, choisir.
*Conjuratus*, i, m., conjuré.
*Nobilitas*, ātis, f., noblesse ; les nobles.
*Par*, paris (3 genres), égal, semblable, pareil.
*Via*, æ, f., voie, chemin, moyen.
*Invenio*, i, ventum, īre, trouver, découvrir, inventer.
*Paciscor*, pactus sum, i, dép., traiter, convenir, faire un accord.
*Constitutus*, a, um, part. de *constituo*, fixé, convenu.
*Regia*, æ, f., palais.
*Ortus*, ūs, m., origine ; lever (du soleil).
*Hinnio*, īvi, ītum, īre, hennir.
*Moderatio*, ōnis, f., modération, discrétion.
*Desilio*, ii et ui, sultum, īre, sauter de haut en bas.
*Salutāre*, saluer, proclamer.
*Smerdis*, is, m., Smerdis, frère du roi Cambyse.

## 107.

*Egregius*, a, um, excellent, éminent, distingué.
*Cognatio*, ōnis, f., parenté.
*Pristinus*, a, um, précédent, d'autrefois.
*Principium*, ii, n., principe, commencement.
*Recipio*, cēpi, ceptum, ĕre, reprendre, prendre, admettre.
*Matrimonium*, ii, n., mariage.
*Nuptiæ*, arum, f., pl., noces, mariage.
*Extraneus*, a, um, extérieur, étranger.

*Transfero*, tuli, lātum, ferre, transférer, transporter.
*Revertor*, reversus sum, i, dép., revenir, retourner.
*Descisco*, descīvi, descītum, ĕre, se révolter, abandonner.
*Occupāre*, occuper, envahir, s'emparer de.
*Expugnatio*, ōnis, f., prise (de force, d'assaut).
*Lacerāre*, lacérer, déchirer.
*Nasus*, i, m., nez.
*Labium*, ii, n., lèvre.
*Præcido*, di, cīsum, ĕre, couper, rogner, trancher.
*Fœdus*, a, um, hideux, horrible, affreux.
*Laceratio*, ōnis, f., déchirement, mutilation.
*Quæro*, quæsīvi, ītum, ĕre, demander, s'informer.
*Intrāre*, entrer, pénétrer dans.
*Redigo*, ēgi, actum, ĕre, ramener, réduire.
*Potestas*, ātis, f., puissance, pouvoir, autorité.
*Mutilatus*, a, um, part. de *mutilare*, mutilé.
*Commiseratio*, ōnis, f., commisération, compassion, pitié.
*Adspicio*, spexi, spectum, ĕre, regarder, apercevoir.
*Permitto*, misi, missum, ĕre, envoyer à travers ; permettre, accorder.

## 108.

*Postremò*, enfin, à la fin.
*Converto*, ti, sum, ĕre, tourner.
*Placĕo*, ui, ītum, ēre, plaire, être agréable. *Placet*, impers., il plaît, il convient.
*Origo*, ǐnis, f., origine.
*Solum*, i, n., sol, pays.

*Incolo, ui, cultum, ĕre*, habiter, demeurer.
*Lanificium, ii, n.*, apprêt des laines.
*Oleum, i, n.*, huile.
*Arāre*, labourer, cultiver.
*Monstrāre*, montrer, enseigner.
*Sero, sēvi, sătum, ĕre*, semer, planter.
*Frumentum, i, n.*, blé, froment.
*Facundia, æ, f.*, éloquence.
*Certè*, certainement, du moins.
*Deucalion, ōnis, m.*, Deucalion, roi de Thessalie.
*Cecrops, Cecrŏpis, f.*, Cécrops, premier roi d'Athènes.
*Regio, ōnis, f.*, région, contrée, pays.
*Amphictyon, onis, m.*, Amphictyon, fils de Deucalion.
*Absumo, sumpsi, sumptum, ĕre*, consommer, détruire.
*Illuvies, ēi, f.*, inondation, déluge.
*Se recipĕre, (recipio, cepi, ceptum)*, se retirer.
*Proptereà*, pour cela, à cause de cela.
*Condo, dĭdi, dĭtum, ĕre*, fonder.
*Successio, ōnis, f.*, succession.
*Erechtheus, thei, m.*, Érechthée, roi d'Athènes.
*Satio, ōnis, f.*, action de semer; semailles.
*Reperio, i, pertum, īre*, trouver, inventer.
*Ægeus, ĕi, m.*, Égée, roi d'Athènes.
*Theseus, ĕi, m.*, Thésée, fils d'Égée, et roi d'Athènes.
*Auxilium ferre*, porter secours.
*Similitudo, dĭnis, f.*, ressemblance, analogie, similitude.
*Diluvium, ii, n.*, déluge.
*Noăchus, i, m.*, Noé, patriarche.
*Navis, is, f.*, navire, vaisseau.

*Construo, uxi, uctum, ĕre*, construire.
*Lapis, ĭdis, m.*, pierre.
*Post tergum*, par derrière, derrière soi.
*Jacio, jēci, jactum, ĕre*, jeter.
*Denuò*, de nouveau.
*Facti sunt*, ils sont devenus.
*Fabulosus, a, um*, fabuleux.

**109.**

*September, bris, m.*, septembre.
*Carolus, i, m.*, Charles.
*Henricus, i, m.*, Henri.
*Passus, ūs, m.*, le pas.

**111.**

*Mantinea, æ, f.*, Mantinée, ville d'Arcadie.
*Salvus, a, um*, sain, sauvé.
*Clipeus, i, m.*, bouclier.
*Desum, fui, esse*, manquer.
*Aedui, orum, m. pl.*, Éduens, peuple gaulois.
*Consultāre*, consulter, délibérer.
*Dissimulāre*, dissimuler, feindre.
*Florĕo, ui, ēre*, fleurir, être florissant.
*Artifex, ficis, m.*, artiste, artisan.
*Vallum, i., n.*, rempart, retranchement.
*Superāre*, passer par-dessus, franchir; surpasser.
*Perturbatio, onis, f.*, confusion, désordre.
*Cimon, ōnis, m.*, Cimon, général athénien.
*Vestio, ivi, ītum, īre*, vêtir, habiller.
*Amiculum, i, n.*, manteau.
*Redeo, ivi* ou *ii, ītum, īre*, revenir, retourner.
*Comparāre*, équiper, comparer.
*Invitāre*, inviter.
*Cràs*, demain.

*Ità res se habet*, il en est ainsi.
*Zeno, ōnis, m.*, Zénon, philosophe grec.
*Vituperāre*, blâmer.
*Frequenter*, fréquemment.
*Stultus, a, um*, insensé.
*Afficio, fēci, fectum, ĕre*, affecter, frapper, pénétrer.
*Phocion, ōnis, m.*, Phocion, général athénien.
*Gubernacula, orum, n. pl. Reipublicæ*, rênes de l'État.

## 112.

*Donare aliquem aliquā re*, gratifier quelqu'un de quelque chose; faire don de.
*Fortiter*, fortement, avec courage.
*Sponte* (de *spons*, inusité) librement, de plein gré.
*Devovĕo, i, votum, ēre*, dévouer, vouer.
*Movĕo, i, motum, ēre*, mouvoir, mettre en mouvement.
*Irascor, iratus sum, i*, dep. se mettre en colère, s'irriter.
*Suadeo, suasi, suasum, ēre*, conseiller.
*Hebes, ĕtis* (3 genres), émoussé, lourd, stupide.
*Obliviscor, oblītus sum, i*, dép., oublier.
*Dotāre*, donner en dot, doter.
*Metuo, i, ĕre*, craindre.
*Eripio, ui, reptum, ĕre*, enlever de force, arracher.
*Vulnerāre*, blesser.
*Cavĕo, i, cautum, ēre*, prendre garde.
*Insidiæ, arum, f. pl.*, embûches, embuscade, piége.
*Incido, i, ĕre*, tomber dans.
*Copia, æ, f.*, abondance, nombre.
*Stella, æ, f.*, étoile.

*Numerāre*, compter.
*Lætor, atus sum, āri*, dép., se réjouir.
*Tristis, e*, triste.
*Fiĕri*, devenir (v. n. 110, 9).
*Pergo, perrexi, perrectum, ĕre*, continuer.
*Cœpi, isti, isse*, commencer. (V. page 160, C.)
*Exspectare*, attendre.
*Miseria, æ, f.*, misère, souffrance.
*Apis, is, f.*, abeille.
*Solitudo, inis, f.*, solitude.
*Desero, ui, sertum, ĕre*, abandonner, délaisser.
*Frustror, atus sum, āri*, dép., frustrer, tromper.

## 113.

*Facinus, nŏris, n.*, action d'éclat, exploit, forfait, crime.
*Edo, edidi, editum, ĕre*, mettre dehors, produire, exécuter, faire.
*Augĕo, auxi, auctum, ēre*, augmenter, agrandir.
*Iter, itinĕris, n.*, voyage, chemin, route.
*Infestus, a, um*, hostile, dangereux, infecté, peu sûr.
*Hospes, ĭtis, m.*, hôte, étranger.
*Lectus, i, m.*, lit.
*Propono, posui, positum, ĕre*, mettre devant, offrir, proposer.
*Supereminens, entis*, partic. de *supereminēre*, dépasser, surpasser.
*Extendo, di, tum* ou *sum, ĕre*, étendre, allonger.
*Æquāre*, égaliser, égaler.
*Longitudo, inis, f.*, longueur.
*Interficio, fēci, fectum, ĕre*, tuer, faire périr.

*Evado, si, sum, ĕre*, sortir de, s'échapper, devenir.
*Victor, ōris, m.*, vainqueur.
*Victus, a, um*, part. de *vinco*, vaincu.
*Impono, posui, posĭtum, ĕre*, imposer.
*Vectīgal, ālis, n.*, impôt, tribut.
*Instituo, tui, tūtum, ĕre*, instituer, établir.
*Quotannis*, tous les ans.
*Totĭdem*, adj. pl. indécl., autant.
*Monstrum, i, n.*, monstre.
*Bubulus, a, um*, de bœuf.
*Labyrinthus, i, m.*, labyrinthe.
*Inextricabilis, e*, inextricable, inexplicable.
*Includo, si, sum, ĕre*, enfermer, renfermer.
*Præcipitāre*, précipiter.
*Ægæus, a, um*; *mare Ægæum*, mer Égée.
*Metuo, ui, ĕre*, craindre, redouter.
*Quadraginta*, quarante.
*Procustes, æ, m.*, Procuste, brigand de l'Attique.
*Minotaurus, i, m.*, Minotaure, monstre.
*Lycomēdes, is, m.*, Lycomède.
*Ariadne, es, f.*, Ariane, fille de Minos.
*Perficio, feci, fectum, ĕre*, exécuter, accomplir.

### 114.

*Insidior, atus sum, āri, alicui*, dép., dresser des embûches à quelqu'un; conspirer contre quelqu'un.
*Blandus, a, um*, caressant, flatteur, insinuant.
*Insidiosus, a, um*, insidieux, artificieux.
*Præsto, stĭti, stĭtum* ou *statum, āre*, se tenir devant, exceller, exécuter, remplir, faire.
*Apertĕ*, ouvertement, sincèrement.
*Decipio, cepi, ceptum, ĕre*, décevoir, tromper, duper.
*Fundo, fudi, fusum, ĕre*, fondre, disperser, mettre en déroute.
*Dissimulāre*, dissimuler, feindre, déguiser.
*Dilatio, onis, f.*, délai, remise, retard.
*Modus, i, m.*, mode, manière, mesure.
*Ultio, onis, f.*, vengeance.
*Ebriĕtas, ātis, f.*, ivresse.
*Frugalitas, ātis, f.*, frugalité, tempérance.
*Luxuria, æ, f.*, luxe, luxure, déréglement.
*Deditus, a, um*, part. de *dedo*, livré, adonné.
*Fundamentum, i, n.*, fondement.
*Orbis, is, m.*; cercle, pays, région.
*Consummāre*, consommer, achever, accomplir.
*Aggredior, aggressus sum, i*, dép., attaquer.
*Persequor, secutus sum, i*, dép., poursuivre, persécuter.
*Requiro, quisīvi, quisītum, ĕre*, rechercher, désirer, exiger.
*Pugna, æ, f.*, bataille, combat.
*Granĭcus, i, m.*, le Granique, fleuve de la Troade.
*Amnis, i, m.*, fleuve, rivière.
*Stupefactus, a, um*, part. de *stupefacio*, stupéfait, étonné.
*Benignitas, ātis, f.*, bénignité, bonté.
*Motus, a, um*, part. de *moveo*, ému, touché.

## 115.

Indus, i, m., Indien.
Regulus, i, m., petit roi, roitelet.
Littus, ōris, n., bord, rivage (de la mer).
Oceănus, i, m., Océan.
Revertor, reversus sum, i, dép., revenir, retourner.
Opperior, pertus sum, iri, dép., attendre.
Legatio, ōnis, f., légation, ambassade.
Festinare, hâter, se hâter, se presser.
Magus, i, m., mage.
Prædico, dixi, dictum, ĕre, prédire, déclarer.
Introĕo, ivi ou ii, itum, ire, entrer dans.
Fatalis, e, fatal, funeste.
Euphrates, æ, m., Euphrate, fleuve de l'Asie.
Concēdo, cessi, cessum, ĕre, s'en aller, partir.
Philosŏphus, i, m., philosophe.
Compello, puli, pulsum, ĕre, pousser, chasser, déterminer.
Contemno, tempsi, temptum, ĕre, mépriser, dédaigner, rejeter.
Prædictum, i, n., prédiction, prophétie.
Ætas, ātis, f., âge.
Luctus, us, m., affliction, douleur, chagrin, deuil.
Mœror, ōris, m., douleur profonde, chagrin.
Pervado, asi, asum, ĕre, pénétrer jusqu'à, se répandre.
Celeriter, vite, promptement.
Vestis, is, f., habit, vêtement.
Lugŭbris, e, lugubre, de deuil.
Lacerare, déchirer, arracher.
Crinis, is, m., cheveu.
Exstinguo, nxi, nctum, ĕre, éteindre; exstinctus, éteint, mort.
Aversor, atus sum, āri, dép., se détourner, abhorrer, détester.
Beneficium, ii, n., le bienfait.
Agesilaus, i, m., Agésilas.
Accipio, cēpi, ceptum, ĕre, accepter.
Unquam, jamais, quelquefois, un jour.
Spoliare, spolier, dépouiller, ravir.
Vilis, e, vil, mauvais.
Tolerare, tolérer, supporter.
Æstas, ātis, f., l'été.
Hiems, ĕmis, f., hiver.
Æstus, us, m., chaleur.
Laborare, travailler.
Convivium, ii, n., repas, festin.
Hilaris, e, gai.
Lætus, a, um, joyeux, content, heureux.
Jactantia, æ, f., jactance, ostentation.
Longe, loin, beaucoup.
Abesse, être loin.
Gravatim, avec peine, à contre-cœur.
Prædicare, vanter, louer.
Noceo, ui, itum, ēre, nuire.
Conspicio, spexi, spectum, ĕre, apercevoir, voir.
Coram suis, sous les yeux des siens.

## 116.

Conditor, ōris, m., fondateur.
Statuo, ui, utum, ĕre, placer, fixer, résoudre, se décider à.
Infans, antis, m. et f., enfant (en bas âge, au berceau).
Profluo, uxi, ĕre, couler abondamment, découler, s'écouler.
Mitto, misi, missum, ĕre, envoyer, jeter, lancer.

*Casus, ŭs, m.*, cas, accident, hasard.
*Effundo, fūdi, fūsum, ĕre*, verser, répandre.
*Cursus, ŭs, m.*, course, cours.
*Justus, a, um*, juste, exact, convenable.
*Expono, posui, posĭtum, ĕre*, exposer.
*Lupa, æ, f.*, louve.
*Præbeo, ui, ĭtum, ēre*, fournir, donner, présenter.
*Mamma, æ, f.*, mamelle, sein.
*Pecus, ŏris, n.*, troupeau, bétail.
*Lambo, bi, bĭtum, ĕre*, lécher, caresser.
*Uxor, ōris, f.*, épouse, femme mariée.
*Adolesco, lēvi, adultum, ĕre*, croître, grandir.
*Pastor, oris, m.*, pâtre, pasteur, berger.
*Fera, æ, f.*, bête sauvage.
*Figo, fixi, fixum, ĕre*, ficher, fixer, percer, tuer.
*Onustus, a, um*, chargé, accablé.
*Divĭdo, vīsi, visum, ĕre*, diviser, partager.
*In dies*, tous les jours, de jour en jour.
*Cresco, crēvi, crētum, ĕre*, croître, s'augmenter.
*Grex, gregis, m.*, troupeau, troupe.
*Serius, a, um*, sérieux, grave.
*Jocus, i, m.*, plaisanterie, jeu, badinage.
*Tractāre*, tirer, traiter.
*Trado, dĭdi, tradĭtum, ĕre*, livrer.
*Aperio, ui, apertum, īre*, ouvrir, découvrir.
*Undè*, d'où, de quel lieu.
*Cogo, coēgi, coactum, ĕre*, pousser, forcer.

*Educāre*, élever.
*Perduco, duxi, ductum, ĕre*, conduire.
*Latro, ōnis, m.*, voleur.
*Arguo, i, ūtum, ĕre*, prouver, démontrer; accuser.
*Infestāre*, ravager, infester.
*Conjicĕre (jicio, jēci, jectum) in vincula*, jeter en prison, dans les fers.
*Numitor, ōris, m.*, Numitor, père de Romulus.

### 118.

*Globus, i, m.*, globe, troupe.
*Aggredior, aggressus sum, i*, dép., attaquer.
*Obtruncāre*, tailler, couper, égorger, tuer.
*Gratulor, ātus sum, āri*, dép., *aliquid alicui*, féliciter, complimenter quelqu'un de quelque chose.
*Advocāre*, convoquer.
*Concilium, ii, n.*, assemblée, conseil.
*Gigno, genui, genĭtum, ĕre*, produire, mettre au monde.
*Cognosco, nōvi, nĭtum, ĕre*, reconnaître.
*Tyrannus, i, m.*, tyran, despote, monarque.
*Concio, ōnis, f.*, assemblée.
*Progredior, gressus sum, i*, dép., aller en avant, marcher.
*Multitudo, inis, f.*, multitude.
*Sequor, secutus sum, i*, dép., suivre.
*Cupīdo, inis, f.*, cupidité, désir ardent.
*Occasio, ōnis, f.*, occasion.
*Opus, opĕris, n.*, œuvre, ouvrage.
*Transilio, ivi, ii et ui, sultum, īre*, sauter par-dessus, franchir.
*Irascor, iratus sum, i*, dép., se

mettre en colère, se fâcher, s'irriter.
Appellāre, nommer, appeler.
Sacer, cra, crum, sacré, consacré ; facere sacra, orum, n. pl., faire des sacrifices.
Ritus, ūs, m., rite, cérémonie, usage.
Abĭgo, ēgi, actum, ĕre, pousser devant soi ; ravir, enlever.
Mirus, a, um, merveilleux, surprenant.
Species, ēi, f., espèce, aspect, apparence.
Fessus, a, um, fatigué.
Procumbo, cubui, cubĭtum, ĕre, pencher, se coucher, se jeter.
Gravāre, appesantir, surcharger.
Accŏla, æ, m., habitant, voisin.
Ferox, ōcis (3 genres), fier, intrépide, fougueux.
Callidus, a, um, rusé, adroit.
Vestigium, ii, n., trace, vestige.
Spelunca, æ, f., caverne, gouffre.
Deduco, duxi, ductum, ĕre, emmener, conduire.
Aversus, a, um, détourné, opposé, contraire, à reculons.
Cauda, æ, f., queue.
Traho, traxi, tractum, ĕre, traîner, tirer.
Lux, lucis, f., lumière, clarté ; primā luce, au point du jour.
Perlustrāre, parcourir, examiner.
Eŏ, là.
Fero, tuli, latum, ferre, porter.
Foras, dehors.
Versus, a, um, part. de verto, tourné, renversé.
Confusus, a, um, part. de confundo, confondu, troublé.
Porrò, devant soi, plus loin, davantage.

Ago, egi, actum, ĕre, conduire, chasser.
Mugio, ivi, itum, ire, mugir.
Incipio, cepi, ceptum, ĕre, commencer, se mettre à.
Inclusus, a, um, part. de includo, enfermé, renfermé.
Clava, æ, f., massue.
Profŭgus, a, um, fugitif.
Consido, sēdi, sessum, ĕre, s'asseoir, s'établir.
Geryon, ŏnis, m., Géryon, roi d'Ibérie.
Hispanus, a, um, Espagnol.
Eurystheus, i, m., Eurysthée, roi de Mycènes.
Hercules, is, m., Hercule, fils de Jupiter.
Evander et Evandrus, i, m., Évandre, roi d'Arcadie.
Brachium, ii, n., bras.
Imperāre, commander, ordonner.
Detĕgo, exi, ectum, ĕre, découvrir.
Religio, ōnis, f., religion, culte, adoration, vénération.
Fugio, fugi, fugĭtum, ĕre, fuir, s'enfuir.

**119.**

Coalesco, coalŭi, alĭtum, ĕre, croître ensemble, se joindre.
Reddo, dĭdi, dĭtum, ĕre, rendre, faire.
Agrestis, e, agreste, champêtre.
Venerabilis, e, vénérable.
Insigne, is, n., signe, enseigne, marque distinctive, insignes.
Lictor, ōris, m., licteur, huissier, massier.
Exsequor, secutus, sum, i, dép., suivre, poursuivre, exécuter.
Asylum, i, n., asile, refuge.

*Aperio, ui, rtum, īre,* ouvrir, découvrir.
*Turba, æ, f.,* foule, troupe.
*Finitimus, a, um,* limitrophe, voisin.
*Discrimen, minis, n.,* danger, différence, combat.
*Perfugio, i, ītum, ĕre,* se réfugier.
*Augeo, auxi, auctum, ēre,* augmenter, accroître.
*Senator, ōris, m.,* sénateur.
*Sive—sive,* soit—soit; ou—ou.
*Posteri, ōrum, m. pl.,* les descendants.
*Patricius, i, m.,* patricien.
*Spatium, ii, n.,* espace.
*Maneo, mansi, mansum, ēre,* rester, demeurer.
*Desum, fui, esse,* manquer.
*Gens, gentis, f.,* famille, nation, peuple.
*Connubium, ii, n.,* alliance (par le mariage); mariage.
*Rudis, e,* rude, ignorant.
*Abhorreo, ui, ēre,* abhorrer, avoir de l'horreur.
*Benignē,* avec bonté, favorablement.
*Legatio, ōnis, f.,* députation, ambassade.
*Ægritudo, inis, f.,* tristesse, ennui, chagrin.
*Dissimulāre,* dissimuler, feindre.
*Ludus, s, m.,* jeu.
*Parāre,* préparer.
*Indico, dixi, dictum, ĕre,* déclarer, annoncer.
*Spectaculum, i, n.,* spectacle.
*Convenio, i, ventum, īre,* s'assembler.
*Sabini, orum, m. pl.,* les Sabins.
*Signum, i, n.,* signe, signal, drapeau, statue.
*Virgo, inis, f.,* vierge, jeune fille.

*Rapio, rapui, raptum, ĕre,* saisir, enlever.
*Sumo, sumpsi, sumptum, ĕre,* prendre, entreprendre.
*Arx, arcis, f.,* citadelle, forteresse.
*Præsum, fui, esse,* présider, commander.
*Corrumpo, rupi, ruptum, ĕre,* corrompre.
*Armāre,* armer.
*Mœnia, ium, n. pl.,* murailles, remparts.
*Necāre,* tuer, faire mourir.
*Dolus, i, m.,* ruse, fourberie.
*Prodo, dĭdi, dĭtum, ĕre,* trahir.
*Proditor, ōris, m.,* traître.
*Injuria, æ, f.,* injure, outrage.
*Impendeo, ēre,* pencher sur, menacer.
*Proditio, ōnis, f.,* trahison.
*Perduco, duxi, ductum, ĕre,* entraîner.
*Decipio, cepi, ceptum, ĕre,* tromper.
*Promissum, i, n.,* promesse.
*Trado, dĭdi, dĭtum, ĕre,* livrer, rendre.
*Capitolium, ii, n.,* Capitole.
*Procedo, cessi, cessum, ĕre,* s'avancer, paraître.
*Consero, ui, sertum, ĕre,* entrelacer; *conserere pugnam,* livrer bataille.
*Cruentus, a, um,* sanglant.

### 120.

*Teneo, ui, ntum, ēre,* tenir, occuper.
*Posterus, a, um,* suivant.
*Compleo, plēvi, plētum, ēre,* remplir, combler.
*Descendo, di, sum, ĕre,* descendre.
*Æquus, a, um,* égal, juste;

æquum, i, n., la plaine.
Utrinque, des deux côtés, de part et d'autre.
Cieo, civi, citum, ëre, mettre en mouvement, pousser, exciter.
Cado, cecidi, casum, ëre, tomber, tomber mort.
Fundo, fudi, fusum, ëre, fondre, couler, disperser.
Tollo, sustuli, sublatum, ëre, lever, emporter.
Jussu tuo, à ton ordre.
Scelus, ëris, n., crime.
Huc, ici, à ce point.
Tendo, tetendi, tentum (tensum), ëre, tendre, s'étendre, se diriger vers.
Arceo, cui, ëre, chasser, repousser, éloigner.
Hinc, d'ici; de là.
Demo, dempsi, demptum, ëre, enlever, ôter.
Terror, oris, m., terreur.
Fuga, æ, f., fuite. Fœdus, a, um, hideux, honteux.
Sisto, stiti, statum, ëre, retenir, arrêter, s'arrêter.
Voveo, vovi, votum, ëre, vouer, dévouer.
Monumentum, i, n., monument.
Converto, i, versum, ëre, tourner, convertir.
Resisto, stiti, stitum, ëre, résister, s'arrêter.
Iterare, renouveler, répéter.
Provolare, voler dehors, s'élancer. Primores, um, m. pl., les premiers, les principaux.
Decurro, i ou decucurri, cursum, ëre, courir de haut en bas; descendre précipitamment.
Agere in fugam, mettre en fuite.
Procul, loin, de loin.
Palatium, ii, n., mont Palatin; palais.

Clamitare, crier bien haut.
Perfidus, a, um, perfide.
Pugnare, combattre.
Palus, ludis, f., marais.
Redintegrare, renouveler, recommencer.
Convallis, is, f., vallée dominée de tous côtés.
Audeo, ausus sum, ëre, oser.
Telum, i, n., trait, javelot, flèche.
Volare, voler.
Infero, tuli, illatum, ferre, porter dans, porter, jeter.
Deprecor, atus sum, ari, dép., supplier d'éloigner, conjurer.
Conciliare, concilier.
Consternare, consterner, effrayer, épouvanter.
Superbio, ivi, itum, ire, s'enorgueillir de, être fier de.
Despondeo, i, nsum, ëre, promettre, assurer; désespérer; despondere animum, se décourager, perdre courage.
Revocare, rappeler.
Reportare, remporter.
Completus, a, um, complet.
Cupio, ivi, itum, ëre, désirer.
Evenio, i, ntum, ire, arriver, survenir.
Superare, surpasser.
Ingenium, ii, n., esprit, génie.
Abundare, abonder, être fort riche en.
Gaudeo, gavisus sum, ëre, se réjouir.
Cognosco, novi, nitum, ëre, connaître, reconnaître.
Ovis, is, f., brebis.
Lana, æ, f., laine.
Magnitudo, inis, f., grandeur, étendue.
Diversus, a, um, divers, différent.

## 122.

*Curia, æ, f.*, curie (division du peuple romain).
*Impono, posui, positum, ĕre*, imposer; donner (*nomen*).
*Concursus, ûs, m.*, concours, affluence, attroupement, choc.
*Ægrè ferre*, supporter avec peine, s'affliger de.
*Par, paris* (3 g.), pareil, égal, juste; *par est*, il est juste.
*Ulciscor, ultus sum, i*, dép., venger, se venger.
*Recenseo, ui, sum* ou *situm, ēre*, compter, passer en revue, examiner.
*Fragor, ōris, m.*, bruit, fracas.
*Tonitru, tru, n.*, tonnerre.
*Operio, ui, rtum, īre*, couvrir, cacher, accabler.
*Nimbus, i, m.*, ondée, nuage épais, nuée; cercle lumineux.
*Aufero, abstuli, ablatum, ferre*, enlever, emporter.
*Verisimilis, e*, vraisemblable.
*Discerpo, psi, ptum, ĕre*, déchirer, mettre en pièces, dissiper.
*Trado, didi, ditum, ĕre*, livrer, rendre, rapporter.
*Arroganter*, arrogamment, fièrement.
*Excedo, cessi, cessum, ĕre*, sortir, mourir; *excedere vitâ*, mourir.
*Interregnum, i, n.*, interrègne.
*Cuncti, æ, a, pl.*, tous ensemble.
*Religio, ōnis, f.*, religion, sentiment religieux, bonne foi.
*Celebrāre*, célébrer, louer, vanter.
*Fidenates, um* ou *ium, m. pl.*, Fidénates, hab. de Fidène.
*Vejens, entis, m.*, Véien, hab. de Véies.
*Orior, ortus sum, iri*, dép., naître, s'élever, surgir.

## 123.

*Integer, gra, grum*, entier, intact, intègre; sans blessures; *de integro*, de nouveau.
*Describo, scripsi, scriptum, ĕre*, décrire, tracer, diviser.
*Formāre*, former.
*Verecundia, æ, f.*, pudeur, respect, considération.
*Adduco, duxi, ductum, ĕre*, amener, engager.
*Nefas, n. indécl.*, crime, faute.
*Rigāre*, arroser.
*Arbiter, tri, m.*, arbitre, juge, témoin.
*Congressus, ûs, m.*, abord, entrevue, conférence.
*Sacrāre*, consacrer, vouer, dédier.
*Musa, æ, f.*, muse.
*Conservatio, ōnis, f.*, conservation, protection.
*Validus, a, um*, robuste, fort, puissant.
*Floreo, ui, ēre*, fleurir, être florissant.
*Avītus, a, um*, qui vient des aïeux; ancien, vieux, héréditaire.
*Stimulāre*, stimuler, animer, exciter.
*Undiquè*, de tous côtés.
*Materia, æ, f.*, matière, moyen, occasion.
*Civilis, e*, civil, populaire.
*Propè*, presque.
*Natus, i, m.*, né, descendant, fils.
*Eventus, ûs, m.*, événement, issue.
*Tectum, i, n.*, toit, maison.

*Diruo, ŭi, utum, ĕre,* abattre, détruire.
*Confundo, fūdi, fūsum, ĕre,* confondre, mélanger, réunir.
*Fortiter,* vaillamment.
*Albani, orum, m. pl.,* les Albains.
*Repeto, tivi* ou *ii, titum, ĕre,* redemander, revendiquer.
*Exorior, ortus sum, iri,* dép., naître, s'élever, éclater.

### 124.

*Castra, orum, n. pl.,* camp.
*Colloquium, ii, n.,* conférence, entrevue, entretien, conversation.
*Aspernor, atus sum, āri,* dép., rejeter, mépriser, dédaigner.
*Procedo, cessi, cessum, ĕre,* s'avancer.
*Cognātus, a, um,* parent.
*Polleo, ēre,* avoir du pouvoir, être puissant.
*Conficio, feci, fectum, ĕre,* achever, consumer, broyer, tuer.
*Ineo, ii, itum, īre,* aller dans; entreprendre.
*Displiceo, ui, citum, ĕre,* déplaire.
*Trigemĭnus, a, um,* triple; *trigemini fratres,* trois frères jumeaux.
*Dispar, aris* (3 g.), différent, inégal.
*Nobilis, e,* noble, célèbre, illustre.
*Error, ōris, m.,* erreur.
*Recusāre,* refuser, repousser.
*Erat futurum,* devrait être.
*Consido, sēdi, sessum, ĕre,* s'asseoir.
*Infestus, a, um,* acharné, ennemi, hostile.
*Concurro, i, cursum, ĕre,* accourir ensemble, concourir; en venir aux mains.
*Ager Romanus,* territoire romain.
*Terni, æ, a, pl.,* trois à la fois, trois à trois, par trois.
*Capesso, sivi, situm, ĕre,* prendre avec empressement, saisir.
*Separāre,* séparer.
*Singulus, a, um,* chaque, chacun, un à un.
*Parāre,* préparer, procurer.
*Sponsa, æ, f.,* fiancée.
*Fleo, ēvi, ētum, ĕre,* pleurer.
*Sponsus, i, m.,* le fiancé.
*Agnosco, nōvi, nĭtum, ĕre,* connaître, reconnaître.
*Fletus, ūs, m.,* pleurs, larmes.
*Stringo, inxi, ictum, ĕre,* serrer, tirer.
*Transfigo, ixi, ixum, ĕre,* percer.
*Advocāre,* appeler à soi, convoquer.
*Absolvo, i, solūtum, ĕre,* absoudre, acquitter.
*Admiratio, ōnis, f.,* admiration, étonnement.
*Inquināre,* souiller, flétrir.
*Atrox, ocis* (3 g.), atroce, affreux.
*Orbus, a, um,* privé, orphelin; *orbum facere,* priver.
*Fero, tuli, latum, ferre,* porter, supporter.
*Jus, juris, n.,* droit, justice.
*Sepelio, ivi* ou *ii, pultum, īre,* enterrer.
*Cædes, is, f.,* massacre, meurtre.
*Paludamentum, i, n.,* manteau de guerre.

### 125.

*Reportāre,* reporter, rapporter, remporter.
*Benignè,* avec bonté.

*Alloquor, locutus sum, i,* dép., parler à.
*Statuo, ui, utum, ĕre,* statuer, résoudre, décider, fixer.
*Hesternus, a, um,* d'hier.
*Perfidia, æ, f.,* perfidie.
*Proditio, ōnis, f.,* trahison.
*Culpa, æ, f.,* faute.
*Ruptor, ōris, m.,* infracteur, violateur.
*Fœdus, dĕris, n.,* alliance, traité.
*Disciplina, æ, f.,* instruction, discipline.
*Adhibeo, ui, ĭtum, ēre,* appliquer, employer, offrir.
*Vivus, a, um,* vivant, en vie.
*Quoniam,* parce que, puisque.
*Ingenium, ii, n.,* esprit, génie, caractère.
*Insanabilis, e,* incurable.
*Paulo antè,* peu auparavant.
*Anceps, cipĭtis* (3 g.), à double tête, à double face, douteux, irrésolu.
*Distraho, traxi, tractum, ĕre,* tirer en sens divers, déchirer, séparer, diviser.
*Distendo, di, tum, ĕre,* étendre, dilater.
*Concitāre,* pousser, exciter, soulever.
*Dilacerāre,* déchirer.
*Averto, ti, sum, ĕre,* détourner, dérober.
*Fœdus, a, um,* hideux, affreux, horrible.
*Ceteroquin,* au surplus, du reste, d'ailleurs.
*Eques, equĭtis, m.,* cavalier, chevalier.
*Præmitto, mīsi, missum, ĕre,* envoyer d'avance.
*Crudeliter,* cruellement, sévèrement.

*Platēa, æ, f.,* grande rue, place publique.
*Planctus, ūs, m.,* gémissement, lamentations.
*Solum, i, n.,* sol.
*Adæquāre,* égaler ; *adæquāre solo,* rendre égal au sol, raser.
*Dare ruinis (ruina, æ, f.),* livrer aux ruines, changer en ruines.

### 126.

*Nix, nivis, f.,* neige.
*Pronuntiāre,* prononcer, déclarer, dire.
*Affirmāre,* affirmer.
*Disco, didĭci, ĕre,* apprendre.
*Propediem,* au premier jour.
*Demonstrāre,* démontrer.
*Doctus, a, um,* savant, instruit, civilisé.
*Certum est,* il est certain.
*Iter, itineris, n.,* voyage.
*Casus, ūs, m.,* cas, hasard.
*Mentior, ītus sum, iri,* dép., mentir.
*Principium, ii, n.,* principe.
*Fio, factus sum, fiĕri,* se faire.
*Admitto, misi, missum, ĕre,* admettre, commettre.
*Fruor, uĭtus (fructus) sum, frui,* dép., jouir.
*Oppugnāre,* attaquer, assiéger.

### 127.

*Cupidus, a, um,* avide, désireux.
*Pileus, i, m.,* chapeau.
*Aptè,* convenablement, adroitement.
*Repono, posui, posĭtum, ĕre,* remettre, replacer.
*Novitas, ātis, f.,* nouveauté.
*Conspicuus, a, um,* distingué, remarquable.
*Tutor, ōris, m.,* tuteur, protecteur.

*Adĭmo, ēmi, emptum, ĕre,* ôter, enlever.
*Consĕquor, secutus sum, i,* dép., obtenir.
*Misĕrè,* misérablement.
*Gradus, ûs, m.,* degré, marche, pas.
*Carpentum, i, n.,* char, voiture.
*Æmulatio, ōnis, f.,* émulation, rivalité.
*Inhumanus, a, um,* inhumain.
*Opprobrium, ii, n.,* opprobre.
*Adventāre,* arriver, approcher.
*Contingit, tĭgit, ĕre,* unipers., il arrive.
*Quies, ētis, f.,* repos.
*Constantia, æ, f.,* constance, fermeté.
*Credibilis, e,* croyable, vraisemblable.
*Promitto, misi, missum, ĕre,* promettre.
*Stringo, nxi, ictum, ĕre,* tirer.
*Antequàm,* avant que.

### 128.

*Factum, i, n.,* fait, action.
*Primores, um, m. pl.,* les principaux, premiers.
*Custodio, ivi, ītum, īre,* garder, surveiller.
*Jussus, ûs, m.,* ordre, injonction.
*Metus, ûs, m.,* peur, crainte.
*Incutio, cussi, cussum, ĕre,* frapper, lancer, inspirer.
*Imminuo, ui, ūtum, ĕre,* affaiblir, diminuer.
*Injussus, ûs, m.,* sans ordre.
*Peregrinus, a, um,* étranger.
*Hospitium, ii, n.,* hospitalité.
*Affinitas, ātis, f.,* affinité; parenté par alliance; voisinage.
*Jungo, nxi, nctum, ĕre,* joindre, lier.
*Longè,* beaucoup, de beaucoup.

*Ex industriâ,* exprès, à dessein.
*Stultitia, æ, f.,* folie.
*Simulāre,* simuler, feindre.
*Abnuo, ui, ūtum, ĕre,* refuser, rejeter.
*Brutus, a, um,* lourd, stupide.
*Prætextus, ûs, m.,* prétexte.
*Liberator, ōris, m.,* libérateur.
*Ludibrium, ii, n.,* moquerie, risée, jouet.
*Avunculus, i, m.,* oncle maternel.
*Decipio, cēpi, ceptum, ĕre,* tromper, duper.
*Terror, ōris, m.,* terreur.

### 129.

*Equitāre,* monter à cheval.
*Dissĕro, ui, sertum, ĕre,* discourir, discuter.
*Par, āris* (3 g.), capable, en état.
*Propensus, a, um,* enclin, porté à.
*Intelligo, lexi, lectum, ĕre,* comprendre.
*Cognosco, novi, nĭtum, ĕre,* connaître.
*Compello, pŭli, pulsum, ĕre,* contraindre, pousser, exciter.
*Aptus, a, um,* apte, propre à.
*Alo, ui, ĭtum, altum, ĕre,* nourrir.
*Deterreo, ui, ĭtum, ēre,* détourner, épouvanter.
*Pronus, a, um,* porté à, prompt à.
*Prohibeo, ui, ĭtum, ēre,* empêcher.
*Tero, trīvi, trītum, ĕre,* écraser, broyer; employer (le temps).
*Opitulāri alicui,* dép., secourir quelqu'un.
*Dominor, ātus sum, āri,* dép., dominer.
*Affectus, ûs, m.,* émotion, affection, passion.
*Flagrans, antis,* part. de *flagrāre,* brûlant, ardent.

*Parcimonia, æ, f.*, parcimonie, économie.
*Vitāre*, éviter.
*Sumptus, ūs, m.*, dépenses.
*Supervacuus, a, um*, superflu.
*Pabulor, atus sum, āri*, dép., fourrager.
*Persuadeo, si, sum, ēre*, persuader.
*Admoneo, ui, ĭtum, ēre*, avertir.
*Attentus, a, um*, attentif.
*Ætas juvenilis*, âge de la jeunesse.
*Studium, ii, n.*, désir.
*Placeo, ui, ĭtum, ēre*, plaire.
*Significatio, onis, f.*, signe, marque.
*Vulgò*, ordinairement.
*Parāre*, préparer, acquérir.
*Reddo, dĭdi, dĭtum, ĕre*, rendre.
*Elĭgo, ēgi, ectum, ĕre*, élire, choisir.
*Studiosus, a, um*, curieux, désireux.
*Amplitudo, inis, f.*, grandeur.

## 130.

*Delphi, ōrum, m. pl.*, Delphes, ville de Grèce.
*Orāculum, i, n.*, oracle.
*Domesticus, a, um*, domestique.
*Comitor, ātus sum, āri*, dép., accompagner.
*Mandatum, i, n.*, mandat, ordre.
*Perficio, feci, fectum, ĕre*, exécuter, terminer, accomplir.
*Incesso, ivi ou i, ĭtum, ĕre*, survenir, attaquer.
*Sciscitor, ātus sum, āri*, dép., demander, interroger.
*Infĭmus, a, um*, le plus bas.
*Specus, ūs, m.*, caverne, grotte.
*Osculum, i, n.*, le baiser.
*Responsum, i, n.*, réponse.

*Taceo, ui, ĭtum, ēre*, taire, se taire.
*Ignarus, a, um*, ignorant; qui ne sait pas.
*Permitto, misi, missum, ĕre*, permettre, accorder, confier.
*Sors, sortis, f.*, sort.
*Aliter*, autrement.
*Interpretor, ātus sum, āri*, dép., interpréter, expliquer.
*Labor, lapsus sum, i*, dép., tomber, se laisser tomber.
*Contingo, tigi, tactum, ĕre*, toucher.
*Osculor, ātus sum, āri*, dép., baiser, embrasser.
*Scilicĕt*, en effet, savoir.
*Fallo, fefelli, falsum, ĕre*, tromper.
*Corneus, a, um*, de cornouiller.
*Rideo, risi, risum, ēre*, rire, railler, se moquer.
*Cavāre*, caver, creuser.
*Vanus, a, um*, vain, inutile.
*Prædictum, i, n.*, prédiction.
*Simulāre*, simuler. *Desĭno, sivi ou sii, sĭtum, ĕre*, cesser.

## 131.

*Ardea, æ, f.*, Ardée, ville d'Italie.
*Præpollens, entis*, part. de *præpollēre*, très-puissant.
*Castus, a, um*, chaste.
*Culter, tri, m.*, couteau.
*Manāre*, découler, se répandre.
*Cruor, ōris, m.*, sang (caillé, ou coulant d'une blessure).
*Jurāre*, jurer.
*Propositum, i, n.*, projet, résolution.
*Sceleratus, a, um*, scélérat, criminel.
*Stirps, stirpis, f.* et rarement *m.*, race, famille.

*Ignis, is,* m., feu.
*Concitāre,* soulever, exciter.
*Libido, inis, f.,* passion, débauche.
*Miserabilis, e,* misérable, malheureux.
*Ultor, ōris,* m., vengeur.
*Invocāre,* invoquer, implorer.
*Perpello, puli, pulsum, ĕre,* exciter, pousser.
*Abrogāre,* abroger, abolir.
*Comprimo, pressi, pressum, ĕre,* comprimer, étouffer.
*Motus, ûs,* m., mouvement, trouble, émeute.
*Claudo, si, sum, ĕre,* fermer.
*Ultimus, a, um,* dernier (de tous).
*Similis esse alicui,* ressembler à quelqu'un.
*Gabii, ōrum,* m. pl., Gabies, ville du Latium.
*Etruria, æ, f.,* Étrurie, province d'Italie.
*Tumultus, ûs,* m., tumulte.
*Domo profūgit,* il se sauva de sa maison.
*Exsĕcror, ātus sum, āri,* dép., exécrer.
*Exsecratio, ōnis, f.,* exécration.
*Quacumque,* de quelque côté que; partout où.
*Incēdo, cessi, cessum, ĕre,* aller, marcher, passer.
*Merĕor, ĭtus sum, ēri,* dép., mériter.
*Serò,* tard.

### 132.

*Impius, a, um,* impie.
*Amitto, isi, issum, ĕre,* perdre.
*Solutus, a, um,* part. de *solvere,* délié, effréné.
*Æqualis, e,* égal, du même âge, contemporain.

*Sodalis, is,* m., camarade, ami.
*Assuetus, a, um,* part. de *assuesco,* habitué, accoutumé.
*Secum cogitare,* penser en soi-même.
*Impetrāre,* obtenir.
*Ignosco, nōvi, nōtum, ĕre,* pardonner.
*Surdus, a, um,* sourd.
*Inexorabilis, e,* inexorable.
*Saluber, bris, bre,* salutaire.
*Inops, opis* (3. g.), pauvre.
*Venia, æ, f.,* pardon; permission.
*Queror, questus sum, i,* dép., se plaindre.
*Supervenio, vēni, ventum, ire,* survenir, arriver.
*Retineo, ui, tentum, ēre,* retenir.
*Itāre,* aller souvent, aller.
*Clàm,* secrètement.
*Struo, uxi, uctum, ĕre,* construire; *struere consilia,* former des projets.
*Recuperāre,* recouvrer, reconquérir.
*Nox, noctis, f.,* nuit; *nocte,* pendant la nuit.
*Defero, tuli, latum, ferre,* déférer, dénoncer.
*Deprehendo, di, sum, ĕre,* prendre, saisir.
*Paululùm,* un peu, tant soit peu.
*Addubitāre,* douter, hésiter.
*Jus gentium,* droit des gens.
*Prævaleo, ui, ēre re* (abl.), prévaloir sur une chose.
*Libido, inis, f.,* arbitraire.
*Adolescens, entis,* m., adolescent, jeune homme.
*Sermo, ōnis,* m., discours, propos, conversation.
*Quàm diù,* aussi longtemps que.

*Displiceo, ui, ĭtum, ēre*, déplaire.
*Liberè*, librement; *liberius*, plus librement.
*Reditus, ûs, m.*, retour.
*Intereà*, pendant ce temps-là.
*Valeo, ui, ēre*, valoir, avoir de la valeur.
*Mulctāre morte*, punir de mort.

### 133.

*Tollo, sustuli, sublatum, ĕre*, ôter, enlever.
*Superāre*, passer, franchir.
*Demetrius, ii, m.*, Démétrius.
*Impello, pŭli, pulsum, ĕre*, pousser, engager.
*Omitto, misi, missum, ĕre*, abandonner.
*Ætōli, orum, m. pl.*, les Étoliens.
*Pericles, is, m.*, Périclès.
*Obscuratio, ōnis, f.*, obscurité, éclipse.
*Terreo, ui, ĭtum, ēre*, effrayer.
*Reddo, dĭdi, dĭtum, ĕre*, rendre, rapporter, expliquer.
*Curatio, ōnis, f.*, cure, remède.
*Amitto, misi, missum, ĕre*, perdre.
*Examen, ĭnis, n.*, essaim; examen.
*Dilabor, lapsus sum, i*, dép., s'écouler, se disperser.
*Vigeo, ui, ēre*, être en vigueur; prospérer, fleurir.
*Adjuvāre*, aider, secourir.
*Magus, i, m.*, mage.
*Inflammāre*, enflammer, incendier.
*Restaurāre*, rétablir.
*Claudo, si, sum, ĕre*, fermer.
*Ætas, ātis, f.*, âge, siècle, temps.
*Lepus, ŏris, m.*, lièvre.

*Patĕo, ui, ēre*, être ouvert; être clair *ou* évident.
*Cedo, cessi, cessum, ĕre*, céder, se retirer, sortir.
*Patefacio, feci, factum, ĕre*, ouvrir, découvrir.
*Conjuratio, ōnis, f.*, conjuration.
*Deleo, ēvi, ētum, ĕre*, détruire.
*Relinquo, liqui, lictum, ĕre*, quitter.
*Troja, æ, f.*, Troie.
*Terræ motus, ûs, m.*, tremblement de terre.
*Dux, ducis, m.*, chef, général, conducteur.
*Fugāre*, mettre en fuite.

### 134.

*Trado, didi, ditum, ĕre*, livrer.
*Consecrāre*, consacrer.
*Martius campus*, champ de Mars.
*Diripio, ui, reptum, ĕre*, enlever, voler, piller.
*Deligāre*, attacher, lier.
*Palus, i, m.*, poteau.
*Miserĕor, miseritus ou misertus sum, ēri*, dép., avoir pitié de.
*Procedo, cessi, cessum, ĕre*, s'avancer.
*Sedes, is, f.*, siége.
*Sumo, sumpsi, sumptum, ĕre*, prendre, entreprendre.
*Supplicium, ii, n.*, supplice.
*Nudāre*, mettre à nu, dépouiller.
*Virga, æ, f.*, verge.
*Cædo, cecīdi, cæsum, ĕre*, frapper.
*Index, ĭcis, m.*, délateur, dénonciateur.
*Ærarium, ii, n.*, trésor public.
*Insuper*, de plus, outre cela.
*Civitas, ātis, f.*, cité, droit de cité.
*Temporis momentum*, l'instant.

*Transfigo, fixi, fixum, ĕre*, transpercer.
*Concitāre*, pousser, exciter.
*Moribundus, a, um*, moribond.
*Decĭdo, di, ĕre*, tomber.
*Funus, ĕris, n.*, funérailles, convoi.
*Mœstitia, æ, f.*, tristesse, affliction.
*Matrona, æ, f.*, dame, matrone.
*Eo*, par cela.
*Lugeo, luxi, luctum, ĕre*, pleurer quelqu'un, s'affliger de.
*Officium, ii, n.*, devoir.
*Munus, ĕris, n.*, charge, emploi.
*Imperāre*, ordonner.
*Ferio, īre, aliquem securi* (frapper quelqu'un avec la hache), trancher la tête à quelqu'un.
*Securis, is, f.*, hache.
*Misericordiam moveo, vi, motum, ĕre*, exciter la compassion.
*Spectator, oris, m.*, spectateur.
*Converto, i, sum, ĕre oculos in aliquem*, tourner, fixer les yeux sur quelqu'un.
*Vultus, ūs, m.*, visage, regard.
*Impendo, di, sum, ĕre*, dépenser, sacrifier.
*Concedo, cessi, cessum, ĕre*, pardonner.
*Delictum, i, n.*, délit, faute.

### 135.

*Confero, tuli, collatum, ferre*, apporter, contribuer.
*Obsidĕo, sēdi, sessum, ĕre*, assiéger.
*Cerno, crēvi, crētum, ĕre*, voir, connaître.
*Sperno, sprēvi, sprētum, ĕre*, mépriser.
*Educāre*, élever.
*Lentulus, i, m.*, Lentulus.
*Trucidāre*, massacrer, tuer.

*Attribuo, ui, ūtum, ĕre*, attribuer, assigner.
*Suscipio, cepi, ceptum, ĕre*, entreprendre.
*Cognosco, nōvi, nĭtum, ĕre*, connaître.
*Cautus, a, um*, prudent.
*Eligo, ēgi, ectum, ĕre*, choisir.
*Plerique, pleræque, pleraque*, la plupart.
*Ars, artis, f.*, art, moyen.
*Augeo, auxi, auctum, ĕre*, augmenter.
*Exercitatio, ōnis, f.*, exercice.
*Venia, æ, f.*, permission; *dare veniam*, donner la permission, permettre.
*Renovāre*, renouveler, restaurer.
*Templum, i, n.*, temple.
*Onus, ĕris, n.*, fardeau.
*Continentia, æ, f.*, continence, tempérance.
*Conservāre*, conserver.
*Valetudo, inis, f.*, santé.
*Scriptor, oris, m.*, auteur, écrivain.
*Vox, vocis, f.*, voix.
*Demosthenes, is, m.*, Démosthène.
*Primo*, d'abord, au commencement.
*Acerbus, a, um*, aigre, désagréable.
*Palpĕbra, æ, f.*, paupière.
*Mollis, e*, mou, souple.
*Tango, tetĭgi, tactum, ĕre*, toucher.

### 136.

*Perpello, pŭli, pulsum, ĕre*, exciter, pousser, persuader.
*Gloriosus, a, um*, glorieux.
*Unquam*, jamais (déjà).
*Alias*, ailleurs, une autre fois; *non alias*, ne... jamais.

*Invado, si, sum, ĕre*, envahir, s'emparer de.
*Liberalitas, ātis, f.*, libéralité.
*Benignitas, ātis, f.*, bonté.
*Concors, cordis* (3. g.), qui est d'accord, en bonne intelligence.
*Horreo, ui, ēre*, avoir horreur de.
*Demigrāre*, émigrer; aller à.
*Præsidium, ii, n.*, garnison, secours, troupes.
*Sepio* ou *sæpio, psi, ptum, īre*, garnir, enclore, entourer.
*Pons, pontis, m.*, pont.
*Munimentum, i, n.*, rempart, fortification.
*Excipio, cepi, ceptum, ĕre impetum (impetus, ûs, m.,)* soutenir le choc.
*Dum, donec*, jusqu'à ce que.
*Interrumpo, rūpi, ruptum, ĕre*, rompre, interrompre.
*Tibĕris, is, m.*, ou *Tiberinus, i, m.*, le Tibre.
*Propitius, a, um*, propice, favorable.
*Incolumis, e*, entier, sain et sauf.
*Statua, æ, f.*, statue.
*Circumarāre*, cultiver, labourer tout autour, tracer un sillon autour.
*Decurro, i, cursum, ĕre*, pénétrer, descendre en courant.
*Homo privatus*, homme privé, un particulier.
*Aliquem opiparè muneror, atus sum, āri, dép.*, faire de grands présents à quelqu'un.

### 137.

*Conatus, ûs, m.*, effort, entreprise.
*Repello, pŭli, pulsum, ĕre*, repousser.
*Obsideo, sēdi, sessum, ēre*, assiéger.
*Locāre*, placer.
*Subveho, vexi, vectum, ĕre*, transporter, voiturer.
*Compello, pŭli, pulsum, ĕre*, contraindre, pousser.
*Audeo, ausus sum, audēre*, oser.
*Propello, pŭli, pulsum, ĕre*, pousser en avant, chasser devant soi.
*Exorior, ortus sum, iri, dép.*, naître, s'élever.
*Inopia, æ, f.*, disette.
*Caritas, ātis, f.*, cherté.
*Ignominia, æ, f.*, ignominie, déshonneur.
*Vindicāre*, venger.
*Parāre*, préparer, s'apprêter.
*Custos, ōdis, m.*, garde, gardien.
*Transfŭga, æ, m.*, transfuge.
*Retraho, axi, actum, ĕre*, retirer, ramener, arrêter.
*Adeo, ii, ĭtum, īre*, aller à; aborder.
*Intrāre*, entrer, pénétrer dans.
*Populatio, ōnis, f.*, dégât, ravage.
*Hostilis, e*, hostile, ennemi.
*Approbāre*, approuver.
*Occultāre*, cacher.
*Tribunal, ālis, n.*, tribunal.
*Stipendium, ii, n.*, solde.
*Scriba, æ, m.*, secrétaire.
*Par, păris* (3 genres), pareil, égal.
*Fortiter*, courageusement.
*Ordo, inis, m.*, ordre, rang.
*Peto, ivi, ĭtum, ĕre*, chercher à atteindre, poursuivre.
*Suā sponte*, du propre mouvement, librement.
*Injicio, jēci, jectum, ĕre*, jeter ou mettre dans.

*Attonitus, a, um,* foudroyé, effrayé, étonné.
*Decedo, cessi, cessum, ĕre,* sortir, se retirer.
*Flos, floris, m.,* fleur; élite.
*Conjurare in mortem alicujus,* conspirer contre les jours de quelqu'un.
*Lego, i, lectum, ĕre sorte,* désigner par le sort.
*Quiesco, ēvi, ētum, ĕre,* reposer, être tranquille.
*Terreo, ui, ĭtum, ēre,* effrayer.
*Minæ, ārum, f. pl.,* menaces.
*Offero, obtuli, oblatum, ferre pacis conditiones,* faire des propositions de paix.
*Facere mentionem,* faire mention, mentionner; *fit mentio,* on fait mention.
*Respuo, ui, ūtum, ĕre,* rejeter.
*Præsto, stĭti, statum* ou *stĭtum, āre,* prêter, rendre, tenir.
*Promitto, misi, missum, ĕre,* promettre.

### 138.

*Metor, ātus sum, āri,* dép., tracer, mesurer.
*Commeatus, ūs, m.,* vivres, provisions, transport.
*Existimāre,* regarder comme.
*Apertus, a, um,* part. de *aperio,* ouvert, déclaré.
*Oblivio, ōnis, f.,* oubli.
*Sempiternus, a, um,* éternel.
*Deleo, ēvi, ētum, ēre,* détruire, effacer.
*Censĕo, ui, um (itum), ĕre,* penser, évaluer.
*Postpono, posui, positum, ĕre,* mettre au-dessous, estimer moins.
*Bibo, i, ĭtum, ĕre,* boire.
*Imperāre,* commander.

*Ciconia, æ, f.,* cigogne.
*Congregāre,* rassembler.
*Procedo, cessi, cessum, ĕre,* s'avancer, marcher.
*Res gestæ* (part. de *gero*), affaires exécutées; exploits.
*Cano, cecĭni, cantum, ĕre,* chanter.
*Effugio, i, ĭtum, ĕre,* échapper à, éviter.
*Arbēla, orum, n. pl.,* Arbèles, ville d'Assyrie.
*Vicus, i, m.,* village, bourg.
*Considerāre,* considérer, examiner.
*Peccāre,* pécher.
*Peccatum, i, n.,* péché, faute.
*Assisto, astĭti, ĕre,* assister.
*Testis, is, m.,* témoin.
*Tribuo, ui, ūtum, ĕre,* accorder.
*Laus, laudis, f.,* éloge.
*Lugeo, luxi, luctum, ĕre,* pleurer, s'affliger de.
*Consequor, secutus sum, i,* dép., suivre.
*Comprimo, pressi, pressum, ĕre,* comprimer, réprimer.
*Libido, inis, f.,* passion.
*Tacitè,* tacitement, en secret.
*Eligo, legi, lectum, ĕre,* choisir, élire.
*Sumo, sumpsi, sumptum, ĕre,* prendre.
*Temerè,* témérairement, au hasard.
*Ignosco, novi, notum, ĕre,* pardonner.
*Utor, usus sum, i* (abl.), dép., user.
*Exercitatio, ōnis, f.,* exercice.
*Modicus, a, um,* modique, modéré.
*Metus, ūs, m.,* crainte.
*Abstineo, ui, tentum, ēre,* s'abstenir.

14.

*Indico, dixi, dictum, ĕre bellum*, déclarer la guerre.
*Pausanias, æ, m.*, Pausanias.
*Pythagoras, æ, m.*, Pythagore, célèbre philosophe.
*Taceo, ui, ĭtum, ēre*, taire, se taire.
*Vinco, vici, victum, ĕre*, vaincre.
*Cannæ, arum, f. pl.*, Cannes, village d'Apulie.

### 139.

*Pratum, i, n.*, pré, prairie.
*Obses, obsĭdis, m.*, otage.
*Frustror, ātus sum, āri*, dép., tromper.
*Telum, i, n.*, trait, flèche.
*Agmen, mĭnis, n.*, troupe, armée en marche.
*Sospes, pĭtis* (3. g.), sain et sauf.
*Propinquus, i, m.*, proche, parent.
*Deposco, depoposci, ĕre*, demander, réclamer.
*Rumpo, rupi, ruptum, ĕre*, rompre.
*Inviolatus, a, um.*, sain et sauf.
*Remitto, mīsi, missum, ĕre*, renvoyer.
*Restituo, ui, ūtum, ĕre*, rétablir, rendre.
*Pignus, nŏris, n.*, gage.
*Relĭquus, a, um*, ce qui reste, le reste.
*Maximā ex parte*, pour la plupart.
*Mas, maris, m.*, mâle.
*Produco, duxi, ductum, ĕre*, produire, présenter.
*Redintegrāre*, renouveler, rétablir.
*Equestris, e*, équestre.
*Insideo, sēdi, sessum, ēre*, être assis sur.

*Antecedo, cessi, cessum, ĕre*, précéder.
*Consumo, sumpsi, sumptum, ĕre*, consumer, détruire.
*Incendium, ii, n.*, incendie.
*Memoria, æ, f.*, mémoire, souvenir.

### 140.

*Sequens, entis*, part. de *sequor*, suivant.
*Postrēmŭm*, enfin, pour la dernière fois.
*Statĭm*, aussitôt.
*Breviter*, brièvement; en peu de temps.
*In perpetuum*, pour toujours.
*Desino, sivi* ou *sii, sĭtum, ĕre*, cesser, finir.
*Patefacio, feci, factum, ĕre*, ouvrir, élargir.
*Sino, sīvi, sĭtum, ĕre*, laisser, permettre.
*Obstinatus, a, um*, obstiné, insurmontable, résolu.
*Obtundo, tŭdi, tūsum, ĕre*, amortir, étourdir, fatiguer.
*Quæro, quæsīvi, sītum, ĕre*, chercher.
*Distinĕo, ui, tentum, ēre*, tenir éloigné; empêcher, séparer.
*Amicus, a, um,* amical.
*Dictum, i, n.*, parole.
*Recuperāre*, recouvrer, reconquérir.

### 141.

*Pythagoricus, i, m.*, Pythagoricien, disciple de Pythagore.
*Emo, i, emptum, ĕre*, acheter.
*Sutor, ōris, m.*, cordonnier.
*Calcĕus, i, m.*, soulier.
*Præsens, entis* (3 g.), qui est présent, prêt.
*Nummus, i, m.*, argent (mon-

naye), *præsentes nummi*, argent comptant.
*Taberna, æ, f.*, boutique.
*Solvo, i, solutum, ĕre*, délier, payer.
*Claudo, si, sum, ĕre*, fermer.
*Ostium, ii, n.*, porte (d'un appartement); embouchure.
*Pulsāre*, frapper.
*Effero, extuli, elatum, ferre*, enlever, porter en terre.
*Comburo, bussi, bustum, ĕre*, brûler, réduire en cendres.
*Denarius, ii, m.*, denier.
*Affero, attuli, allatum, ferre*, apporter.
*Invītus, a, um*, forcé, contraint; *non invitus*, volontiers.
*Refero, tuli, latum, ferre*, reporter, remporter.
*Subindè*, ensuite, aussitôt, après.
*Concutio, cussi, cussum, ĕre*, ébranler, agiter, secouer.
*Arrideo, risi, risum, ĕre*, rire à, sourire; plaire.
*Lucellum, i, n.*, petit gain.
*Reprehendo, i, hensum, ĕre*, blâmer, reprendre.
*Tacitus, a, um*, part. de *taceo*, secret, caché.
*Claustrum, i, n.*, clôture, cloison.
*Rima, æ, f.*, fente.
*Insero, ui, sertum, ĕre*, insérer, fourrer, mettre dans.
*Exigo, exegi, exactum, ĕre*, exiger, demander.
*Alienum, i, n.* (s.-ent. *bonum*), le bien d'autrui.
*Assuesco, suēvi, suētum, ĕre*, s'accoutumer, se faire à.

## 142.

*Captivus, a, um*, captif, prisonnier.
*Redimo, emi, emptum, ĕre*, racheter.
*Commutāre*, échanger.
*Admodùm*, beaucoup, extrêmement.
*Pauper, eris* (3 g.), pauvre, indigent.
*Habeo, ui, itum, ēre*, traiter.
*Contendo, i, tentum, ĕre*, tendre à, tâcher, s'efforcer.
*Hospitium, ii, n.*, hospitalité.
*Pignus, noris, n.*, gage, témoignage.
*Cuncti, æ, a, pl.*, tous, tout.
*Respuo, ui, utum, ĕre*, rejeter, repousser.
*Exterreo, ui, itum, ēre*, épouvanter, effrayer.
*Conspectus, us, m.*, apparition, aspect, présence.
*Elephas, phantis, m.*, éléphant.
*Species, ei, f.*, figure.
*Præsto, stiti, stātum* ou *stitum, āre*, l'emporter sur, surpasser.
*Colloquor, locutus sum, i*, dép., s'entretenir.
*Admoveo, i, motum, ēre*, approcher, faire avancer.
*Tergum, i, n.*, dos.
*Aulæum, i, n.*, tapisserie.
*Removeo, movi, motum, ēre*, éloigner, écarter.
*Repentè*, tout à coup.
*Stridor, oris, m.*, cri aigu.
*Horridus, a, um*, affreux, horrible.
*Emitto, misi, missum, ĕre*, mettre hors, lâcher, pousser.
*Proboscis, idis, f.*, trompe.
*Suspendo, i, sum, ĕre*, suspendre.
*Minaciter*, d'une manière menaçante.
*Placidè*, tranquillement.
*Converto, i, sum, ĕre*, tourner.

*Subridĕo, si, sum, ēre,* sourire.
*Commoveo, mōvi, mōtum, ēre,* émouvoir.
*Gravitas, ātis, f.,* gravité, fermeté.
*Privatim,* particulièrement.

*Submissus, a, um,* part. de *submitto,* bas, basse.
*Expĕdit, impers.,* il est avantageux.
*Tantoperè,* tant.
*Rego, rexi, rectum, ēre,* régir, gouverner.

# LEXIQUE GÉNÉRAL

DE TOUS LES EXERCICES DE CE LIVRE.

## A

*A, ab, abs*, prép. gouv. l'*abl.* de, par, depuis.
*Abeo, ivi* ou *ii, itum, ire*, s'en aller.
*Abhorreo, ui, ēre*, abhorrer, avoir de l'horreur.
*Abigo, egi, actum, ēre*, pousser devant soi; ravir, enlever.
*Abnuo, ui, utum, ēre*, refuser, rejeter.
*Abrogāre*, abroger, abolir.
*Absolvo, i, solūtum, ēre*, absoudre, acquitter.
*Absque*, prép. gouv. l'*abl.* sans.
*Abstineo, ui, tentum, ēre*, retenir, s'abstenir.
*Absum, fui, esse*, être absent, être loin.
*Absumo, sumpsi, sumptum, ēre*, consommer, détruire.
*Abundāre*, abonder; être fort riche en.
*Accedo, cessi, cessum, ēre*, aller vers, s'approcher de.
*Accido, i, ēre*, arriver fortuitement, survenir (le plus souvent en mauvaise part).
*Accipio, cepi, ceptum, ēre*, recevoir, accepter.
*Accŏla, æ, m.*, habitant, voisin.
*Accusāre*, accuser.
*Accusator, oris, m.*, accusateur.

*Acer, acris, acre*, vif, piquant, ardent, éclatant.
*Acerbus, a, um*, aigre, désagréable.
*Ad*, prép. gouv. l'*acc.*, à, vers, auprès de, près de, chez, pour.
*Adæquāre*, égaler; *adæquare solo* (rendre égal au sol), raser.
*Addo, didi, ditum, ēre*, ajouter.
*Adduco, duxi, ductum, ēre*, amener, engager.
*Adeo, ii, itum, ire*, aller à, aborder.
*Adeŏ*, tant, tellement, si.
*Addubitāre*, douter, hésiter.
*Adhibeo, ui, itum, ēre*, appliquer, employer, offrir.
*Adimo, emi, emptum, ēre*, ôter, enlever.
*Aditus, ūs, m.*, approche, abord, accès.
*Adjicio, jeci, jectum, ēre*, jeter, lancer, ajouter.
*Adjuvo, juvi, jutum, āre*, aider, secourir.
*Administratio, onis, f.*, administration.
*Admirabilis, e*, admirable.
*Admiratio, ōnis, f.*, admiration, étonnement.
*Admiror, ātus sum, āri*, dép., admirer.
*Admitto, misi, missum, ēre*, admettre, commettre.

*Admodùm*, beaucoup, très, fort, extrêmement.
*Admoneo, ui, itum, ēre*, avertir.
*Admoveo, i, motum, ēre*, approcher, faire avancer.
*Adolescens, entis, m.*, adolescent, jeune homme.
*Adolesco, lēvi, adultum, ēre*, croître, grandir.
*Adspicio, spexi, spectum, ēre*, regarder, apercevoir.
*Advĕna, æ, m.*, étranger, nouveau venu.
*Advenio, i, ventum, īre*, arriver.
*Adventāre*, arriver, approcher.
*Adventus, ûs, m.*, arrivée.
*Adversarius, a, um*, adversaire.
*Adversus, a, um*, contraire, funeste, adversaire; *res adversæ*, malheur, adversité.
*Adversùs, adversùm*, prép. gouv. l'acc. contre, vis-à-vis de, envers.
*Advocāre*, appeler à soi, convoquer.
*Ædes* et *ædis, is, f.*, temple.
*Ædes, ium, f. pl.*, maison, appartements, palais.
*Ædificāre*, bâtir, construire.
*Ædificium, ii, n.*, édifice.
*Ædui, orum, m., pl.*, Éduens, peuple gaulois.
*Ægæus, a, um; mare Ægæum*, mer Égée.
*Æger, gra, grum*, malade.
*Ægeus, i, m.*, Égée, roi d'Athènes.
*Ægrè*, avec peine, difficilement.
*Ægritudo, inis, f.*, chagrin, affliction, ennui, tristesse.
*Ægrotus, a, um*, malade.
*Æmulatio, onis, f.*, émulation, rivalité.

*Æneas, æ, m.*, Énée, prince troyen.
*Æqualis, e*, égal, du même âge; contemporain.
*Æquāre*, égaliser, égaler.
*Æquè — ac*, ou *æquè — atque*, aussi — que.
*Æquus, a, um*, égal, juste; *æquum, i, n.*, la plaine.
*Aër, aëris, m.*, air.
*Ærarium, ii, n.*, trésor public.
*Æs, æris, n.*, airain.
*Æstas, ātis, f.*, l'été.
*Æstus, ûs, m.*, chaleur.
*Ætas, ātis, f.*, âge, époque, temps; temps de la vie; vie.
*Æternus, a, um*, éternel, perpétuel.
*Ætoli, orum, m., pl.*, les Étoliens.
*Affabilis, e*, affable.
*Affectus, ûs, m.*, émotion, affection, passion.
*Affero, attuli, allatum, ferre*, apporter.
*Afficio, fēci, fectum, ĕre*, affecter, frapper, pénétrer.
*Affinitas, ātis, f.*, affinité, parenté (par alliance); voisinage.
*Affirmāre*, affirmer.
*Agellus, i, m.*, petit champ.
*Ager, agri, m.*, champ, territoire.
*Agesilaus, i, m.*, Agésilas, roi de Lacédémone.
*Agger, eris, m.*, rempart, digue.
*Aggredior, gressus, sum, i*, dép., attaquer.
*Agis, idis, m.*, Agis, roi de Sparte.
*Agmen, minis, n.*, troupe, armée en marche.
*Agnosco, novi, nitum, ĕre*, connaître, reconnaître.

*Ago, ĕgi, actum, ĕre*, agir, conduire, chasser.
*Agrestis, e*, agreste, champêtre.
*Agricŏla, æ, m.*, cultivateur, laboureur.
*Agricultura, æ, f.*, agriculture.
*Ah!* Ah! hélas!
*Albani, orum, m., pl.*, les Albains.
*Albus, a, um*, blanc.
*Alexandria, æ, f.*, Alexandrie, ville d'Égypte.
*Aliàs — aliàs*, tantôt — tantôt; ailleurs, une autre fois; *non aliàs*, ne... jamais.
*Alienus, a, um*, d'autrui; étranger; *alienum* (s.-entend. *bonum*), le bien d'autrui.
*Aliquando*, un jour, enfin; quelquefois, autrefois.
*Aliquot, pl. indécl.*, quelques, quelques-uns.
*Aliter*, autrement.
*Alius, a, ud*, un autre.
*Alii — alii*, les uns — les autres.
*Alloquor, locutus sum, i, dép.*, parler à, converser.
*Alo, ui, ĭtum ou altum, ĕre*, nourrir, élever.
*Alter, ĕra, ĕrum*, l'autre (de deux); *alter alterum*, l'un l'autre.
*Altus, a, um*, haut, élevé, grand.
*Amāre*, aimer.
*Ambulāre*, se promener.
*Ambulatio, onis, f.*, promenade.
*Amica, æ, f.*, l'amie.
*Amicitia, æ, f.*, amitié.
*Amiculum, i, n.*, manteau.
*Amicus, i, m.*, ami.
*Amicus, a, um*, adj. ami, amical.
*Amitto, misi, missum, ĕre*, perdre.
*Amnis, is, m.*, fleuve, rivière.

*Amor, oris, m.*, amour.
*Amphictyon, onis, m.*, Amphictyon, fils de Deucalion.
*Amplector, plexus sum, i, dép.*, embrasser; *amore amplecti aliquem*, aimer, affectionner quelqu'un.
*Amplitudo, inis, f.*, grandeur, étendue.
*Ampliùs*, plus amplement; plus, davantage, plus longtemps.
*Amplus, a, um*, ample, grand, considérable.
*Amputāre*, amputer, couper.
*An*, si, ou, est-ce que.
*Anceps, cipĭtis* (3 g.), à double tête, à double face, douteux, irrésolu.
*Angustus, a, um*, étroit.
*Animadverto, i, sum, ĕre*, apercevoir, remarquer.
*Animal, ālis, n.*, animal, bête.
*Animus, i, m.*, âme, esprit.
*Annona, æ, f.*, blé, denrées.
*Annulus, i, m.*, bague.
*Annus, i, m.*, an, année.
*Annuus, a, um*, annuel, d'un an.
*Ante*, prép. gouv. l'Acc., avant, devant.
*Antè et anteà*, avant, auparavant.
*Antecedo, cessi, cessum, ĕre*, précéder.
*Antequàm*, avant que.
*Antiquitas, atis, f.*, antiquité.
*Antiquus, a, um*, antique, ancien.
*Anxietas, atis, f.*, anxiété.
*Aperio, ui, apertum, īre*, ouvrir, découvrir.
*Apertè*, ouvertement, sincèrement, publiquement.
*Apertus, a, um*, part. de *aperio*, ouvert, découvert, déclaré.
*Apis, is, f.*, abeille.
*Apollo, ĭnis, m.*, Apollon, dieu

de la poésie, de la musique et de la médecine.

*Appareo, ui, ĭtum, ēre,* apparaître, être évident.

*Appellāre,* nommer, appeler.

*Appono, posui, positum, ĕre,* poser, déposer.

*Apportāre,* apporter, causer, procurer.

*Approbāre,* approuver.

*Aptĕ,* convenablement, adroitement.

*Aptus, a, um,* propre, convenable, adapté à.

*Apud,* prép. gouv., l'*Acc.,* chez, auprès de.

*Aqua, æ, f.,* eau.

*Arāre,* labourer, cultiver.

*Arātrum, i, n.,* charrue.

*Arbēla, orum, n, pl.,* Arbèles, ville d'Assyrie.

*Arbĭter, ĭri, m.,* arbitre, juge, témoin.

*Arceo, ui, ēre,* chasser, repousser, empêcher d'avancer.

*Archimēdes, is, m.,* Archimède, célèbre géomètre de Syracuse.

*Arcus, ūs, m.,* arc, arcade.

*Ardea, æ, f.,* Ardée, ville d'Italie.

*Ardeo, arsi, arsum, ēre,* brûler.

*Argentum, i, n.,* argent (métal).

*Argivus, a, um,* Argien, d'Argos (en Grèce).

*Arguo, i, utum, ĕre,* prouver, démontrer, accuser.

*Ariadne, es, f.,* Ariane, fille de Minos.

*Arma, orum, n. pl.;* les armes.

*Armāre,* armer.

*Arrideo, risi, risum, ēre,* rire à, sourire; plaire.

*Arroganter,* arrogamment, fièrement.

*Ars, artis, f.,* art, moyen.

*Artifex, ficis, m.,* artiste, artisan.

*Artificium, ii, n.,* art, talent, métier, artifice, fourberie.

*Arx, arcis, f.,* citadelle, forteresse.

*Asinus, i, m.,* âne.

*Aspernor, ātus sum, āri,* dép., rejeter, mépriser, dédaigner.

*Asportāre,* emporter, transporter.

*Asportatio, onis, f.,* transport.

*Assentatio, ōnis, f.,* flatterie, complaisance.

*Assentator, oris, m.,* flatteur.

*Assentor, atus sum, āri,* dép., approuver, flatter.

*Assiduus, a, um,* assidu.

*Assisto, astĭti, ĕre,* assister.

*Assuesco, suĕvi, suētum, ĕre,* accoutumer, habituer; s'accoutumer, se faire à.

*Asylum, i, n.,* asile, refuge.

*At,* mais, cependant, du moins.

*Atheniensis, is,* Athénien.

*Atrox, ōcis* (3 g.), atroce, affreux, terrible.

*Attamen,* cependant, pourtant.

*Attentus, a, um,* attentif.

*Attineo, ui, entum, ēre,* tenir près, retenir, garder; *id ad me attinet,* cela me regarde ou concerne.

*Attonĭtus, a, um,* foudroyé, effrayé, étonné.

*Attribuo, ui, utum, ĕre,* attribuer, assigner.

*Auctor, oris, m.,* auteur.

*Auctoritas, atis, f.,* autorité.

*Audax, acis* (3 g.), hardi, audacieux.

*Audeo, ausus sum, ēre,* oser.

*Aufero, abstuli, ablatum, ferre,* enlever, emporter.

*Augeo, auxi, auctum, ēre,* augmenter, agrandir, accroître.

*Augesco, ĕre,* croître, grandir, s'augmenter.

*Aulæum, i, n.*, tapisserie.
*Aureus, a, um*, d'or.
*Aurum, i, n.*, or.
*Aut*, ou ; *aut—aut*, ou—ou.
*Autem*, mais.
*Auxiliator, oris, m.*, aide, celui qui aide, qui secourt.
*Auxilium, ii, n.*, secours, assistance ; *auxilia, orum, n. pl.*, troupes auxiliaires.
*Avaritia, æ, f.*, avarice.
*Avarus, a, um*, avare.
*Aversor, atus sum, āri*, dép., se détourner, abhorrer, détester.
*Aversus, a, um*, détourné, opposé, contraire, à reculons.
*Averto, i, sum, ĕre*, détourner, dérober.
*Avia, æ, f.*, grand'mère.
*Avis, is, f.*, oiseau.
*Avītus, a, um*, qui vient des aïeux ; ancien, vieux, héréditaire.
*Avunculus, i, m.*, oncle maternel.
*Avus, i, m.*, grand-père.

### B

*Babylon, onis, f.*, Babylone, ville sur l'Euphrate en Asie.
*Baculus, i, m*, bâton.
*Barba, æ, f.*, barbe.
*Beatus, a, um*, heureux.
*Bellicosus, a, um*, belliqueux, vaillant.
*Bellua, æ, f.*, bête féroce.
*Bellum, i, n.*, guerre.
*Benè*, adv., bien.
*Beneficium, ii, n.*, le bienfait.
*Benevolus, a, um*, bienveillant, dévoué.
*Benignè*, avec bonté, favorablement.
*Benignitas, atis, f.*, bénignité, bonté.
*Benignus, a, um*, clément, doux, bienveillant.
*Bestia, æ, f.*, bête féroce, animal.
*Bibliotheca, æ, f.*, bibliothèque.
*Bibo, i, ĭtum, ĕre*, boire.
*Bipes, pĕdis* (3 g.), bipède.
*Blandus, a, um*, caressant, flatteur, insinuant.
*Bonum, i, n.*, le bien.
*Bonus, a, um*, bon.
*Borussia, æ, f.*, Prusse.
*Brachium, ii, n.*, bras.
*Brevis, e*, bref, court.
*Breviter*, brièvement, en peu de temps.
*Brutus, a, um*, lourd, stupide.
*Brutus, i, m.*, Brutus.
*Bubulus, a, um*, de bœuf.

### C

*Cado, cecidi, casum, ĕre*, tomber, tomber mort.
*Caducus, a, um*, périssable, fragile, caduc.
*Cæcus, a, um*, aveugle.
*Cædes, is, f.*, meurtre, massacre.
*Cædo, cecidi, cæsum, ĕre*, frapper, massacrer.
*Cæteri*, v. *ceteri*.
*Calceus, i, m.*, soulier.
*Calefactus, a, um*, part. de *calefacio*, chauffé, échauffé.
*Callidus, a, um*, rusé, adroit.
*Calor, oris, m.*, chaleur.
*Cannæ, arum, f. pl.*, Cannes, village d'Apulie.
*Cano, cecini, cantum, ĕre*, chanter.
*Capesso, sivi, situm, ĕre*, prendre avec empressement ; saisir.
*Capio, cepi, captum, ĕre*, prendre, saisir, séduire.
*Capitalis, e*, capital ; *capitale (crimen)*, crime capital (puni de mort).

*Capitolium, ii, n.*, Capitole.
*Capra, æ, f.*, chèvre.
*Captivus, a, um*, captif, prisonnier.
*Captus, a, um*, part. de *capio*, pris.
*Carbo, onis, m.*, charbon.
*Carcer, ĕris, m.*, prison, cachot.
*Careo, ui, ĭtum, ēre* (avec l'abl.), manquer de, être privé de, se passer de.
*Caritas, atis, f.*, cherté; amour, tendresse.
*Carolus, i, m.*, Charles.
*Carpentum, i, n.*, char, voiture.
*Carthaginiensis, is, m.*, Carthaginois.
*Carthago, ĭnis, f.*, Carthage.
*Carus, a, um*, cher.
*Castra, orum, n. pl.*, camp.
*Castus, a, um*, chaste.
*Casus, ūs, m.*, cas, accident, hasard.
*Cauda, æ, f.*, queue.
*Causa, æ, f.*, cause, motif; *causâ* (après son complément mis au gén.), à cause de.
*Cautus, a, um*, prudent, vigilant.
*Cavāre*, creuser, caver.
*Caveo, cavi, cautum, ēre*, prendre garde.
*Cavus, a, um*, creux, concave.
*Cecrops, ŏpis, m.*, Cécrops, premier roi d'Athènes.
*Cedo, cessi, cessum, ēre*, céder, se retirer, sortir.
*Celebrāre*, célébrer, louer, vanter.
*Celer, ĕris, ere*, prompt, rapide, léger.
*Celeriter*, promptement, vite.
*Censeo, ui, um, ēre*, penser, évaluer.
**Centum**, cent.
*Cerasus, i, f.*, cerisier.

*Cerĕbrum, i, n.*, cerveau.
*Ceres, ĕris, f.*, Cérès, déesse des moissons.
*Cerno, crevi, cretum, ĕre*, voir, connaître.
*Certamen, inis, n.*, lutte, combat (pour emporter le prix); rivalité.
*Certè*, certainement, du moins.
*Certus, a, um*, certain, sûr, assuré; *certiorem facere*, informer, avertir.
*Ceteri, æ, a*, les autres, tous les autres.
*Ceteroquin*, au surplus, du reste, d'ailleurs.
*Ceterùm*, au reste, d'ailleurs.
*Cervus, i, m.*, cerf.
*Cibus, i, m.*, nourriture.
*Cicero, onis, m.*, Cicéron.
*Ciconia, æ, f.*, cigogne.
*Cieo, civi, citum, ēre*, ou *cio, civi, citum, cire*, mettre en mouvement, pousser, exciter.
*Cimon, onis, m.*, Cimon, général athénien.
*Circa*, prép. gouv. l'acc., aux environs de, autour de.
*Circiter*, prép. gouv. l'acc., environ, vers.
*Circum*, prép. gouv. l'acc., autour de.
*Circumarāre*, cultiver, labourer tout autour; tracer un sillon autour.
*Circumcisus, a, um*, de *circumcido*, coupé, découpé, inaccessible.
*Cis, citra*, prép. gouv. l'acc., deçà, en deçà de.
*Civilis, e*, civil, populaire.
*Civis, is, m.*, citoyen, concitoyen.
*Civitas, atis, f.*, état, patrie, république; cité, droit de cité.
*Clades, is, f.*, défaite.

*Clàm*, prép. gouv. l'*abl*., à l'insu de; *adv*., secrètement.
*Clamāre*, crier, s'écrier.
*Clamitāre*, crier bien haut.
*Classis, is, f*., flotte; classe.
*Claudo, si, sum, ĕre*, fermer, enfermer.
*Claudus, a, um*, boiteux.
*Claustrum, i, n*., clôture, cloison.
*Clava, æ, f*., massue.
*Clemens, entis* (3 g.), clément, indulgent; calme, paisible.
*Cliens, entis*, m., client.
*Clipeus* ou *clypeus, i, m*., bouclier.
*Coalesco, alui, alĭtum, ĕre*, croître ensemble, se joindre.
*Cœlum, i, n*., ciel.
*Cœna, æ, f*., le souper.
*Cœpi, cœpisse*, défect., commencer.
*Cœptus, a, um*, part. passé de *cœpio*, commencé.
*Cogitāre*, penser, réfléchir; *secum cogitare*, penser en soi-même.
*Cognatio, onis, f*., parenté, rapport.
*Cognatus, a, um*, parent.
*Cognomen, inis, n*., surnom.
*Cognosco, novi, nĭtum, ĕre*, connaître, reconnaître.
*Cogo, coēgi, coactum, ĕre*, pousser, forcer.
*Collēga, æ, m*., collègue.
*Colloquium, ii, n*., conférence, entrevue, entretien, conversation.
*Colloquor, locutus sum, i*, dép., s'entretenir.
*Collum, i, n*., cou.
*Colo, ui, cultum, ĕre*, cultiver, honorer.
*Color, oris, m*., couleur.

*Comburo, bussi, bustum, ĕre*, brûler, réduire en cendres.
*Comes, itis, m*. et *f*., compagnon, compagne.
*Comĭtor, atus sum, āri*, dép., accompagner.
*Commeatus, ûs, m*., vivres, provisions, transport.
*Commiseratio, onis, f*., commisération, compassion, pitié.
*Commŏdum, i, n*., avantage, intérêt.
*Commŏdus, a, um*, commode, agréable.
*Commoveo, vi, motum, ĕre*, émouvoir.
*Communis, e*, commun, général.
*Commutāre*, échanger.
*Comparāre*, comparer, préparer, équiper; disposer, régler, acquérir.
*Compello, pŭli, pulsum, ĕre*, contraindre, exciter, pousser, chasser.
*Complector, plexus sum, i*, dép., embrasser.
*Compleo, plēvi, plētum, ĕre*, remplir, combler.
*Completus, a, um*, part. de *compleo*, complet.
*Complures, a*, gén. *ium*, plusieurs, grand nombre, beaucoup.
*Comprimo, pressi, pressum, ĕre*, comprimer, réprimer, étouffer.
*Conatus, ûs, m*., effort, entreprise.
*Concedo, cessi, cessum, ĕre*, s'en aller, partir; accorder (par grâce), pardonner.
*Conciliāre*, assembler, concilier; gagner, procurer, acquérir.
*Concilium, ii, n*., assemblée, conseil.

*Concio, onis, f*, assemblée.
*Concitāre*, pousser, exciter, soulever.
*Concoquo, coxi, coctum, ĕre*, faire cuire, digérer.
*Concordia, æ, f.*, concorde.
*Concors, cordis* (3 g), d'accord, en bonne intelligence.
*Concurro, i, cursum, ĕre*, accourir ensemble; concourir; en venir aux mains.
*Concursus, ūs, m.*, concours, affluence, attroupement, choc.
*Concutio, cussi, cussum, ĕre*, ébranler, agiter, secouer.
*Condimentum, i, n.*, assaisonnement.
*Conditio, onis, f.*, condition.
*Conditor, oris, m.*, fondateur.
*Condo, dĭdi, dĭtum, ĕre*, fonder, bâtir.
*Confero, tŭli, collatum, ferre*, apporter, contribuer.
*Conficio, feci, fectum, ĕre*, achever, consumer, broyer, tuer.
*Confīdo, fīsus sum, ĕre*, se fier à.
*Confirmāre*, affermir, fortifier, confirmer.
*Confundo, fūdi, fūsum, ĕre*, confondre, troubler, mélanger, réunir.
*Congregāre*, rassembler.
*Congressus, ūs, m.*, abord, entrevue, conférence.
*Conjicio, jeci, jectum, ĕre*, jeter, lancer; *conjicere in vincula*, jeter en prison, dans les fers.
*Conjungo, junxi, junctum, ĕre*, joindre, lier, allier.
*Conjurāre*, conjurer, conspirer.
*Conjuratio, onis, f*, conjuration.
*Conjuratus, i, m.*, conjuré.
*Conjux, ŭgis, m. et f.*, époux, épouse.

*Conniveo, nivi* ou *nixi, ĕre*, cligner, fermer les yeux.
*Connubium, ii, n.*, alliance (par le mariage); mariage.
*Consecrāre*, consacrer.
*Conseptus, a, um*, part. de *consepio*, enclos, fermé de tous côtés.
*Consequor, secutus sum, i*, dép., suivre, obtenir.
*Consero, ui, sertum, ĕre*, entrelacer; *conserere pugnam*, livrer bataille.
*Conservāre*, conserver, observer, sauver.
*Conservatio, ōnis, f.*, conservation, protection.
*Considerāre*, considérer, examiner.
*Consīdo, sēdi, sessum, ĕre*, s'asseoir, s'établir.
*Consilium, ii, n.*, conseil, projet.
*Consitus, a, um*, part. de *consero*, planté, rempli de.
*Consolor, atus sum, āri*, dép., consoler.
*Conspectus, ūs, m.*, aspect, regard, contemplation; apparition, présence.
*Conspicio, spexi, spectum, ĕre*, apercevoir, voir.
*Conspicuus, a, um*, distingué, remarquable.
*Constans, antis* (3 g.), constant.
*Constantia, æ, f.*, constance, fermeté.
*Consternāre*, consterner.
*Constituo, i, utum, ĕre*, établir, dresser, fixer, convenir.
*Consto, iti, atum, āre*, consister en; coûter; *constat, impers.*, il est certain, il est évident.
*Constructus, a, um*, part. de *construo*, construit.

*Construo, uxi, uctum, ěre*, construire.
*Consul, ŭlis, m.*, consul.
*Consultāre*, consulter, délibérer.
*Consummāre*, consommer, achever, accomplir.
*Consumo, sumpsi, sumptum, ěre*, consommer, consumer, dissiper, détruire.
*Contemno, tempsi, temptum, ěre*, mépriser, dédaigner, rejeter.
*Contendo, i, tentum, ěre*, tendre à ; tâcher, s'efforcer.
*Contentus, a, um*, content.
*Continens, entis* (3 g.), contigu, continu ; sobre, tempérant, désintéressé.
*Continentia, æ, f.*, continence, tempérance.
*Contineo, ui, tentum, ēre*, contenir, soutenir, maintenir, conserver.
*Contingit, tigit, ěre, impers.*, il arrive (heureusement).
*Contingo, tigi, tactum, ěre*, toucher.
*Continuāre*, continuer.
*Contra, prép. gouv. l'acc.*, contre, vis-à-vis de, en face de.
*Contrà, adv.*, au contraire.
*Contraho, traxi, tractum, ěre*, attirer, s'attirer, contracter.
*Convallis, is, f.*, vallée dominée de tous côtés.
*Conveniens, entis* (3 g.), convenable, conforme.
*Convenio, ēni, entum, īre*, aller trouver, se réunir ; convenir.
*Converto, i, sum, ěre*, tourner, convertir.
*Convictus, a, um*, part. de *convinco*, convaincu.
*Convivium, ii, n.*, repas, festin.
*Convocāre*, convoquer, assembler.

*Copia, æ, f.*, quantité, abondance ; permission.
*Copiæ, arum, f. pl.*, richesses, troupes.
*Copiosè*, abondamment, éloquemment.
*Coràm, prép. gouv. l'abl.*, en présence de.
*Coràm, adv.*, publiquement, ouvertement, en face.
*Corinthius, a, um*, Corinthien, de Corinthe.
*Corinthus, i, f.*, Corinthe.
*Corneus, a, um*, de cornouiller.
*Corona, æ, f.*, couronne.
*Corrumpo, rupi, ruptum, ěre*, corrompre.
*Corruptus, a, um*, part. de *corrumpo*, corrompu, gâté.
*Corvus, i, m.*, corbeau.
*Cos, cōtis, f.*, pierre à aiguiser.
*Cràs*, demain.
*Crassus, a, um*, grossier, épais.
*Creāre*, créer, élire, nommer.
*Creator, oris, m.*, créateur.
*Creber, bra, brum*, fréquent.
*Credibilis, e*, croyable, vraisemblable.
*Credo, didi, ditum, ěre*, croire, confier.
*Credulus, a, um*, crédule.
*Cremāre*, brûler.
*Cresco, crevi, cretum, ěre*, croître, s'augmenter.
*Criminatio, onis, f.*, accusation, calomnie.
*Crinis, is, m.*, cheveu, poil, crin.
*Crœsus, i, m.*, Crésus, roi de Lydie.
*Cruciāre*, tourmenter, chagriner.
*Crudele*, cruellement.
*Crudelis, e*, cruel.
*Crudelitas, atis, f.*, cruauté.
*Crudeliter*, cruellement, sévèrement.

*Cruditas, ātis, f.*, crudité, indigestion.
*Cruentus, a, um*, sanglant.
*Cruor, oris, m.*, sang (caillé ou coulant d'une blessure).
*Crusta, æ, f*, croûte.
*Cubiculum, i, n.*, chambre; chambre à coucher.
*Cubo, ui, ĭtum, āre*, se coucher; *cubitum ire*, aller se coucher.
*Culĕus, i, m.*, sac de cuir.
*Culina, æ, f.*, cuisine.
*Culpa, æ, f.*, faute.
*Culter, tri, m.*, couteau.
*Cultus, us, m.*, culture, culte.
*Cultus, a, um*, part. de *colo*, cultivé.
*Cùm, quŭm*, quand, lorsque; comme.
*Cum*, prép. gouv. l'*abl.*, avec.
*Cunctatio, onis, f.*, hésitation, lenteur.
*Cuncti, æ, a, pl.*, tous ensemble.
*Cupiditas, atis, f.*, cupidité, avidité.
*Cupido, inis, f.*, cupidité, désir ardent.
*Cupidus, a, um*, avide, désireux.
*Cupio, ivi, itum, ĕre*, désirer.
*Cur*, pourquoi.
*Cura, æ, f.*, soin, souci.
*Curāre*, soigner, prendre soin de; guérir.
*Curatio, ōnis, f.*, cure, remède.
*Curia, æ, f.*, curie, division du peuple romain; palais du sénat romain.
*Curro, cucurri, cursum, ĕre*, courir.
*Currus, ūs, m.*, char, chariot.
*Cursus, ūs, m.*, course, cours.
*Curvus, a, um*, courbe, courbé.
*Custodio, ivi, itum, ire*, garder, surveiller.
*Custos, ōdis, m.*, garde, gardien.
*Cymba, æ, f.*, barque.

## D

*Damnāre*, condamner.
*De*, prép. gouv. l'*abl.*, de, sur, touchant.
*Debilis, e*, débile, infirme.
*Decedo, cessi, cessum, ĕre*, sortir, se retirer, mourir.
*Decem*, dix.
*Decĭdo, i, ĕre*, tomber, périr.
*Decipio, cepi, ceptum, ĕre*, décevoir, tromper, duper.
*Declamāre*, déclamer, discourir.
*Decurro, i* ou *decucurri, cursum, ĕre*, courir de haut en bas; descendre précipitamment.
*Deditus, a, um*, part. de *dedo*, livré, adonné.
*Deduco, duxi, ductum, ĕre*, emmener, conduire.
*Defendo, i, sum, ĕre*, défendre, protéger.
*Defensor, oris, m.*, défenseur.
*Defero, tuli, latum, ferre*, déférer, dénoncer.
*Deformis, e*, difforme, laid, hideux.
*Deformitas, atis, f.*, difformité, laideur, défaut.
*Defrico, ui, frictum, āre*, frotter.
*Deindè*, ensuite, après.
*Dejicio, jeci, jectum, ĕre*, jeter à bas.
*Delectāre*, charmer, amuser.
*Deleo, ēvi, ētum, ēre*, détruire, effacer.
*Delictum, i, n.*, délit, faute.
*Deligāre*, attacher, lier.
*Deligo, legi, lectum, ĕre*, choisir.
*Delphi, orum, m. pl.*, Delphes, ville de Grèce.
*Dementia, æ, f.*, démence, folie.
*Demetrius, ii, m.*, Démétrius.

*Demigrāre*, émigrer, aller à.
*Demo, dempsi, demptum, ĕre*, enlever, ôter.
*Demolitio, onis, f.*, démolition, destruction.
*Demonstrāre*, démontrer.
*Demosthenes, is, m.*, Démosthène, célèbre orateur grec.
*Demùm*, enfin, à la fin; seulement, surtout.
*Denarius, ii, m.*, denier.
*Densus, a, um*, dense, épais.
*Denuò*, de nouveau.
*Depello, pŭli, pulsum, ĕre*, renverser, chasser, repousser.
*Depono, posui, positum, ĕre*, déposer, mettre de côté; quitter.
*Deportāre*, transporter, emporter.
*Deposco, depoposci, ĕre*, demander, réclamer.
*Deprecor, ātus sum, āri*, dép., supplier d'éloigner, conjurer.
*Deprehendo, i, sum, ĕre*, prendre, saisir.
*Descendo, i, sum, ĕre*, descendre.
*Descisco, scivi et ii, scītum, ĕre*, se révolter, abandonner.
*Describo, ipsi, iptum, ĕre*, dessiner, tracer, décrire, diviser.
*Descriptio, onis, f.*, dessin, description, disposition.
*Desero, ui, sertum, ĕre*, abandonner, délaisser, déserter.
*Desiderāre*, désirer, demander, réclamer; regretter.
*Desilio, ii et ui, sultum, ire*, sauter de haut en bas.
*Desino, sivi ou sii, situm, ĕre*, cesser, finir.
*Despondeo, i, nsum, ere*, promettre, assurer; désespérer; *despondere animum*, se décourager, perdre courage.

*Desum, fui, esse*, manquer à.
*Detego, texi, tectum, ĕre*, découvrir, dévoiler.
*Deterior, us*, moins bon; détérioré.
*Deterreo, ui, itum, ēre*, détourner, épouvanter.
*Deucalion, onis, m.*, Deucalion, roi de Thessalie.
*Deus, i, m.*, Dieu.
*Devastāre*, dévaster.
*Devoveo, i, votum, ēre*, dévouer, vouer.
*Dexter, tra, trum*, droit, à droite; habile, opportun, propice.
*Diana, æ, f.*, Diane, déesse de la chasse.
*Dico, dixi, dictum, ĕre*, dire.
*Dictator, oris, m.*, dictateur.
*Dictatura, æ, f.*, dictature.
*Dictum, i, n.*, parole, ordre; proverbe.
*Diduco, duxi, ductum, ĕre*, étendre, élargir, ouvrir de force.
*Dies, ei, m. et f.*, jour; *in dies*, tous les jours, de jour en jour.
*Difficilis, e*, difficile.
*Digitus, i, m.*, doigt.
*Dignitas, atis, f.*, dignité.
*Dignus, a, um*, digne.
*Dijudicare*, juger, discerner, distinguer.
*Dilabor, lapsus sum, i*, dép., s'écouler, se disperser.
*Dilacerāre*, déchirer.
*Dilatio, ōnis, f.*, délai, remise, retard.
*Diligens, entis* (3 g.), diligent, soigneux, appliqué.
*Diligenter*, soigneusement.
*Diligentia, æ, f.*, diligence, zèle, empressement.
*Diluvium, ii, n.*, déluge.

*Dimicāre*, combattre.
*Diogenes, is, m.*, Diogène, fameux philosophe.
*Dionysius, ii, m., minor*, Denys le jeune, roi de Syracuse.
*Diripio, ui, reptum, ĕre*, enlever, voler, piller.
*Diruo, ui, utum, ĕre*, détruire, renverser, abattre.
*Discerpo, psi, ptum, ĕre*, déchirer, mettre en pièces; dissiper.
*Disciplina, æ, f.*, discipline, instruction, science, éducation.
*Discipulus, i, m.*, élève, disciple.
*Disco, dĭdĭci, ĕre*, apprendre, étudier.
*Discordia, æ, f.*, discorde.
*Discrimen, inis, n.*, danger, combat; différence.
*Disertus, a, um*, disert, éloquent.
*Dispar, āris* (3 g.), différent, inégal.
*Displiceo, ui, ĭtum, ĕre*, déplaire.
*Dissentio, onis, f.*, dissentiment, dissension.
*Dissero, ui, sertum, ĕre*, discourir, discuter.
*Dissidium, ii, n.*, séparation, discorde.
*Dissimilis, e*, dissemblable, différent.
*Dissimilitudo, inis, f.*, dissemblance, différence.
*Dissimulāre*, dissimuler, feindre, déguiser.
*Dissociāre*, désunir, séparer.
*Distendo, i, sum* et *tum, ĕre*, étendre, dilater.
*Distincte*, distinctement.
*Distineo, ui, tentum, ĕre*, tenir éloigné; empêcher, séparer.
*Distraho, traxi, tractum, ĕre*, tirer en sens divers, déchirer; séparer, diviser.
*Diù*, longtemps; *quàm diù*, aussi longtemps que; *diutiùs*, plus longtemps; *diutissimè*, très-longtemps.
*Dium, divum, ii, n.*, l'air, le ciel; *sub divo*, à l'air, en plein air.
*Diversus, a, um*, divers, différent.
*Dives, ĭtis* (3 g.), riche, opulent.
*Divido, visi, visum, ĕre*, diviser, partager.
*Divinus, a, um*, divin.
*Divitiæ, arum, f. pl.*, richesses.
*Divum*, v. *dium*.
*Do, dedi, datum, dăre*, donner; *se dare*, s'adonner, s'abandonner.
*Doceo, ui, doctum, ĕre*, enseigner, instruire.
*Doctrina, æ, f.*, science, instruction.
*Doctus, a, um*, part. de *doceo*, savant, instruit.
*Dolor, oris, m.*, douleur.
*Dolus, i, m.*, ruse, tromperie, fourberie.
*Domesticus, a, um*, domestique, familier.
*Dominor, atus sum, āri*, dép., dominer.
*Dominus, i, m.*, maître.
*Domus, ūs* et *i, f.*, maison.
*Donāre aliquem aliquā re*, gratifier quelqu'un de quelque chose; faire don de.
*Donec*, jusqu'à ce que.
*Donum, i, n.*, don, cadeau, présent.
*Dorsum, i, n.*, dos.
*Dotāre*, doter, donner en dot.

*Draco, onis, m.*, Dracon, législateur d'Athènes.
*Ducenti, æ, a*, deux cents.
*Duco, duxi, ductum, ĕre*, conduire, mener.
*Dulcis, e*, doux (aux sens); agréable.
*Dùm*, pendant que, tandis que; jusqu'à ce que; pourvu que.
*Dummodò*, pourvu que.
*Duo, æ, o*, deux.
*Duodecimus, a, um*, douzième.
*Duplicāre*, doubler, redoubler.
*Durāre*, durer.
*Duritia, æ, f.*, dureté.
*Durus, a, um*, dur.
*Dux, ducis, m.*, chef, général, conducteur.

### E

*E, ex*, prép. gouv. l'*abl.*, de, par, depuis, d'après.
*Ebriĕtas, atis, f.*, ivresse.
*Ebriosus, a, um*, ivrogne; adonné au vin.
*Edo, dĭdi, dĭtum, ĕre*, faire sortir; produire, exécuter, faire.
*Edo, i, esum, edĕre* ou *esse*, manger.
*Educāre*, élever.
*Educo, duxi, ductum, ĕre*, tirer dehors, conduire hors.
*Effero, extuli, elatum, ferre*, enlever, porter en terre.
*Efficio, feci, fectum, ĕre*, faire, effectuer, exécuter, faire en sorte.
*Effugio, i, ĭtum, ĕre*, échapper à, éviter.
*Effundo, fūdi, fūsum, ĕre*, verser, répandre.
*Ego*, je, moi.
*Egregius, a, um*, éminent, distingué, excellent.

*Ehem!* Ah! Hé! Holà!
*Elabor, elapsus sum, i*, dép., se glisser, s'échapper, tomber.
*Elementum, i, n.*, élément.
*Elephas, antis, m.*, éléphant.
*Eligo, legi, lectum, ĕre*, élire, choisir.
*Elinguis, e*, sans langue; qui ne peut pas parler; muet.
*Emitto, misi, missum, ĕre*, émettre, lancer, lâcher, pousser.
*Emo, i, emptum, ĕre*, acheter.
*Enim*, car.
*Enna, æ, f.*, Enna, ville de Sicile.
*Ennensis, is*, d'Enna.
*Eo, ivi* ou *ii, ĭtum, ire*, aller.
*Eò*, là, tellement, d'autant.
*Ephesus, i, f.*, Éphèse, ville d'Ionie.
*Epistŏla, æ, f.*, lettre, épître.
*Epulor, atus sum, āri*, dép., manger, faire un festin.
*Eques, equĭtis, m.*, cavalier, chevalier.
*Equester, tris, tre*, équestre.
*Equidem*, certes, certainement, pour ma part.
*Equitāre*, aller à cheval, être à cheval.
*Equus, i, m.*, cheval.
*Erga*, prép. gouv. l'*acc.*, envers, à l'égard de.
*Ergò*, donc, ainsi, par conséquent.
*Erechtheus, i, m.*, Érechthée, roi d'Athènes.
*Eripio, repi, reptum, ĕre*, enlever de force, arracher.
*Errāre*, errer, se tromper.
*Error, ōris, m.*, erreur.
*Eruditio, onis, f.*, érudition.
*Esurio, ivi, ire*, avoir faim, être affamé.

Et, et; *et—et*, *et—et*; aussi bien—que.
Etiam, aussi, même, encore; plus encore.
Etruria, æ, f., Étrurie, province d'Italie.
Etsi, bien que, quoique.
Euphrates, æ, m., Euphrate, fleuve de l'Asie.
Europa, æ, f., l'Europe.
Eurystheus, i, m., Eurysthée, roi de Mycènes.
Evado, si, sum, ĕre, sortir de, s'échapper; devenir.
Evander, Evandrus, i, m., Évandre, roi d'Arcadie.
Evangelium, ii, n., l'Évangile.
Evenio, i, ntum, ire, arriver, survenir.
Eventus, ûs, m., événement, issue.
Everto, i, versum, ĕre, détruire, renverser, bouleverser.
Evidens, entis (3 g.), évident, visible.
Evolāre, s'envoler, s'enfuir, s'échapper.
Examen, inis, n., essaim, examen.
Excedo, cessi, cessum, ĕre, sortir, mourir; *excedere vitá*, mourir.
Excellens, entis (3 g.), excellent.
Excelsus, a, um, haut, élevé.
Excipio, cepi, ceptum, ĕre, accueillir, surprendre, excepter; *excipere impetum*, soutenir le choc.
Exclamāre, s'écrier, prononcer tout haut.
Excogitāre, réfléchir mûrement; imaginer, inventer.
Excurro, i, cursum, ĕre, courir hors, faire des sorties.

Excutio, cussi, cussum, ĕre, secouer, renverser, provoquer.
Exemplar, aris, n., modèle, copie, exemple.
Exeo, ii, itum, ire, sortir.
Exerceo, ui, itum, ēre, exercer, travailler, fatiguer.
Exercitatio, onis, f., exercice.
Exercitus, ûs, m., armée.
Exhalatio, onis, f., exhalaison, vapeur.
Exigo, exēgi, exactum, ĕre, exiger, demander.
Exiguus, a, um, petit, exigu.
Eximius, a, um, excellent, éminent, rare.
Eximo, emi, emptum, ĕre, ôter, arracher, enlever.
Existimāre, estimer, juger, penser, croire, regarder comme.
Existo, v. *exsisto*.
Exitus, ûs, m., issue, fin.
Exorior, ortus sum, iri, dép., naître, s'élever, éclater.
Expectāre, attendre.
Expedit, ire, impers., il est utile, il est avantageux, il importe.
Expello, puli, pulsum, ĕre, chasser, repousser, bannir.
Expergiscor, perrectus sum, i, dép., s'éveiller, se réveiller.
Expeto, ivi ou ii, itum, ĕre, désirer, ambitionner.
Expetendus, a, um, part. de *expeto*, désirable.
Expleo, ēvi, ētum, ēre, combler, accomplir.
Expono, posui, positum, ĕre, exposer.
Expugnāre, prendre d'assaut; soumettre.
Expugnatio, onis, f., prise (de force, d'assaut).

*Expulsus, a, um,* part. de *expello,* expulsé, chassé.
*Exsecratio, onis, f.,* exécration.
*Exsecror, atus sum, āri,* dép., exécrer.
*Exsequor, secutus sum, i,* dép., suivre, poursuivre, chasser.
*Exsilium, ii, n.,* exil, bannissement.
*Exsisto, . stĭti, ĕre,* paraître, naître; sortir de, exister.
*Exstinguo, nxi, nctum, ĕre,* éteindre; *exstinctus,* éteint, mort.
*Exsul, ŭlis, m.,* proscrit, exilé, banni.
*Extemplŏ,* sur-le-champ.
*Extendo, i, tum* et *sum, ĕre,* étendre, allonger.
*Exterreo, ui, ĭtum, ĕre,* épouvanter, effrayer.
*Extra,* prép. gouv. l'acc., hors de, outre, excepté.
*Extraho, traxi, tractum, ĕre,* extraire, tirer hors; traîner, prolonger.
*Extraneŭs, a, um,* extérieur, étranger.
*Extremus, a, um,* extrême, dernier.

## F

*Faber, bri, m.,* ouvrier, artisan, forgeron.
*Fabula, æ, f.,* fable, conte, récit.
*Fabulosus, a, um,* fabuleux.
*Fac,* impér. de *facere,* fais.
*Facilĕ,* facilement.
*Facilis, e,* facile.
*Facinus, oris, n.,* action d'éclat, exploit; forfait, crime.
*Facio, feci, factum, ĕre,* faire.
*Factio, onis, f.,* faction, parti.
*Factum, i, n.,* fait, action.

*Facundia, æ, f.,* éloquence.
*Fallo, fefelli, falsum, ĕre,* tromper.
*Falsus, a, um,* faux, trompeur.
*Fama, æ, f.,* renommée, réputation, infamie, tradition.
*Familiaris, e,* de la famille, de la maison; domestique; ami intime.
*Fanum, i, n.,* lieu consacré, temple.
*Fatalis, e,* fatal, funeste.
*Fautor, oris, m.,* protecteur, fauteur.
*Favor, oris, m.,* faveur.
*Fax, facis, f.,* flambeau, torche.
*Febris, is, f.,* fièvre.
*Felicitas, atis, f.,* félicité, bonheur.
*Felix, icis* (3 g.), heureux.
*Femur, ŏris, n.,* fémur, cuisse.
*Fenestra, æ, f.,* fenêtre.
*Fera, æ, f.,* bête sauvage.
*Ferĕ,* presque, à peu près, environ.
*Ferio, ire aliquem securi,* trancher la tête à quelqu'un.
*Fero, tuli, lātum, ferre,* porter, supporter; *ferre legem,* porter, présenter une loi; *auxilium ferre,* porter secours.
*Ferox, ōcis* (3 g.), féroce, fougueux, intrépide, fier.
*Ferrum, i, n.,* fer.
*Fertĭlis, e,* fertile.
*Fessus, a, um,* fatigué.
*Festinare,* hâter, se hâter, se presser.
*Fictus, a, um,* part. de *fingo,* feint, déguisé, inventé, imaginé.
*Fidēlis, e,* fidèle.
*Fidenates, um* ou *ium, m. pl.,* Fidénates, habitants de Fidène.

*Fides, ei, f.*, foi, bonne foi; *bonâ fide*, de bonne foi.
*Fidus, a, um*, fidèle, sûr, loyal.
*Figo, fixi, fixum, ĕre*, ficher, fixer, percer, tuer.
*Filia, æ, f.*, fille (opposé à *filius*, fils).
*Filius, ii, m.*, fils.
*Finis, is, m.* et *f.*, fin.
*Finitimus, a, um*, limitrophe, voisin.
*Fio, factus sum, fiĕri*, pass., être fait, se faire; devenir.
*Firmitas, atis, f.*, fermeté, solidité.
*Firmus, a, um*, ferme, durable.
*Flagrāre*, brûler.
*Flamma, æ, f.*, flamme.
*Flavus, a, um*, jaune.
*Fleo, ēvi, ētum, ēre*, pleurer.
*Fletus, ûs, m.*, pleurs, larmes.
*Floreo, ui, ēre*, fleurir; être florissant.
*Flos, floris, m.*, fleur, élite.
*Fluvius, ii, m.*, fleuve.
*Fœdus, a, um*, hideux, horrible, affreux, honteux.
*Fœdus, ĕris, n.*, alliance, traité.
(*For*, inus.), *faris, fatus sum, fari*, dép., parler, proférer; avoir l'usage de la parole.
*Foràs*, dehors.
*Forma, æ, f.*, forme, figure.
*Formāre*, former.
*Formosus, a, um*, beau.
*Fornax, ācis, f.*, four, fourneau, fournaise.
*Fortassè*, peut-être.
*Fortis, e*, fort, brave, vaillant.
*Fortiter*, fortement, avec courage, vaillamment.
*Fortuna, æ, f.*, fortune, sort.
*Forum, i, n.*, Forum, place publique.
*Fossa, æ, f.*, fossé, fosse.

*Fragor, oris, m.*; bruit, fracas.
*Francogallus, i, m.*, Français.
*Frater, tris, m.*, frère.
*Fraus, fraudis, f.*, fraude, fourberie, supercherie.
*Frequens, entis* ( 3 g. ), fréquent, nombreux; peuplé.
*Frequenter*, fréquemment.
*Fridericus, i, m.*, Frédéric.
*Frigidus, a, um*, froid.
*Frigus, ŏris, n.*, le froid.
*Frugālis, e*, sobre, frugal, économe.
*Frugalitas, atis, f.*, frugalité, tempérance.
*Fruges, um, f. pl.*, de *frux*, inus., les fruits.
*Frumentum, i, n.*, blé, froment.
*Fruor, ūïtus* (*fructus*) *sum, frui*, dép., jouir.
*Frustror, atus sum, āri*, dép., frustrer, tromper.
*Fuga, æ, f.*, fuite; *agere in fugam*, mettre en fuite.
*Fugāre*, mettre en fuite.
*Fugio, i, ĭtum, ĕre*, fuir, s'enfuir.
*Fugitāre*, fuir, éviter.
*Fundamentum, i, n.*, fondement, base.
*Funditùs*, de fond en comble; entièrement.
*Fundo, fūdi, fūsum, ĕre*, fondre, couler; disperser, mettre en déroute.
*Funus, ĕris, n.*, funérailles, convoi.
*Fur, fūris, m.*, voleur.
*Furtum, i, n.*, vol, larcin.

## G

*Gabii, orum, m. pl.*, Gabies, ville du Latium.
*Gallus, i, m.*, coq; le Gaulois.

*Gaudeo, gavisus sum, ēre,* se réjouir.
*Gaudium, ii, n.,* joie.
*Generosus, a, um,* généreux.
*Gens, gentis, f.,* famille, nation, peuple.
*Genus, ĕris, n.,* genre, race, famille.
*Germania, æ, f.,* la Germanie.
*Germanus, a, um,* germain, allemand; de frère germain; naturel, propre.
*Gero, gessi, gestum, ĕre,* porter, faire, exercer, gérer; *res gestæ,* exploits.
*Geryon, onis, m.,* Géryon, roi d'Ibérie.
*Gigno, genui, genĭtum, ĕre,* engendrer, produire; mettre au monde.
*Gladius, ii, m.,* épée, glaive, sabre.
*Globosus, a, um,* rond, formé en globe.
*Globus, i, m.,* globe, troupe.
*Gloria, æ, f.,* gloire.
*Gloriosus, a, um,* glorieux.
*Gradus, ûs, m.,* degré, marche, pas.
*Græcè,* en grec.
*Græcia, æ, f.,* Grèce.
*Græcus, a, um,* grec.
*Granicus, i, m.,* le Granique, fleuve de la Troade.
*Gratia, æ, f.,* grâce, reconnaissance, beauté; *gratiam habere,* garder de la reconnaissance, savoir gré; *gratias agere,* témoigner de la reconnaissance.
*Gratulor, atus sum, āri,* dép., féliciter, complimenter.
*Gratulatio, ōnis, f.,* félicitation.
*Gratus, a, um,* agréable, gracieux; reconnaissant.
*Gravāre,* appesantir, surcharger.
*Gravatim,* avec peine, à contre-cœur.
*Gravis, e,* grave, fort, lourd; important, pénible.
*Gravitas, atis, f.,* gravité, fermeté.
*Graviter,* gravement.
*Grex, gregis, m.,* troupeau, troupe.
*Gubernacula, orum, n. pl.,* reipublicæ, rênes de l'Etat.
*Gymnasium, ii, n.,* gymnase, lieu pour les exercices gymnastiques; académie, école.

## H

*Habeo, ui, ĭtum, ēre,* avoir, regarder comme, traiter; *ita res se habet,* il en est ainsi.
*Habitāre,* habiter.
*Habitus, ûs, m.,* manière d'être, attitude, port.
*Haud,* non, ne pas.
*Hebes, ĕtis* (3 g.), émoussé, lourd, stupide.
*Helvetia, æ, f.,* l'Helvétie, la Suisse.
*Henricus, i, m.,* Henri.
*Hercŭles, is, m.,* Hercule, fils de Jupiter.
*Hesternus, a, um,* d'hier.
*Hic, hæc, hoc,* ce, cette; celui-ci, celle-ci; ceci.
*Hic,* ici.
*Hiems, hiĕmis, f.,* hiver.
*Hilaris, e,* enjoué, gai, joyeux.
*Hinc,* d'ici; de là.
*Hinnio, ivi, ĭtum, īre,* hennir.
*Hispania, æ, f.,* Espagne.
*Hispanus, a, um,* Espagnol.
*Historia, æ, f.,* histoire.
*Hodiè,* aujourd'hui.
*Hodiernus, a, um,* d'aujourd'hui.
*Homērus, i, m.,* Homère.

*Homo, ĭnis, m.*, homme (individu); *homo privatus*, homme privé, un particulier.
*Honestas, atis, f.*, honnêteté.
*Honestus, a, um*, honnête, vertueux.
*Honor, oris, m.*, honneur; *honores*, pl., honneurs, dignités, charges, places importantes.
*Honorāre*, honorer.
*Horreo, ui, ēre*, avoir horreur de.
*Horrĭdus, a, um*, affreux, horrible.
*Hortulanus, i, m.*, jardinier.
*Hortus, i, m.*, jardin.
*Hospes, ĭtis, m.*, hôte, étranger.
*Hospitĭum, ii, n.*, hospitalité.
*Hostīlis, e*, hostile, ennemi.
*Hostis, is, m.*, ennemi (de guerre).
*Hŭc*, ici, à ce point.
*Hucusquè*, jusqu'ici, jusqu'à présent.
*Humanus, a, um*, humain.
*Humĕrus, i, m.*, épaule.
*Humus, i, f.*, sol, terre.

## I

*Ibi*, là.
*Idcircò*, pour cette raison; à cause de cela.
*Idem, eădem, ĭdem*, le même.
*Ideò*, c'est pourquoi, pour cela.
*Igitur*, donc, ainsi, par conséquent, c'est pourquoi.
*Ignarus, a, um*, ignorant, qui ne sait pas.
*Ignis, is, m.*, feu.
*Ignivŏmus, a, um*, vomissant du feu.
*Ignominia, æ, f.*, déshonneur, ignominie.
*Ignorāre*, ignorer, ne pas connaître.

*Ignosco, novi, notum, ĕre*, pardonner.
*Ille, illa, illud*, ce, cette; celui-là, celle-là; cela.
*Illĭc*, là, en cet endroit-là.
*Illicò*, sur-le-champ, tout de suite.
*Illĭnc*, de là, de ce côté-là.
*Illŭc*, là, en cet endroit-là.
*Illustris, e*, illustre.
*Illuvies, ei, f.*, inondation, déluge.
*Imbecillis, e*, faible (de corps ou d'esprit).
*Imbellis, e*, peu propre à la guerre, lâche, pusillanime.
*Imitatio, onis, f.*, imitation.
*Imitator, oris, m.*, imitateur.
*Imitor, atus sum, āri, dép.*, imiter.
*Immanis, e*, inhumain.
*Immanitas, atis, f.*, barbarie, férocité, énormité.
*Immĕmor, ŏris* (3 g.), ne se souvenant pas, oublieux.
*Immerĭtus, a, um*, non mérité, injuste.
*Imminuo, ui, utum, ĕre*, affaiblir, diminuer.
*Immortalis, e*, immortel.
*Imŏ*, bien au contraire; bien plus.
*Impello, pŭli, pulsum, ĕre*, pousser, engager.
*Impendĕo, ēre*, pencher sur, menacer.
*Impendo, i, sum, ĕre*, dépenser, sacrifier.
*Imperāre*, commander, ordonner.
*Imperator, oris, m.*, empereur, général.
*Imperfectus, a, um*, imparfait.
*Imperium, ii, n.*, pouvoir, empire, commandement.

*Impetrāre*, obtenir.
*Impetus*, *ûs*, *m.*, impétuosité, élan; mouvement violent; choc.
*Impietas*, *atis*, *f.*, impiété.
*Impius*, *a*, *um*, impie.
*Impono*, *posui*, *posĭtum*, *ĕre*, imposer, poser dans, mettre; donner (*nomen*).
*Imprŏbus*, *a*, *um*, méchant, pervers.
*In*, prép. gouv. l'*acc.* (avec mouvement) et l'*abl.* (sans mouvement), en, dans, sur, pour, envers, contre.
*Inanis*, *e*, vain, inutile.
*Incēdo*, *cessi*, *cessum*, *ĕre*, aller, marcher, passer.
*Incendium*, *ii*, *n.*, incendie.
*Incertus*, *a*, *um*, incertain.
*Incesso*, *ivi* ou *i*, *ĭtum*, *ĕre*, survenir, attaquer.
*Incĭdo*, *i*, *ĕre*, tomber dans.
*Incĭpĭo*, *cēpi*, *ceptum*, *ĕre*, commencer, se mettre à.
*Includo*, *si*, *sum*, *ĕre*, enfermer, renfermer.
*Incŏlo*, *ui*, *cultum*, *ĕre*, habiter, demeurer.
*Incolumis*, *e*, entier, sain et sauf.
*Incommŏdum*, *i*, *n.*, incommodité, inconvénient.
*Incredibilis*, *e*, incroyable.
*Incutio*, *cussi*, *cussum*, *ĕre*, frapper, lancer, inspirer.
*Inde*, de là, de ce lieu; *inde a* ou *ab*, depuis, dès.
*Index*, *ĭcis*, *m.*, délateur, dénonciateur.
*Indico*, *dixi*, *dictum*, *ĕre*, déclarer, annoncer.
*Indulgentia*, *æ*, *f.*, indulgence.
*Indus*, *i*, *m.*, Indien.
*Industria*, *æ*, *f.*, industrie; *ex* ou *de industriā*, exprès, à dessein.
*Industrius*, *a*, *um*, actif, industrieux.
*Ineo*, *ivi* ou *ii*, *ĭtum*, *ĭre*, aller dans; entreprendre.
*Inexorabilis*, *e*, inexorable.
*Inextricabilis*, *e*, inextricable, inexplicable.
*Infans*, *antis*, *m.* et *f.*, enfant (en bas âge, au berceau).
*Infelix*, *ĭcis* (3 g.), malheureux.
*Inferior*, *us*, comp. de *inferus*, inférieur.
*Infero*, *tŭli*, *illatum*, *ferre*, porter dans, porter, jeter; causer, faire; *inferre bellum alicui*, porter ou faire la guerre à qn.
*Infestāre*, ravager, infester.
*Infestus*, *a*, *um*, hostile, acharné, dangereux, infesté, peu sûr.
*Inficio*, *feci*, *fectum*, *ĕre*, infecter, infester, ravager.
*Infimus*, *a*, *um*, le plus bas.
*Infirmus*, *a*, *um*, infirme, débile, faible.
*Inflammāre*, enflammer, incendier.
*Infra*, prép. gouv. l'*acc.*, sous, au-dessous de.
*Ingenium*, *ii*, *n.*, esprit, génie, caractère.
*Ingens*, *entis* (3 g.), immense.
*Ingenuè*, franchement, sincèrement.
*Ingratus*, *a*, *um*, ingrat.
*Ingravesco*, *ĕre*, devenir pesant, s'appesantir, s'accroître.
*Inhumanus*, *a*, *um*, inhumain.
*Inimicitia*, *æ*, *f.*, inimitié, haine, animosité.
*Inimicus*, *i*, *m.*, ennemi (privé).
*Iniquus*, *a*, *um*, inique, injuste.
*Initium*, *ii*, *n.*, commencement.

*Injicio, jeci, jectum, ĕre*, jeter ou mettre dans.
*Injucundus, a, um*, désagréable.
*Injuria, æ, f.*, injure, injustice, tort, dommage; rigueur.
*Injussus, ûs, m.*, sans ordre.
*Injustitia, æ, f.*, injustice.
*Innocens, entis* (3 g.), innocent.
*Innocentia, æ, f.*, innocence.
*Inopia, æ, f.*, disette.
*Inops, ŏpis* (3 g.), pauvre.
*Inquam, is, it*, défect., dis-je.
*Inquināre*, souiller, flétrir.
*Insanabilis, e*, incurable.
*Insatiabilis, e*, insatiable.
*Inscribo, scripsi, scriptum, ĕre*, inscrire, intituler.
*Insero, ui, sertum, ĕre*, insérer, fourrer, mettre dans.
*Insideo, sēdi, sessum, ēre*, être assis sur.
*Insidiæ, arum, f., pl.*, embûches, embuscade, piége.
*Insidior, atus sum, āri*, dép., *alicui*, dresser des embûches à quelqu'un; conspirer contre quelqu'un.
*Insidiosus, a, um*, insidieux, artificieux.
*Insigne, is, n.*, signe, enseigne; marque distinctive; insignes.
*Insignis, e*, remarquable.
*Insolens, entis* (3 g.), insolent.
*Instituo, i, utum, ĕre*, instituer, établir.
*Insula, æ, f.*, île.
*Insum, fui, esse*, être dans, exister.
*Insuo, i, utum, ĕre*, coudre dans.
*Insuper*, par-dessus, de plus, outre cela.
*Integer, gra, grum*, entier, intact, intègre; sans blessures; *de integro*, de nouveau.

*Integritas, atis, f.*, honnêteté, probité.
*Intelligo, lexi, lectum, ĕre*, comprendre.
*Inter*, prép. gouv. l'*acc.*, entre, parmi, pendant.
*Interdiù*, de jour, pendant le jour.
*Interdùm*, quelquefois.
*Intereà*, pendant ce temps-là, cependant.
*Interficio, feci, fectum, ĕre*, tuer, faire périr.
*Interim*, pendant ce temps-là.
*Interpretor, atus sum, āri*, dép., interpréter, expliquer.
*Interregnum, i, n.*, interrègne.
*Interrogāre*, interroger, demander.
*Interrumpo, rūpi, ruptum, ĕre*, rompre, interrompre.
*Intra*, prép., gouv. l'*acc.*, au dedans de, dans l'espace de.
*Intrāre*, entrer, pénétrer dans.
*Introeo, ivi* ou *ii, itum, ire*, entrer dans.
*Intromitto, misi, missum, ĕre*, introduire, faire entrer.
*Intueor, tuïtus sum, ēri*, dép., voir, regarder.
*Invado, vasi, vasum, ĕre*, envahir, s'emparer de, attaquer.
*Invenio, i, ventum, ire*, trouver, découvrir, inventer.
*Invidia, æ, f.*, envie.
*Invĭdus, a, um*, envieux.
*Inviolatus, a, um*, sain et sauf.
*Invitāre*, inviter.
*Invitus, a, um*, forcé, contraint; *non invitus*, volontiers.
*Invocāre*, invoquer, implorer.
*Ipse, ipsa, ipsum*, pron., même; *ego ipse*, moi-même.
*Ira, æ, f.*, colère.

*Iracundus, a, um,* irascible, emporté.
*Irascor, irātus sum, i,* dép., se mettre en colère, s'irriter, se fâcher.
*Is, ea, id,* ce, cette; celui-là, celle-là; cela.
*Ita,* ainsi, tellement.
*Itaque,* c'est pourquoi.
*Itāre,* aller souvent, aller.
*Item,* de même, aussi, pareillement.
*Iter, itinĕris, n.,* voyage, chemin, route.
*Iterāre,* renouveler, répéter.
*Iterum,* de nouveau, pour la seconde fois.

### J

*Jaceo, ui, ēre,* être couché; être étendu mort.
*Jacio, jeci, jactum, ĕre,* jeter.
*Jactantia, æ, f.,* jactance, ostentation.
*Jam,* déjà; *jam non,* ne plus; *non jam,* pas encore.
*Janua, æ, f.,* porte (de maison).
*Jocus, i, m.,* plaisanterie, jeu, badinage.
*Jucundus, a, um,* agréable.
*Judæi, orum, m. pl.,* les Juifs.
*Judex, dicis, m.,* juge.
*Judicāre,* juger, déclarer.
*Jugum, i, n.,* joug.
*Jumentum, i, n.,* bête de somme.
*Jungo, nxi, nctum, ĕre,* joindre, lier.
*Jupĭter,* gén. *Jovis,* Jupiter, maître des dieux.
*Jurāre,* jurer.
*Jus, juris, n.,* droit, justice, raison; *jure,* avec raison.
*Jussum, i, n.,* ordre, commandement.
*Jussus, ûs, m.,* ordre, injonction; *jussu tuo,* à ton ordre.
*Justitia, æ, f.,* justice.
*Justus, a, um,* juste, exact, convenable.
*Juvo, juvi, jutum, āre,* aider, secourir; charmer, faire plaisir.
*Juxta,* prép. gouv. l'acc., auprès de, proche, à côté de, tout de suite après; d'après.

### L

*Labefactāre,* ébranler.
*Labium, ii, n.,* lèvre.
*Labor, oris, m.,* labeur, travail, fatigue, peine.
*Labor, lapsus sum, i,* dép., tomber, se laisser tomber.
*Laborāre,* travailler.
*Laboriosus, a, um,* laborieux, fatigant, pénible.
*Labyrinthus, i, m.,* labyrinthe.
*Lacedæmonius, ii, m.,* Lacédémonien.
*Lacerāre,* lacérer, déchirer, arracher.
*Laceratio, onis, f.,* déchirement, mutilation.
*Lacrima, æ, f.,* larme.
*Lacrimāre,* pleurer.
*Laetor, atus sum, āri,* dép., se réjouir.
*Laetus, a, um,* joyeux, gai, riant, beau, content, heureux.
*Lambo, i, (bitum), ĕre,* lécher, caresser.
*Lana, æ, f.,* laine.
*Lanificium, ii, n.,* apprêt des laines.
*Lapis, idis, m.,* la pierre.
*Largitio, onis, f.,* largesses, dons.
*Lascivus, a, um,* lascif, folâtre, pétulant.
*Lassitudo, inis, f.,* lassitude.
*Latinē,* en latin.
*Latinus, a, um,* latin.

*Latro, onis, m.*, brigand, voleur.
*Latus, a, um*, large.
*Laudandus, a, um*, de *laudo*, louable.
*Laudāre*, louer, vanter.
*Laudator, oris, m.*, louangeur, panégyriste.
*Laus, laudis, f.*, louange, éloge.
*Lavo, atum, āre*, ou *lavo, i, lautum* ou *lotum, ĕre*, laver, se laver.
*Lectus, i, m.*, lit.
*Legatio, onis, f.*, légation, députation, ambassade.
*Legatus, i, m.*, légat, envoyé.
*Legendus, a, um*, de *lego*, à lire, digne d'être lu.
*Legislator, oris, m.*, législateur.
*Lego, i, lectum, ĕre*, lire, choisir.
*Lenis, e*, doux (au toucher, de caractère), indulgent.
*Lenitas, atis, f.*, douceur.
*Lentulus, i, m.*, Lentulus.
*Leo, onis, m.*, lion.
*Lepus, ŏris, m.*, lièvre.
*Levis, e*, léger, insignifiant.
*Lex, legis, f.*, loi.
*Liber, era, erum*, libre.
*Liberalis, e*, libéral, généreux.
*Liberalitas, atis, f.*, libéralité, générosité, honnêteté.
*Liberāre*, délivrer, affranchir, acquitter.
*Liberator, oris, m.*, libérateur.
*Liberè*, librement; *liberiùs*, plus librement.
*Liberi, orum, m. pl.* enfants (de parents désignés).
*Libertas, atis, f.*, liberté.
*Libet, uit* ou *libĭtum est, ĕre*, impers., il plaît, il convient.
*Libido, inis, f.*, caprice, volonté arbitraire, dérèglement, passion, débauche.
*Libidinosus, a, um*, licencieux, débauché.
*Lictor, oris, m.*, licteur, huissier, massier.
*Ligneus, a, um*, de bois.
*Lignum, i, n.*, bois.
*Lingua, æ, f.*, langue.
*Littus, ŏris, n.*, bord, rivage (de la mer).
*Locāre*, placer.
*Locuples, ētis* (3 g.), riche, opulent.
*Locupletāre*, enrichir.
*Locus, i, m.*, endroit, lieu, place; pl. *loci* et *loca*.
*Longè*, loin, longuement, beaucoup, de beaucoup.
*Longitudo, inis, f.*, longueur.
*Longus, a, um*, long.
*Loquor, locutus sum, i*, dép., parler.
*Lucellum, i, n.*, petit gain.
*Lucesco, ĕre*, commencer à luire, à faire jour.
*Lucrum, i, n.*, lucre, gain, profit.
*Luctus, ūs, m.*, affliction, douleur, chagrin, deuil.
*Lucus, i, m.*, bois, forêt; bois sacré.
*Ludus, i, m.*, jeu.
*Ludibrium, ii, n.*, moquerie, risée, jouet.
*Lugeo, luxi, luctum, ēre*, pleurer quelqu'un; s'affliger de.
*Lugŭbris, e*, lugubre, de deuil.
*Luna, æ, f.*, lune.
*Lupa, æ, f.*, louve.
*Lux, lucis, f.*, lumière, clarté; *primā luce*, au point du jour.
*Luxuria, æ, f.*, luxe, luxure, dérèglement.
*Lycomēdes, is, m.*, Lycomède.

*Lysis, ĭdis, m.*, Lysis, maître d'Épaminondas.

## M

*Macedonia, æ, f.*, Macédoine.
*Magis*, plus, davantage.
*Magister, tri, m.*, maître, précepteur.
*Magistra, æ, f.*, maîtresse.
*Magnificus, a, um*, magnifique.
*Magnitudo, inis, f.*, grandeur, étendue.
*Magnus, a, um*, grand.
*Magus, i, m.*, mage.
*Majestas, atis, f.*, majesté.
*Maledictum, i, n.*, parole injurieuse, injure.
*Maleficium, ii, n.*, mauvaise action, méfait, forfait.
*Malo, ui, malle*, aimer mieux, préférer.
*Malum, i, n.*, le mal.
*Malus, a, um*, mauvais, méchant.
*Mamma, æ, f.*, mamelle, sein.
*Manāre*, découler, se répandre.
*Mandatum, i, n.*, mandat, ordre.
*Mane*, de grand matin, matin.
*Maneo, mansi, mansum, ēre*, rester, demeurer.
*Mantinea, æ, f.*, Mantinée, ville d'Arcadie.
*Manus, ūs, f.*, main, petite troupe.
*Maritus, i, m.*, mari.
*Marmor, ŏris, n.*, marbre.
*Mas, măris, m.*, mâle.
*Mater, tris, f.*, mère.
*Materia, æ, f.*, matière, moyen, occasion.
*Matrimonium, ii, n.*, mariage.
*Matrona, æ, f.*, dame, matrone.
*Medicamentum, i, n.*, médicament, remède.
*Medicus, i, m.*, médecin.

*Medius, a, um*, situé au milieu, mitoyen.
*Megarenses, ium, m. pl.*, habitants de Mégare.
*Melius*, mieux.
*Memor, ŏris* (3 g.), se souvenant de.
*Memorabilis, e*, mémorable.
*Memoria, æ, f.*, mémoire, souvenir.
*Mendacium, ii, n.*, mensonge.
*Mendax, ācis* (3 g.), menteur, mensonger.
*Mendicus, i, m.*, mendiant.
*Mens, mentis, f.*, esprit, intelligence, intention.
*Mensa, æ, f.*, table.
*Mensis, is, m.*, mois.
*Mentio, onis, f.*, mention.
*Mentior, ītus sum, īri*, dép., mentir.
*Mercator, ōris, m.*, marchand.
*Merĕor, ĭtus sum, ēri*, dép., mériter.
*Meritò*, justement, avec raison.
*Met*, particule qui se joint aux pronoms personnels; même.
*Metor, atus sum, āri*, dép., tracer, mesurer.
*Metuo, i, ĕre*, craindre, redouter.
*Metus, ūs, m.*, crainte, peur, anxiété.
*Meus, a, um*, mon, ma; le mien, la mienne.
*Miles, itis, m.*, soldat.
*Militaris, e*, militaire, guerrier.
*Mille*, pl. *millia*, mille.
*Miltiades, is, m.*, Miltiade.
*Minæ, arum, f. pl.*, menaces.
*Minaciter*, d'une manière menaçante.
*Minax, ācis* (3 g.), menaçant.
*Minimè*, nullement, point du tout.

*Minister, tri, m.*, serviteur, ministre.
*Ministerium, ii, n.*, ministère, service, charge.
*Minor*, comp. de *parvus*, moindre, plus petit ; le cadet, le jeune (en parlant de deux frères).
*Minotaurus, i, m.*, Minotaure, monstre.
*Minùs*, moins.
*Miror, atus sum, āri, dép.*, admirer.
*Mirus, a, um*, merveilleux, surprenant.
*Miser, ĕra, ĕrum*, misérable, malheureux.
*Miserabilis, e*, misérable, malheureux.
*Miserè*, misérablement.
*Misercor, miserĭtus* ou *misertus sum, ēri, dép.*, avoir pitié de.
*Miseria, æ, f.*, misère, souffrance.
*Misericordia, æ, f.*, compassion, pitié.
*Mitis, e*, doux, calme, paisible, indulgent.
*Mitto, misi, missum, ĕre*, envoyer, jeter, lancer.
*Moderatio, onis, f.*, modération, discrétion.
*Moderatus, a, um*, modéré.
*Modestus, a, um*, modeste.
*Modicus, a, um*, modique, modéré.
*Modius, ii, m.*, boisseau.
*Modus, i, m.*, mode, manière, mesure.
*Mœnia, ium, n. pl.*, murailles, remparts.
*Mœror, oris, m.*, douleur profonde, chagrin.
*Mœstitia, æ, f.*, tristesse, affliction.

*Molestia, æ, f.*, ennui, inquiétude, embarras, incommodité.
*Mollesco, ĕre*, s'amollir, s'énerver.
*Mollis, e*, mou, souple.
*Momentum, i, n.*, moment.
*Mons, montis, m.*, mont.
*Monstrāre*, montrer, enseigner.
*Monstrum, i, n.*, monstre.
*Monumentum, i, n.*, monument.
*Mora, æ, f.*, délai, retard.
*Morbus, i, m.*, maladie.
*Moribundus, a, um*, moribond.
*Morior, mortuus sum, i, dép.*, mourir.
*Morositas, atis, f.*, morosité, humeur chagrine.
*Morosus, a, um*, morose, chagrin.
*Mortalis, e*, mortel.
*Mortuus, a, um*, mort.
*Mos, moris, m.*, usage ; pl. *mores*, mœurs.
*Motus, ūs, m.*, mouvement, agitation, émeute, trouble ; *motus terræ*, tremblement de terre.
*Moveo, i, motum, ēre*, mouvoir, mettre en mouvement, émouvoir.
*Mugio, īvi, ītum, īre*, mugir.
*Mulctare*, v. *multare*.
*Muliebriter*, en femme, lâchement.
*Mulier, ĕris, f.*, femme.
*Multāre, mulctāre*, condamner (à une amende) ; punir (par un jugement) ; *multare morte*, punir de mort.
*Multitūdo, inis, f.*, multitude.
*Multò*, beaucoup, de beaucoup.
*Multus, a, um*, beaucoup.
*Munditia, æ, f.*, propreté.
*Mundus, i, m.*, monde.
*Muneror, atus sum, āri, dép.*, récompenser.

*Munimentum, i, n.,* rempart. fortification.
*Munus, ĕris, n.,* don, présent; charge, office, fonction.
*Murus, i, m.,* mur, rempart.
*Musa, æ, f.,* muse.
*Mutabilis, e,* changeant, variable, inconstant.
*Mutāre,* changer, modifier.
*Mutatio, onis, f.,* changement.
*Mutilāre,* mutiler.
*Mutus, a, um,* muet.

## N

*Nam,* car, en effet.
*Namque,* en effet, car.
*Narrāre,* raconter, narrer.
*Narratio, onis, f.,* conte, récit, histoire, narration.
*Nasus, i, m.,* nez.
*Natus, i, m.,* né, descendant, fils.
*Natus, a, um,* né; âgé de.
*Nauta, æ, m.,* matelot.
*Navis, is, f.,* navire, vaisseau.
*Ne,* de peur que ne, ne pas; est-ce que?
*Neapŏlis, is, f.,* Ville-Neuve, quartier de Syracuse.
*Nec,* v. *neque.*
*Necāre,* tuer, faire mourir.
*Necessarius, a, um,* nécessaire.
*Nefas, n. indécl.,* crime, faute.
*Negligens, entis* (3 g.), négligent.
*Negotium, ii, n.,* affaire.
*Negotiosus, a, um,* occupé, actif.
*Nemo, inis, m.,* personne, nul, aucun.
*Nemus, oris, n.,* bois, forêt, bocage.
*Nepos, ōtis, m.,* petit-fils, neveu.
*Neque* ou *nec,* et non; *neque—neque* ou *nec—nec,* ni—ni; *necne,* ou non.

*Nero, ōnis, m.,* Néron, empereur romain.
*Neuter, tra, trum,* ni l'un ni l'autre; aucun des deux.
*Nex, necis, f.,* mort (violente).
*Niger, gra, grum,* noir.
*Nihil, indécl.,* rien.
*Nimbus, i, m.,* ondée, nuage épais, nuée; cercle lumineux.
*Nimis* et *nimium,* trop.
*Nimius, a, um,* excessif, trop grand.
*Nisi,* si — ne pas; si ce n'est; excepté.
*Nisus, ūs, m.,* effort.
*Nix, nivis, f.,* neige.
*Noachus, i, m.,* Noé, patriarche.
*Nobilis, e,* noble, célèbre, illustre.
*Nobilitas, atis, f.,* noblesse; les nobles.
*Nocĕo, ui, itum, ĕre,* nuire.
*Nocturnus, a, um,* nocturne, de nuit.
*Nodus, i, m.,* nœud, lien.
*Nolo, ui, nolle,* ne vouloir pas.
*Nomen, inis, n.,* nom.
*Nomināre,* nommer, appeler.
*Non,* non, ne pas; *non solum—sed etiam,* non-seulement—mais encore.
*Nonnullus, a, um,* quelque.
*Nosco, novi, notum, ĕre,* prendre connaissance de; connaître; *novi,* je connais.
*Noster, tra, trum,* notre; le nôtre, la nôtre.
*Notus, a, um,* connu.
*Novitas, atis, f.,* nouveauté.
*Novus, a, um,* neuf, nouveau.
*Nox, noctis, f.,* nuit; *nocte,* pendant la nuit.
*Noxius, a, um,* nuisible.
*Nudāre,* mettre à nu, dépouiller.
*Nullus, a, um,* nul, aucun.

*Nùm*, si; est-ce que?
*Numerāre*, compter.
*Numĕrus, i, m.*, nombre.
*Numĭtor, oris, m.*, Numitor, père de Romulus.
*Nummus, i, m.*, argent (monnayé); *presentes nummi*, argent comptant.
*Nunc*, maintenant.
*Nunquàm*, jamais, ne—jamais.
*Nuntiāre*, annoncer.
*Nuntius, ii, m.*, messager; nouvelle.
*Nuptiæ, arum, f. pl.*, noces, mariage.

## O

*Ob*, prép. gouv. l'*acc.*, à cause de; devant.
*Obdormisco, ĕre*, s'endormir.
*Obēdio, ĭvi* ou *ii, ītum, īre*, obéir.
*Oblivio, onis, f.*, oubli.
*Obliviscor, lĭtus sum, i*, dép., oublier.
*Obscuratio, onis, f.*, obscurité; éclipse.
*Obscurus, a, um*, obscur.
*Obsecrāre*, supplier.
*Obses, sĭdis, m.*, otage.
*Obsideo, sedi, sessum, ĕre*, assiéger.
*Obstinatus, a, um*, obstiné, insurmontable, résolu.
*Obtruncāre*, tailler, couper, égorger, tuer.
*Obtundo, tūdi, tūsum, ĕre*, amortir, étourdir, fatiguer.
*Occasio, onis, f.*, occasion.
*Occīdo, i, cisum, ĕre*, tuer.
*Occultāre*, cacher, tenir secret.
*Occupāre*, occuper, envahir, s'emparer de.
*Oceănus, i, m.*, Océan.
*Octo*, huit.

*Octogesimus, a, um*, le quatre-vingtième.
*Oculus, i, m.*, œil.
*Odi, isse*, haïr.
*Odium, ii, n.*, haine.
*Odor, oris, m.*, odeur.
*Oeconomĭcus, a, um*, économique, ce qui concerne l'économie.
*Offendo, i, sum, ĕre*, offenser.
*Offero, obtŭli, oblatum, ferre*, offrir, présenter; causer.
*Officium, ii, n.*, devoir.
*Oleum, ii, n.*, huile.
*Olim*, autrefois, anciennement.
*Olla, æ, f.*, marmite.
*Olympius, a, um*, olympique, d'Olympe.
*Omitto, misi, missum, ĕre*, omettre, quitter, abandonner.
*Omnĭno*, entièrement, tout à fait.
*Omnis, e*, tout, chaque, chacun.
*Onus, ĕris, n.*, fardeau.
*Onustus, a, um*, chargé, accablé.
*Opĕra, æ, f.*, travail, peine, occupation, soin.
*Operio, ui, rtum, īre*, couvrir, cacher, accabler.
*Opes, um, f. pl.*, puissance, richesses.
*Opinio, onis, f.*, opinion.
*Opiparè*, somptueusement.
*Opitulor, atus sum, āri*, dép., aider, secourir.
*Opperior, pertus sum, īri*, dép., attendre.
*Oppĭdum, i, n.*, ville, petite ville; place forte.
*Opportunè*, à propos, à point, justement.
*Opprobrium, ii, n.*, opprobre, honte, déshonneur.
*Oppugnāre*, attaquer, assiéger.
*Optāre*, souhaiter, désirer.

*Optimātes, um, m. pl.*, les grands, les nobles.
*Opulens, entis* (3 g.), opulent, riche.
*Opus, ĕris, n.*, œuvre, ouvrage, travail ; *opus est*, il est besoin, il faut.
*Oraculum, i, n.*, oracle.
*Oratio, onis, f.*, discours.
*Orator, oris, m.*, orateur.
*Orbis, is, m.*, cercle, pays, région, univers ; *orbis terrarum*, univers.
*Orbus, a, um*, privé, orphelin ; *orbum facere*, priver.
*Orcus, i, m.*, enfer, les enfers.
*Ordo, inis, m.*, ordre, rang, arrangement.
*Orīgo, ĭnĭs, f.*, origine, naissance.
*Orĭor, ortus sum, īri, dép.*, naître, s'élever, surgir.
*Ornamentum, i, n.*, ornement, parure.
*Ornāre*, orner, parer.
*Ornatus, ūs, m.*, ornement, parure, toilette.
*Ortus, ūs, m.*, origine ; lever (du soleil).
*Ortus, a, um*, de *orior*, issu, levé, né.
*Os, ōris, n.*, bouche, visage ; *in os*, en face.
*Os, ossis, n.*, os.
*Osculum, i, n.*, le baiser.
*Osculor, atus sum, āri, dép.*, baiser, embrasser.
*Ostium, ii, n.*, porte, embouchure, détroit.
*Otiosus, a, um*, oisif.
*Otium, ii, n.*, oisiveté, loisir.
*Ovis, is, f.*, brebis.

## P

*Pabulor, atus sum, āri, dép.*, fourrager.
*Paciscor, pactus sum, i, dép.*, traiter, convenir, faire un accord.
*Pænè*, v. *penè*.
*Palàm*, prép. gouv. l'*abl.*, en présence de.
*Palatium, ii, n.*, mont Palatin ; palais.
*Palpĕbra, æ, f.*, paupière.
*Paludamentum, i, n.*, manteau de guerre.
*Palus, i, m.*, poteau.
*Palus, ūdis, f.*, marais.
*Pannosus, a, um*, déguenillé.
*Par, păris* (3 g.), égal, pareil, semblable ; juste, en état ; *par est*, il est juste.
*Parāre*, préparer, s'apprêter, procurer, acquérir.
*Paratus, a, um*, prêt, disposé.
*Parcimonia, æ, f.*, parcimonie, économie.
*Parco, peperci, parcĭtum et parsum, ĕre alicui*, épargner quelqu'un.
*Parens, entis, m. et f.*, parent, père, mère ; pl., *parentes*, les parents.
*Parricīda, æ, m.*, parricide.
*Pars, partis, f.*, part, partie.
*Parvus, a, um*, petit.
*Passer, cris, m.*, moineau, passereau.
*Passus, ūs, m.*, le pas.
*Pastor, oris, m.*, pâtre, pasteur, berger.
*Patefacio, feci, factum, ĕre*, ouvrir, élargir, découvrir.
*Patĕo, ui, ĕre*, être ouvert, s'étendre ; être clair ou évident.
*Pater, tris, m.*, père.
*Patiens, entis* (3 g.), patient, persévérant.
*Patientia, æ, f.*, patience.
*Patior, passus sum, i, dép.*,

souffrir, supporter, tolérer.
*Patria, æ, f.*, patrie.
*Patricius, i, m.*, patricien.
*Patruus, i, m.*, oncle paternel.
*Paucus, a, um*, peu.
*Paulò*, peu ; *paulò antè*, peu auparavant.
*Paululùm*, un peu, tant soit peu.
*Paulus, i, m.*, Paul.
*Pauper, ĕris* (3 g.), pauvre, indigent.
*Paupertas, atis, f.*, pauvreté.
*Pausanias, æ, m.*, Pausanias.
*Pavidus, a, um*, timide, peureux.
*Pax, pacis, f.*, paix.
*Peccare*, pécher.
*Peccatum, i, n.*, faute, délit, crime.
*Pecto, pexi* ou *pexui, pexum* ou *pectitum, ĕre*, peigner.
*Pecunia, æ, f.*, argent (monnaie).
*Pecus, ŏris, n.*, troupeau, bétail.
*Peloponnesii, orum, m. pl.*, Péloponésiens, habitants du Péloponèse.
*Pendĕo, pependi, ĕre*, pendre, dépendre, hésiter.
*Penè*, presque.
*Penès*, prép. gouv. l'*acc.*, au pouvoir de, en la possession de.
*Penetrāre*, pénétrer.
*Penna, æ, f.*, plume.
*Per*, prép. gouv. l'*acc.*, par, au travers de, pendant.
*Peramplus, a, um*, fort ample, fort grand.
*Percussor, oris, m.*, meurtrier, assassin.
*Percutio, cussi, cussum, ĕre*, frapper, battre, renverser, tuer.
*Perdo, dĭdi, dĭtum, ĕre*, perdre, ruiner, gâter, corrompre.
*Perduco, duxi, ductum, ĕre*, conduire, entraîner.

*Peregrīnus, a, um*, étranger.
*Perennis, e*, intarissable, continuel.
*Pereo, ii, ĭtum, ĭre*, périr, être perdu, se perdre.
*Perfectus, a, um*, parfait.
*Perfero, tŭli, latum, ferre*, porter, apporter, supporter.
*Perficio, feci, fectum, ĕre*, exécuter, terminer, accomplir.
*Perfidia, æ, f.*, perfidie.
*Perfidus, a, um*, perfide.
*Perfugio, i, ĭtum, ĕre*, se réfugier.
*Perfugium, ii, n.*, refuge, abri.
*Pergo, perrexi, perrectum, ĕre*, continuer.
*Pericles, is, m.*, Périclès.
*Periculosus, a, um*, dangereux, périlleux.
*Periculum, i, n.*, péril, danger.
*Peritus, a, um*, expérimenté, habile.
*Perlustrāre*, parcourir, examiner.
*Permaneo, mansi, mansum, ĕre*, durer, persévérer.
*Permitto, misi, missum, ĕre*, envoyer à travers, lancer ; permettre, accorder, confier.
*Perniciosus, a, um*, pernicieux, funeste.
*Peropportunè*, fort à propos.
*Perpello, pŭli, pulsum, ĕre*, exciter, pousser, persuader.
*Perpetuò*, toujours, constamment.
*Perpetuus, a, um*, perpétuel, continuel ; *in perpetuum*, pour toujours.
*Persa, æ, m.*, le Perse, Persan.
*Persequor, secutus sum, i*, dép., poursuivre, persécuter.
*Persuadeo, si, sum, ĕre*, persuader.

*Perturbatio, onis, f.*, confusion, désordre.
*Perutilis, e*, très-utile.
*Pervado, vasi, vasum, ĕre*, pénétrer jusqu'à, se répandre.
*Pes, pedis, m.*, pied.
*Pessimus, a, um*, superl. de *malus*, le plus mauvais; détestable.
*Pestis, is, f.*, peste, malheur, désastre.
*Peto, īvi* ou *ii, ītum, ĕre*, gagner, atteindre (un endroit), poursuivre; désirer, demander.
*Philosophia, æ, f.*, philosophie.
*Philosŏphus, i, m.*, philosophe.
*Phocion, onis, m.*, Phocion, illustre citoyen d'Athènes.
*Pictas, atis, f.*, piété; piété filiale.
*Piger, gra, grum*, paresseux.
*Pignus, ŏris, n.*, gage, témoignage.
*Pigritia, æ, f.*, paresse.
*Pileus, i, m.*, chapeau.
*Pinguis, e*, gras.
*Piscis, is, m.*, poisson.
*Pius, a, um*, pieux.
*Placeo, ui, ĭtum, ēre*, plaire, être agréable; *placet*, impers., il plaît, il convient.
*Placidē*, tranquillement.
*Planctus, ūs, m.*, gémissement, lamentations.
*Planities, ēi, f.*, plaine.
*Planta, æ, f.*, plante.
*Plantāre*, planter.
*Platēa, æ, f.*, grande rue, place publique.
*Plato, onis, m.*, Platon.
*Plebs, plebis, f.*, le peuple, le bas peuple.
*Plenus, a, um*, plein.
*Plerique, pleræque, pleraque*, adj. pl., la plupart.
*Plerumquĕ*, ordinairement, le plus souvent.
*Pluto, onis, m.*, Pluton, roi des enfers.
*Pluvia, æ, f.*, pluie.
*Pœna, æ, f.*, peine, punition.
*Poēta, æ, m.*, poëte.
*Polleo, ēre*, avoir du pouvoir, être puissant.
*Pondus, ĕris, n.*, poids, quantité.
*Pone*, prép. gouv. l'*acc.*, derrière, par derrière.
*Pono, posui, posĭtum, ĕre*, poser, placer, mettre.
*Pons, pontis, m.*, pont.
*Populatio, onis, f.*, dégât, ravage.
*Populus, i, m.*, peuple.
*Populus, i, f.*, peuplier.
*Porrò*, devant soi, plus loin, davantage.
*Porta, æ, f.*, porte (de ville, de maison).
*Portāre*, porter, transporter.
*Portus, ūs, m.*, port (de mer).
*Possessor, oris, m.*, possesseur.
*Possum, potui, posse*, pouvoir.
*Post*, prép. gouv. l'*acc.*, après, derrière, depuis.
*Post*, adv., après; *paulo post*, peu après.
*Posteā*, adv., après.
*Posterus, a, um*, suivant; *in posterum*, à l'avenir, désormais; *posteri, orum*, m. pl., les descendants.
*Postpono, posui, posĭtum, ĕre*, placer après, mettre au-dessous de, estimer moins.
*Postquàm*, après que.
*Postremò*, enfin, à la fin.
*Postremùm*, enfin, pour la dernière fois.
*Postulāre*, demander, réclamer, exiger.

*Potens, entis* (3 g.), puissant.
*Potentia, æ, f.*, pouvoir, puissance.
*Potestas, atis, f.*, pouvoir, puissance, autorité.
*Potus, ûs, m.*, boisson, breuvage.
*Præ*, prép. gouv. l'*abl.*, devant, à cause de, en comparaison de.
*Præbeo, ui, ĭtum, ēre*, fournir, donner, présenter.
*Præcelsus, a, um*, fort haut, fort élevé.
*Præceptor, oris, m.*, précepteur, maître.
*Præceptum, i, n.*, précepte, commandement.
*Præcīdo, i, cīsum, ĕre*, couper, rogner, trancher.
*Præcipitāre*, précipiter.
*Præcipuè*, principalement, surtout, particulièrement.
*Præcipuus, a, um*, particulier, remarquable, excellent; *res præcipua*, préférence.
*Præclarus, a, um*, glorieux, illustre, remarquable, distingué.
*Præda, æ, f.*, proie, butin.
*Prædicāre*, vanter, louer.
*Prædico, dixi, dictum, ĕre*, prédire, déclamer.
*Prædictum, i, n.*, prédiction, prophétie.
*Prædo, onis, m.*, brigand, voleur, pirate.
*Præfero, tŭli, latum, ferre*, porter devant, préférer.
*Prælium* ou *prœlium, ii, n.*, combat, bataille; *committere prælium*, engager le combat.
*Præmium, ii, n.*, récompense.
*Præmitto, misi, missum, ĕre*, envoyer d'avance.
*Præpedio, īvi, ĭtum, īre*, empêcher, embarrasser, enchaîner.
*Præpolleo, ēre*, être très-puissant.
*Præpono, posui, posĭtum, ĕre*, préposer, préférer.
*Præsens, entis* (3 g.); actuel, présent, prêt.
*Præsidium, ii, n.*, garnison, secours, troupes.
*Præstans, antis* (3 g.), supérieur, excellent, distingué, remarquable.
*Præsto, stĭti, stătum* ou *stĭtum, āre*, se tenir devant; surpasser, exceller; exécuter; remplir, faire; offrir, rendre (un service).
*Præsum, fui, esse*, présider, commander.
*Præter*, prép. gouv. l'*acc.*, au delà de, le long de.
*Præterea*, outre cela, de plus, ensuite.
*Præterĭtus, a, um*, part. de *prætereo*, écoulé, passé.
*Prætextus, ûs, m.*, prétexte.
*Prætor, oris, m.*, préteur, gouverneur.
*Prætura, æ, f.*, préture, commandement.
*Prævaleo, ui, ēre re* (abl.), prévaloir sur une chose.
*Pratum, i, n.*, pré, prairie.
*Pravus, a, um*, dépravé, pervers, méchant.
*Precor, atus sum, āri*, dép., prier, supplier, implorer.
*Prex*, (nom. inus.), *precis, f.*, prière.
*Primò*, d'abord, au commencement.
*Primores, um, m. pl.*, les premiers, les principaux.
*Primùm*, premièrement, d'abord.

*Primus, a, um,* premier.
*Principium, ii, n.,* principe, commencement.
*Priscus, a, um,* ancien, vieux.
*Pristinus, a, um,* ancien, précédent, d'autrefois, primitif.
*Privatim,* particulièrement.
*Privatus, a, um,* privé, particulier.
*Pro,* prép. gouv. l'abl., devant, pour, selon.
*Probatus, a, um,* agréable, approuvé, estimé.
*Probè,* fort bien, parfaitement.
*Proboscis, ĭdis, f.,* trompe.
*Probus, a, um,* probe, honnête.
*Procedo, cessi, cessum, ĕre,* s'avancer, paraître.
*Proceritas, atis, f.,* longueur, hauteur.
*Procul,* loin, de loin.
*Procumbo, cŭbui, cubĭtum, ĕre,* pencher, se coucher, se jeter.
*Procustes, æ, m.,* Procuste, brigand de l'Attique.
*Prodigalitas, atis, f.,* prodigalité.
*Prodĭgus, a, um,* prodigue.
*Proditio, onis, f.,* trahison.
*Proditor, oris, m.,* traître.
*Prodo, dĭdi, dĭtum, ĕre,* trahir.
*Produco, duxi, ductum, ĕre,* produire, présenter.
*Prœlium, v. prælium.*
*Proh dolor!* O douleur! malheureusement!
*Prohibeo, ui, ĭtum, ĕre,* empêcher, défendre.
*Profanus, a, um,* profane, vulgaire.
*Proficiscor, fectus sum, i, dép.,* partir.
*Profluo, uxi, ĕre,* couler abondamment, découler, s'écouler.
*Profugio, i, ĭtum, ĕre,* s'enfuir.

*Profŭgus, a, um,* fugitif.
*Profundus, a, um,* profond.
*Progredior, gressus sum, i, dép.,* aller en avant, marcher.
*Promissum, i, n.,* promesse.
*Promitto, misi, missum, ĕre,* promettre.
*Promoveo, movi, motum, ĕre,* pousser en avant, avancer.
*Pronuntiăre,* prononcer, déclarer, dire.
*Pronus, a, um,* porté à, prompt à.
*Prope,* prép. gouv. l'acc., près de; *propè,* adv., presque, près.
*Propediem,* au premier jour; dans peu.
*Propello, pŭli, pulsum, ĕre,* pousser en avant, chasser devant soi.
*Propensus, a, um,* enclin, porté à.
*Propinquus, i, m.,* proche, parent.
*Propitius, a, um,* propice, favorable.
*Propono, posui, posĭtum, ĕre,* mettre devant, offrir, proposer.
*Propositum, i, n.,* projet, résolution.
*Propter,* prép. gouv. l'acc., tout près de, à côté de; à cause de, par.
*Proptereà,* pour cela, à cause de cela.
*Prorsùs,* absolument, tout à fait, entièrement.
*Proserpina, æ, f.,* Proserpine, déesse des enfers.
*Prosper, era, erum,* prospère, heureux.
*Proverbium, ii, n.,* proverbe; *abire in proverbium,* passer en proverbe.
*Provolăre,* voler dehors, s'élancer.

*Prudens, entis* (3 g.), prudent, sage.
*Prudentia, æ, f.*, prudence, sagesse.
*Publicè*, publiquement, en public.
*Publicus, a, um*, public.
*Puella, æ, f.*, fille, jeune fille.
*Puer, eri, m.*, enfant, jeune garçon; pl., *pueri, orum*, enfants (en général).
*Puerĭlis, e*, puéril, de l'enfance; *puerilis toga (æ, f.)*, robe d'enfant.
*Pueritia, æ, f.*, enfance.
*Pugna, æ, f.*, bataille, combat.
*Pugnāre*, combattre.
*Pulcher, chra, chrum*, beau (bien fait), joli.
*Pulchritudo, inis, f.*, beauté.
*Pullus, i, m.*, le petit (d'un animal).
*Pulsāre*, pousser, battre, frapper, agiter.
*Punïcus, a, um*, punique, Carthaginois.
*Punio, ivi, itum, ire*, punir, châtier.
*Purgāre*, nettoyer.
*Purus, a, um*, pur, propre.
*Putāre*, penser, croire.
*Pythagŏras, æ, m.*, Pythagore, célèbre philosophe.
*Pythagorĭcus, i, m.*, Pythagoricien, disciple de Pythagore.

## Q

*Quacunque*, de quelque côté que; partout où.
*Quadraginta*, quarante.
*Quæro, ivi, itum, ere*, chercher, demander, s'informer; *quærere ab* ou *ex aliquo*, demander à quelqu'un.
*Quæso, ivi, itum, ere*, prier, supplier; *quæso*, je vous prie, de grâce.
*Quæstio, onis, f.*, question, recherche, enquête.
*Quàm*, combien, que; autant que possible.
*Quandò*, quand, lorsque.
*Quanquàm* ou *quamquàm*, quoique.
*Quantò — tantò*, d'autant plus — que; plus — plus.
*Quantoperè*, combien, jusqu'à quel point.
*Quantùm*, combien.
*Quantus, a, um*, combien grand, que grand, quel.
*Quare*, c'est pourquoi.
*Quartus, a, um*, quatrième.
*Quasi*, comme, comme si.
*Quatuor*, quatre.
*Queror, questus sum, i*, dép., se plaindre.
*Qui, quæ, quod*, qui, quel, quelle; lequel, laquelle.
*Quia*, parce que.
*Quid?* quoi? pourquoi? *quid ita?* pourquoi cela?
*Quidem*, à la vérité, certes, assurément.
*Quies, etis, f.*, repos.
*Quiesco, evi, etum, ere*, reposer, être tranquille.
*Quin*, que ne; au contraire; *quin etiam*, bien plus, de plus, et même.
*Quinque*, cinq.
*Quintus, a, um*, cinquième.
*Quippè*, car, parce que, puisque.
*Quivis, quævis, quodvis*, quiconque, quelconque, tout homme, tout.
*Quòd*, parce que.
*Quomodo*, comment? de quelle manière; comme.

*Quondàm*, autrefois, un jour.
*Quoniàm*, parce que, puisque.
*Quoquè*, aussi, pareillement.
*Quotannis*, tous les ans.
*Quotidiè*, tous les jours, chaque jour, journellement.
*Quùm* ou *cùm*, quand, lorsque, quoique, comme.

## R

*Rapio, rapui, raptum, ĕre*, saisir, ravir, enlever.
*Rarò*, rarement.
*Rarus, a, um*, rare, peu commun, extraordinaire.
*Rastrum, i, n.*; pl., *i* et *a*, hoyau, bêche, râteau.
*Ratio, onis, f.*, raison, compte, conduite, motif, manière.
*Recens, entis* (3 g.), récent, nouveau, moderne.
*Recenseo, ui, sum* ou *sĭtum, ēre*, compter, passer en revue, examiner.
*Recipio, cepi, ceptum, ĕre*, reprendre, prendre, recevoir, admettre; *se recipere*, se retirer.
*Recreatio, onis, f.*, récréation, rétablissement.
*Rector, oris, m.*, directeur, gouverneur.
*Rectus, a, um*, droit, juste, convenable, honnête.
*Recuperāre*, recouvrer, reconquérir.
*Recusāre*, refuser, repousser.
*Redamāre*, rendre amour pour amour.
*Redditus, ûs, m.*, revenu, rapport, produit.
*Reddo, dĭdi, dĭtum, ĕre*, rendre, faire, rapporter, expliquer, restituer.

*Redigo, ēgi, actum, ĕre*, ramener, réduire.
*Redimo, emi, emptum, ĕre*, racheter.
*Redintegrāre*, renouveler.
*Reditus, ûs, m.*, retour.
*Reduco, duxi, ductum, ĕre*, retirer, ramener, reconduire.
*Refero, tŭli, latum, ferre*, reporter, remporter.
*Regalis, e*, royal.
*Regia, æ, f.*, palais.
*Regina, æ, f.*, reine.
*Regio, onis, f.*, région, contrée, pays.
*Regius, a, um*, royal.
*Regnum, i, n.*, règne, empire, royaume, royauté.
*Rego, rexi, rectum, ĕre*, régir, gouverner.
*Regulus, i, m.*, petit roi, roitelet.
*Religio, onis, f.*, religion, bonne foi, adoration, vénération, sainteté.
*Relinquo, lĭqui, lictum, ĕre*, quitter, abandonner.
*Reliquus, a, um*, restant, qui reste.
*Remitto, misi, missum, ĕre*, renvoyer.
*Removeo, movi, motum, ĕre*, éloigner, écarter.
*Renovāre*, renouveler, restaurer.
*Reparāre*, réparer, rétablir.
*Repello, pŭli, pulsum, ĕre*, repousser.
*Repentè*, soudainement, tout à coup.
*Reperio, i, ertum, ire*, trouver, découvrir, inventer, imaginer.
*Repetitio, onis, f.*, répétition.
*Repeto, ivi* ou *ii, itum, ĕre*, redemander, revendiquer.
*Repletus, a, um*, part. de *repleo* rempli.

16.

*Repono, posui, positum, ĕre*, remettre, replacer.
*Reportāre*, reporter, rapporter, remporter.
*Reprehendo, i, hensum, ĕre*, blâmer, reprendre.
*Repudiāre*, répudier, refuser, rejeter.
*Requīro, quisīvi, quisītum, ĕre*, rechercher, désirer, exiger.
*Res, ei, f.*, chose, affaire, événement ; biens.
*Resisto, stĭti, stĭtum, ĕre*, résister, s'arrêter.
*Respondeo, di, sum, ēre*, répondre, ressembler.
*Responsum, i, n.*, réponse.
*Respublica*, gén., *reipublicæ, f.*, république, gouvernement.
*Respuo, ui, ūtum, ĕre*, rejeter, repousser.
*Restaurāre*, rétablir.
*Restituo, ui, ūtum, ĕre*, restituer, rétablir, réintégrer, rendre.
*Reticeo, ui, ĕre*, dissimuler, ne pas divulguer, taire.
*Retineo, ui, tentum, ēre*, retenir, conserver.
*Retraho, traxi, tractum, ĕre*, retirer, ramener, arrêter.
*Reus, a, um*, prévenu, accusé.
*Reverā, re verā*, en effet, réellement.
*Revertor, versus sum, i*, dép., revenir, retourner.
*Revocāre*, rappeler.
*Rex, regis, m.*, roi.
*Rhenus, i, m.*, le Rhin.
*Rideo, risi, risum, ĕre*, rire, railler, se moquer.
*Rigāre*, arroser.
*Rima, æ, f.*, fente.
*Ripa, æ, f.*, rive.
*Ritus, ūs, m.*, rite, cérémonie, usage.

*Rogāre*, interroger, demander, prier.
*Rogus, i, m.*, bûcher (funèbre).
*Roma, æ, f.*, Rome.
*Romanus, a, um*, Romain.
*Rotundus, a, um*, rond.
*Ruber, bra, brum*, rouge.
*Rubor, oris, m.*, le rouge, la rougeur.
*Rudis, e*, rude, ignorant.
*Rufus, a, um*, roux.
*Ruina, æ, f.*, ruine ; *dăre ruïnis*, livrer aux ruines, changer en ruines.
*Rumpo, rupi, ruptum, ĕre*, rompre.
*Ruptor, oris, m.*, infracteur, violateur.
*Rus, ruris, n.*, campagne.

## S

*Sabini, orum, m. pl.*, les Sabins.
*Sacer, cra, crum*, sacré, consacré.
*Sacerdos, dotis, m. et f.*, prêtre, prêtresse.
*Sacra, orum, n. pl.*, sacrifices.
*Sacrāre*, consacrer, vouer, dédier.
*Sacrificium, ii, n.*, sacrifice.
*Sæpĕ*, souvent ; *sæpius*, plus souvent, plusieurs fois.
*Sævio, ii, itum, ire*, sévir.
*Sagitta, æ, f.*, flèche, trait.
*Sal, salis, m.*, sel.
*Salamis, inis, f.*, île de Salamine.
*Saltem*, du moins, au moins.
*Salūber (bris), bris, bre*, salutaire.
*Salutāre*, saluer, proclamer.
*Salutaris, e*, salutaire.
*Salveo, ēre*, être en bonne santé ; *salve*, portez-vous bien, je vous salue ! salut ! bonjour !

*Salvus, a, um*, sain, sain et sauf, sauvé, conservé.
*Sanctissimè*, très-religieusement.
*Sanctus, a, um*, saint.
*Sanè*, certes, assurément.
*Sanguis, inis, m.*, sang.
*Sanitas, ātis, f.*, santé.
*Sanus, a, um*, sain, bien portant.
*Sapiens, entis* (3 g.), sage, prudent.
*Sapientia, æ, f.*, sagesse.
*Sapo, onis, m.*, savon.
*Sartor, oris, m.*, tailleur.
*Satiāre*, rassasier, assouvir.
*Satio, onis, f.*, action de semer; semailles.
*Satis*, assez.
*Saxum, i, n.*, roche, pierre.
*Scamnum, i, n.*, banc.
*Sceleratus, a, um*, scélérat, criminel.
*Scelestus, a, um*, criminel, scélérat, impie.
*Scelus, ĕris, n.*, crime.
*Schola, æ, f.*, école.
*Scilicet*, en effet, savoir.
*Scio, scivi, scītum, īre*, savoir.
*Sciscitor, atus sum, āri*, dép., demander, interroger.
*Scriba, æ, m.*, secrétaire.
*Scribo, scripsi, scriptum, ĕre*, écrire.
*Scriptor, oris, m.*, écrivain, auteur.
*Scriptum, i, n.*, l'écrit.
*Scythæ, arum, m. pl.*, Scythes, habitants de la Scythie.
*Seco, secui, sectum, āre*, couper, diviser.
*Secretum, i, n.*, solitude, secret, mystère.
*Seculum, sæculum, i, n.*, siècle.
*Secundùm*, prép. gouv. l'acc., le long de, suivant, selon; après (en second lieu).
*Secundus, a, um*, second.
*Securis, is, f.*, hache.
*Secùs*, prép. gouv. l'acc., le long de; *secùs*, adv., autrement.
*Sed*, mais.
*Sedeo, sedi, sessum, ēre*, être assis, s'asseoir.
*Sedes, is, f.*, demeure, séjour, siége.
*Sedulus, a, um*, empressé, diligent, zélé.
*Semel*, une fois.
*Semper*, toujours.
*Sempiternus, a, um*, éternel, perpétuel.
*Senator, oris, m.*, sénateur.
*Seneca, æ, m.*, Sénèque.
*Senectus, ūtis, f.*, vieillesse.
*Senex, senis, m.*, vieillard.
*Sensim*, peu à peu, graduellement.
*Sensus, ūs, m.*, sens.
*Sententia, æ, f.*, sentiment, opinion, intention, sentence, pensée.
*Sentio, sensi, sensum, īre*, sentir, s'apercevoir, penser, juger.
*Separāre*, séparer.
*Sepelio, ivi* ou *ii, pultum, īre*, enterrer.
*Sepio* ou *sæpio, psi, ptum, īre*, garnir, enclore, entourer.
*Septem*, sept.
*September, bris, m.*, septembre.
*Sequor, secutus sum, i*, dép., suivre, poursuivre.
*Serenus, a, um*, serein.
*Serius, a, um*, sérieux, grave.
*Sermo, onis, m.*, parole, langage, discours, propos.

*Sero, sevi, satum, ĕre*, semer, planter.
*Serò*, tard.
*Servāre*, conserver, observer, garder.
*Servus, i, m.*, esclave.
*Severitas, atis, f.*, sévérité.
*Severus, a, um*, sévère.
*Sex*, six.
*Sexaginta*, soixante.
*Si*, si, quand même.
*Sic*, ainsi, de même.
*Sicilia, æ, f.*, Sicile.
*Siculus, i, m.*, Sicilien.
*Significatio, onis, f.*, signe, marque.
*Signum, i, n.*, signe, signal, enseigne, drapeau, statue.
*Sileo, ui, ēre*, se taire, être silencieux.
*Silva, æ, f.*, forêt.
*Similis, e*, semblable.
*Similitudo, inis, f.*, ressemblance, analogie, similitude.
*Simùl*, ensemble, à la fois; *simùl ac* ou *atque*, aussitôt que.
*Simulācrum, i, n.*, image, statue.
*Simulāre*, simuler, feindre.
*Sin*, mais si.
*Sincerus, a, um*, sincère.
*Sinĕ*, prép. gouv. l'*acc.*, sans.
*Singularis, e*, singulier, particulier, extraordinaire.
*Singulus, a, um*, chaque, chacun, un à un.
*Sinister, tra, trum*, gauche, sinistre.
*Sino, sīvi, sĭtum, ĕre*, laisser faire, laisser, permettre.
*Sisto, stiti, statum, ĕre*, retenir, arrêter, s'arrêter.
*Sitio, īvi, ītum, īre*, avoir soif, être altéré.
*Situs, a, um*, situé, placé.

*Sive—sive*, soit—soit; ou—ou.
*Smerdis, is, m.*, Smerdis, frère du roi Cambyse.
*Sobrius, a, um*, sobre, frugal.
*Societas, atis, f.*, société.
*Socius, ii, m.*, l'allié, compagnon, associé.
*Socrates, is, m.*, Socrate.
*Sodalis, is, m.*, camarade, ami.
*Sol, solis, m.*, soleil.
*Solemnis, e*, solennel.
*Solertia, æ, f.*, habileté, sagacité, pénétration.
*Solitudo, inis, f.*, solitude.
*Sollicitudo, inis, f.*, sollicitude, souci, inquiétude.
*Sollicitus, a, um*, vigilant, agité, inquiet, soucieux.
*Solo, onis, m.*, Solon.
*Sŏlum, i, n.*, sol, pays.
*Solùm*, seulement.
*Solus, a, um*, seul (sans compagnon).
*Solvo, i, solūtum, ĕre*, délier, délivrer, payer.
*Somnus, i, m.*, sommeil.
*Soror, oris, f.*, sœur.
*Sors, sortis, f.*, sort.
*Sortitio, onis, f.*, tirage au sort.
*Sospes, pĭtis* (3 g.), sain et sauf.
*Spatium, ii, n.*, espace.
*Species, ei, f.*, espèce, forme, apparence, aspect.
*Spectaculum, i, n.*, spectacle.
*Spectāre*, regarder.
*Spectator, oris, m.*, spectateur.
*Specus, ūs, m.*, caverne, grotte.
*Spelunca, æ, f.*, caverne, gouffre.
*Sperno, sprevi, spretum, ĕre*, mépriser.
*Spes, ei, f.*, espoir, attente.
*Splendidus, a, um*, splendide, brillant.

*Spoliāre*, spolier, dépouiller, ravir.
*Sponsa, æ, f.*, la fiancée.
*Sponsus, i, m.*, le fiancé.
*Sponte* (de *spons*, inus.), librement, de plein gré.
*Stabilis, e*, stable, solide.
*Statua, æ, f.*, statue.
*Statim*, aussitôt, sur-le-champ.
*Statuo, ui, ūtum, ěre*, placer, fixer, statuer, arrêter, décréter, décider; se décider à.
*Status, ūs, m.*, état, attitude, position, situation.
*Status, a, um*, part. de *sisto*, arrêté, déterminé.
*Stella, æ, f.*, étoile.
*Sterilis, e*, stérile.
*Stimulāre*, stimuler.
*Stipendium, ii, n.*, solde.
*Stirps, stirpis, f.* et rarement *m.*, race, famille.
*Sto, stěti, stătum, stāre*, se tenir debout, rester, subsister, se trouver.
*Stomachus, i, m.*, estomac.
*Stratus, a, um*, part. de *sterno*, pavé.
*Strenuus, a, um*, actif, infatigable, courageux.
*Stridor, oris, m.*, cri aigu.
*Stringo, nxi, ictum, ěre*, tirer, serrer.
*Struo, uxi, uctum, ěre*, construire; former (des projets).
*Struthiocamelus, i, m.*, l'autruche.
*Studeo, ui, ēre*, s'empresser, travailler à, étudier.
*Studiosus, a, um*, curieux, désireux, appliqué, studieux, laborieux, s'appliquant à.
*Studium, ii, n.*, étude, zèle, désir, bienveillance.
*Stultitia, æ, f.*, folie.
*Stultus, a, um*, insensé.
*Stupefacio, feci, factum, ěre*, rendre immobile de surprise.
*Stupefactus, a, um*, part. de *stupefacio*, stupéfait, étonné.
*Suadeo, suasi, suasum, ēre*, conseiller, persuader.
*Suavitas, atis, f.*, douceur, suavité, agrément.
*Sub*, prép. gouv. l'*acc.* (avec mouvement), et l'*abl.* (sans mouvement), sous, vers, pendant.
*Subindè*, ensuite, aussitôt après.
*Subito*, subitement.
*Subitus, a, um*, subit, soudain.
*Subjicio, jeci, jectum, ěre*, mettre dessous, substituer, suborner.
*Sublīmis, e*, sublime, haut, élevé.
*Submissus, a, um*, de *submitto*, bas, basse.
*Subrideo, si, sum, ēre*, sourire.
*Subter*, prép. gouv. l'*acc.* et l'*abl.*, au-dessous de, sous.
*Subveho, vexi, vectum, ěre*, transporter, voiturer.
*Succedo, cessi, cessum, ěre*, succéder.
*Successio, onis, f.*, succession.
*Successor, oris, m.*, successeur.
*Suecia, æ, f.*, Suède.
*Sum, fui, esse*, être.
*Summoperè*, extrêmement.
*Summus, a, um*, le plus haut, le plus élevé, supérieur, suprême; *summum bonum*, le bien suprême.
*Sumo, sumpsi, sumptum, ěre*, prendre, entreprendre, saisir, ravir.
*Sumptus, ūs, m.*, dépenses, frais.
*Super*, prép. gouv. l'*acc.* et

*l'abl.*, sur, au-dessus de, pendant.

*Superāre*, passer par-dessus, franchir ; surpasser.

*Superbio, ĭvi, ītum, īre*, s'enorgueillir de, être fier de.

*Superbus, a, um*, superbe, hautain, orgueilleux.

*Supereminens, entis*, part. de *supereminēre*, dépasser, surpasser.

*Superior, us*, comp. de *superus*, supérieur.

*Superstes, stĭtis* (3 g.), survivant, qui survit, qui subsiste.

*Superstitio, onis, f.*, superstition.

*Supersum, fui, esse*, rester, survivre.

*Supervacuus, a, um*, superflu.

*Supervenio, i, ventum, ire*, survenir, arriver.

*Supplicium, ii, n.*, supplice, châtiment.

*Supra*, prép. gouv. *l'acc.*, au-dessus de ; plus de.

*Suprà*, adv., dessus, ci-dessus.

*Surdus, a, um*, sourd.

*Surgo, surrexi, surrectum, ĕre*, se lever.

*Suscipio, cepi, ceptum, ĕre*, entreprendre, se charger de.

*Suspectus, a, um*, part. de *suscipio*, suspect, soupçonné.

*Suspendo, i, sum, ĕre*, suspendre.

*Sutor, oris, m.*, cordonnier.

*Suus, a, um*, son, sa ; le sien, la sienne.

*Syracusæ, arum, f. pl.*, Syracuse, ville de Sicile.

## T

*Taberna, æ, f.*, boutique.

*Taceo, ui, ĭtum, ēre*, taire, se taire.

*Tacitè*, tacitement, en secret.

*Tacitus, a, um*, part. de *taceo*, secret, caché.

*Talis, e*, tel ; *talis—qualis*, tel—que.

*Tam*, aussi, si, tellement ; *tam—quam*, aussi—que.

*Tamen*, cependant, néanmoins, pourtant.

*Tandem*, enfin.

*Tango, tetĭgi, tactum, ĕre*, toucher.

*Tanquam*, comme, comme si.

*Tantò, tantopèrè*, tant, autant.

*Tantùm*, seulement ; tant, autant, tellement.

*Tantus, a, um*, si grand, aussi grand ; *tantus—quantus*, aussi grand—que.

*Tarentinus, i, m.*, Tarentin, de Tarente.

*Taurus, i, m.*, taureau.

*Tectum, i, n.*, toit, maison.

*Telum, i, n.*, trait, javelot, flèche.

*Temerè*, témérairement, au hasard.

*Temperantia, æ, f.*, tempérance, modération.

*Tempestas, atis, f.*, saison, température, tempête.

*Templum, i, n.*, temple.

*Tempus, ŏris, n.*, temps.

*Tendo, tetendi, tentum (tensum), ĕre*, tendre, s'étendre, se diriger vers.

*Teneo, ui, tentum, ēre*, tenir, retenir, obtenir, occuper, garder.

*Tener, ĕra, ĕrum*, tendre, jeune.

*Tenùs*, prép. gouv. *l'abl.*, jusqu'à.

*Ter*, trois fois.

*Tergum, i, n.*, dos ; *post tergum*, par derrière, derrière soi.

*Terni, æ, a, pl.*, trois à la fois; trois à trois; par trois.
*Tero, trivi, tritum, ĕre*, écraser, broyer; employer (le temps).
*Terra, æ, f.*, terre.
*Terreo, ui, ĭtum, ēre*, effrayer, épouvanter.
*Terror, oris, m.*, terreur.
*Tertiùm*, pour la troisième fois.
*Tertius, a, um*, troisième.
*Testimonium, ii, n.*, témoignage, preuve.
*Testis, is, m.*, témoin.
*Theatrum, i, n.*, théâtre.
*Theseus, i, m.*, Thésée, fils d'Égée et roi d'Athènes.
*Tiberis, is, m.*, ou *Tiberinus, i, m.*, le Tibre.
*Tigris, is et idis, m. et f.*, tigre.
*Timeo, ui, ēre*, craindre, avoir peur.
*Timidus, a, um*, timide.
*Tolerāre*, tolérer, supporter.
*Tollo, sustŭli, sublatum, ĕre*, lever, enlever, ôter, emporter.
*Tonitru, tru, n.*, tonnerre.
*Torpesco, ĕre*, s'engourdir.
*Totidem*, adj. pl. indécl., autant.
*Totus, a, um*, tout, tout entier.
*Tractāre*, tirer, traiter.
*Trado, dĭdi, dĭtum, ĕre*, livrer, rendre, rapporter.
*Traho, traxi, tractum, ĕre*, traîner, tirer.
*Tranquillĭtas, atis, f.*, tranquillité.
*Tranquillus, a, um*, calme, tranquille.
*Trans*, prép. gouv. l'*acc.*, au delà de; de l'autre côté de.
*Transeo, ii, ĭtum, ĭre*, traverser, passer.
*Transfero, tŭli, latum, ferre*, transférer, transporter.
*Transfĭgo, fixi, fixum, ĕre*, transpercer, percer.
*Transfŭga, æ, m.*, transfuge.
*Transilio, ui, ĭvi* ou *ii, sultum, īre*, sauter par-dessus, franchir.
*Tribunal, alis, n.*, tribunal.
*Tribuo, ui, ūtum, ĕre*, accorder.
*Tributum, i, n.*, tribut, impôt, contribution.
*Triennium, ii, n.*, espace de trois ans.
*Trigeminus, a, um*, triple; *trigemini fratres*, trois frères jumeaux.
*Triginta*, trente.
*Triptolemus, i, m.*, Triptolème, inventeur de l'agriculture.
*Tristis, e*, triste.
*Tristitia, æ, f.*, tristesse.
*Troja, æ, f.*, Troie.
*Trucidāre*, massacrer, tailler en pièces.
*Tu, tu*, toi.
*Tum*, alors; *tum—quum*, alors —que.
*Tumultus, us, m.*, tumulte.
*Turba, æ, f.*, foule, troupe.
*Turpis, e*, vilain, honteux.
*Tutor, oris, m.*, tuteur, protecteur.
*Tutus, a, um*, sûr, en sûreté, abrité; *in tuto*, en sûreté.
*Tuus, a, um*, ton, ta; le tien, la tienne.
*Tyrannus, i, m.*, tyran, despote, monarque.

## U

*Ubi*, conj., dès que, aussitôt que, quand, lorsque.
*Ubi*, adv., où, en quel lieu.

*Ubicunquĕ*, partout où, en quelque lieu que ce soit.
*Ubinam*? où? en quel lieu?
*Ubiquĕ*, partout.
*Ulciscor, ultus sum, i,* dép., venger, se venger.
*Ultimus, a, um,* le dernier (de tous).
*Ultio, onis, f.,* vengeance.
*Ultor, oris, m.,* vengeur.
*Ultra,* prép. gouv. l'*acc.,* au-delà de, plus que, outre.
*Ultrà,* adv., en outre, au delà.
*Umbilicus, i, m.,* nombril, point central, milieu.
*Undĕ,* d'où, de quel lieu.
*Undiquĕ,* de tous côtés.
*Unguis, is, m.,* ongle, griffe.
*Unĭcus, a, um,* unique, seul.
*Universus, a, um,* tout entier, tout; universel, général.
*Unquam,* jamais, déjà, quelquefois.
*Unus, a, um,* un seul.
*Urbanus, i, m.,* citadin; *urbanus, a, um,* de la ville.
*Urbs, urbis, f.,* ville.
*Usquĕ, usquĕ ad,* jusqu'à.
*Usus, us, m.,* usage, habitude.
*Ut,* que, afin que, dès que, comme.
*Uter, tris, m.,* l'outre (en peau).
*Uter, tra, trum,* lequel des deux.
*Uterque, utraque, utrumque,* l'un et l'autre, tous les deux.
*Utilis, e,* utile.
*Utinam* (suivi du subj.); plaise ou plût à Dieu que! veuille Dieu que!
*Utor, usus sum, i,* dép., user, se servir.
*Utrinquĕ,* des deux côtés, de part et d'autre.
*Utrùm,* est-ce que; si.

*Uxor, oris, f.,* femme mariée, épouse.

## V

*Vacatio, onis, f.,* exemption.
*Vagina, æ, f.,* fourreau.
*Valdĕ,* très, extrêmement.
*Valens, entis* (3 g.), part. de *valeo,* bien portant, fort; vigoureux.
*Valeo, ui, ēre,* valoir, avoir de la valeur; se bien porter; *bene vale!* porte-toi bien!
*Valetūdo, inis, f.,* état sanitaire, santé.
*Validus, a, um,* fort, robuste, vigoureux.
*Vallum, i, n.,* rempart, retranchement.
*Vanus, a, um,* vain, inutile, futile, frivole.
*Vapor, oris, m.,* vapeur.
*Vecors, vecordis* (3 g.), furieux, fou, insensé.
*Vectīgal, alis, n.,* impôt, tribut.
*Vehemens, entis* (3 g.), impétueux, violent.
*Veho, vexi, vectum, ĕre,* traîner, charrier, conduire.
*Vejens, entis, m.,* Véien, habitant de Véies.
*Vel,* ou, ou bien, même.
*Velociter,* promptement, rapidement.
*Velox, ōcis* (3 genres), rapide, prompt, agile.
*Velut,* comme, pour ainsi dire.
*Venatio, onis, f.,* chasse.
*Venerabilis, e,* vénérable.
*Venia, æ, f.,* pardon, permission.
*Ventus, i, m.,* vent.
*Venustus, a, um,* beau, charmant, gracieux.
*Verbum, i, n.,* mot, parole.

*Verè*, vraiment.
*Verecundia, æ, f.*, pudeur, respect, considération.
*Vereor, ĭtus sum, ēri*, dép., craindre, éprouver une crainte respectueuse.
*Verisimilis, e*, vraisemblable.
*Veritas, atis, f.*, vérité.
*Verò*, mais, or.
*Versùs*, prép. gouv. *l'acc.*, vers, du côté de.
*Verto, i, sum, ĕre*, tourner, renverser.
*Verumtamen*, mais pourtant, mais cependant.
*Verus, a, um*, vrai.
*Vester, tra, trum*, votre, le vôtre.
*Vestigium, ii, n.*, trace, vestige.
*Vestio, ĭvi* ou *ii, ĭtum, īre*, vêtir, habiller.
*Vestis, is, f.*, habit, vêtement.
*Veto, ui, ĭtum, āre*, défendre, interdire, prohiber.
*Vetulus, a, um*, assez vieux, vieillot.
*Vetus, eris* (3 g.), vieux, ancien.
*Vetustas, atis, f.*, vieillesse, vétusté, ancienneté.
*Vexāre*, vexer, tourmenter.
*Via, æ, f.*, voie, chemin.
*Vicesimus, a, um*, vingtième.
*Vicinus, a, um*, voisin.
*Victor, ōris, m.; victrix, īcis, f.*, vainqueur, victorieux.
*Victoria, æ, f.*, victoire.
*Victus, ûs, m.*, nourriture, régime de vie.
*Victus, a, um*, part. de *vinco*, vaincu.
*Vicus, i, m.*, village, bourg.
*Video, i, sum, ēre*, voir, regarder; passif, *videor, visus sum, vidēri*, être vu, paraître.
*Vigeo, ui, ēre*, être en vigueur; prospérer, fleurir.
*Viginti*, vingt.
*Vilis, e*, vil, vilain, mauvais, vulgaire.
*Vinco, vici, victum, ĕre*, vaincre, surpasser, triompher de, fléchir.
*Vinculum, i, n.*, lien, chaîne, fers.
*Vindicāre*, venger, revendiquer, reconquérir.
*Vinum, i, n.*, vin.
*Violentus, a, um*, violent.
*Vir, viri, m.*, homme, mari; homme distingué; personnage.
*Virga, æ, f.*, verge.
*Virginalis, e*, virginal.
*Virgo, ĭnis, f.*, vierge, jeune fille.
*Virĭdis, e*, verdoyant, vert.
*Virtus, ūtis, f.*, vertu, valeur, courage.
*Vis, f.*, force, vigueur; *vi*, avec force, violemment; pl. *vires, ium*, les forces.
*Viso, i, um, ĕre*, voir, aller voir, examiner, visiter.
*Vita, æ, f.*, la vie.
*Vitāre*, éviter.
*Vitiosus, a, um*, vicieux.
*Vitium, ii, n.*, vice, défaut.
*Vituperandus, a, um*, de *vitupero*, blâmable, reprochable.
*Vituperāre*, blâmer.
*Vituperatio, onis, f.*, blâme.
*Vivo, vixi, victum, ĕre*, vivre.
*Vivus, a, um*, vivant, vif.
*Vix*, à peine, difficilement.
*Vocāre*, appeler, nommer.
*Volāre*, voler, s'envoler.
*Volo, volui, velle*, vouloir.

*Voluntarius, a, um,* volontaire, spontané.
*Voluntas, atis, f.,* volonté.
*Voluptas, atis, f.,* volupté, plaisir.
*Vorax, ācis* (3 g.), vorace.
*Votum, i, n.,* vœu, désir, souhait.
*Voveo, vovi, votum, ēre,* vouer, dévouer.
*Vox, vōcis, f.,* voix.
*Vulgò,* publiquement, communément, ordinairement.
*Vulnerāre,* blesser.
*Vulnus, eris, n.,* blessure.
*Vulpes, is, f.,* renard.
*Vultus, ûs, m.,* visage, physionomie, regard.

## X

*Xenophon, ontis, m.,* Xénophon, guerrier et écrivain célèbre.

## Z

*Zeno, ōnis, m.,* Zénon, philosophe grec.

FIN.

# TABLE ALPHABETIQUE

DES RÈGLES ET DES MOTS EXPLIQUÉS DANS CE VOLUME

(n. signifie *numéro*; p., *page*; r., *remarque*).

## A

A, p. 127.
*A*, *ab*, *abs*, p. 132 et 157, r. 5.
A, en, n. 76, r.
A cause de, p. 114, r. 2; p. 129 et 133.
A côté de, p. 128 et 129.
A la place de, p. 133.
A l'égard de, p. 128.
A l'insu de, p. 132; à mon insu, p. 183, § 2.
A moi, rendu par *meus*, n. 4, r.
*A*, *de*, *à ne pas*, suivi d'un infinitif, p. 156, r. 2.
A, suivi d'un infinitif exprimant la manière, n. 129, § 4.
*Abesse*, p. 162, r. 3.
Ablatif, n. 34.
Ablatif absolu, n. 133.
Ablatif, avec les noms de temps, de cause, de manière, d'instrument, n. 65.
— avec les noms de villes, n. 65, et 76, r.
— avec les verbes d'abondance, de privation, etc., p. 164, r. 8.
— avec ou sans *in*, n. 76, r.
— avec quelques adjectifs, n. 96, r. 7.
— avec quelques verbes, p. 164,
r. 8; p. 182, r. 4; p. 157, r. 5.
— avec quelques verbes déponents, p. 173, r. 2.
— pour *quàm*, après un comparatif, p. 45, r.
— sans préposition, ou avec *a*, *ab*, *e*, *ex*, avec les verbes marquant éloignement, séparation, p. 157, r. 5.
Abonder, *abundare*, p. 164, r. 8.
Absoudre, p. 182, r. 4.
*Absque*, p. 132.
*Abus* (terminaison) pour *is*, n. 35, r. 1.
*Ac, atque*, n. 58, r. 3.
*Accidit*, p. 131, r. 1; p. 165, § 2.
Accusatif, n. 34.
— avec ou sans *in*, n. 81, p. 93.
— avec les noms de villes, p. 93.
— avec les termes de temps, d'âge, de mesure, de distance, n. 92.
— devant *domus* et *rus*, p. 93, r.
— (double) avec quelques verbes, p. 170, r. 12.
— et le datif avec quelques verbes déponents, p. 160, r. 1.

Accuser, *accusare*, p. 182. r. 4.
*Ad*, p. 127; p. 182, r. 4.
*Ad*, complément de quelques verbes, p. 182, r. 4.
Adjectif (place de l'), n. 1.
Adjectifs (déclinaison des), n. 39.
— de la 2ᵉ déclinaison, n. 39.
— de la 3ᵉ décl., n. 44, § 5.
— de la 3ᵉ décl., avec l'abl. en *e*, en *i*, n. 44, § 5.
— (degrés des), n. 49.
— avec l'ablatif, n. 96, r. 7.
— avec le génitif ou le datif, p. 167, r. 4.
— avec le génitif en *ius*, et le datif en *i*, n. 39, § 2.
— de matière en *eus*, n. 14, r.
— en *er, lis, dicus, ficus, volus*, n. 50.
— irréguliers (comparatif et superlatif des), n. 50, § 4.
— numéraux, n. 109.
Admirable à, p. 186, § 2.
Admirer, suivi d'un infinitif, p. 158, r. 3.
*Admonēre*, p. 168, r. 11.
Adverbes de qualité et de quantité, p. 188, r. 6.
— (formation et degrés des), n. 49.
*Adversŭs, adversŭm*, p. 127.
*Ædes*, p. 38.
*Æqualis*, p. 167, r. 4.
*Æquĕ-ac*, p. 155, r. 5.
*Affero*, apporter, p. 143.
*Affinis*, p. 167, r. 4.
*Affluere*, regorger de, p. 164, r. 8.
Afin que, n. 32, r. 1 ; n. 112.
Agé de, n. 92.
Agréable, n. 14 et 16.
Aimer mieux, p. 147, § 5.
*Aio* (conjugué), je dis, p. 159.
*Ali*, retranché dans *aliquis, aliquando*, p. 93, r. 1.

*Alii, cæteri*, p. 112, r. 1.
*Aliquis, aliqua, aliquid, aliquod*, n. 64, § 5.
*Alius*, p. 14, r. 2 ; *alius* (décliné), n. 39, § 2.
Aller, *eo* (conjugué), p. 148 ; aller, suivi d'un infinitif, n. 98, r. 3 ; 129, § 5 ; 138, § 3.
Allié, p. 167, r. 4.
Alors que, p. 152, § 3.
*Alter*, n. 24, r. 2 ; *alter* (décliné), n. 39, § 2.
*Alteruter* (décliné), n. 39, § 2.
*Altus*, p. 125, r. 2.
*Ambo* (décliné), n. 68, r. 1.
Ami de, *amicus*, p. 167, r. 4.
*An*, p. 54, r. 1.
*Ante*, p. 127.
Appartenir à, n. 66.
Apposition, n. 67, r. 1.
Appréhender que, n. 99, r. 3.
Après, p. 129 et 130 ; après que, n. 133.
*Apud*, p. 127.
Argent, n. 9, et p. 200, n. 37.
*At*, p. 115, r. 10.
*Atque*, p. 155, r. 5.
Aucun des deux, p. 116, r. 5.
*Audĕo*, p. 125.
Au dedans de, p. 128.
Au delà de, p. 129 et 130.
Au-dessous de, p. 128 et 135.
Au-dessus de, p. 130 et 134.
*Aufero*, emporter, p. 143.
Au pouvoir de, p. 129.
Auprès de, p. 127 et 128.
Au sujet de, p. 134.
Aussi, n. 13, et 98, r. 4 ; p. 184, r. 10.
Aussi...que, n. 17, r. 1 ; p. 155, r. 5.
Aussi grand... que, p. 113, r. 2.
Aussitôt que, n. 112.
Autant, p. 67, r. 1 ; p. 188, r. 6.

… TABLE ALPHABÉTIQUE.

Autant que, p. 67, r. 1 ; p. 155, r. 5.
*Autem, sed,* n. 21, r. 1, et 96, r. 10.
Autour de, p. 128.
Autre, un autre, l'autre, n. 24, r. 2.
Au travers de, p. 129.
Aux environs de, p. 128.
*Auxilium, auxilia,* p. 38.
Avant, p. 127.
Avec, rendu par l'ablatif sans ou avec *cum,* n. 73, r.; p. 133 ; n. 133.
Avertir de, p. 168, r. 11.
Avoir, exprimé par *esse,* p. 174, r. 2.
Avoir coutume, n. 31 et 97 ; avoir honte, p. 165, § 3 ; avoir peur, n. 99, r. 3 ; avoir pitié, p. 165, § 3 ; avoir soin, p. 156, r. 2.
Ayant été, n. 54, r.

# B

Beau, n. 5, 8 et 17.
Beaucoup, p. 188, r. 6.
Bénir, *benedicere,* p. 136, r. 1.
*Blandiri,* flatter, p. 177, r. 1.
*Bonus,* n. 50, § 4.
*Bos,* n. 42, r.

# C

Cacher, p. 170, r. 12.
*Cæteri, alii,* p. 112, r. 1.
*Capio* (conjugué), p. 104, r. 1.
Car (place de), n. 21, r. 2, et 96, r. 10.
*Carēre,* être privé de, p. 164, r. 8.
Cas (les six) de la déclinaison, n. 34.
*Castrum, castra,* p. 38.
*Causā,* à cause de, p. 114, r. 2 ; n. 129, § 5.

Ce, cette, celui-ci, celle-ci, ceci ; celui-là, celle-là, cela, n. 64, § 3.
Ce (particule), n. 64, § 3, r.
*Celāre,* cacher, p. 170, r. 12.
Certes, n. 28, r. 1.
C'est.., que, supprimé, p. 170, r. 6.
Chaque, chacun, n. 64, § 5.
Chez, p. 127.
*Circa,* p. 128.
*Circiter,* p. 128.
*Circum,* p. 128.
*Cis, citra,* p. 128.
*Clàm,* p. 132.
*Cœpi,* p. 160.
Combien, p. 188, r. 6.
Commander, p. 156, r. 2.
Comme, n. 32, r. 1 ; comme (lorsque), p. 152, § 3 ; n. 133 ; comme (de même que), n. 112.
*Commonēre,* p. 168, r. 11.
Commun à, *communis,* p. 167, r. 4.
Comparatif (formation du), n. 49 et 50.
Composés de *qui, quis, quod* ; *quis, quæ, quod, quid,* n. 64, § 4 et 5.
Composés des verbes : *esse,* n. 55 ; p. 162, r. 3 ; *edo,* p. 145 ; *eo,* p. 148 ; *fero,* p. 142.
Condamner à, *condemnare,* p. 182, r. 4.
*Conducit,* p. 165, § 2.
*Confido,* p. 125.
Conjonctions (place de certaines), n. 96, r. 10.
Conjugaison (1re), n. 70 et 72.
— (2e), n. 79 et 80.
— (3e), n. 83 et 84.
— (4e), n. 88 et 89.
Conseiller de, p. 156, r. 2.
*Constat,* p. 165, § 2.

*Consulere*, p. 136, r. 1.
Content de, *contentus*, n. 96, r. 7.
*Contingit*, p. 131, r. 1 ; p. 165, § 2.
Contre, *contra*, p. 127, 128 et 134.
Convaincre de, p. 182, r. 4.
*Convenit*, p. 165, § 2.
*Copia*, *copiæ*, p. 38.
*Coràm*, p. 132.
Coûter cher, n. 6.
Craindre de *ou* que ne, n. 99, r. 3.
*Crepo*, *ăre*, craquer, p. 77.
*Cubo*, *ăre*, être couché, p. 77.
*Cum*, prépos., p. 133 et n. 73, r. ; *cum*, mis après l'abl. des pronoms personnels et relatifs, p. 110, r. 1.
*Cùm*, *quàm*, conj., n. 111.

### D

*Damnare*, condamner à, p. 182, r. 4.
Dans, p. 134 ; dans l'espace de, p. 128.
D'après, p. 128 et 133.
Datif, n. 34.
— avec des verbes neutres, p. 136, r. 1 et p. 163, r. 4.
— avec les composés de *esse*, p. 162, r. 3.
— avec les verbes composés des prépositions *ante*, *inter*, etc., p. 189, r. 5.
— avec quelques verbes déponents, p. 177, r. 1.
— et accusatif avec quelques verbes déponents, p. 160, r. 1.
— pour exprimer *dans l'intérêt de*, n. 81, r. 1.
— ou génitif, avec quelques adjectifs, p. 167, r. 4.

De, p. 133.
De, exprimé par le génitif, n. 66 ; — devant un infinitif, rendu par *ne*, n. 99, r. 3 ; — (hors de, du haut de, touchant, sur), p. 133 ; — signifiant *par*, n. 66, § 3 et 4 ; — ou à, suivi d'un infinitif, p. 156, r. 2.
De l'autre côté de, p. 130.
De même que, n. 32, r. 1, et n. 112.
De mon vivant, p. 183, § 2.
De ne pas, suivi d'un infinitif, p. 156, r. 2.
De nous, d'entre nous ; de vous, d'entre vous, n. 64, § 1, r. 2.
De plus, n. 98, r. 4.
De sorte que, n. 112.
*Dea*, p. 24, r. 1.
*Decet*, p. 165, § 2.
Déclinaisons (les cinq), n. 34, § 2.
Déclinaison (1re), n. 35.
— (2e), n. 38.
— (3e), n. 41.
— (4e), n. 45.
— (5e), n. 46.
*Dedecet*, p. 165, § 2.
Demander à quelqu'un, p. 114, r. 1 et 4.
Depuis, p. 129, 132 et 133.
Dernier, p. 178, r. 10.
Derrière, p. 129.
Dès, rendu par *a*, n. 66, § 3.
Dès que, p. 21, r. 1 ; n. 112.
Détourner de, n. 129, § 3.
*Deus*, n. 38, § 4.
Deux, tous deux, n. 68, r. 1.
Devant, p. 127, 129 et 133.
Devenir, se faire, p. 150, § 9.
Devoir, falloir, n. 138.
*Dic*, dis, n. 69, § 4.
*Dicitur*, on dit, p. 165, § 2.
*Dies*, n. 46, § 1.

# TABLE ALPHABÉTIQUE.

*Differo*, p. 143.
*Difficile* à, p. 186, § 2.
*Diffido*, p. 125.
*Dignus*, digne de, n. 96, r. 7.
*Dispar*, p. 167, r. 4.
*Dissimilis*, dissemblable, p. 167, r. 4.
Dissuader de, n. 129, § 3.
*Do, dare* (conjugué), donner, p. 77.
*Docēre*, p. 170, r. 12.
*Domo, āre,* dompter, p. 77.
*Domus* (décliné), n. 45, r. 2.
Doué de, n. 96, r. 7.
Du côté de, *versùs*, p. 130.
Du haut de, *de*, p. 133.
*Duc*, n. 69, § 4.
*Dùm*, p. 114, r. 3; p. 154, r. 4.
*Duo* (décliné), n. 68, r. 1.

## E

*E, ex*, p. 133, et 157, r. 5.
Écouter, suivi d'un infinitif, p. 158, r. 3.
*Edo* (conjugué), manger, p. 145.
Égal à, p. 167, r. 4.
*Ego*, n. 64, § 1.
*Ejus; eorum, earum, eorum,* n. 51.
Ellipse du pronom personnel, n. 13, r.
— du pronom possessif, n. 53.
En, dans, p. 134; en, à, n. 76, r.; p. 134.
En comparaison de, p. 133.
En deçà de, p. 128.
En face de, p. 128.
En faveur de, p. 133.
En présence de, p. 132 et 133.
Encore, plus encore, p. 113, r. 6.
Enfants, p. 181, r. 1.
*Enim*, n. 21, r. 2; n. 96, r. 10.

Ennemi, p. 204, n. 53; p. 207, n. 63.
Ennemi de, p. 167, r. 4.
Ennuyer (s'), p. 165, § 3.
Enseigner, p. 170, r. 12.
Entendre, suivi d'un infinitif, p. 158, r. 3.
Entre, p. 128.
Envers, p. 128 et 134.
Environ, p. 128.
*Eo* (conjugué), aller, p. 148.
*Eorum, earum, eorum,* n. 51.
Épargner, p. 136, r. 1.
Épouser, p. 136, r. 1.
*Equidem*, n. 96, r. 10.
*Erga*, p. 128.
*Ergò*, n. 96, r. 10.
*Esse* (conjugué), être, n. 54; *esse*, exprimant *avoir*, p. 174, r. 2.
Est-ce que? n. 90, r. 1.
Et, aussi, même, p. 184, r. 10.
Et même, n. 98, r. 4.
Étant, ayant été, n. 54, r.; p. 183, § 2.
*Etiàm*, encore, plus encore, p. 113, r. 6.
*Etiàm, quoquè*, n. 98, r. 4.
Être à, appartenir à, n. 66.
Être fâché, p. 165, § 3; être fier de; être florissant; être privé de, p. 164, r. 8; être loin de, p. 162, r. 3; être sur le point de, n. 138, § 3.
Étudier, p. 136, r. 1.
*Evěnit*, p. 131, r. 1; p. 165, § 2.
*Extra*, p. 128.
Excepté, p. 128 et 129.
Exciter à, exhorter à, n. 129, § 3.
*Expědit*, p. 165, § 2.
*Extrēmus*, n. 92.

## F

*Fac*, fais, n. 69, § 4.
*Facere certiorem*, p. 168, r. 11.

Facile à, p. 186, § 2.
Falloir, devoir, n. 138.
*Familiás*, n. 35, r. 2.
*Fari* (conjugué), dire, parler, p. 159.
*Favēre*, favoriser, p. 136, r. 1.
Féliciter, p. 160, r. 1.
*Fer*, n. 69, § 4.
*Fero* (conjugué), porter, p. 142 et 144.
*Fertur*, p. 165, § 2.
*Fido*, p. 125.
*Filia* (décliné), n. 35, r. 1.
Fille, n. 5.
*Fio* (conjugué), devenir, être fait, p. 150; *fit*, il se fait, p. 165, §. 2.
Flatter, p. 177, r. 1.
*Florēre*, être florissant, p. 164, r. 8.
*Fruor*, p. 173, r. 2.
*Fungor*, p. 173, r. 2.

## G

Gagner une ville, p. 114, r. 1.
*Gaudēo*, se réjouir, p. 125; p. 164, r. 8.
Génitif, n. 34.
Génitif, avec les noms de villes, n. 76, r.
— avec quelques verbes, p. 182, r. 4.
— exprimant l'idée de possession, de propriété ou de qualité, n. 66, § 1.
— ou datif avec quelques adjectifs, p. 167, r. 4.
Genre des noms, n. 33.
Genre des noms de la première déclinaison, n. 35; — de la deuxième déclin., n. 38, § 1; — de la troisième décl., n. 41; — de la quatrième déclin., n. 45; — de la cinquième déclin., n. 46.

Gérondif, n. 129; — en *di*, p. 126, r. 1; — en *di* avec *causá* ou *gratiá*, n. 129, § 5; — en *do*, n. 129, §§ 3 et 4; — en *dum* avec *ad*, n. 129, § 5.
*Glorior*, p. 173, r. 2.
*Gratiá*, n. 129, § 5.
*Gratulāri*, féliciter, p. 160, r. 1.

## H

*Hic*, *hæc*, *hoc* (décliné), n. 64, § 3.
Homme, *homo*, *vir*, p. 197, n. 22.
Hors de, p. 128.
*Hostis*, *inimīcus*, ennemi, p. 207, n. 63; p. 204, n. 53.

## I

*Idem*, *eadem*, *idem* (décliné), n. 64, § 3; p. 174, r. 3.
*Idem* et *ipse* (distinguez), p. 64, r. 2.
*Igitur*, n. 96, r. 10.
Il, lui, elle, n. 64, § 1.
Il arrive, p. 138; p. 165, § 2.
Il convient, p. 165, § 2; n. 126.
Il est avantageux, p. 165, § 2; n. 126. Il est clair, constant, évident, p. 165, § 2.
Il est juste que, nécessaire que, p. 156, r. 2.
Il est permis, il faut, p. 165, § 2; n. 126.
Il faut que, p. 156, r. 2; il faut, suivi d'un infinitif, n. 138.
Il importe; il plaît; il se fait; il vaut mieux, p. 165, § 2; n. 126.
*Ille*, *illa*, *illud* (décliné), n. 64, § 3.
*Imminet*, p. 163, r. 4.
*Impendet*, p. 163, r. 4.
*Imus*, p. 125, r. 2.

*Impar*, p. 167, r. 4.
*In*, p. 134.
Incroyable à, p. 186, § 2.
Inégal, p. 167, r. 4.
Infinitif, après *à*, rendu par le gérondif en *do*, n. 129, § 4.
— français rendu en latin par le participe présent, p. 158, r. 3.
— (place de l'), n. 19, r.
— régime d'un nom ou d'un adjectif, n. 129, § 1.
Informer de, p. 168, r. 11.
*Infra*, p. 128.
*Inimicus*, p. 167, r. 4; p. 204, n. 53.
*Inquam* (conjugué), dis-je, p. 159.
*Instat*, p. 163, r. 4.
Instruire, p. 170, r. 12.
*Intra; inter*, p. 128.
*Interest*, p. 165, § 2.
Interrogation avec *num, an; utrùm — an*, p. 54, r. 1.
*Intimus*, p. 125, r. 2.
*Ipse, ipsa, ipsum* (décliné), n. 64, § 3; n. 90, r. 2; p. 174, r. 3.
*Irasci*, p. 177, r. 1.
*Is, ea, id* (décliné), n. 64, § 3.
*Iste, ista, istud* (décliné), n. 64, § 3.
*Ità ut*, n. 112.

### J

*Jàm, jàm non; non jàm*, p. 204, n. 53.
Jamais, p. 205, n. 56; p. 206, n. 64.
*Janua, porta*, n. 99, r. 2.
Je commence, *cœpi*, p. 160.
Je connais, *novi*, p. 160.
Je me souviens, *memini*, p. 159.
*Jesus* (décliné), n. 45, r. 1.
Jouir de, p. 173, r. 2.
Juger, p. 182, r. 4.
*Jupiter, Jovis*, n. 42, r.

*Jusjurandum* (décliné), n. 46, p. 38.
Jusqu'à, p. 134; jusqu'à ce que, p. 114, r. 3; p. 154, r. 4.
*Juvat*, p. 165, § 2; *juvo, āre*, aider, p. 77.
*Juxta*, p. 128.

### L

*Lætor*, se réjouir de, p. 173, r. 2.
Le bas, le bout, le fond, le haut, le milieu, le sommet, p. 125, r. 2.
Le long de, p. 129 et 130.
Le même, la même, n. 64, § 3.
Le (pronom), supprimé, p. 19, r. 1.
Lequel des deux, n. 39, § 2.
Le trois janvier, p. 140, r. 2.
Lettre, p. 38, et p. 213, au bas.
Leur, leurs, n. 51.
*Liberi, pueri*, p. 181, r. 1.
*Libet; licet; liquet*, p. 165, § 2.
*Littera, litteræ*, p. 38.
Lorsque, n. 111 et 133.
Louis quatorze, p. 140, r. 2.
L'un et l'autre; l'un ou l'autre, n. 39, § 2; p. 116, r. 3; p. 155, r. 5; l'un l'autre, les uns... les autres; d'autres, les autres, p. 112, r. 1.

### M

*Magnus*, n. 50, § 4.
Mais, n. 21, r. 1; n. 96, r. 10.
Maison, *domus* (décliné); être à la—; aller à la—, n. 45, r. 2.
Malgré, p. 183, § 2.
*Malo* (conjugué), aimer mieux, p. 147.
*Malus*, n. 50, § 4.
Manger, *edo* (conjugué), p. 14 § 2.

17.

*Me ignaro, me invito, me vivo,* p. 138, § 2.
*Mecum, tecum,* etc., p. 110, r. 1.
*Medius,* p. 125, r. 2.
Même (adverbe), n. 62, r. 2; p. 184, r. 10.
Même (pronom) *ipse,* au nominatif, n. 90, r. 2.
Même, le même, p. 64, r. 2; p. 174, r. 3; même, lui-même, elle-même, n. 64, § 3.
*Memini* (conjugué), je me souviens, p. 159.
Menacer, p. 160, r. 1; p. 163, r. 4; p. 177, r. 1.
*Met* (particule), n. 64, § 1, r. 1.
*Meus, mea, meum* (décliné), n. 64, § 2.
*Mi!* mon! n. 64, § 2, r.
*Mico, āre,* étinceler, p. 77.
*Mille,* mille; pl. *millia* avec le génitif, n. 65, r. 1.
*Mināri,* menacer, p. 160, r. 1; p. 177, r. 1.
*Minŭs,* p. 188, r. 6.
*Miseret,* p. 165, §, 3.
*Modŏ,* tout à l'heure, n. 138, § 4.
Moi-même, toi-même, etc., n. 64, § 1, r. 1.
Moins, p. 188, r. 6; moins... moins, n. 52.
Mon, ton, son, n. 64, § 2; mon, ton, son, supprimé, n. 53.
*Monēre,* p. 168, r. 11.
Mort, décès, *mors;* mort violente, *nex,* p. 209, n. 68.
*Multus, a, um,* n. 50, § 4; *multùm,* p. 188, r. 6.
*Mulctare,* condamner à, p. 182, r. 4.

**N**

*Natus,* âgé de, n. 92.
Ne, après un comparatif, n. 15, r. 2.
*Ne* (conjonction), n. 99, r. 3; p. 156, r. 2.
*Ne* (particule interrogative), n. 90, r. 1.
Ne pouvoir pas, p. 150, § 8; ne vouloir pas, p. 146, § 4.
Ne pour *non,* avant l'impératif, p. 55, r. 1.
Ne plus, p. 204, n. 53.
*Nequam,* méchant, n. 50, § 4.
*Nequeo* (conjugué), ne pouvoir pas, p. 150.
*Ne... quidem,* p. 113, r. 4.
*Neuter, tra, trum* (décliné), ni l'un ni l'autre, n. 39, § 2; p. 116, r. 5.
*Nolo* (conjugué), ne vouloir pas, p. 146.
Nombres cardinaux et ordinaux, n. 109.
Nombres ordinaux (emploi particulier des), n. 49, r. 3 p. 140, r. 2.
Nominatif, n. 34.
Noms avec une autre signification au plur., p. 38.
— collectifs avec le verbe au sing. ou au plur., p. 194, r. 3.
— composés, p. 38.
— de la 3e décl. avec le génit. plur. en *ium,* n. 44, § 1; exception à cette règle, n. 44, § 1.
— de la 3e décl. avec l'abl. en *i,* n. 44, § 3.
— de temps, de cause, de manière, d'instrument, de villes et de petites îles, n. 65.
— employés seulement au pluriel, n. 35, r. 3.
— féminins de la 3e décl. avec l'accusatif en *em* ou *im* et avec l'abl. en *e* ou *i,* n. 44, § 2.

— féminins de la 3ᵉ décl. avec l'accusatif en *im* et avec l'abl. in *i*, n. 44, § 4.
— imparisyllabiques et parisyllabiques, n. 41, § 1.
— indiquant le lieu où l'on est, n. 76, r.
— indiquant le lieu où l'on va, n. 81, p. 93.
*Non* (place de), n. 7.
Non-seulement, mais encore, n. 21, r. 1.
*Nostri, nostrûm*, etc., n. 64, § 1, r. 2.
*Novi*, je connais, p. 160.
*Nubĕre*, épouser, p. 136, r. 1.
*Nullus* (décliné), n. 39, § 2.
*Nŭm*, n. 56, r. 1, p. 54; n. 90, r. 1.
*Nunquàm*, p. 205, n. 56.

## O

*Ob*, p. 129.
*Odi* (conjugué), haïr, p. 160.
*Offĕro*, offrir, p. 143.
*Omnis; totus*, n. 24, r. 1.
On (manières de rendre), p. 130, r. 2.
On dit, on rapporte, p. 165, § 2; n. 126.
*Opera, operæ*, p. 38.
*Opitulāri*, secourir, p. 177, r. 1.
*Oportet*, il faut, p. 165, § 2.
*Oppidum, urbs*, p. 212, n. 77; p. 201, n. 43.
Ou, ou bien, p. 113, r. 7.
Outre, p. 128 et 129.

## P

*Palàm*, p. 133.
Par, n. 66, §§ 3 et 4; p. 129, 132 et 133. Par derrière, p. 129.
*Parcĕre*, épargner, p. 136, r. 1.

Parfait (forme contracte du) en *avi, evi, ovi, ivi*, n. 88, r. 2.
Parmi, p. 128.
Participe présent après les verbes *voir, entendre*, etc., p. 158, r. 3.
Participe futur actif, p. 191, § 3.
Participe futur passif, n. 135 et 138.
*Parùm*, p. 188, r. 6.
*Parvus*, n. 50, § 4.
Pas encore, p. 204, n. 53; pas même, p. 113, r. 4.
*Paterfamiliãs* (décliné), p. 38.
*Patet*, p. 165, § 2.
*Pauper* (décliné), n. 44, § 5.
Pendant, p. 129 et 134; pendant que, p. 114, r. 3; p. 152, § 3; n. 133; p. 154, r. 4.
*Penès*, p. 129.
*Per* (préposition), p. 129. *Per* (préfixe), n. 99, r. 4.
*Peto urbem; peto ab aliquo*, p. 114, r. 1.
Peu, p. 188, r. 6.
*Piget*, p. 165, § 3.
*Placet*, p. 165, § 2.
Plaise, plût à Dieu que, *utinàm*, p. 197, n. 21.
*Plùs*, p. 188, r. 6.
Plus de, p. 130. Plus... plus, n. 52.
*Pœnitet*, p. 165, § 3.
*Ponè*, p. 129.
*Porta, janua*, porte, n. 99, r. 2.
Porter, *fero* (conjugué), p. 142, § 1.
*Possum* (conjugué), je peux, n. 55.
*Post, pòst*, p. 129.
*Posterior, postremus*, p. 178, r. 10.
*Potior*, s'emparer de, p. 173, r. 2.
Pour, p. 127 et 133; — (au lieu de, dans l'intérêt de), n. 81, r. 1; p. 133; — (pour

le prix de), p. 133; — (pour un temps à venir), p. 134.
Pour que, n. 32, r. 1; n. 42.
Pourvoir à, p. 136, r. 1.
Pourvu que, p. 114, r. 3; p. 154, r. 4.
Pouvoir, *possum, queo*, n. 55; p. 149, § 7.
*Præ* (prépos.), p. 133; *præ* (préfixe), p. 179, r. 7.
*Præditus*, doué de, n. 96, r. 7.
*Præstat*, p. 165, § 2.
*Præter*, p. 129.
Premier, p. 178, r. 10.
Prendre garde, n. 99, r. 3.
Prépositions avec l'ablatif, n. 103; — avec l'accusatif, n. 100; — avec l'accusatif et l'ablatif, n. 104.
Près de, p. 127 et 129.
Prier (demander), p. 170, r. 12. Prier de, p. 156, r. 2.
*Prior, primus*, p. 178, r. 10.
*Pro*, n. 81, r. 1; p. 133.
Proche, p. 128.
Pronoms, n. 64; — démonstratifs, n. 64; § 3; — interrogatifs, n. 64, § 5; — personnels, n. 64, § 1; — possessifs, n. 64, § 2; — possessifs supprimés, n. 53; — réfléchis, n. 64, § 1; — relatifs, n. 64, § 4; — sujets supprimés ou exprimés, n. 13, r.
*Prope*, p. 129.
Proposition infinitive, n. 126.
Propre à, *proprius*, p. 167, r. 4.
*Propter*, p. 129.
*Prosum* (conjugué), être utile, n. 55.
*Pudet*, avoir honte, p. 165, § 3.
*Puëri, libëri*, enfants, p. 181, r. 1.
Puisque, p. 152, § 3.

## Q

*Quàm*, après un comparatif, n. 50, r.; p. 45.
Quand, n. 111.
*Quandò* pour *aliquandò*, p. 93, r. 1.
*Quanquàm*, quoique, n. 30, r. 2.
*Quantò... tantò*, n. 52.
*Quantus*, p. 113, r. 5; p. 188, r. 6.
Que (afin que), n. 32, r. 1; n. 112; —, après un comparatif, n. 49, r. 1; n. 50, r., p. 45; —, après *aussi, si, tellement*, n. 17, r. 1; —, après *autant*, p. 67, r. 1; —, après *également, aussi, autant*, p. 155, r. 5; —, après *le même, la même*, n. 58, r. 3.
Que de, combien, etc., p. 188, r. 6.
Que (particule) pour *et*, n. 49, r. 2.
Que... ne, devant un verbe, n. 99, r. 3.
Quel? quelle? n. 64, § 5; quel (combien grand), p. 113, r. 5; p. 188, r. 6.
Quelle heure est-il? p. 140, r. 2.
Quelque, quelqu'un, quelqu'une; quelque chose, n. 64, § 5.
*Queo* (conjugué), pouvoir, p. 149.
Qui, lequel, laquelle (relatifs), n. 64, § 4.
Qui? quel? quoi? (interrogatifs), n. 64, § 5.
*Qui, quæ, quod* (relatifs, déclinés), n. 64, § 4; — rendu par *que*, n. 58, r. 3.
*Quidem* (place de), p. 18, r. 1.
*Quis? quæ? quid? quod?* (interrog., déclinés), n. 64, § 5.
*Quis* pour *aliquis*, p. 93, r. 1.
*Quisquis* (décliné), p. 66.

# TABLE ALPHABÉTIQUE.

*Quò... eò*, n. 52.
*Quoi ? que ?* n. 64, § 5.
Quoique, p. 19, r. 2; p. 152, § 3; p. 133.
*Quoque ; etiam*, n. 98, r. 4.
*Quùm, cùm*, n. 111.

## R

*Refert*, il importe, p. 165, § 2.
Repentir (se), p. 165, § 3.
*Respublica* (décliné), p. 38.
*Rogāre*, prier, demander, p. 114, r. 4; p. 170, r. 12.

## S

S'acquitter de, p. 173, r. 2.
Sans, p. 132 et 133.
*Satisfacĕre*, satisfaire, p. 136, r. 1.
*Se*, p. 112, r. 1.
*Seco, āre*, couper, p. 77.
Second (le) de deux, p. 178, r. 10.
Secourir, p. 177, r. 1.
*Secundùm*, p. 129.
*Secùs*, p. 130.
*Sed, autem*, n. 21, r. 1; n. 96, r. 10.
S'éloigner de, n. 129, § 3.
Selon, p. 129 et 133.
Semblable à, p. 167, r. 4.
S'emparer de, p. 173, r. 2.
Se fâcher contre, p. 177, r. 1.
Se faire, p. 150, § 9.
Se glorifier de, p. 173, r. 2.
Sentir, suivi d'un infinitif, p. 158, r. 3.
Se nourrir de, p. 173, r. 2.
Se réjouir de, p. 164, r. 8; p. 173, r. 2.
Se servir de, p. 173, r. 2.
*Servire*, servir, p. 136, r. 1.
Seul (un seul); seul (solitaire), n. 39, § 2.
Si (au cas que, à condition que), n. 56, r. 1; n. 133.

Si (dubitatif), n. 13, r. 2; p. 54, r. 1.
Si... ou, p. 54, r. 1. Si... que, n. 17, r. 1.
*Similis*, semblable à, p. 167, r. 4.
*Sine*, p. 133.
Singulier (seconde personne du) pour *vous, votre*, n. 15, r. 1.
*Solĕo*, avoir coutume, p. 125.
*Solus, a, um* (décliné), seul, n. 39, § 2.
Son, sa, ses; leur, leurs, n. 51.
Souhaiter, p. 156, r. 2.
Sous, p. 128, 134 et 135; n. 133.
*Sto, stāre* (conjugué), se tenir debout, p. 77.
*Studĕo*, étudier, p. 136, r. 1.
Suivant, p. 129.
*Sub*, p. 134.
*Subter*, p. 135.
*Super*, p. 134.
*Superbire*, être fier de, p. 164, r. 8.
Superlatif (formation du), n. 49 et 50.
Supin en *um*, après les verbes de mouvement, n. 98, r. 3; n. 129, § 5; — en *u*, n. 135, § 2.
*Supra*, p. 130.
Sur, p. 133 et 134.
Sur terre et sur mer, n. 76, r.
*Suus, sua, suum*, n. 51.

## T

*Tædet*, p. 165, § 3.
*Talis... qualis*, tel... que, p. 116, r. 1.
*Tàm... quàm*, n. 17, r. 1.
*Tamen*, n. 96, r. 10.
Tandis que, tant que, p. 114, r. 3; p. 154, r. 4; n. 133.
*Tantùm*, p. 188, r. 6; *tantùm... quantùm*, p. 67, r. 1.
*Tantus... quantus*, p. 113, r. 2.

Tel... que, p. 116, r. 1.
Tellement... que, n. 17, r. 1; n. 112.
*Tenŭs*, p. 134.
*Terrā marique*, n. 76, r.
*Totus; omnis*, n. 24, r. 1; *totus* (décliné), n. 39, § 2.
Touchant, sur, p. 133 et 134.
Tous deux, p. 116, r. 3.
Tout, chaque; tout, tout entier, n. 24, r. 1,
Tout à l'heure, *modŏ*, n. 138, § 4.
Tout près de, p. 129.
*Traditur*, on rapporte, p. 165, § 2.
*Trans*, p. 130.
*Tres* (décliné), trois, n. 68, r. 1.
Trouver, suivi d'un infinitif, p. 158, r. 3.

## U

*Ubi* (conjonction); *ubi* (adverbe), p. 196, r. 8.
*Ubus* (terminaison) pour *ibus*, n. 45, r. 3.
*Ullus* (décliné), n. 39, § 2.
*Ultra*, p. 130.
*Unquăm*, p. 206, n. 61.
*Unus, a, um* (décliné), n. 39, § 2.
*Unusquisque* (décliné), p. 66.
*Urbs, oppidum*, p. 201, n. 43; p. 212, n. 77.
*Ut*, n. 32, r. 1; n. 112; p. 156, r. 2; n. 129, § 5.
*Uter, utra, utrum* (décliné), lequel des deux, n. 39, § 2.
*Utercunque* (décliné), n. 39, § 2.
*Uterque, utraque, utrumque* (décliné), l'un et l'autre, n. 39, § 2; p. 116, r. 3; p. 155, r. 7.
*Utinăm*, plaise ou plût à Dieu! p. 197, n. 21.
*Utrăm... an*, p. 54, r. 1.

## V

*Vacāre*, être privé de, p. 164, r. 8.
*Vel*, même, n. 62, r. 2; *vel — vel*, ou — ou bien; *vel*, devant un superlatif, p. 113, r. 7.
Venir, suivi d'un infinitif, n. 98, r. 3; n. 129, § 5. Venir de, n. 138, § 4.
Verbe (formation du), n. 69 et 71; — (place du), n. 5, r.
Verbes avec le complément indirect au génitif, à l'ablatif, ou à l'accusatif avec *ad*, p. 182, r. 4.
— avec un double accusatif, p. 170, r. 12.
— composés de *esse* (régime des), p. 162, r. 3.
— composés des prépositions *ante, inter*, etc., p. 189, r. 5.
— de la 3ᵉ conjugaison en *io*, n. 88, r. 1.
— défectifs, n. 117.
— de mouvement, n. 98, r. 3; n. 129, § 5.
— déponents: 1ʳᵉ conjug., n. 97; 2ᵉ conjug., p. 119; 3ᵉ conjug., p. 121; 4ᵉ conjug., p. 123.
— semi-déponents, p. 124, r.
— déponents avec l'ablatif, p. 173, r. 2.
— déponents avec l'accusatif du nom de la chose, et avec le datif du nom de la personne, p. 160, r. 1.
— déponents avec le datif, p. 177, r. 1.

## TABLE ALPHABÉTIQUE.

— irréguliers, n. 110.
— irréguliers de la 1re conjug., p. 77.
— marquant abondance, privation, etc., p. 164, r. 8.
— marquant éloignement, séparation, p. 157, r. 5.
— neutres gouvernant le datif, p. 136, r. 1 ; p. 163, r. 4.
— unipersonnels, n. 121.
— unipersonnels (cinq), gouvernant l'accusatif de la personne et le génitif de la chose, p. 165, §. 3.
Verò, n. 96, r. 10.
Vers, p. 127, 128, 130 et 134.
Versùs, p. 130.
Verùm, n. 96, r. 10.
Vescor, se nourrir de, p. 173, r. 2.

Vestri, vestrûm, n. 64, § 1, r. 2.
Veto, āre, interdire, p. 77.
Vetus (décliné), vieux, n. 44, § 5.
Ville, urbs, oppidum, p. 201, n. 43 ; p. 212, n. 77.
Vir, homo, homme, p. 197, n. 22.
Vis (décliné), force, n. 44, § 4.
Vis-à-vis de, p. 127 et 128.
Vocatif de la 2e déclinaison en i, n. 38, § 2.
Voir, suivi d'un infinitif, p. 158, r. 3.
Volo (conjugué), vouloir, p. 146, § 3.
Voyelle brève, n. 5, r.
Vu que, p. 152, § 3.

FIN DE LA TABLE ALPHABÉTIQUE.

# TABLE DES MATIÈRES

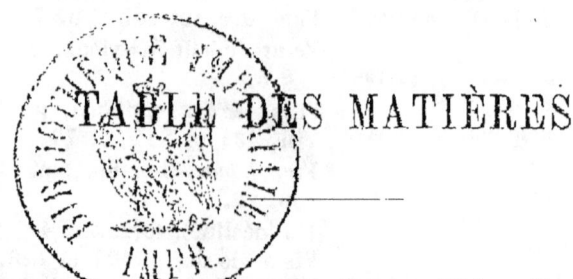

Préface.......... page v.
Prononciation....... page vii.
Explication des abréviations.......... page viii.

### PREMIÈRE PARTIE.

*Notions et exercices préparatoires*, n. 1-32.

*Noms, adjectifs et pronoms au nominatif singulier.* — Exercices, n. 1-25.

Genre des noms en *a, er, us, um*, n. 3 ; genre des noms en *o, or, os* et *er*, n. 17, r. 2 ; genre des noms en *as, aus, is, s* et *x*, n. 20, r.

*Sum, essem*, n. 13 ; *possum, volo, esse*, n. 18 ; *possem, vellem*, n. 21 ; *debeo*, n. 22.

Remarques : Le jardin est à moi, à toi, etc., n. 4, r. — Le pronom sujet exprimé ou supprimé, n. 13, r. 1. — *Si*, si, avec le subjonctif, n. 13, r. 2. — Adjectifs de matière en *eus*, n. 14, r. — *Frater tuus*, ton frère ou votre frère, n. 15, r. 1. — *Ne*, après un comparatif, supprimé, n. 15, r. 2. — Aussi... que ; si... que, n. 17, r. 1. — Place de l'infinitif, n. 19, r. — Différence de *autem* et *sed*, n. 21, r. 1. — Place de *enim*, car, n. 21, r. 2. — *Alter*, l'autre ; *alius*, un autre ; *omnis*, tout, chaque ; *totus*, tout entier, n. 24, r. 1 et 2.

*Noms, adjectifs et pronoms au nominatif pluriel.* — Exercices, n. 26-32.

Comparatif des adjectifs, n. 31.

*Sumus*, n. 26 ; *possumus, volumus*, n. 27 ; *essemus, possemus, vellemus ; debeo, debemus*, n. 28 ; *soleo, solemus*, n. 31 ; *possim, possimus*, n. 32.

Remarques : Place de *quidem*, à la vérité, n. 28, r. 1. — *Quanquàm*, quoique, avec l'indicatif, n. 30, r. 2. — *Ut*, conj., avec l'indicatif et le subjonctif, n. 32, r. 1.

### DEUXIÈME PARTIE.

*Du nom*, n. 33-48 ; du genre, n. 33 ; des cas, n. 34.

*Première déclinaison*, n. 35. — Exercices, n. 36-37.

*Deuxième déclinaison*, n. 38. — Adjectifs déclinés sur la 1re et sur la 2e déclinaison, n. 39. — Adjectifs avec le génitif en *ius*, n. 39. — Exercices, n. 39-40. — *Eram*, n. 40.

*Troisième déclinaison*, n. 41-44. — Genre, n. 41. — Adjectifs de la 3e déclinaison, n. 44. — Exercices, n. 43-44.

*Jupiter, bos*, irréguliers, déclinés, n. 42. — *Fui, fuerunt*, n. 43.

*Quatrième déclinaison.* — *Jésus, domus*, irréguliers, déclinés ; les noms en *ubus*, au lieu de *ibus*, n. 45.

Exercice, n. 45.

*Cinquième déclinaison.* — Exercice, n. 46.

Noms dont le pluriel a une autre

## TABLE DES MATIÈRES.

signification que le *singulier*.
— Noms composés, n. 46.
Exercices, n. 47-48. — *Fueram;
ero*, n. 47-48.
De l'adjectif et de l'adverbe, n. 49-50.
*Formation du comparatif et du superlatif*, n. 49-50.
*Que*, après un comparatif, n. 49, r. 1, et n. 50, r. — Exercices, n. 49-50.
Son, sa, ses; leur, leurs, n. 51. — *Plus... plus; moins... moins*, n. 52. — Pronoms *mon*, *ton*, *son*, supprimés, n. 53.
*Fuissem*, *potuissem*, n. 51; *sim*, n. 53.
Exercices, n. 51-53.
Verbe *esse* (être), n. 54. — Les composés du verbe *esse*; *prosum*, être utile; *possum*, pouvoir, n. 55. — Manière de rendre, *étant*, *ayant été*, n. 54, r.
Exercices, n. 55-63.
Quelques formes des 4 conjugaisons, n. 55-68.
*Amāre*, *habēre*, *reddĕre*, *audīre*, n. 59 et 60; *amo*, *moneo*, n. 61.
Remarques : *Si*, conj., n. 50, r. 1, et p. 54, r. 1. — *Ne* pour *non*, n. 57, r. 1. — *Que*, après *le même*, *la même*, n. 58, r. 3.
Du pronom, n. 64.
Pronoms personnels.
Pronoms possessifs.
Pronoms démonstratifs.
Pronoms relatifs.
Pronoms interrogatifs.
Remarques : Particule *met*. *Nostri*, *vestri*; *nostrum*, *vestrum*, n. 64, § 1, r. 1 et 2. — Particule *ce*, n. 64, § 3, r. — *Idem*, *ipse*, n. 64, § 6, r. 2.
De l'ablatif (question de temps, de lieu, de manière, de circonstances). — Exercice, n. 65.
Remarques : *Mille*, *millia*. *Autant*; *tant que*, n. 65, r.
Du génitif et de l'ablatif. Exercices, n. 66-68. — *Amabam*, *habebam*; *amarem*, *haberem*;

*amavi*, *habui*; *amaverim*, *habuerim*; *amaveram*, *habueram*; *amavissem*, *habuissem*; *amavero*, *habuero*, n. 67. — *Ama*, *habe*, *lege*, *audi*, n. 68.
Remarques : Apposition, n. 67, r. 1. — *Duo*, *ambo*, *tres*, déclinés, n. 68, r. 1.

### TROISIÈME PARTIE.

Du verbe.
*Formation des temps du verbe*, n. 69 et 71.
*Première conjugaison*, voix active, n. 70.
— voix passive, n. 72.
Exercices, n. 73-78.
Remarques : *Avec*, sans ou avec *cum*, n. 73, r. — L'ablatif avec ou sans *in*, n. 76, r. — *A*, exprimé par le génitif, n. 76, r.
*Deuxième conjugaison*, voix active, n. 79.
— voix passive, n. 80.
Exercices, n. 81-82.
Remarques : *Pour*, exprimé par *pro* avec l'ablatif, ou par le datif, n. 81, r. 1. — *Ali*, retranché après *si*, *ne*, etc., n. 81, r. 1. — L'accusatif avec ou sans *in*, n. 81, r.
*Troisième conjugaison*, voix active, n. 83.
— voix passive, n. 84.
Exercices, n. 85-87.
*Quatrième conjugaison*, voix active, n. 88.
— voix passive, n. 89.
Verbes de la 3ᵉ conjug. en *io*; formes contractes, n. 88, r. 1 et 2.
Exercices, n. 90-96.
Remarques : Adverbes interrogatifs *ne*, *num*, n. 90, r. 1. — *Ipse*, même, n. 90, r. 2. — *Cum*, avec, après les pronoms, p. 110, r. 1.

*L'accusatif* avec les termes de temps, d'âge, de mesure et de distance, n. 92.
Remarques : Se ; l'un, l'autre ; les uns, les autres ; d'autres, les autres, n. 93, r. 1. — Aussi grand — que ; quel, combien grand. — Pas même. — Encore, plus encore. — *Vel ; vel—vel*, p. 113, r. 2-7. — *Causâ*, à cause de ; *dùm*, pendant que, tandis que, jusqu'à ce que. — *Peto, rogo*, n. 95, r. 1-4. — Adjectifs avec l'ablatif. — Place de certaines conjonctions, n. 96, r. 7 et 10. — Tel — que ; l'un et l'autre ; aucun des deux, p. 116, r. 1-5.
*Verbes déponents*. Semi-déponents, n. 97. — Exercices, n. 98-99.
Remarques : Manière de rendre : le haut, le bas, le sommet, etc. — Le supin en *um* après les verbes de mouvement. — *Etiàm, quoquè*, n. 98, r. 2-4. — De ou que ne rendu par *ne*. — *Per*, préfixe. — *Janua, porta*, n. 99, r. 2-4.
*Prépositions avec l'accusatif*, n. 100.
Exercices, n. 101-102.
Remarques : On ; il arrive, n. 101, r. 2 et 3.
*Prépositions avec l'ablatif*, n. 103.
*Prépositions avec l'accusatif et l'ablatif*, n. 104.
Exercices, n. 105-108.
Remarque : Verbes neutres avec le datif, n. 106, r. 1.
*Adjectifs numéraux*, n. 109.
Emploi spécial des nombres ordinaux, n. 109, r. 2. — Exercice, n. 109.

### QUATRIÈME PARTIE.

*Verbes irréguliers* : 1. *fero* ; 2. *edo* ; 3. *volo* ; 4. *nolo* ; 5. *malo* ; 6. *eo* ; 7. *queo* ; 8. *nequeo* ; 9. *fio*, n. 110.

*Cùm, quàm*, lorsque, quand, etc., avec le *subjonctif* ou *l'indicatif*.
— Exercice, n. 111.
*Ut*, que, afin que, comme, etc., avec le *subjonctif* ou *l'indicatif*, n. 112.
Exercices, n. 113-116.
Remarques : *Dùm*, jusqu'à ce que, pendant que, etc., n. 113, r. 4. — Que, rendu par *ac*, *atque*. — *Uterque*, l'un et l'autre, p. 155, r. 5 et 7. — De ne pas, à ne pas, rendu par *ne*. — De ou à, devant l'infinitif, rendu par *ut*, p. 156, r. 2. — Verbes marquant *éloignement, séparation*, avec ou sans les prépositions *a*, *ab*, *e* ou *ex*, n. 115, r. 5. — Participe présent avec les verbes : voir, trouver, entendre, etc., p. 158, r. 3.
*Verbes défectifs* : 1. *Aio* ; 2. *inquam* ; 3. *fari*. A. *Memini* ; B. *odi* ; C. *cœpi* ; D. *novi*, n. 117. — Exercices, n. 118-120.
Remarques : Verbes déponents avec l'accusatif de la chose et le datif de la personne, n. 118, r. 1. — Verbes composés de *esse*, gouvern. le datif, n. 119, r. 3. — Verbes neutres avec le datif, n. 119, r. 4. — Verbes marquant *abondance, privation*, etc., gouvern. l'ablatif, n. 120, r. 8.
*Verbes unipersonnels*, n. 121.
Exercices, n. 122-125.
Remarques : Adjectifs avec le génitif ou le datif, n. 123, r. 4. — Verbes avec le complément indirect à l'ablatif avec *de*, ou au génitif, n. 124, r. 11. — C'est... que, supprimé, n. 124, r. 6. — Verbes avec l'accusatif de la personne et de la chose, n. 125, r. 12.
*Proposition infinitive*, n. 126.
Exercices, n. 126-128.
Remarques : Verbes déponents avec l'ablatif, p. 173, r. 2. —

## TABLE DES MATIÈRES.

*Avoir*, rendu par *être* (esse).—
*Même*, le même, p. 174, r. 2 et 3.
*Gérondif; supin en um*, n. 129.
Exercices, n. 129-132.
Remarques : Verbes déponents avec le datif, n. 129, r. 1. — *Le premier, le second*, n. 130, r. 10. — *Præ*, préfixe, n. 131, r. 7. — *Enfants, liberi, pueri*, n. 132, r. 1. — Verbes avec le complément indirect au génitif, à l'ablatif, ou à l'accusatif avec *ad*, p. 182, r. 4.
*Ablatif absolu*, n. 133.
Exercices, n. 133-134.
*Participe futur passif; supin en u*, n. 135.
Exercices, n. 135-137.
Remarques : Adverbes de qualité et de quantité, n. 136, r. 6. — Verbes composés des prépositions *ante, inter*, etc., voulant le complément indirect au datif, n. 137, r. 5.
*Participe futur passif; participe futur actif.* — *Devoir, falloir; aller; venir de*, n. 138.
Exercices, n. 138-142.
Remarque : Noms collectifs accompagnés du verbe au singulier ou au pluriel, n. 140, r. 3.

*Vocabulaire spécial*... page 197
*Lexique général*...... page 249
*Table alphabétique* des règles et des mots expliqués dans ce volume.......... page 291

FIN DE LA TABLE DES MATIÈRES.

---

Paris.— Impr. de P.-A. BOURDIER et Cie, rue des Poitevins, 6.

LOUIS GIRAUD, LIBRAIRE-ÉDITEUR
RUE DES SAINTS-PÈRES, 11

# EXERCICES MÉTHODIQUES
## DE
# VERSION LATINE
### CONTENANT
## TROIS CENTS EXTRAITS DES AUTEURS LATINS
du siècle d'Auguste au V<sup>e</sup> siècle de l'ère chrétienne
## PRÉCÉDÉS DE CONSEILS POUR LA TRADUCTION
### À L'USAGE
## DES ASPIRANTS AU BACCALAURÉAT
### et aux écoles spéciales
## PAR J. MONNIER
AGRÉGÉ DES CLASSES SUPÉRIEURES

| **Première Partie. — Textes.** | **Deuxième Partie. — Traductions.** |
|---|---|
| Précédés de Conseils pratiques sur la Version. | Avec commentaires historiques, géographiques et littéraires. |
| Un volume in-12. Prix : 2 fr. | Un volume in-12. Prix : 3 fr. 50. |

Voici en quels termes le *Journal officiel de l'Instruction publique* a rendu compte de cet ouvrage :

« Lorsque ces deux volumes nous sont arrivés, ils ont d'abord produit sur notre esprit une impression peu favorable. Le titre qu'ils portent inscrit sur leur couverture nous les dénonçait comme un nouveau recueil à joindre à tant d'autres qu'une spéculation, aussi regrettable pour ceux qui s'y livrent que pour ceux à qui elle s'adresse, offre en appât à la crédulité des paresseux assez simples pour croire, sur la parole d'une préface, que, sans avoir la peine d'apprendre, ils pourront arriver à tout savoir. Toutefois, comme d'après le précepte du bon La Fontaine, il ne faut pas juger des gens sur l'apparence, avant de ranger d'une manière définitive l'ouvrage qu'on nous soumettait dans la catégorie de ceux destinés à faire éclore des bacheliers anticipés, nous avons voulu remplir avec une complète impartialité les devoirs de la critique, et nous avons ouvert le livre pour pouvoir ensuite user à son égard de toute la sévérité de nos droits. Mais, en parcourant la préface, quelle n'a pas été notre surprise d'y trouver un langage bien différent de celui auquel nous nous étions préparé! L'Auteur commence par repousser loin de lui la prétention de vouloir donner une méthode expéditive, des moyens artificiels pour obtenir ce grade que l'on salue de loin sur les bancs du collège comme le jour de l'affranchissement. Il laisse à d'autres plus habiles, — comme on voudra l'entendre, — le soin d'apprendre à travailler sans travail, et à faire en quelques mois l'ouvrage de plusieurs années.

« Nous trouvant en accord parfait avec l'Auteur dès les premiers mots de la préface, l'examen de son travail est devenu pour nous un véritable plaisir, d'autant plus que nous y avons rencontré tout à la fois le désir d'être utile aux élèves et de rendre plus facile la tâche des professeurs. M. Monnier prend tout d'abord le soin de ne laisser aucun doute sur le but de son livre et sur la classe de lecteurs à laquelle il s'adresse. Il a travaillé, dit-il, pour les jeunes gens qui ont suivi un cours régulier d'études, mais qui peuvent avoir besoin de se fortifier sur une partie essentielle des travaux classiques, ou qui veulent, dans l'année qui précède leurs examens et qu'occupent d'autres études spéciales et nombreuses, *s'entretenir* avec leurs auteurs, en s'appliquant à améliorer leur manière de traduire et à lui donner la facilité et la sûreté désirables. En un mot, ajoute-t-il, notre recueil est un simple manuel du rhétoricien ou du philosophe qui s'exerce particulièrement à la version latine par un travail personnel et réfléchi, en se servant de modèles et s'aidant d'applications qu'il cherche à reproduire lui-même.

« Dans le choix des textes, l'Auteur s'est efforcé de répondre à la triple exigence de l'enseignement actuel. Il a d'abord eu soin de réunir la plus grande partie des versions données dans les examens des Facultés ; c'était le bon moyen d'indiquer de quelle force et de quelle longueur sont les devoirs proposés aux candidats. De plus, pour les examens des Écoles spéciales, on choisit en général des versions dont le sujet se rattache plus particulièrement à la nature des connaissances demandées aux candidats : c'est pour ce motif que M. Monnier a emprunté plusieurs passages à César, Végèce, Frontin, Vitruve, Pomponius Méla. Tout le monde sait enfin que, d'après le nouveau plan d'études, la littérature chrétienne occupe désormais une place dans l'enseignement classique ; aussi, pour se soumettre aux recommandations du programme, l'Auteur a-t-il recueilli, dans les Pères de l'Église, les morceaux qui, par leur latinité ou par leur intérêt, lui étaient désignés d'une manière plus spéciale. Comme il est facile d'en juger déjà, cette réunion de textes présente un ensemble des plus satisfaisants, et fournit les matériaux nécessaires aux différents genres d'études auxquels on se livre dans les classes, et des modèles heureusement variés de littérature sacrée et profane.

« Ces versions, disposées de manière à graduer les difficultés, ont pour résultat d'amener l'élève, par des exercices proportionnés à ses progrès et à ses forces, à surmonter facilement les obstacles du sens et de la traduction, réunis à dessein dans les textes. Des notices littéraires sur les différents auteurs attirent aussi l'attention des élèves sur les qualités et les défauts du style et la valeur de ces écrivains, et les préparent utilement à des notions plus développées sur la littérature. Des notes historiques et géographiques viennent compléter ces notions accessoires que le professeur doit toujours chercher à faire sortir de son enseignement principal, et qui sont d'autant plus utiles qu'elles servent en même temps de délassement aux autres travaux de la classe.

« M. Monnier a cru devoir présenter aussi quelques conseils aux élèves sur la manière de traduire et de faire les versions. Rien de plus commun et de plus banal pour l'ordinaire que ces avis, espèce de préface obligée de tous les ouvrages du même genre ; mais l'Auteur, auquel la pratique et l'expérience des classes semblent avoir donné l'habitude et l'usage de tout ce qui convient aux élèves, est sorti des généralités pour entrer dans l'application des règles et des procédés qui peuvent être l'objet d'une définition, et qui rendent la traduction plus facile et plus élégante.

« Pour ajouter une plus grande autorité à ses paroles, M. Monnier n'a point voulu mettre en avant ses propres opinions ; il a fait parler Cicéron surtout, indiquant de quelle manière il s'est efforcé de traduire Démosthènes et Eschine, dans leurs fameux discours sur la couronne. On verra, dans les conseils de M. Monnier, à quelles exigences doit satisfaire toute traduction.

M. Monnier, prenant pour exemple le discours de Céréalis dans Tacite et la traduction donnée par Burnouf, montre aux élèves, phrase par phrase, ce qu'ils ont à faire pour conserver aux pensées, en les faisant passer d'une langue dans l'autre, le véritable caractère qu'a voulu leur donner l'écrivain. Les élèves peuvent juger ainsi, d'après le maître, de quelle manière ils devront tourner des phrases semblables et venir à bout des difficultés du sens et de la traduction.

« Il ne suffit pas de comprendre, il ne suffit pas de traduire, il faut encore donner au style la couleur et la nuance qui lui conviennent. C'est là qu'il importe de faire, suivant la nature du sujet, la distinction entre le style sublime, le style tempéré et le style simple. Chaque genre, en outre, se caractérise par des délicatesses qui distinguent l'écrivain parfait de celui qui en est encore à ses débuts, et comme exemple, car c'est là un des grands mérites de M. Monnier de donner toujours des exemples à l'appui de ses préceptes, il nous présente une page de La Vallière, corrigée par Bossuet. — Quelle élève ! quel maître et quelle leçon !

« Ainsi que nous l'avons dit en commençant, M. Monnier ne se propose nullement, comme dans beaucoup de méthodes aussi variées que prétentieuses, d'offrir une prime à la paresse et de hâter le moment de la liberté pour certains esprits négligents et incapables. De même que les fruits venus en serre chaude n'ont aucune espèce de saveur, de même les candidats qu'on élève par des procédés analogues se présentent avec une ignorance complète devant les juges qui les renvoient à une autre séance pour leur donner le temps de mûrir. Il faut donc du temps et du travail, selon M. Monnier, pour réussir ; il faut la fréquentation assidue des auteurs ; il faut beaucoup traduire pour bien traduire. En un mot, le maître, quelque habile qu'il soit, ne saurait supprimer le travail de ceux auxquels il enseigne et ne peut que les diriger, au lieu de faire manœuvrer la partie mécanique de l'élève, comme le prétendent certains manuels, il doit développer chez lui la partie intelligente. Cette pensée, qui a inspiré M. Monnier dans le choix des textes, dans leur disposition, dans les conseils dont il les fait précéder, nous semble devoir assurer le succès de son livre auprès des maîtres et des élèves, persuadé que c'est par une communauté d'efforts et de travail que l'enseignement est profitable et que l'on arrive à la science.

G. GUIFFREY. »

Ce compte rendu si complet nous dispense d'en reproduire d'autres ; cependant nous citerons encore le jugement d'un des hommes les plus compétents en matière d'enseignement secondaire :

« ...... M. Monnier n'a pas dispersé les versions au hasard, comme cela s'est fait dans presque tous les recueils que nous connaissons. Cette marqueterie a d'abord l'inconvénient grave qu'une version facile se rencontre, la plupart du temps, à côté d'une version fort difficile ; l'élève qui veut travailler par lui-même (et c'est la pensée essentielle de M. Monnier) n'a rien qui puisse le guider, qui puisse, comme il le faut toujours, le faire passer du facile au difficile. Un autre désavantage de ces versions éparses, c'est que bien souvent on ne rencontre pas deux extraits de suite d'un même auteur : impossible, alors, d'en étudier quelque peu le génie et le style. Là chose deviendra aisée, au contraire, et l'élève fera cette étude presque sans s'en apercevoir, si vous groupez pour lui une série de textes empruntés au même auteur.

« Voilà deux choses que M. Monnier a soigneusement faites. Il a réuni dans un même chapitre tous les emprunts qu'il a faits à chaque prosateur ou à chaque poëte. Il a ensuite disposé les textes selon les difficultés : le dernier numéro réunit toujours les plus nombreuses, soit pour le style à imiter, soit pour le sens à comprendre. Il offre ainsi au jeune étudiant un moyen sûr et facile de s'exercer proportionnellement à ses forces et à ses progrès.

« Notons encore deux choses pour qu'on ait une idée complète du volume des textes.

« 1° Il a introduit dans les trois cents versions un assez grand nombre d'extraits des Pères latins ; cinquante pour les prosateurs, dix-sept pour les poëtes. Les jeunes étudiants auront ainsi le moyen de connaître le mérite incontestable des Lactance, des Augustin, des Ambroise, et de se façonner aux idées et aux formes néologiques de cette littérature chrétienne, qui a ses difficultés pour l'humaniste même, quand il n'a été littérairement nourri que des idées païennes et du style de Tite-Live et de Cicéron, de Virgile et d'Horace.

« 2° M. Monnier a placé les extraits dans leur ordre chronologique. Le jeune étudiant pourra ainsi étudier par lui-même les débuts, le développement, les progrès, la décadence enfin de la littérature latine ; M. Monnier a excepté de sa nomenclature Horace et Virgile. Il observe avec justesse qu'il y aurait eu là surabondance, puisque ces deux poëtes sont partout presque intégralement expliqués dans les classes. Enfin, et ceci a également son prix, pour aider le jeune écolier dans l'étude et l'appréciation de chaque auteur, M. Monnier a fait précéder chaque série d'extraits d'un examen rapide du mérite littéraire de l'auteur auquel ils sont dus, et d'un jugement précis sur les ouvrages dont l'indication suit le nom des écrivains cités.

« Voilà certainement plusieurs choses qui peuvent distinguer le recueil de M. Monnier des autres recueils de même genre, et qui lui donnent déjà une physionomie particulière ; — mais là n'est point le principal mérite de son ouvrage.

« A la suite du *volume de Textes*, il offre au jeune étudiant un *volume de Traductions*. L'un est l'indispensable complément de l'autre ; le premier donne à l'écolier le devoir à faire ; le second sera pour lui, s'il en fait usage sagement, le remplaçant du maître, le correcteur de son travail, le livre auquel il pourra demander incessamment si son intelligence l'a bien servi, si son œuvre personnelle est mauvaise, passable ou bonne. L'interprétation du texte n'étant ni en regard, ni dans le même volume, il dépendra toujours de l'écolier studieux, de cet écolier de bonne volonté auquel s'adresse M. Monnier, de n'être pas même tenté de recourir au volume de traductions pour résoudre une difficulté, pour comprendre un passage obscur, pour trouver l'expression qui lui manque. Le sens de cette difficulté, l'explication de ce passage, ce mot qui le fuit, il les demandera à son dictionnaire, à sa mémoire, à son intelligence, à son travail *personnel* et *réfléchi* : il n'ouvrira le volume français que lorsque son œuvre sera achevée, pour corriger s'il n'a pas été heureux, pour s'applaudir et s'encourager si le succès a couronné ses efforts.

« Ce que nous venons de dire, Cicéron et Pline le Jeune le recommandaient, il y a dix-huit et vingt siècles, aux humanistes de leur temps. M. Monnier n'a fait que réaliser leur pensée. Ses deux volumes sont donc une publication éminemment utile ; nous pouvons le répéter maintenant, preuves en main. »

## LOUIS GIRAUD, LIBRAIRE-ÉDITEUR

RUE DES SAINTS-PÈRES. 11, PARIS.

NIMES. — MÊME MAISON

---

Les ouvrages portés dans ce prospectus seront expédiés, *franco*, à ceux qui en adresseront le prix, par *lettre affranchie*, en un mandat ou en timbres-poste. Lorsque la somme dépassera 5 *francs*, on voudra bien envoyer un mandat sur la poste.

---

# NOUVEAU COURS
## PRATIQUE
# DE LANGUE ANGLAISE

A L'USAGE
DES LYCÉES IMPÉRIAUX, DES COLLÉGES,
DES ÉCOLES PROFESSIONNELLES
ET AUTRES MAISONS D'ÉDUCATION

PAR

### CHARLES JABŒUF
AGRÉGÉ D'ANGLAIS,
CHARGÉ DE COURS D'UN LYCÉE IMPÉRIAL, ET AUTEUR DE PLUSIEURS OPUSCULES ANGLAIS.

Un volume in-8, cart. . . .    **2 fr.**

---

Ce nouveau *Cours de langue anglaise* est le résultat du séjour de l'auteur dans le pays classique de la philologie, dans la savante Allemagne. Depuis longtemps il méditait pour ses élèves le livre essentiellement pratique que nous annonçons aujourd'hui, et S. E. le Ministre de l'instruction publique voulut bien lui accorder un congé illimité afin qu'il pût aller rechercher et étudier les meilleures méthodes pour l'enseignement des langues modernes.

La méthode concise mais claire, courte mais suffisante pour préparer les élèves de tout âge à la lecture des auteurs anglais, au style épistolaire et à la conversation la plus usuelle, la méthode que nous offrons au public est le fruit des persévérantes investigations de l'auteur et de ses entretiens avec ses collègues d'Allemagne.

Les méthodes employées jusqu'ici n'ont pas atteint complétement leur but. Une expérience de quinze ans dans l'enseignement des langues vivantes l'a suffisamment démontré à l'auteur. Parmi les méthodes ou grammaires les plus répandues, les unes ne sont pas assez pratiques, (tel est, par exemple, le vieux système de grammaire suivi dans nos établissements secondaires); les autres, beaucoup plus pratiques, comme les méthodes Robertson et Ollendorff, sont trop volumineuses et effrayent avec raison notre jeunesse française. Il existe un troisième système, celui de Ahn, ou pour parler plus exactement, celui de Seidenstücker, car celui-ci en est l'inventeur connu; mais tout ce qui a été publié jusqu'ici d'après cette méthode n'est nullement à la portée de nos jeunes étudiants. Ces auteurs étrangers, accoutumés à la nature docile et patiente de leurs compatriotes, ont composé des méthodes ou trop longues (2 ou 3 parties en 2 ou 3 volumes), ou trop courtes et qui, ne s'adressant qu'à la mémoire, n'intéressent nullement l'intelligence et la laissent en quelque sorte inactive. De là, l'ennui, le dégoût qui accable et professeurs et élèves; de là inattention, perte de temps, insuccès complet. Une expérience de trois années d'enseignement d'après cette dernière méthode n'a laissé à cet égard aucun doute à l'auteur.

Afin de donner une idée de la méthode qu'il a adoptée, qu'il s'est assimilée après les avoir étudiées et comparées toutes, nous ne pouvons mieux faire que de le laisser parler lui-même.

« 3° Enfin, » dit-il dans sa préface, « les méthodes qui tiennent le *milieu* entre ces deux extrêmes, méthodes vraiment théoriques et vraiment pratiques ; c'est le genre de la grammaire conversée : *Conversation-grammar*, *Conversation-grammatik*, et c'est celui que j'ai adopté. Voici en peu de mots en quoi consiste cette méthode :

a) Classification ordinaire en 9 chapitres des 9 parties du discours;

b) Chaque chapitre se divise en autant de leçons qu'il est nécessaire;

c) Un petit vocabulaire, avec prononciation et accents figurés, se trouve en tête de chaque leçon;

d) Versions et thèmes sous forme de conversation, roulant sur ce vocabulaire, de manière que chaque exercice anglais serve de modèle pour le thème français;

e) Règles données à propos, au fur et à mesure que se déroule cette conversation;

f) Anecdotes, dialogues, poésies, insérées çà et là et à apprendre par cœur.

« ... Apprenons donc d'abord des *mots*, puis exerçons-nous à former des *phrases*, et apprenons les règles au fur et à mesure que nous avançons ; voilà en trois mots ce que c'est, selon nous, qu'étudier une langue, et c'est le système de ce petit livre de 140 pages in-8.

« Je recommande entre autres choses :

« 1° *Le petit système de prononciation*, concis et fécond ;

« 2° *Le tableau synoptique des pronoms*, en 5 lignes ;

« 3° *Le tableau des conjugaisons*, en 5 lignes ;

« 4° *La récapitulation des verbes* **to be** *et* **to have**, suivie de *la construction des phrases* affirmatives, négatives et interrogatives ;

« 5° *La classification des verbes irréguliers*, la plus nouvelle et la plus en vogue en Angleterre, la seule vraiment simple et vraiment scientifique ;

« 6° *Les prépositions*, que régissent les verbes et les adjectifs ;

« 7° *Le dernier chapitre* (très-important) : Comment s'est formée la langue anglaise ?

« Avec les 4 ou 5000 mots contenus dans ce petit volume, et à l'aide de la clef qu'offre ce dernier chapitre pour former d'autres termes, l'étude de l'anglais semble se simplifier singulièrement.

« Parmi les 10 parties du discours, six sont complétement invariables : l'adjectif *, le participe, la préposition, la conjonction, l'adverbe et l'interjection.

« Pour les substantifs, *s*, *es* (nombre), *ess*, *ine* (genre).

« Pour les verbes, il n'y a qu'une seule conjugaison ; pour ainsi dire pas de subjonctif ; pas d'imparfait ni de passé antérieur ; en tout 4 flexions, *ed* (ou changement de la voyelle radicale dans les verbes irréguliers) ; *ing* (participe présent) *est* ou *st* ou *t* (2° personne singulier indicatif présent), et, enfin, *s* ou *es* (3° personne indicatif).

« ..... Quant à la syntaxe, vous avez, comme en français, sujet, verbe et régime. Les autres petites différences qui existent entre les deux langues, c'est la pratique, non la grammaire, qui les enseigne.

« ..... En fait de grammaire, vous trouverez dans ce petit livre tout ce qu'il est essentiel de savoir : les tournures anglaises, les principaux idiotismes, qui font comprendre, sous peu de règles et beaucoup d'exercices, tout le génie de la langue..... Pendant ce cours, parlez et écrivez ; après ce cours, parlez et écrivez encore : *à force de forger, on devient forgeron*, c'est le cas de le dire surtout quand il s'agit d'apprendre une langue vivante. »

* Exc. (*er*, *est*, pour la comparaison).

# NOUVEAU COURS GRADUÉ
DE
# THÈMES ANGLAIS
et de
## SUJETS DE COMPOSITIONS
### AVEC VOCABULAIRES
pouvant s'appliquer à toutes les grammaires anglaises

suivi d'un Appendice donnant l'explication des abréviations commerciales et la valeur relative des monnaies françaises, anglaises et allemandes

### Par le même

Un volume in-8, cart.   2 fr.

Nous avons dit dans la préface de notre *Nouveau Cours de langue anglaise* : « A force de forger, on devient forgeron, Parlez, pour vous exercer la langue et l'oreille, pour apprendre la prononciation; la plus grande difficulté de la langue anglaise; *parlez, écrivez* beaucoup d'anglais..... *Forgez et vous deviendrez forgerons.* Mais pour forger il faut un atelier et un bon chef. Le bon chef, c'est votre professeur ou un ami sachant bien l'anglais; l'atelier avec tous les outils nécessaires, j'ai cru bon de vous le procurer, en publiant après cette méthode un Cours de Thèmes et de Compositions, basé sur le Cours grammatical et exécuté sur le même plan. »

C'est ce Cours de thèmes et de Compositions, que nous présentons aujourd'hui au public.

Comme le dit la préface déjà citée, les petites différences de syntaxe, les idiotismes d'une langue ne s'apprennent guère par la grammaire : c'est l'usage, c'est l'exercice qui les enseigne.

Nous avons compris que notre Cours d'anglais, bien qu'essentiellement pratique et propre à mener déjà loin les élèves sous le rapport de la conversation et du style, n'offre pourtant que des phrases détachées, qui, on le sait, ne sont pas longtemps amusantes. Aussi avons-nous condensé notre système dans un aussi petit espace que la clarté et l'intérêt des élèves nous l'ont permis*.

Ce Cours de Thèmes, au contraire, est destiné à offrir aux étudiants des sujets suivis qui captivent davantage leur attention.

Il se divise, comme le titre l'annonce, en deux catégories : *Thèmes*, 1re et 2e partie ; *Compositions*, 3e partie.

Ce volume dispense d'un *dictionnaire*, au moins jusqu'à la 3e et dernière partie.

\* Notre *Nouveau Cours pratique de langue anglaise* est un petit volume, in-8 de 140 pages seulement.

---

Paris. — Typ. de P.-A. Bourdier et Cie, rue des Poitevins, 6.

## A LA MÊME LIBRAIRIE

**Manuel de la Traduction**, ou Cours théorique et [pra]-
tique de la version grecque et latine, suivi d'études [pra]-
tiques sur diverses traductions, à l'usage des classes [su]-
périeures et des aspirants au baccalauréat, par M. l'ab[bé]
Verniolles, chanoine honoraire de Tulle, supérieur [du]
petit séminaire de Servières. 1 vol. in-12, cart. — 2 fr.

L'importance de la traduction est aujourd'hui bien reconnue [de]
tous ceux qui veulent de fortes et solides études classiques. N[ous]
avons pu nous en convaincre par les suffrages publics et les al[lu]-
sions particulières que notre *Essai sur la Traduction* a reçus [de]
toutes parts.

Aussitôt après la publication de ce livre, des autorités respec[-]
tables et des juges très-expérimentés nous ont conseillé de comp[oser]
un Manuel qui pût servir de guide aux élèves dans le difficile tra[vail]
de la traduction. Quelques professeurs nous ont même appris q[u'ils]
dictaient à leurs élèves la partie élémentaire de notre ouvrage [et]
ils nous engageaient à publier séparément les règles et les cons[eils]
pratiques dont ils faisaient une application journalière dans l[es]
classes. Nous n'avons pas voulu céder trop vite à ces instances si [ho]-
norables pour nous. Au lieu de donner simplement à nos [élèves]
un extrait de notre premier ouvrage, nous avons fait des re[cherches]
plus approfondies; nous avons puisé à des sources nouvell[es, nous]
avons expliqué et complété beaucoup de préceptes qui étaien[t seule]-
ment indiqués dans l'*Essai sur la Traduction*. Dans notre tra[vail an]-
térieur, nous nous adressions à des maîtres, et peu de mots po[uvaient]
nous suffire pour être compris sur certaines questions. Mais ici [nous]
avons écrit pour des écoliers, et nous avons cherché, par-dessus [tout,]
à bien définir et à bien diviser, à préciser nettement notre pe[nsée,]
à la rendre sensible par des exemples et des modèles.

Nous avons divisé notre *Manuel* en deux parties. Dans la [pre]-
mière, nous donnons les règles et les procédés que doit connaî[tre l']
élève pour résoudre les principales difficultés qui se présenten[t dans]
la traduction. Cette première partie, qui embrasse l'intel[ligence]
du sens et la traduction proprement dite, doit être étudiée soi[gneu]-
sement et apprise de mémoire. Ceux qui connaissent notre [Essai]
verront aisément que les principes généraux que nous avion[s]
posés ont reçu des développements considérables. La seconde [partie]
est destinée à être lue par les élèves, ou mieux encore à deve[nir le]
sujet d'études intéressantes sous la direction du maître.

*Extrait de la Préface.*

Paris. — Imprimerie de P.-A. Bourdier et Cⁱᵉ, 6, rue des [Poitevins.]

www.ingramcontent.com/pod-product-compliance
Lightning Source LLC
Chambersburg PA
CBHW070625160426
43194CB00009B/1370